Bancos de Dados

Aprenda o que são
Melhore seu conhecimento
Construa os seus

CAPA
V. van Gogh, *Le semeur au soleil couchant*, óleo sobre tela (*apud* Millet), Arles: junho de 1888. Rijksmuseum Kröller-Müller, Otterlo, Holanda; disponível, entre outros, nos seguintes locais:
http://www.impressionniste.net/vangogh.htm
http://www.grandspeintres.com/tableaux/vangogh/grands/semeur.jpg
http://www.grandspeintres.com/fonds.php#
http://www.artintime.com/En-Francais/QT-3f.htm
http://www.vangoghgallery.com/painting/p_0422.htm

Valdemar W. Setzer
Flávio Soares Corrêa da Silva

Bancos de Dados

Aprenda o que são
Melhore seu conhecimento
Construa os seus

*Bancos de dados – Aprenda o que são, melhore
seu conhecimento, construa o seu*

© 2005   Valdemar W. Setzer

Flávio Soares Corrêa da Silva

1ª edição – 2005

3ª reimpressão – 2017

Editora Edgard Blücher Ltda.

Blucher

Rua Pedroso Alvarenga, 1245, 4º andar
04531-934 – São Paulo – SP – Brasil
Tel.: 55 11 3078-5366
contato@blucher.com.br
www.blucher.com.br

É proibida a reprodução total ou parcial por quaisquer
meios sem autorização escrita da editora.

Todos os direitos reservados pela Editora
Edgard Blücher Ltda.

FICHA CATALOGRÁFICA

Setzer, Valdemar W.,
      Bancos de dados: aprenda o que são, melhore
seu conhecimento, construa os seus / Valdemar W.
Setzer e Flávio Soares Corrêa da Silva. 1ª edição –
São Paulo: Blucher, 2005.

Bibliografia.
ISBN 978-85-212-0361-2

      1. Bancos de dados I. Silva, Flávio Soares
Corrêa da. II. Título.

05-0903	CDD-005.74

Índices para catálogo sistemático:
1. Bancos de dados: Ciência da computação   005.74

v

Prefácio

Este é um livro sobre bancos de dados (BD) para todos os tipos de leitores: desde o leigo total em processamento de dados que tem curiosidade em saber o que são BD, o usuário que sabe usar um editor de textos e a Internet e gostaria de conhecer os conceitos e as práticas de BD, até o projetista de BD que quer melhorar sua técnica, e o especialista em BD que gostaria de aprender os conceitos de sua área ou aprofundar seus conhecimentos sobre vários tópicos da mesma. É indicado também àquele que aprendeu a implementar BD "fazendo", pois poderá finalmente conhecer e compreender os conceitos envolvidos em sua atividade, provavelmente melhorando seus produtos. Pode servir de texto para cursos de BD tanto de nível técnico, como de graduação e de pós-graduação; objetivando essa finalidade, foram introduzidos inúmeros exercícios para os quais, propositadamente, não será disponibilizada a solução, pois isso prejudicaria o esforço pessoal e aprendizado dos alunos. Obviamente, os exercícios servem para o autodidata fazer algo com os conhecimentos adquiridos e testá-los.

Temos aqui uma grande evolução do livro de BD do primeiro autor, cuja primeira edição datou de 1986. Foram introduzidas grandes expansões (como os capítulos sobre BD orientados a objetos, BD multidimensionais, implementação de índices, BD na Internet e um extenso índice remissivo) e modificações (como por exemplo a separação dos formalismos matemáticos, colocados no fim de cada capítulo, o que atende a uma reclamação de muitos leitores do antigo livro, que se queixavam de serem obrigados a passar por aqueles formalismos para ler vários capítulos). Além disso, foram introduzidos capítulos com grande utilidade prática, como o sobre a linguagem SQL e o sistema gerenciador de BD MS Access (escolhido devido à sua disponibilidade e facilidade de uso). Este último tópico visou possibilitar que usuários sem conhecimento de programação possam implementar um banco de dados, complementando o uso que já fazem de um editor de textos e, eventualmente, de uma planilha eletrônica. Ele tem também a finalidade de incentivar o usuário não-programador a implementar seu próprio BD, mostrando como isso é relativamente simples. Um exemplo que ocorre em quase todo o livro, o da implementação dos dados de uma "multiteca" caseira para livros, CDs e DVDs, pode ser de utilidade para quem gostaria de organizar os dados sobre esses seus objetos.

O enfoque básico do livro, que o distingue de todos os outros dessa área, continua sendo a abordagem dos conceitos de BD e de sistemas gerenciadores por meio do projeto e implementação de BD, usando-se para isso representações gráficas de modelos conceituais e computacionais das estruturas dos dados a serem armazenados. Nesse sentido, vários tópicos importantes da área foram deixados de lado, pois não são diretamente relevantes para os projetistas de BD ou para usuários que querem implementar um banco de dados caseiro. Por exemplo, não são abordadas as questões de como implementar a concorrência (simultaneidade de uso), a recuperação de estados anteriores dos dados em caso de pane, implementação da segurança dos dados, sistemas de versões, BD distribuídos, etc. Os modelos de redes e hierárquico também não são abordados, pois hoje em dia praticamente todos os gerenciadores usam o modelo relacional de dados.

vi

Flávio Soares ficou responsável pelos capítulos 5 e 7, tendo todos os outros ficado a cargo de Valdemar W. Setzer.

Menção especial deve ser feita ao nosso editor Edgard Blücher. Devido à contínua venda do antigo livro de BD do primeiro autor, durante anos ele ficou batalhando para que fosse lançada uma nova edição, mais atual e melhor elaborada, incluindo o aspecto gráfico. Sem essa verdadeira luta martelando periodicamente o primeiro autor, sua insistência não teria resultado no que, esperamos, venha a ser uma obra de ampla utilidade e apreciação. Carlos Lepique merece agradecimento pelo capricho na editoração.

Esperamos que os leitores encontrem neste livro sementes de informação que frutifiquem em um despertar de seu interesse pela área de bancos de dados, ou na forma de aumento de seu conhecimento e competência nessa área.

Conteúdo

1 Níveis de abstração; estudo de caso 1
   1.1   Introdução 1
   1.2   Dado, informação e conhecimento 2
   1.3   Níveis de abstração: da realidade ao dado 7
   1.4   Projeto descendente 15
   1.5   Estudo de caso 17
   1.6   Referências bibliográficas e histórico 19

2 O modelo conceitual de entidades e relacionamentos 21
   2.1   Introdução 21
   2.2   Conjuntos de entidades 22
   2.3   Atributos de entidades 23
   2.4   Atributos compostos 25
   2.5   Atributos multivalorados 27
   2.6   Atributos com valores vazios 29
   2.7   Atributos determinantes 30
   2.8   Relacionamentos e conjuntos de relacionamentos 32
   2.9   Multiplicidades de relacionamentos 35
   2.10   Relacionamentos parciais e totais 38
   2.11   Atributos de relacionamentos 42
   2.12   Relacionamentos repetidos e dados históricos 44
   2.13   Auto-relacionamentos 47
   2.14   Relacionamentos n-ários 50
   2.15   Agregações 54
   2.16   Agregações de auto-relacionamentos 60
   2.17   Especializações e generalizades de conjuntos de entidades 63
   2.18   Relacionamentos generalizados 66
   2.19   Atributos globais 70
   2.20   Projeto do modelo conceitual 71
   2.21   Modelar como atributo ou conjunto de entidades? 74
   2.22   Análise de sistemas = análise de dados + análise funcional 75
   2.23   O modelo conceitual como ferramenta na gestão de empresas ... 79
   2.24   Deve-se incrementar o modelo conceitual? 79
   2.25   Uma linguagem de declaração das estruturas do MER 81
   2.26   Uma linguagem de manipulação de dados conceituais 83
   2.27   O MER completo para estudo de caso 88
   2.28   Outros modelos conceituais 90
   2.29   Decomposição de relacionamentos 90
   2.30   Formalismos matemáticos do cap. 2 97
   2.31   Referências bibliográficas e histórico 108

viii

3 *O modelo relacional normalizado* *111*
   3.1   *Introdução* *111*
   3.2   *Conceitos básicos* *112*
   3.3   *Índices e chaves* *116*
   3.4   *Implementação de conjunto de entidades* *120*
   3.5   *Implementação de relacionamento 1:N–ligações entre tabelas* *122*
   3.6   *Implementação de relacionamento 1:1* *128*
   3.7   *Ligações relacionais sem relacionamentos* *129*
   3.8   *Implementação de relacionamento N:N* *130*
   3.9   *Implementação de auto-relacionamento 1:N* *132*
   3.10 *Implementação de atributo multivalorado* *133*
   3.11 *Esquemas de conversão de elementos do MER para o MRN* *135*
   3.12 *Diagrama do MRN para o estudo de caso* *148*
   3.13 *Projeto de chaves* *148*
   3.14 *Projeto de índices* *153*
   3.15 *Formalismos matemáticos do cap. 3* *154*
   3.16 *Referências bibliográficas e histórico* *156*

4 *Linguagens de acesso ao modelo relacional* *159*
   4.1   *Introdução* *159*
   4.2   *Álgebra relacional* *161*
   4.3   *Cálculo relacional* *172*
   4.4   *A linguagem SQL* *174*
   4.5   *Formalismos matemáticos do cap. 4* *207*
   4.6   *Referências bibliográficas e histórico* *212*

5 *Estudo de caso de implementação no Microsoft Access 2000* *215*
   5.1   *Introdução* *215*
   5.2   *Ativação do sistema* *216*
   5.3   *Estudo de caso: a minimultiteca* *218*
   5.4   *Tabelas* *219*
   5.5   *Carga e edição de dados* *223*
   5.6   *Ligações entre tabelas* *224*
   5.7   *Consultas* *229*
   5.8   *Telas para manipular tabelas e consultas* *231*
   5.9   *Relatórios* *237*
   5.10 *Interação com outros programas e formatos de arquivos* *238*
   5.11 *Recursos adicionais* *241*
   5.12 *Referências bibliográficas e histórico* *241*

6 *O modelo relacional não-normalizado* *243*
   6.1   *Introdução* *243*
   6.2   *Representação de tabelas não-normalizadas* *245*
   6.3   *Implementações do modelo conceitual no MRNN* *246*
   6.4   *Diagrama do MRNN para o estudo de caso* *250*
   6.5   *Linguagens de acesso* *251*
   6.6   *Implementação interna de tabelas não-normalizadas* *255*
   6.7   *Formalismos matemáticos do cap. 6* *261*
   6.8   *Referências bibliográficas e histórico* *263*

7 Bancos de dados multidimensionais 267

7.1 Introdução 267
7.2 Tabelas multidimensionais 268
7.3 Operações sobre tabelas multidimensionais 270
7.4 Tabelas multidimensionais e SQL 273
7.5 Referências bibliográficas e histórico 273

8 Bancos de dados orientados a objetos 275

8.1 Introdução 275
8.2 Conceitos básicos da OO 277
8.3 Bancos de dados orientados a objetos 280
8.4 Exemplo de GBDOO: O_2 282
8.5 Exemplo de GBDOR: Oracle 285
8.6 Considerações sobre os BDOO 290
8.7 Projeto OO vs. análise de dados 292
8.8 Referências bibliográficas e histórico 293

9 Projeto ascendente de tabelas relacionais e as formas normais 295

9.1 Introdução 295
9.2 Um problema prático 296
9.3 Primeira forma normal 297
9.4 Dependências funcionais 301
9.5 Segunda forma normal 303
9.6 Terceira forma normal 307
9.7 Forma normal de Boyce–Codd 309
9.8 Quarta forma normal 310
9.9 Forma normal de projeção–junção 313
9.10 Eliminação da 1FN 315
9.11 Síntese de tabelas e comparação entre os métodos 316
9.12 Formalismos matemáticos do cap. 9 318
9.13 Referências bibliográficas e histórico 321

10 Implementação de índices 323

10.1 Introdução 323
10.2 Organização de índices em árvores binárias 325
10.3 As árvores–B 331
10.4 Métodos de espalhamento 340
10.5 Mapas de bits 346
10.6 Comparação entre as várias organizações de índices 347
10.7 Formalismos matemáticos do cap. 10 349
10.8 Referências bibliográficas e histórico 349

11 Uso de bancos de dados pela Internet 351

11.1 Introdução 351
11.2 Conceitos básicos sobre a Internet 352
11.3 Exemplo de um programa de acesso a um BD 353
11.4 Um sistema para evitar a programação de acesso a BD pela Internet ... 357
11.5 Referências bibliográficas e histórico 357

Referências 359
Índice remissivo 367

Capítulo 1

Níveis de Abstração; Estudo de Caso

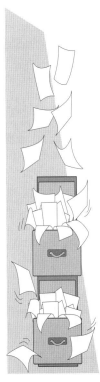

1.1 Introdução

Este livro trata de *Bancos de Dados* (BDs), expressão que se impôs na língua portuguesa. A expressão vem do inglês, onde se usou por pouco tempo a original *Databanks*, que foi logo substituída por *Databases*, isto é, Bases de Dados. Esse nome é bem mais sugestivo, pois um banco de dados não funciona como banco, emprestando dados. Funciona muito mais como um repositório de dados, que são usados em diversas aplicações, isto é, uma base sobre a qual atuam essas aplicações, e que está disponível para o desenvolvimento de outras que usam os mesmos dados. Por exemplo, uma empresa pode ter uma base de dados de seus clientes, contendo o nome, endereço, CPF, etc. de cada um, que é usada nas diversas aplicações de transações efetuadas com eles. Essa base pode também ser usada numa aplicação de venda e transferência dessas informações para empresas que são especializadas em enviar o que os norte-americanos chamam de *junk mail*, isto é, correspondências de propaganda que usualmente são jogadas no lixo pelo receptor com um mínimo de cultura, sem nem mesmo serem abertas.

2 CAPÍTULO 1 — NÍVEIS DE ABSTRAÇÃO; ESTUDO DE CASO

Mas o que são "dados"? Definir esse conceito é um passo necessário para compreender o que pode ser armazenado nos bancos de dados. Para isso, iniciamos este capítulo com a definição desse termo. Fazemos em seguida considerações sobre a diferença entre *dado* e *informação*, caracterizando esta última e mostrando ainda brevemente a distinção que fazemos entre *informação, conhecimento* e *competência*.

Continuamos o capítulo mostrando os níveis de abstração que envolvem as informações e os dados, e encerramo-lo com a apresentação de um estudo de caso que será usado no restante do livro para introduzir boa parte dos exemplos.

1.2 Dado, informação e conhecimento

1.2.1 Dado

Definimos *dado* como uma representação simbólica (isto é, feita por meio de símbolos), quantificada ou quantificável. Assim, um texto é um dado, pois as nossas letras latinas formam um sistema numérico discreto (de base 26, que é o número de letras diferentes), e portanto quantificado. Mas uma foto também é um dado, pois é possível quantificá-la reduzindo-a a símbolos – pode-se digitalizar uma foto em um *scanner* e armazená-la em um computador, imprimindo-a posteriormente de modo que praticamente não se distinga do original. Cada elemento da foto armazenado no computador – o que se denomina de *pixel* – é um símbolo quantificado: uma combinação de 3 números entre 0 e 255, correspondentes às intensidades das cores vermelha, verde e azul escuro, que leva à ilusão óptica da cor desejada. Isso fica claro nas telas de TV ou de monitores de vídeo, onde se pode ver, bem de perto, a máscara com os pequenos elementos dessas cores, ativados pelo feixe eletrônico que bate na tela, cuja intensidade é justamente controlada pelo nível de 0 (feixe totalmente abafado naquele ponto) a 255 (feixe com intensidade máxima). No caso das impressoras a jato de tinta, esses 3 números especificam a intensidade das cores complementares (segundo a teoria das cores de Goethe), respectivamente, azul claro, magenta e amarelo (que podem muitas vezes ser vistas impressas no cartucho de tinta). A complementaridade é devida ao fato de, na tela de vídeo, ter-se um ponto luminoso em fundo escuro e, no caso da impressora, uma tinta escura sobre a folha branca (clara) de papel. O importante é que a quantificação da foto não produz uma perda sensível, já que depois de quantificada talvez não se perceba a diferença em relação ao original.

Assim, uma foto de uma árvore é um dado (ou uma seqüência de dados). Mas é fundamental se entender que essa árvore em si, isto é, existente no mundo real, não é um dado. Para simplificar, vamos considerar essa existência no mundo real de maneira ingênua; conhecemos muito bem as objeções a isso, por exemplo as kantianas. Segundo elas, o que vivenciamos são nossas percepções, e não os objetos. Infelizmente, os kantianos esquecem que levam em consideração ingenuamente a existência dos órgãos de percepção, como o olho, o nervo óptico, etc., o que faz sua teoria desmoronar. Conjeturamos que nunca será possível quantificar um ser vivo de modo que nessa quantificação não se perca algo essencial ao ser. No caso da árvore, ela não é apenas a sua forma exterior, incluindo suas folhas, flores e frutos, mas também todos os seus processos vitais, incluindo o crescimento, a regeneração e a reprodução, além do modelo (isto é, uma idéia) com as formas e processos próprios de sua espécie.

1.2.2 Informação

E *informação*? É muito interessante notar que em geral não se tem uma caracterização razoável e precisa para essa palavra. Seria interessante o leitor escrever a sua neste momento, antes de ler a nossa.

Vamos nos restringir inicialmente às informações que são mensagens recebidas sob forma de dados. Uma mensagem dessas torna-se *informação*, se o seu receptor consegue *compreender* o seu conteúdo, isto é, associar a ela, mentalmente, um *significado*. Assim, se essa mensagem não for compreensível (escrita, por exemplo, em uma língua desconhecida), ela não será uma informação, mas simples dados. Note-se que essa é uma caracterização, e não uma definição, pois estamos considerando aqui uma acepção ingênua de "compreender" e "significado". Vamos elaborar esses conceitos mais adiante. Um exemplo é uma tabela de nomes de cidades do mundo e temperaturas máxima e mínima ocorridas no dia anterior, como essas publicadas diariamente em alguns jornais. Essa tabela, que consiste de simples dados, é interpretada por um leitor como contendo uma porção de informações, pois ele é capaz de associar o nome de cada cidade com o conceito que faz dela, os graus de temperatura com o conceito que ele tem de frio ou calor, etc. Se essa tabela, com seus títulos e nomes de cidades, fosse vista por alguém que não conhece a língua em que foi escrita, e ainda em caracteres desconhecidos, como os ideogramas orientais para um ocidental, ela seria simplesmente um amontoado de dados. Eles poderiam ser reproduzidos, formatados, ordenados pelos nomes das cidades (dada uma seqüência alfabética das letras) ou pelos números representativos das temperaturas. Esses são processamentos típicos de dados.

Vejamos o caso de informação recebida, sem ser em forma de texto. A extensão para figuras, som e animação é imediata. Uma figura, como uma fotografia, contém (ou é) informação, se ela é compreensível, isto é, ao vê-la o receptor pode associar conceitos aos seus elementos. Por exemplo, vendo uma foto de uma árvore, logo associamos à figura vista o conceito de "árvore", talvez ainda outros conceitos como a sua espécie, se está florida ou não, se está banhada de Sol, se está balançando ao vento, etc. É interessante observar o que ocorre com algumas figuras que provocam ilusão de óptica, as quais contêm várias formas diferentes que não são vistas até que se associe a cada uma o seu respectivo conceito. Um caso muito conhecido é o do vaso preto em fundo branco que pode ser interpretado como representando duas faces que se olham (fig. 1.2). Há pessoas que imediatamente vêem as duas faces, outras o vaso; ambas precisam fazer um esforço para enxergar a outra forma. No entanto, depois de vista, essa outra forma torna-se tão clara quanto a inicial, e é um exercício fascinante enxergar uma forma em seguida à outra, alternadamente. Nota-se perfeitamente que é necessário trabalhar com

Fig. 1.2 Duas faces ou um vaso?

o pensamento nesse processo, dizendo-se "agora vou ver o vaso; agora vou ver os rostos". Assim, uma percepção sensorial só existe em nossa mente como algo, se conseguirmos associar conceitos a ela, usando para isso nosso pensamento. Pessoas que foram sempre cegas e são operadas simplesmente enxergam, por muito tempo, apenas manchas luminosas, o que em geral provoca nelas enorme frustração. Elas não aprenderam a associar a percepção visual aos conceitos dos objetos percebidos. Em termos do que expusemos, podemos dizer que uma pessoa assim só vê dados, e não informação.

Segundo nossa caracterização, informações podem ser obtidas, sem que sejam transmitidas sob a forma de dados. Por exemplo, se uma pessoa sai de casa, pode sentir se está fazendo frio ou calor, o que incorpora como informação. Não vamos considerar o ar, mais o efeito do vento, que ela sente por meio do sentido do calor, como dados, já que não são representações simbólicas. No entanto, a partir dessa vivência, ela obtém uma informação: se está frio ou quente lá fora. Voltando à casa, pode contar a outra pessoa essa sua impressão sensorial. Em nossa caracterização, o que ela transmite a essa outra pessoa são dados (as palavras faladas, que podem ser quantificadas e armazenadas como som ou texto). Essa segunda pessoa absorve-os, e os transforma interiormente em informação, isto é, passa a saber se está frio ou quente, sem necessitar de uma vivência própria lá fora. A rigor, não se transmitem apenas palavras quando se fala; por exemplo, se estiver muito frio lá fora esse fato será expresso com uma entonação especial da voz, o que será captado intuitivamente pelo ouvinte. Podemos considerar as entonações de voz, o que no teatro é chamado de "subtexto", como outro exemplo de transmissão de informação sem dados.

Informações podem ser transmitidas por meio de dados ou por vivência direta. Se a pessoa citada acima que sai de casa tiver à sua disposição um termômetro que meça a temperatura exterior, receberá a informação em um mostrador analógico ou digital sob a forma de um dado. Sem o termômetro, ela tem uma vivência direta, não havendo a transmissão sob a forma de dados. Do mesmo modo, ao sentirmos uma dor em algum órgão interno, obtemos informação que também não é transmitida sob a forma de dados.

Não é possível processar informações em computadores. O que se processam são os dados que representam essas informações. O ser humano é capaz de *elaborar* informações, por meio de associações de conceitos. Jamais se deveria dizer que um ser humano *processa* informações: devemos deixar essa palavra para expressar o que fazem os computadores com os dados. Isso porque não sabemos como o ser humano associa fisicamente conceitos (conjeturamos, por experiência pessoal, que essa associação nem seja física); no entanto, sabemos exatamente como um computador processa dados. Vamos deixar ao computador o que é do computador, e ao ser humano o que é do ser humano, como já disse Norbert Wiener, o introdutor da cibernética. Uma confusão nesse âmbito é extremamente perigosa, pois pode induzir a idéias, absolutamente anticientíficas, de que os seres humanos são máquinas ou que os computadores se comportam como seres humanos. O perigo está no fato de não se poder ter moral em nosso relacionamento com as máquinas: é uma aberração ter dó de desligar uma máquina ou de deixar de dar-lhe manutenção. Obviamente, uma máquina pode ser *usada* de maneira moral ou imoral, dependendo do uso que se faz dela em relação à natureza e aos seres humanos. Os computadores e máquinas controladas por eles podem até imitar razoavelmente certas funções humanas, como pegar um ovo atirado no ar ou jogar xadrez, mas é absolutamente certo que eles não o fazem como nós o fazemos. Simular o efeito de um processo não significa que ele é executado da mesma maneira. No caso humano, qualquer processo interior envolve fatores que, conjeturamos, jamais poderão ser introduzidos em uma máquina, como por exemplo os psicológicos e os psíquicos.

1.2 DADO, INFORMAÇÃO E CONHECIMENTO

Compreensão e significado dependem de nossa capacidade de pensar, isto é, de associar percepções e certos conceitos a outros conceitos. Nunca ninguém viu uma circunferência perfeita: esse é um conceito puro, como o são todos os conceitos matemáticos. Podemos supor que os conceitos estão no mundo platônico das idéias, isto é, não existem fisicamente. No entanto, vendo uma forma redonda regular, como a borda de um copo, logo associamos essa forma a uma circunferência, apesar de ela não ser rigorosamente uma circunferência. Associar percepções a elementos desse mundo não-físico por meio do pensar é o que denominamos *dar significado* ou *compreender*, processos essenciais na absorção de informações.

Portanto, tomar um dado como uma informação depende de um ser humano que o recebe e que o interpreta, associando-o a um conceito conhecido. A tabela de temperaturas citada não é uma coleção de informações, é uma coleção de dados. Dependendo de quem a lê (ou a ouve), pode tornar-se uma coleção de informações – no caso de haver compreensão do seu conteúdo.

Como dissemos, um computador só trata de dados, sendo incapaz de associar significados a eles. Assim, é válido chamar essa máquina de "processador de dados"; é inválido dizer que ela "processa informações". Tudo se passa com o computador como se ele lidasse apenas com dados, como os que estavam no nosso exemplo de uma tabela incompreensível. De fato, o computador não "compreende" absolutamente nada. O computador é uma máquina sintática, pois as relações entre dados é sempre feita de maneira estrutural, por exemplo por contigüidade física dentro do dispositivo de armazenamento ou por meio dos chamados "ponteiros". Um dado "aponta" para outro, se ao lado do primeiro colocar-se o endereço do segundo, indicando onde o último está armazenado. Um computador pode ser programado para reconhecer padrões, como por exemplo a escrita manual cursiva. Mas isso é feito de maneira puramente matemática, com uma quantidade tão enorme de cálculos que deveria provocar profunda admiração pelo ser humano que, parece-nos, obviamente não calcula quando lê. Ao lermos, estamos continuamente associando conceitos para reconhecer letras e palavras, e muito mais ainda para compreender uma frase.

É importante o leitor observar que pudemos, acima, definir dado, mas o que fizemos foi uma caracterização de informação. De fato, não podemos definir formalmente o que é um significado, o que é compreensão, conceito, etc.

Com nossa definição de dado e caracterização de informação, podemos concluir que é impossível armazenar informações em um computador, pois elas dependem de uma pessoa que as recebe e as consegue interpretar, associando-as a conceitos. O que colocamos em um computador são exclusivamente dados. Portanto, é correto falar-se em "bancos de dados". Na nossa caracterização, é indevido falar-se em "bancos de informações".

Suponhamos que uma pessoa tenha informações que queira transmitir a outra pessoa. O que ela transmitirá são dados. O grande problema é como representar as informações sob a forma de dados, eventualmente armazenando-as em um banco de dados, de modo que a pessoa que os receba possa transformá-los nas informações que a primeira quis transmitir. O sentido dos bancos de dados é justamente armazenar dados que podem ser estruturados (por exemplo, separando o nome de um funcionário de seu salário, e relacionando esses dados ao departamento da empresa em que ele está alocado), selecionados e transmitidos a pessoas, sendo por elas interpretados e transformados em informações úteis.

É importante enfatizar que, de acordo com o que foi exposto, dados são entes meramente *sintáticos* – em geral, os símbolos em que estão representados são organizados estruturalmente, isto é, sintaticamente. Em si, os dados não contêm nenhuma *semântica* (ou significado). Informação, por outro lado, deve necessariamente conter semântica.

Dados são puramente objetivos, podendo ser descritos matematicamente. Informações são objetivas-subjetivas: quando são transmitidas por meio de dados, são representadas objetivamente (como por exemplo um texto, uma foto, uma fita gravada). A transmissão de informações sem dados também é feita objetivamente (usando o exemplo anterior, qualquer pessoa entra em contato com o mesmo ar, para ver se está quente ou frio). No entanto, o significado que lhes é atribuído depende do receptor humano. Aqui ocorre algo muito especial: por trás dessa subjetividade da interpretação particular dada por uma certa pessoa, pode existir um conceito absolutamente universal, o que ocorre na maior parte das vivências. Todas as pessoas sadias e com suficiente conhecimento, ao se defrontarem com uma porta fechada, reconhecem que se trata de uma porta, passando eventualmente a abri-la. Portanto, o conceito é também objetivo. Além da subjetividade da interpretação, o pensamento empregado nesse processo depende da pessoa, e não pode ser vivenciado por outra. Por essas duas razões, caracterizamos a informação como objetiva-subjetiva.

1.2.3 Conhecimento

Para completar, podemos ainda abordar o que entendemos por *conhecimento*. O conceito do conhecimento é complexo e sutil. Neste livro, consideramos, como é praxe em textos de informática, uma noção empobrecida e simplificada de conhecimento, que é entretanto suficiente para os assuntos que iremos abordar. Para nós, tem-se conhecimento quando podem ser efetuadas associações de conceitos, baseadas em uma *vivência pessoal* dos objetos envolvidos. Informação é um conhecimento teórico, e conhecimento propriamente dito é sempre prático. Pode-se ler bastante sobre Paris, obtendo-se assim, em nossa caracterização, informações sobre essa cidade. Mas conhecimento sobre ela só se obterá visitando-a pessoalmente. Conhecimento é, portanto, totalmente subjetivo (cada um tem uma vivência diferente), e envolve *pragmática*. Nessa nossa conceituação, é impossível transmitir conhecimentos. Recordando, em geral, o que se transmite são dados, que podem eventualmente ser incorporados como informações – e não como conhecimento – pelo seu receptor. Voltando ao exemplo da temperatura do ar fora de casa, a primeira pessoa, ao sair dela para experimentar qualitativamente a temperatura, teve uma vivência. Portanto, ela adquiriu um conhecimento da temperatura do ar exterior. Quando ela volta à casa e conta a uma outra pessoa se está frio ou quente lá fora, essa outra pessoa obteve uma informação, e não um conhecimento.

Para resolvermos a questão de conhecimento de áreas puramente intelectuais, como a história, em que não é possível ter vivências das coisas passadas há centenas de anos, consideramos que existe uma memória universal. O historiador, ao se embrenhar profundamente no estudo dos fatos passados, entra em contato com essa memória, adquirindo por meio dela então uma vivência conceitual daqueles fatos. Não vamos nos alongar sobre esse aspecto, pois fugiríamos do objetivo deste livro. Do ponto de vista de áreas técnicas, nossa caracterização de conhecimento como exigindo uma vivência prática da realidade funciona perfeitamente.

1.2.4 Competência

Finalmente, entendemos como *competência* uma capacidade já demonstrada de produzir algo socialmente útil. Uma pessoa pode ter muita informação e conhecimento de Paris, mas não pode dizer que é um guia competente nessa cidade, se não puder mostrar como já serviu de guia na mesma. A competência envolve uma *ação física* (e não simplesmente uma sintaxe, uma semântica ou uma pragmática como nos outros conceitos), e é subjetiva-objetiva: ela existe interiormente em uma pessoa, é sua propriedade exclusiva, mas a produção de algo a partir dela pode ser vista por qualquer um.

1.2.5 Gestão de conhecimentos e de competências

Se de nosso ponto de vista não há sentido em se falar em bancos de informações, muitíssimo menos dever-se-ia falar em bancos de conhecimentos (*knowledge base*) ou de competências. Nos três casos (dados, informações e conhecimentos), o que se tem são bancos de dados, que podem ser interpretados como informações, incentivando pessoas a procurar vivências que levam a conhecimentos, e a eventualmente produzir algo, adquirindo assim competência. Já se gastaram enormes quantias de dinheiro pensando-se que se estava criando um repositório de conhecimentos, quando na verdade foram criados meros bancos de dados.

Finalmente, é interessante observar que há sentido em se falar de gestão de conhecimentos ou de competências, pois a gestão é feita por pessoas. Mas é importante saber que o que se está gerindo não é objetivo, sendo portanto sujeito a interpretações diversas. Além disso, os elementos usados nas decisões sobre gestão de conhecimentos e de competências podem ser representados sob a forma objetiva de dados, mas a sua origem não é objetiva, sendo portanto um mero possível modelo formal da realidade. Isso significa que, aos dados armazenados e calculados objetivamente, é sempre necessário agregar conhecimentos e decisões subjetivos, quando se vai tomar alguma atitude que envolve conhecimento ou competência. Isso se passa, por exemplo, na seleção de profissionais para comporem uma equipe de projeto, ou para preenchimento de cargos vagos, seleções essas baseadas em um sistema que armazena dados sobre competências. O computador dá uma indicação objetiva, mas os dados que representam conhecimentos ou competências têm muito pouco a ver com os últimos do ponto de vista do mundo real. Portanto, nunca se deve julgar a competência de uma pessoa baseando-se exclusivamente em dados, sem que se levem em conta fatores subjetivos. Em caso contrário, estar-se-á tratando essa pessoa como máquina. Em um artigo mencionado nas referências (ver fim do capítulo), são abordados com mais extensão os conceitos aqui apresentados, desde dados até competências, e são descritos sistemas que o primeiro autor desenvolveu para gestão de competências.

1.3 Níveis de abstração: da realidade ao dado

A evolução da humanidade pode ser encarada em parte como um trajeto no sentido da aquisição progressiva da capacidade individual de abstração. De um ser intimamente ligado ao universo e em particular à natureza, o ser humano individual tornou-se ao longo do tempo um ente independente, isolado e com cada vez maior capacidade de introspecção objetiva, isto é, sem que esta dependa de fatores subjetivos, temporais e individuais. O aparecimento do computador deu-se numa época em que essa capacidade de abstração deixou de ser privilégio de alguns e passou a pertencer e ser exercida por todos aqueles, cuja educação e ambiente são propícios ao desenvolvimento individual no sentido indicado. As informações que não são representadas por dados objetivos deixaram de satisfazer aos anseios individuais de abstração e objetividade; cada vez mais são exigidas informações mais objetivas e abstratas, isto é, aquelas que podem ser associadas a conceitos universais e não-temporais.

Vamos introduzir neste capítulo os vários níveis de abstração envolvidos no processo de se fazer uma *Análise de um Sistema*, isto é, de produzir um modelo da realidade que pode ser armazenado e processado por um computador. Como vimos, o que se armazena em um computador são dados, e os programas que ele deve executar também são dados, de modo que o objetivo de uma análise de sistemas é partir do mundo real e chegar a estruturas de dados que, com os dados propriamente ditos, constituirão um banco de dados, e ao desenvolvimento de programas de tratamento desses dados. A fig. 1.3 apresenta um esquema que contém possíveis níveis de abstração, indo desde o mundo real até os BDs e os programas.

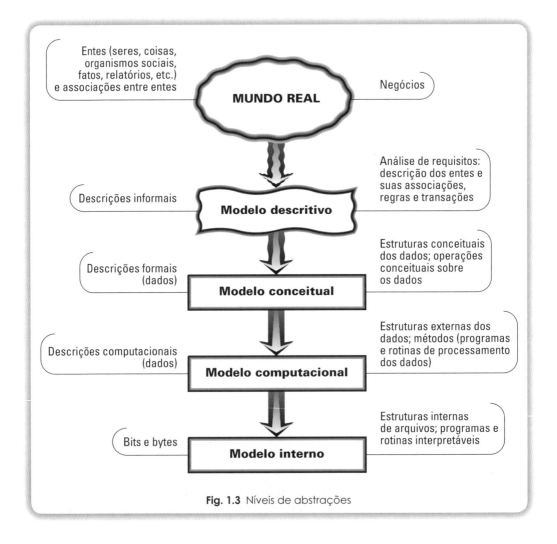

Fig. 1.3 Níveis de abstrações

1.3.1 O nível do mundo real

O primeiro nível é o do mundo *real*, que do ponto de vista formal é ainda muito nebuloso. Vários cientistas e leigos adotam a hipótese de trabalho ou têm a fé de que, um dia, o mundo real será todo formalizável, pois a sua visão do ser humano e do universo é mecanicista. Mas mesmo os que têm essa crença moderna concordarão em que o conhecimento científico atual do mundo real é ínfimo e, portanto, esse mundo permanece nebuloso em termos científicos clássicos, daí termo-lo representado por uma nuvem. Os "objetos" do mundo real são os *seres*, os *fatos*, as *coisas*, e os *organismos sociais*. Como a seres e organismos não se dá normalmente a denominação de "objetos", usaremos a palavra *entes* para designá-los. Assim, estamos considerando um departamento de uma empresa como um ente do mundo real, pois é um organismo social. Mesmo se fosse apenas uma especificação que existe num papel, ele poderia ser considerado como pertencente ao mundo real, como o são os desenhos de um projeto de engenharia. Além dos entes, é fundamental anotar as *associações* existentes entre entes no mundo real. Por exemplo, o fato de um determinado livro ter sido escrito por um certo escritor é uma dessas associações. Note-se que não desejamos dar precisão à palavra "mundo real"; estamos cientes de que existem várias questões filosóficas e de percepção ligadas a esse conceito, como por exemplo se os pensamentos, sentimentos e a vontade são ou não reais ou, de outra maneira, a distinção entre o concreto e o abstrato. Materialistas diriam que apenas o que é fisicamente material é real; idealistas diriam que apenas o não-físico é real, e realistas-monistas considerariam ambos como realidades que se interpenetram em planos diferentes (Goethe disse uma vez a Schiller que "observava" mentalmente sua "planta arquetípica" [*Urpflanze*], no mundo platônico das idéias, com tanta realidade como se observa um objeto qualquer com nossos sentidos comuns). Com a nossa imprecisão, deixaremos para o projetista delimitar o que lhe interessa como mundo real, para fins de tratamento de informações.

1.3.2 O nível descritivo

O segundo nível é o das *descrições informais* feitas em uma linguagem natural (português, inglês, etc.), tanto escrita quanto falada. Esse nível já é de abstrações, apesar de estas poderem abranger uma gama muito ampla, desde asserções logicamente perfeitas até frases ambíguas ou mesmo poéticas, contendo um simbolismo que transcende a experiência sensorial direta. O importante é que haja uma descrição por meio de frases (ou outros meios como figuras e fotos), preferivelmente sem o uso de conceitos matematicamente formais, ou pelo menos com um mínimo deles.

Para caracterizarmos um pouco melhor, diríamos que, nesse nível, que denominaremos de *nível descritivo*, a descrição de um universo (ou de suas partes) deve ser totalmente inteligível para as pessoas que interagem normalmente com ele (ou partes dele), sem se exigir um conhecimento adicional. Portanto, essas descrições devem ser suficientemente claras para serem absorvidas como informações pelos que as recebem. É evidente que essas descrições devem ser as melhor organizadas possível e constituem um modelo da realidade, que denominamos de *modelo descritivo*. Não há regras formais para se desenvolver esse modelo, pois tanto o mundo real quanto o próprio modelo descritivo não são formais. Assim, pode-se no máximo dar certas diretrizes de como derivá-lo do mundo real e como organizá-lo, no que é denominado de *Análise de Requisitos*. O resultado de tal análise é a descrição informal do que é denominado

10 CAPÍTULO 1 — NÍVEIS DE ABSTRAÇÃO; ESTUDO DE CASO

regras do negócio e as *transações* pertinentes a ele. Por exemplo, o fato de um determinado livro de uma biblioteca poder estar emprestado a um único leitor é uma dessas regras. O ato de emprestá-lo é uma transação. Como é constituído de dados, mas que representam algo não formal, esse nível é representado por meio de um retângulo com bordas curvas.

Usaremos nesse nível o mesmo nome de *entes* quando, nele, nos referirmos aos entes do mundo real.

1.3.3 O nível conceitual

O terceiro nível é o dos *dados conceituais*, em que o modelo desenvolvido deve ser estritamente formal. Como o objetivo é chegar-se, em um nível posterior, a um modelo computacional, isto é, que pode ser fornecido a (e processado por) um computador, o formalismo a ser adotado é o da matemática e a ferramenta básica é o conjunto no sentido matemático. É interessante observar que a matemática do computador, denominada de "matemática algorítmica", é um subconjunto próprio da matemática geral; de fato, é impossível representar rigorosamente em um computador os conceitos de contínuo e de infinito. O computador só aceita linguagens estritamente formais e, como vimos, é por si só uma máquina abstrata, matemática, sintática. Isto é, todo o seu processamento pode ser representado por formalismos matemáticos. Assim, a adoção de modelos estritamente matemáticos no nível dos dados conceituais é um passo dirigido para facilitar a posterior formulação do modelo no nível computacional. Vamos denominar esses modelos de *modelos conceituais*, para caracterizar que são baseados em símbolos – como veremos, serão usados símbolos gráficos e matemáticos – para os quais deve haver uma conceituação rigorosa, mas que eventualmente não podem ser introduzidos em um computador, existindo no papel e em nossa mente. O leitor não deve estranhar que não se possa introduzir no computador certos conceitos matemáticos: esse é justamente o caso dos já citados conceitos de infinito e de contínuo. De maneira geral, os conceitos transcendem o formalismo matemático, como por exemplo o conceito de árvore, mas o que nos interessa aqui são conceitos puramente matemáticos, pois nosso objetivo maior é posteriormente representá-los em computadores, que são máquinas matemáticas. Para isso, será necessário mudar a representação dos conceitos que não podem ser introduzidos no computador, como veremos no cap. 3. Como tratar-se-á de "modelos conceituais de bancos de dados", cremos que o crime de se usar a denominação "modelo conceitual" não é tão grande, e permite-nos usar essa expressão bastante comum na área, se bem que aplicada em casos um pouco diferentes do nosso. Obviamente, o modelo descritivo é também conceitual, mas empregaremos esta denominação apenas para modelos do terceiro nível, isto é, sempre que nos referirmos a "modelo conceitual", queremos dizer "modelo conceitual formal". Denominaremos neste texto o nível das informações formais por *nível conceitual*.

Nos modelos conceituais, aparecem dois aspectos distintos, em geral misturados nos modelos descritivos: trata-se das *estruturas de dados* e dos *tratamentos dos dados*, dando origem ao *Modelo Conceitual de Dados* e ao *Modelo Conceitual de Tratamento de Dados*, ou *Modelo Funcional*. Esses aspectos vão ficar claros, quando descrevermos o modelo conceitual. Por ora, basta considerarmos que, de um lado, os dados podem ser organizados estruturalmente. Por exemplo, os dados sobre os livros de uma biblioteca, constituídos por uma estrutura envolvendo o título de cada livro, seu número de tombo,

1.3 Níveis de Abstração: da Realidade ao Dado

seus autores, a editora, local, ano da publicação e seus assuntos. Os dados sobre pessoas devem conter uma parte referente ao endereço – que é composto, pois é estruturado em local, CEP e cidade, sendo o local subdividido por sua vez em rua, número e complemento. Um dado como os telefones de uma pessoa tem a estrutura de um conjunto (um número qualquer de valores). Uma outra informação estrutural é a de que existe uma associação entre pessoas e livros, representando o fato de um livro estar emprestado a uma pessoa. Por outro lado, são tratamentos de dados, por exemplo, a introdução dos dados de uma nova pessoa no conjunto de dados de pessoas, a atualização do endereço de uma determinada pessoa, a confecção de um relatório especificando para uma dada pessoa quais livros ela emprestou, etc. Assim, as *estruturas de dados* são metadados que descrevem as estruturas dos dados propriamente ditos. O fato de cada pessoa ter um endereço é um metadado, como o é a estrutura que deve ser usada para cada endereço (local, CEP, etc.). O endereço de uma determinada pessoa é um dado, cuja estrutura segue as especificações estruturais do metadado.

No modelo conceitual, consideraremos os dados provenientes de entes do mundo real de mesma categoria (por exemplo, as categorias dos livros, CDs, funcionários, departamentos, etc.) como constituindo conjuntos abstratos como os da matemática.

Como os dados no nível conceitual são formais, a descrição de seu tratamento também deve ser formal. Em geral, esse tratamento neste nível pode ser subdividido em inserção, exclusão e atualização de dados em um conjunto, bem como a seleção de alguns dos dados de alguns conjuntos, e seu processamento (como os cálculos). Por exemplo, se queremos indicar a mudança de endereço de uma certa pessoa, devemos especificar formalmente uma transação de atualização do elemento do conjunto de dados das pessoas correspondente à pessoa em questão, mais especificamente o seu subelemento referente ao endereço. Se quisermos emitir um relatório sobre as quantidades totais de empréstimos de livros, teremos que especificar ações de seleção e talvez de processamento (totalização dos empréstimos das várias pessoas). Pode-se estender o tratamento de dados com ações de definir, excluir, atualizar, e selecionar os metadados, isto é, manipular as definições das estruturas de dados.

Como veremos no capítulo 2, usaremos uma linguagem gráfica para definir as estruturas de dados do nível conceitual. Apresentaremos também uma linguagem textual alternativa para definir essas estruturas, onde podem ser colocados todos os detalhes que tornariam o modelo gráfico extenso demais. Apresentaremos também uma linguagem textual para definir os tratamentos dos dados no nível conceitual.

Os leitores familiarizados com os conceitos de "Orientação a Objetos" (OO) reconhecerão aqui os dois componentes básicos do que se convencionou chamar uma "classe de dados": as descrições formais da *estrutura* desses dados e do seu *comportamento*. Este último é especificado pelo que se convencionou chamar de *métodos*. Anteriormente à OO, esses dois componentes já existiam, mas eram separados: o primeiro era o "tipo de dados" e o segundo uma rotina ou procedimento que processava dados de certos tipos. Uma das características da OO é a de ter agrupado esses dois conceitos, reconhecendo que um dado não deve existir se não for processado e, por sua vez, o processamento deve seguir a estrutura do dado como especificado em seu metadado. Portanto, passou-se na OO a agrupar as estruturas de certos dados junto com as rotinas que processam os dados que seguem essa estrutura; esse agrupamento foi denominado de "classe". Uma "classe" *encapsula* as definições das estruturas de certos dados juntamente com as rotinas (métodos) de tratamentos dos mesmos, isolando-as de outras "classes" (ver Cap. 8). Cremos que essa noção de *encapsulamento* é a mais importante da OO. Uma das conseqüências do encapsulamento é que os métodos de uma classe não podem tratar dados de outra classe, a menos no caso em que a primeira é uma subclasse da segunda. Com isso, assegura-se que a modularização provida pelas classes seja robusta. É como se ninguém pudesse mexer em algo que não é seu; para isso, é preciso pedir ao proprietário desse algo para efetuar a operação sobre aquilo que é de sua propriedade.

No entanto, é importante observar que foi com a área de bancos de dados, anterior à de OO, que se passou a reconhecer a existência dos dois conceitos distintos, de descrição de estruturas de dados e de seu processamento. Mas, na área de BD, o enfoque era de construir uma base de dados que seriam tratados por rotinas desenvolvidas posteriormente, em diversas aplicações. Isso quebra o princípio do encapsulamento dos dados com os seus comportamentos. No capítulo 8, abordamos esse conflito. É importante, no entanto, adiantar que o que se chama de "Análise OO" inicia sempre com uma análise de dados. Infelizmente, como veremos, não foram utilizados na Análise OO os conceitos que foram desenvolvidos para a análise conceitual de dados, que exporemos no próximo capítulo.

1.3.4 O nível computacional

O quarto nível é o dos *dados computacionais*, também especificado formalmente, que denominamos de *nível computacional*. É o nível dos dados como serão introduzidos no computador pelos usuários e a visão que estes têm do processamento feito pela máquina, isto é, o nível externo do banco de dados. Esses dados e os programas que os processam devem ser especificados por meio de um *Modelo Computacional*. O software que lida com o banco de dados em todos os seus aspectos é denominado comumente de Sistema Gerenciador de Bancos de Dados (GBD), nomenclatura que conservaremos, apesar de considerarmos que uma expressão muito melhor seria Software Processador de Bancos de Dados. Nossa denominação de "computacional" advém justamente do fato de o computador efetivamente "operar" com os dados entregues a ele nesse nível.

Neste nível, temos uma correspondência com os dois aspectos do nível conceitual: o das estruturas de dados e o da especificação de tratamentos dos dados, ambos agora computacionais e não mais conceituais. Temos, assim, duas linguagens nos bancos de dados, a de definição das estruturas dos dados que serão armazenados no BD, constituindo o *Modelo Computacional de Dados*, e do processamento dos dados aí gravados, o *Modelo Computacional de Processamento de Dados*. Agora, os tipos de tratamentos de dados serão os de inserção, exclusão e atualização de dados em um ou mais arquivos do BD, ou a seleção de alguns dos dados de um ou mais arquivos, com seu processamento (por exemplo, cálculos). Na verdade, a estrutura física dos arquivos usados pelo GBD não é conhecida pelos usuários, pois pertence, como veremos, ao próximo nível, de modo que a rigor não deveríamos estar falando de "arquivos". Um grande avanço nesse sentido foi a apresentação, ao usuário, de estruturas computacionais em forma de conjuntos (como veremos, bem diferentes dos conjuntos que usaremos no Modelo Conceitual), o que deu origem ao Modelo Relacional de Dados (MR), que será abordado no capítulo 3. Antes desse modelo, houve outros dois, o de Redes e o Hierárquico, que continuam em uso simplesmente por ainda existirem velhos *main frames* com antigos GBDs que usam esses modelos. Esses dois não serão abordados neste livro por falta de espaço. Constituíam capítulos especiais no livro de BD do primeiro autor [Setzer 1989].

1.3 Níveis de Abstração: da Realidade ao Dado

O MR pode ser subdividido em dois tipos: o Normalizado e o Não-normalizado, abordados nos capítulos 3 e 6 respectivamente; praticamente todos os GBDs comerciais relacionais são do primeiro tipo. O primeiro autor considera (desde a primeira edição de seu livro de BD, em 1986) que o MR não-normalizado ainda acabará por se impor, devido à visão muito mais simples dos dados que fornece aos usuários, da simplificação das consultas, além de em geral aumentar a eficiência de processamento, como veremos no cap. 6.

Vamos insistir na importante distinção entre dados conceituais e dados computacionais. Os primeiros podem ser descritos em qualquer formalismo matemático, podem existir no papel ou mesmo na nossa mente. Os últimos devem ser expressos de tal forma que um computador possa recebê-los e tratá-los. Vamos dar um exemplo. Suponhamos que os dois últimos dígitos do CPF (número de inscrição de pessoas físicas na Receita Federal), que são os dígitos de controle, estejam sendo usados para verificação de consistência (integridade) desse número. Nesse caso, deve existir uma fórmula matemática relativamente complexa com a qual se podem obter os dígitos de controle a partir dos outros dígitos. No modelo conceitual, devem-se expressar as informações o mais próximo possível do mundo real (ou do modelo descritivo), de modo que a fórmula matemática seria a maneira adequada. No entanto, no modelo computacional essa fórmula teria que ser expressa provavelmente em forma algorítmica, que certamente não será tão clara e compreensível como a original. Pior ainda, o algoritmo terá que ser expresso em "programês", isto é, em alguma linguagem de programação, para poder ser introduzido no computador, o que torna ainda mais obscura a sua apresentação e compreensão.

É interessante notar que os sistemas de computação estão sendo produzidos em nível cada vez mais alto, do ponto de vista do usuário, isto é, este está precisando conhecer cada vez menos os detalhes da computação para poder especificar seus dados e o seu tratamento. Assim, os dados computacionais estão chegando cada vez mais próximos dos dados conceituais. O usuário não está mais precisando aprender "programês" para usar o computador. Por meio do uso de linguagens gerais de especificação de sistemas e de transações, ele está precisando aprender o que poderíamos denominar de "analistês". Como veremos ao estudarmos um particular GBD que segue o Modelo Relacional, o MS Access (cap. 5), existem GBDs em que tanto as definições das estruturas de dados como das operações sobre os dados são especificadas parcialmente (dependendo do caso, totalmente) por meio de sistemas gráficos. A tendência de fugir da programação, e passar-se a uma especificação não-algorítmica de dados e de seus tratamentos ficou muito clara com o sucesso das planilhas eletrônicas. Infelizmente, as planilhas só permitem ser usadas sem programação (de novas funções ou de "macros") quando um problema pode ser expresso como tratamento de tabelas de cálculo, assim como sistemas de processamento gráfico só se aplicam a problemas de criar e manter figuras, etc. GBDs também seguirão essa tendência. Marcos Ximenes, da empresa Borah Informática, de São Paulo (http://www.borah.com.br), que desenvolveu um excelente sistema de registro acadêmico para escolas e faculdades, com cerca de 200 instalações no Brasil na época em que estamos escrevendo este texto, contou-nos que a migração de seu sistema para o GBD Access diminuiu para 1/20 o número de linhas de programas, permitindo muito mais flexibilidade e rapidez nas alterações e adaptações do sistema. Isso deveu-se ao fato de que muitos tratamentos de dados, como acesso aos dados e geração de relatórios, podem ser especificados nesse GBD sem programação, em parte por meio de sistemas gráficos.

Como o nível computacional já é o nível da máquina, nele o usuário pode dar inúmeras especificações de eficiência, necessitando para isso de um bom conhecimento da estrutura interna dos arquivos gerados pelo GBD e de "programês". O aumento da capacidade e velocidade dos computadores têm, no entanto, compensado as ineficiências provindas de especificações de nível mais alto de abstração. Por exemplo, como veremos no cap. 4, em geral uma consulta a BDs relacionais formulada na linguagem SQL passa por uma análise de eficiência das várias implementações possíveis dessa consulta, sendo escolhida para processamento aquela que o sistema conclui ser a mais eficiente.

E por falar em eficiência, vamos dar aqui mais uma caracterização fundamental da diferença entre o nível computacional e o nível conceitual. Não faz sentido tratar-se de questões de eficiência no segundo. Ele deve existir para estabelecer um modelo formal que esteja o mais próximo possível do mundo real (ou do modelo descritivo). Questões de eficiência são derivadas exclusivamente das necessidades do nível computacional, isto é, da máquina. É óbvio que se pode formular o modelo conceitual, pensando-se em questões de eficiência computacional. Por exemplo, é possível introduzir-se redundância na representação dos dados conceituais, pois muitas vezes redundâncias podem aumentar brutalmente a eficiência computacional. Para nós, isso é um contra-senso. Seria interessante citar aqui uma frase que o primeiro autor repete constantemente para seus alunos: "Tirem o computador da cabeça!" Ela aplica-se totalmente, ao se elaborarem, durante um projeto, os modelos descritivo e conceitual. Um modelo conceitual que já leva em conta aspectos computacionais nunca é um modelo geral, independente da implementação. Aquela frase aplica-se também no desenvolvimento de um algoritmo, pois se este é feito pensando-se em uma particular implementação, por exemplo no nível das estruturas computacionais de dados (como a escolha da implementação de uma matriz sob a forma de uma lista ligada ou por meio de variáveis indexadas), estamos pensando no nível do programa e da máquina e não na abstração matemática que deve ser um algoritmo, independentemente de sua implementação num computador. Implementações mudam, algoritmos não mudam (se corretos e eficientes). Modelos computacionais mudam com o GBD, modelos conceituais não. De qualquer modo, modelos conceituais bem feitos constituem uma documentação de alto nível para as estruturas de dados e programas implementados.

Da mesma maneira que no nível conceitual, o usuário deverá usar linguagens de especificação, tanto das estruturas de dados (metadados) como do tratamento (especificações de inserção, atualização, exclusão, seleção e processamento) que ele deseja dar aos dados. Para usarmos uma nomenclatura já tradicional na área, chamaremos essas duas linguagens de Linguagem de Descrição de Dados (LDD) e de Linguagem de Manipulação de Dados (LMD), provenientes de *Data Description Language* e de *Data Manipulation Language*, respectivamente. Idealmente, essas linguagens devem ser unificadas em uma só, como é o caso da linguagem SQL. Infelizmente, como veremos no cap. 4, a SQL não é uma linguagem de programação, e sim de descrição (pobre) das estruturas de dados e do tratamento exclusivo de busca, atualização, inserção e exclusão de dados, sem possibilidade de se especificar processamentos algorítmicos – mesmo alguns extremamente simples.

1.3.5 O nível interno

O quinto e último nível é o nível da máquina, não mais do ponto de vista do usuário, mas dos aspectos internos, isto é, das representações internas dos dados e dos programas. Por exemplo, estes podem estar em Linguagem de Máquina (código objeto

1.4 PROJETO DESCENDENTE   15

"executável" – na verdade, toda instrução em linguagem de máquina não é executada, e sim interpretada pelo computador) ou em uma Linguagem Intermediária (código objeto interpretável). Nesse nível, as estruturas de dados e os programas são gerados automaticamente pelo GBD, traduzindo as especificações dadas pelo usuário no nível computacional. Assim, o usuário não toma conhecimento dos detalhes internos. Não lhe interessa qual a forma sob a qual seus dados estão descritos internamente, isto é, como as estruturas de dados que ele forneceu no nível computacional determinam a forma com que os dados são gravados, e nem a forma sob a qual as suas especificações de manipulações de dados estão lá dentro da máquina. A esse nível da máquina "por dentro" e não "por fora", isto é, como o usuário a vê através das interfaces implementadas pelo software, denominaremos de *nível interno*; os modelos correspondentes serão os *modelos internos*. Esse é o nível não mais dos dados, mas das *cadeias* de *bits* ou de *bytes*. Note-se que essas cadeias não contêm nenhuma estrutura intrínseca; tanto podem ser dados do usuário, como estruturas puramente internas (contadores, ponteiros, etc.) ou mesmo programas. As estruturas são definidas pelos programas que as utilizam.

Existe a possibilidade de se subdividir o nível interno, separando-se por exemplo as cadeias com especificações estruturais (constituindo o que se denomina de "dicionário de dados") das cadeias correspondentes aos dados propriamente ditos. Mas não o faremos, pois para o usuário o computador deve ser, sob certos aspectos, análogo ao seu próprio organismo: o interior é normalmente uma noite profunda. Ao se comer um pedaço de pão, pode-se inicialmente vê-lo, cheirá-lo, apalpá-lo, e mesmo sentir seu gosto e consistência dentro da boca; mas, ao engoli-lo, ele passa para um nível de inconsciência, não interessando mais sua forma interna, e nem havendo mais possibilidade de observá-lo conscientemente. Ao usuário não deve interessar a forma interna dos dados; ela não é mais seu problema. Na verdade, as coisas não foram bem assim no passado, e continuam sendo, em menor escala, no presente: para conseguir maior eficiência, em geral o usuário deve entrar em maior ou menor grau nos detalhes dos *bits* e dos *bytes*, como é o caso dos índices do Modelo Relacional, como veremos no cap. 10. Mas isso está mudando e temos a esperança de que num futuro próximo a necessidade de o usuário ter qualquer conhecimento de computação desapareça por completo, pelo menos na área de uso de sistemas gerenciadores de bases de dados.

É interessante notar que é muito comum chamar-se o nível interno de "nível físico". Preferimos "interno", pois o nível computacional já é físico, isto é, voltado para a máquina. Por outro lado, também se usa "nível lógico" para o nosso nível computacional. Se fôssemos empregar "lógico", te-lo-íamos usado para o nosso "conceitual", pois algo pode ser matematicamente lógico e não ser passível de representação direta no computador, como é o caso desse nível. Exemplos clássicos de conceitos matemáticos (portanto, no "nível lógico") que não podem ser implementados em computadores são, como já vimos, as noções de infinito e de contínuo.

1.4 Projeto descendente

Verificamos a possibilidade de serem reconhecidos, no projeto e utilização de bancos de dados, cinco níveis de abstração e o fato de o projetista enfrentar diretamente, em maior ou menor grau, os quatro níveis superiores. Além disso, vimos que nos níveis conceitual e computacional devem existir modelos formais que descrevem tanto a estrutura como o tratamento dos dados. Assim sendo, surge a questão: é possível usar métodos para se derivar sistematicamente os modelos dos vários níveis? Neste livro abordaremos dois tipos de métodos, o *descendente* (*top-down*) e o *ascendente* (*bottom-up*). Este último será descrito no cap. 9 como um método de síntese de relações em "3.ª Forma Normal" do modelo computacional relacional.

Um método descendente é aquele que segue os níveis de abstração "de cima para baixo" (*top-down*): inicialmente é feito um modelo descritivo a partir de observações e vivência do mundo real. A partir do modelo descritivo, deriva-se um modelo conceitual, e deste um modelo computacional, que é então introduzido no computador.

É evidente que não pode existir um método formal para se analisar o mundo real (pois este não é formal, segundo uma de nossas hipóteses fundamentais de trabalho), a fim de se derivar um modelo descritivo que, por sua vez, também não deve ser formal. Essa derivação não formal foi representada na fig. 1.3 por um arco bem sinuoso que vai do mundo real para o modelo descritivo. Para se derivar um modelo conceitual formal a partir do modelo descritivo, também não pode existir um método formal, pois o segundo modelo não é formal. Esse passo é certamente mais formal (ou menos informal) que o anterior, daí ter sido representado na fig. 1.3 por um arco pouco sinuoso. No item 2.8, daremos algumas indicações de como se pode derivar o modelo conceitual a ser empregado neste texto, a partir de uma análise gramatical de sentenças do modelo descritivo. Essa derivação é mais informal do que formal, já que a gramática capta apenas a parcela estrutural das sentenças, deixando-se de lado toda a parte semântica (no sentido amplo da palavra), isto é, como vimos, a compreensão do significado dos dados e do seu tratamento.

Já a derivação de um modelo computacional a partir de um modelo conceitual pode ser feita em quase sua totalidade de maneira puramente formal, o que foi mostrado na fig. 1.3 por uma seta retilínea. Não pode haver um mapeamento total de um modelo no outro, pois, como já vimos, existem elementos que pertencem a cada um dos níveis e que não ocorrem no outro. Por exemplo, o fato de se desejar especificar no modelo computacional um *item de busca*, isto é, um dado que será muito empregado nas consultas à base de dados para localizar outros dados, e que no modelo relacional deverá ser especificado como um *índice* (*ver* 3.3). Seria o caso de consulta a um conjunto de dados de livros, em que se deseja com muita freqüência localizar os dados de um livro pelo nome de um autor ou pelo assunto. Assim, seria muito importante especificar para o sistema que esses dados devem ser estruturados internamente de maneira especial (por exemplo, usando-se listas invertidas em forma de B-árvores, a implementação mais comum dos "índices", expostas no cap. 10) – para permitir buscas eficientes a partir deles. Como vimos em 1.3.4, essa especificação de eficiência não deve existir no modelo conceitual, pois aí interessa apenas o fato de as especificações refletirem, o melhor possível, o mundo real, não importando o aspecto computacional.

No próximo capítulo, introduziremos um modelo conceitual, para nos seguintes apresentarmos os modelos computacionais relacionais, enfocando-os como meio para se representar no nível computacional os conceitos do nível conceitual. Assim, o enfoque descendente permanecerá nesses capítulos. Os modelos computacionais não serão introduzidos como estruturas existentes *per se*, mas como ferramentas na implementação de um banco de dados seguindo um método descendente do projeto. Assim, ao aspecto didático dessa abordagem soma-se o aspecto prático de técnica de projeto.

1.5 Estudo de caso

1.5.1 Introdução

Nesta seção, introduziremos uma aplicação que será usada no restante do livro. Muitos dos exemplos que daremos nos capítulos seguintes serão retirados dessa aplicação. Trata-se de um sistema de bancos de dados para uso caseiro, a fim de organizar uma "multiteca", isto é, um sistema integrado com uma biblioteca com livros, uma fitoteca de fitas de som e de vídeo, e uma discoteca de CDs e de DVDs. Fitas e discos serão chamados de "meios de gravação". Usamos esse exemplo, pois, além de ilustrar a maior parte dos conceitos que queremos introduzir nos próximos capítulos, ele pode ser implementado pelo leitor para seu próprio uso, usando o gerenciador de bancos de dados (GBD) mais difundido no momento em que escrevemos, que é o MS Access, como será exemplificado com parte do sistema, no cap. 5.

Vejamos um modelo descritivo para essa aplicação.

1.5.2 Modelo descritivo

O sistema Multiteca deverá permitir ao usuário inserir e obter dados sobre seus livros, fitas de som (K7s) e de vídeo, CDs e DVDs, e facilitar a sua localização. Denominaremos cada um deles de um *item*, e cada música e filme, de *obra*. Para simplificar, cada livro será considerado como algo único, isto é, sem subdivisão em diversas obras literárias. O sistema deverá conter dados sobre localização desses itens na residência do usuário ou em seu escritório, com quem estão ou de quem foram emprestados, a que fornecedor foram encomendados para compra, sobre artistas, autores, músicas, etc. A intenção é poder, por exemplo, a partir de títulos de obras, nomes de autores, intérpretes, etc. saber em que itens eles ocorrem, seu estado (disponíveis, emprestados, etc.) e onde estes estão localizados. Quando o usuário tem intenção de comprar algum desses objetos, ele pode verificar se já o tem, se por exemplo gostaria de ter a mesma obra com outros intérpretes, etc. Suponhamos que a análise de requisitos do sistema tenha resultado no seguinte modelo descritivo:

Especificações gerais:

g_1) Serão considerados apenas itens físicos, isto é, não serão tratados livros, gravações e filmes virtuais.

g_2) Na Multiteca não há partituras musicais.

g_3) Cada item pode estar guardado em uma prateleira de algum cômodo da casa do usuário, ou de seu escritório profissional fora de casa. Alternativamente, um item pode estar em uso ou pode estar emprestado a alguma pessoa.

g_4) Um item pode ter sido emprestado de alguma pessoa.

Os dados sobre cada item são os seguintes:

d_1) Cada item tem uma etiqueta com um número de identificação seqüencial, a fim de poder ser localizado. Não há distinção entre números de tipos de itens diferentes (ver a seção 3.13, Projeto de chaves) Em cada prateleira, os itens são dispostos em ordem crescente desse número.

d₂) Livro: nomes de autores, título, tradutor (se houver; limitar a apenas um), editora, cidade e ano da publicação, edição, assuntos, comentários. Quando houver várias edições de um livro na multiteca, deseja-se registrar a associação entre as várias edições e a primeira. Se for uma tradução, deve ser possível armazenar os dados da edição original, como o título e dados da editora, nos casos em que se deseja usar o sistema para fazer referências bibliográficas. Deve haver possibilidade de se obterem os dados do original a partir de uma tradução, e vice-versa.

d₃) Fita de som, CD e DVD com trilhas de som: se é original ou gravação pessoal, músicas gravadas e sua duração, sua ordem na gravação ou trilha, gêneros das músicas, compositores, intérpretes (pessoas, orquestras com seus maestros, bandas), data da aquisição da fita ou CD ou data da gravação de cada música. Para as fitas, o estado em que está a gravação.

d₄) Fita de vídeo ou DVD com filme: filmes, diretores, atores principais, tipos dos filmes, assuntos, músicas e seus gêneros, autores e intérpretes, datas de filmagem e de gravação na fita, estado da fita. Deve ser possível associar filmes a músicas, sendo que estas devem ter os dados como em **d₃**.

d₅) O sistema deve permitir que se façam anotações sobre os livros, músicas e filmes gravados, de modo a guardar comentários sobre eles e facilitar citações dos mesmos, no caso de o usuário escrever um livro ou um artigo. No caso de livros, deve ser possível especificar a página referida na citação, e a trilha, no caso de CDs e DVDs .

d₆) A única característica que interessa das prateleiras é a sua localização, isto é, em que cômodo dentro de qual imóvel, dados pelos seus nomes, elas estão, e seu número dentro do cômodo.

d₇) Para cada item, deseja-se guardar a especificação de seu estado (*status*), isto é, se está emprestado ou foi emprestado de alguém, se está em uso, se se deseja encomendá-lo ou comprá-lo, se já foi encomendado e de qual fornecedor, a data da ocorrência do empréstimo ou da encomenda e a data esperada de devolução do empréstimo ou de entrega da encomenda.

d₈) Para controle dos empréstimos, deve-se ter um cadastro de pessoas conhecidas, com nome, um único endereço e telefones para cada pessoa.

d₉) Para controle de encomendas, deve-se ter um cadastro de fornecedores, com nome, endereço e telefones.

Uma coleção fundamental de dados é a das *restrições de integridade*, que especificam certas condições que os dados devem satisfazer:

r₁) Cada item deve estar em uma única localização, determinada pela prateleira de um cômodo.

r₂) Cada item só pode estar emprestado a ou ter sido emprestado de uma única pessoa.

r₃) Um item está ou guardado ou emprestado.

r₄) Não há fita de som ou CD sem alguma música gravada, e nem uma fita de vídeo sem algum filme, nem um DVD sem uma música ou filme.

r₅) Uma certa música ou um certo filme podem estar gravados em meios de gravação diferentes.

1.6 Referências Bibliográficas e Histórico   *19*

As aplicações referem-se ao uso que se faz dos dados do sistema. Deseja-se implementar as seguintes aplicações:

a_1) Carga, manutenção e exibição de todos os dados do sistema.

a_2) Localizar itens baseando-se em dados a ele associado, como por exemplo autor, compositor, intérprete, ator, orquestra ou banda, maestro, título, gênero, etc.

a_3) Eliminação dos dados das encomendas de itens já entregues. Para isso, o usuário deve especificar uma data-limite, de modo que todas as encomendas e empréstimos anteriores a essa data, já entregues, serão eliminados, permanecendo no sistema os dados das encomendas posteriores a essa data.

a_4) Dado um objeto, obter as anotações feitas sobre seu conteúdo.

1.6 Referências bibliográficas e histórico

Sobre os conceitos da seção 1.2, com relação à definição de dado e caracterização de informação, conhecimento e competência, incluindo sistemas para o auxílio na gestão de competências, veja-se [Setzer 2002]. Para um estudo profundo sobre o pensamento e percepção, de pontos de vista não usuais, o primeiro autor recomenda [Steiner, 2000]. A questão de uma pessoa que nunca enxergou e, depois de operada e com vista normal, não conseguir reconhecer visualmente objetos, é descrita com casos concretos em [Zajonc, 1993, caps. 1, 7], por sinal um livro extraordinário sobre os conceitos de luz.

A citação de Wiener em 1.2.2 está em [Wiener 1964]. Sobre a questão de o ser humano não ser máquina, e conclusões de que o computador ou qualquer máquina jamais vão pensar e ter sentimentos como um ser humano, ver [Setzer 2002a].

Sobre a OO citada em 1.3, ver histórico e referências no cap. 8.

Níveis de abstração semelhantes aos expostos aqui foram usados em vários trabalhos. Por exemplo, no Modelo Infológico desenvolvido por B. Langefors [Langefors (1977), Sundgren (1975)], o que denominamos de Modelo Descritivo é aproximadamente o que Sundgren chama de "modelo do assunto" (*subject matter model*). Nosso modelo conceitual é seu "modelo infológico", se bem que ele emprega um particular modelo com essa denominação; nosso modelo computacional é seu "modelo datalógico". Um outro exemplo de esquema semelhante encontra-se em [Teorey 1982].

É importante distinguir nossa denominação de "conceitual" em contraposição a essa nomenclatura como introduzida pelo conhecido estudo ANSI/SPARC [ANSI 1975, Tsichritzis 1978]. Uma introdução ao mesmo pode ser encontrada no livro de Date [Date 2004]. No caso daquele estudo, a expressão "nível conceitual" foi empregada para denominar o conjunto de todos os dados, no nosso nível computacional. Ela é contraposta ao "nível externo", que indica a visão que cada usuário recebe dos dados, contendo apenas as estruturas e os dados que ele vai manipular. Por exemplo, um usuário poderia receber apenas as informações sobre os funcionários de uma empresa e os departamentos onde estão lotados, não tendo conhecimento da existência de dados sobre produtos, fornecedores de materiais, etc. A visão conceitual seria, segundo Date, "uma visão do conteúdo total do banco de dados, e o esquema conceitual é uma definição dessa visão". No nosso caso, fizemos uma distinção entre "informações" e "dados", que não ocorre no estudo ANSI/SPARC. As "visões dos usuários" (*user views*) serão tratadas no fim da seção 2.26 e em 4.4.11.

Finalmente, recomendamos a leitura do texto [Kent 1983] que contém interessantes considerações sobre o significado de informações e dados.

Capítulo 2

O Modelo Conceitual de Entidades e Relacionamentos

2.1 Introdução

Neste capítulo, apresentamos em detalhes um modelo conceitual de dados, o Modelo de Entidades e Relacionamentos (MER). Ele é uma extensão do modelo com esse nome introduzido por Peter Chen em 1976. Infelizmente, essa denominação de "entidades" e "relacionamentos" foi deturpada, sendo muito empregada hoje em dia para se referir a "relações" (também conhecidas como "tabelas") e ao que denominamos de "ligações lógicas" do Modelo Relacional de Dados (ver cap. 3). Queremos deixar bem explícito que o que será apresentado neste capítulo sob aqueles termos tem *muito pouco* a ver com os elementos do Modelo Relacional. Uma distinção fundamental entre os elementos de um e de outro é que, como expusemos em 1.3.3, o modelo conceitual é formado por conceitos (daí seu nome) que não precisam ter uma representação que permita a introdução de seus elementos em um computador. Por outro lado, o Modelo Relacional é um modelo computacional (ver 1.3.4) e, portanto, todos os seus elementos devem ter uma representação tal que possam ser introduzidos em um computador e adequadamente processados por ele. Com isso, podemos especificar o Modelo Conceitual sem as restrições determinadas pela máquina, por exemplo uma quantificação. Mas somente com a exposição do modelo poderá ficar claro o que do Modelo Conceitual não pode ser introduzido num computador.

2.2 Conjuntos de entidades

Uma *entidade* é uma abstração (isto é, um modelo puramente mental) de um ente existente no mundo real, no sentido dado a esta palavra na seção 1.3.1. Assim, uma entidade pode ser a abstração de um ser, de um fato, de uma coisa, de um organismo social, etc. Por exemplo, em termos de nosso estudo de caso (ver 1.5), são entidades as representações abstratas de um livro, de uma fita, de um fornecedor, de um cômodo da casa, de uma pessoa conhecida, etc. Em outras aplicações, são entidades as abstrações dos materiais usados por uma empresa, os departamentos e divisões da mesma, os seus funcionários, etc. Podemos considerar uma coleção de entidades que têm características semelhantes, isto é, de entes de uma mesma categoria, como formando *conjuntos de entidades*, como por exemplo o conjunto dos livros e o conjunto dos fornecedores. Um conjunto de entidades somente deve representar objetos no mundo real de mesma categoria. Assim, por exemplo, as abstrações de notas fiscais, dos materiais e dos clientes devem estar em três conjuntos de entidades diferentes, apesar de uma nota fiscal no mundo real referir-se a exemplares dos outros dois entes.

No MER, um conjunto de entidades é representado por um retângulo, como na fig. 2.2. Usaremos neste texto nomes de conjuntos não-unitários (isto é, os que contêm mais de um elemento) sempre no plural. Além disso, colocaremos sempre uma inicial maiúscula para indicar que estamos no modelo conceitual (que é formal), permitindo assim uma distinção com palavras iguais no texto do modelo descritivo (que é informal), grafadas com inicial minúscula. Desse modo, fica claro que, ao nos referirmos aos livros do estudo de caso, estamos nos referindo ao modelo descritivo (ou ao mundo "real"). Se nos referirmos a Livros estamos nos referindo ao conjunto de entidades com esse nome no modelo conceitual. Os nomes dos conjuntos de entidades devem ser sempre *substantivos*, pois aplicam-se, como dissemos, a entes com existência própria.

Fig. 2.2 Exemplo de conjuntos de entidades

Um conjunto de entidades representa todos os entes do mundo real referidos pelo conjunto. Assim, na fig. 2.2 cada retângulo representa todos os livros, cujos dados serão armazenados no sistema Multiteca, todos os fornecedores de itens desse sistema e todas as prateleiras. É importante entender-se exatamente o que se está representando. Por exemplo, Livros pode ser considerado como um conjunto de pontos abstratos, como um conjunto da matemática, havendo um ponto para cada livro. Portanto, cada entidade é representada por um ponto de um conjunto de entidades.

Note-se que a nomenclatura de *entes* que demos aos objetos do mundo real e à sua descrição no modelo descritivo (cf. 1.3.1) permite que os distingamos da sua representação abstrata no modelo conceitual, as *entidades*. Em inglês, não existe essa distinção, sendo *being* o que mais se aproxima de "ente", mas essa não é uma boa palavra, pois em geral refere-se a seres (físicos ou não-físicos), e não a coisas físicas, organismos sociais, etc. como aqui. A palavra que se usa nessa língua para "entidade" é *entity*.

Antes de seguirmos adiante, gostaríamos de observar que não consideramos a nomenclatura "entidade" como adequada, pois ela diminui o amplo sentido que se dá comumente a esta palavra. Infelizmente, para atermo-nos à nomenclatura de Chen e de outros, vamos mantê-la. Precisamos confessar, no entanto, que não temos uma palavra melhor, já que essa "entidade" deve indicar por si só algo abstrato, isto é, que existe na nossa mente ou no mundo das idéias.

Podemos, já aqui, dar uma primeira mostra de como o modelo conceitual não pode, a rigor, ser implementado diretamente em um computador. Não é possível representar nessa máquina um elemento abstrato de um conjunto, como o que referimos acima como sendo um "ponto" do conjunto. Cada entidade de um conjunto de entidades representa abstratamente um ente do mundo real. No próximo item, vamos introduzir um elemento do MER que já indica como os dados de uma entidade (e não esta própria), como por exemplo o título de um livro, serão introduzidos, no modelo computacional, no computador.

Regras de projeto

R2.2-1 Nomes de conjuntos de entidades devem estar sempre no plural.

R2.2-2 Para evitar uma *redundância* na representação das informações, deve-se impor que cada ente do mundo real seja representado por uma única entidade de um único conjunto de entidades. Assim, se reduzirmos Sérgio da Silva a um ponto de um conjunto de entidades como Pessoas, ele não deverá ser representado por nenhum outro ponto, seja do mesmo conjunto Pessoas ou de outro conjunto qualquer, como o conjunto Fornecedores. E se Sérgio da Silva for tanto uma pessoa que recebe o empréstimo de um objeto como um fornecedor? Deixaremos essa complicação para a seção 2.17.

A regra R2.2-2 leva à *independência de dados*, isto é, cada dado deve estar representado uma única vez. Assim, sua ocorrência no modelo não está ligada a outras ocorrências do mesmo dado.

Exercício E2.2 Identifique todos os conjuntos de entidades do nosso estudo de caso (ver 1.5).

2.3 Atributos de entidades

A representação de um ente do mundo real como uma entidade, isto é, como um ponto de um conjunto abstrato, não é de grande valia se não associarmos a esse ponto os dados de interesse, denominados de *atributos* que desejamos guardar sobre o ente. Assim, no conjunto de entidades Pessoas, ao ponto correspondente a Sérgio da Silva devemos associar os dados referentes ao seu nome (Sérgio da Silva), seu endereço, sexo, etc. Pode-se, portanto, encarar um atributo de uma entidade como um dado que a qualifica. O nome Sérgio da Silva e seu endereço são qualificações da entidade correspondente a essa pessoa.

Na fig. 2.3, mostramos uma maneira de representar os atributos, exemplificando com o conjunto de entidades Pessoas. Os atributos também poderiam ser representados por segmentos de reta saindo do retângulo com qualquer inclinação, com outras quebras de ângulo, ou curvos, sem a bolinha na ponta, etc. Cada projetista de MERs deve desenvolver a representação gráfica que mais lhe agrade e pareça clara. Uma das vantagens de usar uma bolinha na ponta do segmento, que une o retângulo representando o conjunto de entidades ao nome do atributo, ficará clara na seção 2.7, onde usaremos uma bolinha cheia para uma representação de um atributo especial.

Note-se que, na representação gráfica, os atributos de um conjunto de entidades (Pessoas, no caso) parecem pertencer a ele, mas na verdade eles referem-se a qualquer entidade do conjunto. A fig. 2.3 deve ser entendida, portanto, como "cada entidade de Pessoas tem os atributos Nome, Endereço e Sexo". Na seção 2.19, introduziremos a noção de atributo de um conjunto de entidades propriamente dito, e não de cada um de seus elementos. A rigor, deveríamos distinguir um atributo de um conjunto de entidades, de um atributo de cada entidade de um conjunto de entidades, usando denominações diferentes. Para simplificar, denominaremos os segundos simplesmente de atributos, pois são os mais comuns.

Também aqui usamos os nomes dos atributos com iniciais maiúsculas, para distingui-los de referências informais do modelo descritivo, como por exemplo, "cada pessoa tem um único endereço". Por outro lado, como os atributos que estamos examinando aqui assumem apenas um valor para cada entidade (por exemplo, Sérgio da Silva tem um único nome, um único sexo, etc.), o nome do atributo deve estar sempre no singular.

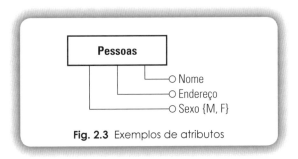

Fig. 2.3 Exemplos de atributos

Note-se que na fig. 2.3 aproveitamos para representar os possíveis *valores* que podem ser assumidos pelo atributo Sexo, isto é, o conjunto {M, F}. Assim, para cada entidade do conjunto, o valor do atributo Sexo deve ser um dos 2 elementos do conjunto de possíveis valores que o atributo assume, denominado de *conjunto de valores*. Não o fizemos com Nome e Endereço, pois não seria possível apresentar todos os possíveis valores para esses atributos.

No MER original de Chen, um *atributo* de uma entidade só pode assumir um único valor elementar, isto é, não pode assumir vários valores para essa entidade e nem pode ser decomposto em subvalores. Por exemplo, Sexo tem um só valor para cada entidade de Pessoas e assume os valores vistos M e F que, obviamente, não podem ser decompostos. O mesmo ocorre com Nome e Endereço: assumimos (cf. 1.5.2 d_8) que cada pessoa tenha um único endereço registrado na Multiteca, o que é um exemplo do que se denomina uma *restrição de integridade* dos dados, isto é, uma condição que os dados devem satisfazer. Além disso, assumindo que Nome é um atributo, ele deve ser considerado por inteiro como um único valor, não podendo ser decomposto em nome próprio, e sobrenome, o mesmo acontecendo com Endereço em relação à rua, número, CEP, etc. Nas duas próximas seções, vamos generalizar a noção de atributo, tornando-o mais abrangente do que o considerado por Chen.

Notação N2.3 Atributo. Se e é uma entidade (por exemplo, correspondente a Sérgio) do conjunto de entidades E (p. ex. Pessoas), com atributos a_1, a_2, etc. (Nome, Endereço, etc.), denotaremos seus valores por $e.a_1$, $e.a_2$, (Sérgio.Nome, Sérgio.Endereço, etc.). Note-se a semelhança com a notação das linguagens de programação Pascal, C, etc. no caso de variáveis com estrutura composta.

Formalismo matemático: ver F2.3.

Regras de projeto

R2.3-1 Nomes de atributos. Esses nomes devem sempre começar com uma inicial maiúscula e estar no singular, com exceção do tipo a ser visto em 2.5.

R2.3-2 Distinção entre conjunto de entidades e atributo. É muito importante reconhecer que a escolha de se representar algo como uma entidade ou como atributo é arbitrária, dependendo em geral da aplicação. Por exemplo, para a multiteca de nosso estudo de caso, o autor de um certo livro é claramente um atributo desse livro. Mas para uma editora, o autor de um livro que ela publica não é simplesmente um atributo desse livro: ela encontra esse autor, combina como será o lançamento do livro, envia-lhe direitos autorais, etc. Em geral, para uma pessoa que compra um livro ou o empresta numa biblioteca, o autor resume-se ao nome que está impresso no livro, e qualifica esse último, isto é, comporta-se como atributo do mesmo. Para a editora, o autor é um ente, que existe no mundo real, com quem ela faz contatos. Para o leitor, o atributo "autor" de um livro resume-se ao nome, isto é, o mais indicado seria denominar esse atributo de Nome do Autor. Já para a editora, os autores devem ser representados por meio de um conjunto de entidades Autores, com vários atributos: nome, endereço, telefone, CPF, conta bancária, etc.

R2.3-3 Se um conjunto de entidades tem um único atributo, provavelmente aquele conjunto é atributo de um outro conjunto de entidades. Mas há casos em que o contrário não é verdadeiro, isto é, uma coleção de atributos que dizem respeito à mesma entidade não indica que se trata dos atributos de um conjunto de entidades, e sim um atributo composto, como veremos na próxima seção.

R2.3-4 Cada atributo deve ocorrer uma única vez em apenas um conjunto de entidades. Com isso, evitam-se redundâncias e garante-se a independência dos dados.

Exercício E2.3 Projete alguns atributos de alguns dos conjuntos de entidades do sistema Multiteca.

2.4 Atributos compostos

É muito comum encontrarem-se atributos que não assumem um valor elementar, como os vistos no item anterior. Por exemplo, é comum dizer-se que um endereço é composto de "local, CEP e cidade" e que, por sua vez, um local é composto de "logradouro, número e complemento". ("Logradouro" é a nomenclatura dos Correios do Brasil, podendo ser nome de rua, praça, avenida, etc.) Isto é, dado um local, ele pode ser decomposto no logradouro, no número e no complemento. Portanto, ele não é elementar do ponto de vista do item anterior; precisamos generalizar os atributos para abarcar esse caso. Assim sendo, vamos introduzir o que denominamos de *atributo composto*: um atributo que pode ser decomposto em outros atributos (compostos ou elementares). São, portanto, compostos os atributos Endereço e Local, que serão representados, a nosso gosto, como na fig. 2.4. Essa representação é feita por meio de uma estrutura em forma de *árvore de dados*. No exemplo, Endereço é o *atributo-raiz* da árvore, e Logradouro, Número, Complemento, CEP e Cidade são os *atributos-folhas*. Os atributos-folhas não devem ser compostos.

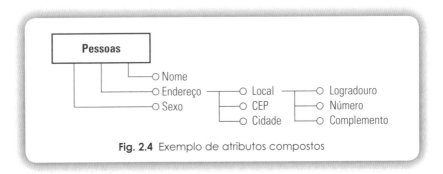

Fig. 2.4 Exemplo de atributos compostos

Com essa representação, é possível referir-se ao valor do atributo Endereço de uma determinada pessoa, como um todo. Com isso, está se subentendendo toda a estrutura, com seus vários níveis. Uma possível representação textual para isso seria:

Endereço (Local (Logradouro, Número, Complemento), CEP, Cidade)

Isto é, dado o endereço de uma pessoa pode-se fazer referência ao seu CEP ou ao seu local. Referindo-se ao local de uma pessoa, quer-se dizer sua rua, o número e o complemento. Mas também é possível fazer referência à rua (logradouro) de uma pessoa, subentendendo-se a parte correspondente de seu local. Isso pode levar a uma outra visão do valor de um atributo composto: a composição dos valores das folhas em um só nível. Essa visão corresponde à estrutura de dados:

Endereço (Logradouro, Número, Complemento, CEP, Cidade)

Essa estrutura tem o nome na Matemática de uma 5-pla ("quíntupla") ordenada: dados os 5 valores para Logradouro, Número, etc., eles formam a 5-pla, na qual a ordem dos elementos é fundamental (senão, poder-se-ia confundir um valor de nome de rua com uma cidade, por exemplo). Note-se que, na visão anterior, a estrutura de Endereço é uma tripla ordenada, sendo o primeiro elemento por sua vez uma tripla.

Desde a linguagem de programação COBOL (o primeiro compilador para essa linguagem foi comercializado em 1960), verificou-se o quão prática é essa possibilidade de se comporem atributos (estruturas de dados, nos casos das linguagens de programação) em vários níveis, facilitando bastante a sua manipulação: não é necessário fazer referência a cada elemento quando o que interessa é a composição completa, como por exemplo o endereço completo. Assim, pode-se pedir o endereço completo de uma pessoa, sem ser necessário solicitar explicitamente o logradouro, o número, etc. Isso facilita muito a programação e a documentação de sistemas que usam essa estrutura, pois eleva o nível de abstração. De fato, no modelo descritivo diz-se "o endereço de uma certa pessoa..."

2.5 ATRIBUTOS MULTIVALORADOS

Não há por que privar a área de bancos de dados dessa facilidade, o que ocorreu como conseqüência da introdução do modelo relacional de dados em 1970 por E. Codd, como veremos no cap. 3, e que acabou influenciando todos os GBDs relacionais. Somente em tempos recentes, essa restrição absolutamente indevida começou a ser levantada, principalmente devido aos bancos de dados orientados a objetos.

Os atributos compostos correspondem às estruturas de dados tipo "structure" da linguagem de programação PL/I, "record" da PASCAL, "struct" da C, classe da Java, etc. É interessante notar que o antigo modelo de redes, que foi relegado ao esquecimento devido à adoção do modelo relacional, mais simples, tinha atributos compostos. Pudera, ele foi desenvolvido por uma subcomissão, o Database Task Group (DBTG), da mesma comissão de fabricantes e usuários de computadores, a CODASYL, que havia definido a COBOL... Se se considerou útil manter e até expandir essa noção de estrutura de dados composta (como foi o caso da união de conjuntos de valores, introduzida na linguagem Algol 68 e depois na C), ela só pode ter sido eliminada dos BDs por pura ignorância do que se desejava conceitualmente para um GBD. Ou talvez por vício em programar em FORTRAN, que surgiu comercialmente em 1958 e não tinha composição de estruturas de dados.

Notação N2.4 Se um atributo a (por exemplo, Endereço) de uma entidade e (p. ex., Sérgio), de um conjunto de entidades E (p. ex. Pessoas) é composto, isto é, $a(c_1, c_2, \ldots)$ (p. ex. Endereço(Local, CEP, Cidade)), então os elementos no segundo nível são indicados por $e.a.c_1$, $e.a.c_2$, etc. (Sérgio.Endereço.Local, Sérgio.Endereço.CEP, etc.). Note-se a semelhança com a notação de Pascal, C, etc. Essa notação é estendida para um número qualquer de níveis.

Regra de projeto R2.4 Nomes de atributos compostos devem ter letra inicial maiúscula e estar no singular.

Exercício E2.4 Descubra alguns atributos compostos no sistema da multiteca, e desenhe os conjuntos de entidades correspondentes com esses e alguns outros atributos.

2.5 Atributos multivalorados

Como visto até aqui, podemos ter, em conjuntos de entidades, atributos elementares (simplesmente chamados de *atributos*) e atributos compostos. Ambos assumem um único valor, elementar ou composto, respectivamente, para cada entidade de um conjunto de entidades. Por exemplo, cada entidade de Livros tem um só título (atributo elementar) e cada entidade de Pessoas tem um só endereço (que é um atributo composto). Acontece que, em muitos casos, ocorrem atributos que não seguem essa restrição de integridade. Isto é, podem assumir mais do que um valor para uma dada entidade. Um exemplo típico é o caso dos livros de uma biblioteca ou de nossa Multiteca. De fato, cada livro tem um só número do livro na Multiteca (ou em qualquer biblioteca, onde é chamado em geral "número de tombo"), assim como um só título, ano da publicação, editora, cidade da editora. Mas cada livro pode ter vários autores, e também vários assuntos. Esses dois não são, portanto, atributos elementares. Para abarcar esses casos, vamos introduzir aqui mais um tipo de atributo, o *multivalorado* (do inglês *multivalued*). Um atributo multivalorado de um conjunto de entidades permite que, em cada entidade desse conjunto, ocorra um *número qualquer* de valores do conjunto de valores associado a esse atributo, isto é, a um subconjunto do conjunto de valores. Na fig. 2.5 damos a nossa representação gráfica para esse tipo de atributo: colocamos um asterisco logo após a bolinha, como no caso de nomes de autores e assuntos dos livros.

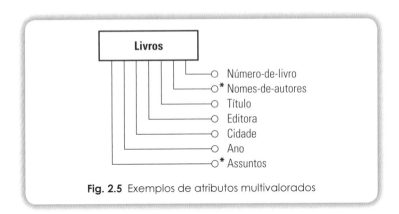

Fig. 2.5 Exemplos de atributos multivalorados

O nome "multivalorado" sugere o nome *monovalorado* para um atributo elementar ou composto que assume apenas um único valor para cada entidade, ao qual ele se aplica, como é o caso do título de um livro ou do (único) endereço de uma pessoa. Como a maior parte dos atributos são monovalorados, em geral dispensaremos esse qualificativo para esse tipo de atributo.

Observe-se que demos nomes no plural para os atributos multivalorados (Nomes-de-autores e Assuntos), pois eles podem assumir mais de um valor. Recordemos que os nomes dos atributos monovalorados devem sempre estar no singular (como Título).

Se soubéssemos que para cada livro serão registrados no máximo dois assuntos, poderíamos ter introduzido dois atributos monovalorados, Assunto-1 e Assunto-2, em lugar de Assuntos. Como veremos na seção 2.26, consulta c_2, o uso de atributos multivalorados simplifica não só a estrutura do modelo conceitual, como também a manipulação dos dados. Basta aqui mencionarmos que qualquer consulta a partir de um dado assunto (por exemplo, para se descobrir que livros cobrem esse assunto) teria no primeiro caso que mencionar explicitamente os atributos Assunto-1 e Assunto-2. Por outro lado, a multivaloração permite a referência, na consulta, a um só atributo. Além disso, é perigoso em um projeto introduzir-se uma restrição de integridade tão particular, pois se as regras do negócio mudarem (isto é, passar-se a permitir, digamos, no máximo três assuntos por livro), muita coisa terá que ser refeita, o que não ocorreria no caso multivalorado.

Um atributo composto pode ser multivalorado, como no caso de, na fig. 2.4, haver vários endereços para cada pessoa; nesse caso, deve-se colocar um * logo em seguida a Pessoas.

Regras de projeto

R2.5-1 Nomes de atributos monovalorados devem estar no singular, iniciando por maiúscula (revisão de R2.3-1 e R2.4).

R2.5-2 Nomes de atributos multivalorados devem estar no plural, iniciando por maiúscula.

2.6 Atributos com Valores Vazios

Formalismo matemático: ver F2.5.

Note-se que, se havia uma correspondência dos atributos compostos em várias linguagens de programação, não há nas linguagens mais comuns essa correspondência quanto aos atributos multivalorados. Não se devem confundir vetores e matrizes com a nossa multivaloração, pois nesses casos é necessário referir-se a qualquer elemento por meio dos índices. Em geral não se pode fazer referência aos elementos existentes no conjunto como um todo, etc. Insistimos em que um atributo multivalorado assume como valor um conjunto de valores. Conjuntos não são estruturas existentes diretamente nas linguagens de programação de nível de COBOL, FORTRAN, C, etc. O tipo "set" da Pascal é um dos que mais se aproximam do que estamos representando abstratamente por meio de atributos multivalorados.

Recordemos do que foi visto no fim da seção 2.3: é preciso cuidado para projetar adequadamente um conjunto de dados como valores assumidos por um atributo de um conjunto de entidades e não consistindo de um conjunto de entidades propriamente dito. O mesmo vale para o caso de atributos multivalorados. Por exemplo, o atributo Telefones do conjunto de entidades Pessoas é certamente um atributo (multivalorado) no caso do sistema Multiteca (a rigor, seu nome deveria ser Números-de-Telefone). Mas para uma companhia telefônica, trata-se de um conjunto de entidades Linhas Telefônicas, pois para essa empresa as linhas existem fisicamente como entes, tendo vários atributos (tipo da linha, data da instalação, serviços contratados, conta bancária de débito automático, etc.), que não interessam quando se quer apenas o número de telefone de uma pessoa.

Exercícios

E2.5-1 Identificar atributos multivalorados de algumas entidades do sistema Multiteca.

E2.5-2 Na seção 2.4, dissemos "Os atributos-folhas não devem ser compostos." Por que não dissemos "os atributos-folhas devem ser elementares"? Dê um exemplo para o conjunto de entidades Pessoas.

2.6 Atributos com valores vazios

Um atributo multivalorado pode assumir um número qualquer de valores, isto é, um subconjunto do conjunto de valores do atributo. Pode surgir a pergunta: e se não assumir nenhum valor, isto é, se esse subconjunto for o conjunto vazio? Em outras palavras, pode-se permitir atributos multivalorados sem valores ou, como diremos, com *valores vazios*? Neste texto, a resposta é positiva, isto é, no exemplo permitiremos a modelagem da situação mais do que razoável de um livro não ter autor conhecido (isto é, o autor ser anônimo).

Note-se o uso da palavra "vazio"; propositadamente deixamos de usar a palavra "nulo" para caracterizar um atributo de uma entidade sem valor atribuído a ele. Isso se deve, em primeiro lugar, à circunstância de se falar comumente em "conjunto vazio". Em segundo lugar, ao fato de que "nulo" poderia ser entendido como "zero", se o conjunto de valores for numérico; ou "branco", se for alfabético (texto). Até há pouco tempo, vários GBDs não permitiam a representação de valores vazios. Em seus modelos computacionais, era necessário usar-se um valor nulo para representar um valor vazio. Como estamos no nível conceitual, não precisamos nos preocupar com esses detalhes de representação computacional.

Como veremos em 4.4.8, os GBDs atuais ainda não têm uma representação satisfatória para valores vazios, pois admitem apenas um único tipo desses valores. No entanto, há necessidade de se distinguir entre pelo menos dois deles, o valor *inexistente* e o *desconhecido*. Um exemplo do primeiro é o número da carteira de identidade de uma criança que ainda não a possui. Do segundo, o endereço desconhecido de uma pessoa, que obviamente não é inexistente. Mas esse problema não afeta o modelo conceitual, onde obviamente não estamos armazenando os dados.

Vamos introduzir uma pequena notação adicional. Na fig. 2.6 repetimos o exemplo da fig. 2.4, anotando agora a restrição de integridade de que sempre se deve lançar pelo menos um assunto para cada livro. Isto é, o atributo correspondente não pode ser vazio. Para isso, em lugar de um asterisco, que não impõe essa restrição, colocamos um sinal "mais" (⁺). Mas Nomes de Autores está com o asterisco, de modo que estamos permitindo que seu valor seja vazio (caso de autor anônimo).

Vamos permitir que atributos monovalorados também assumam um valor vazio. Por exemplo, como já citamos, o RG de uma certa pessoa pode inexistir, e ela ter endereço desconhecido. Em termos diagramáticos, vamos representar o fato de um atributo monovalorado não poder ter valor vazio, colocando um circunflexo (^) ao seu lado, como é o caso de Título na fig. 2.6 (o título de um livro não pode ser vazio). Escolhemos representar essa restrição de integridade e não a falta dela (isto é, o atributo poder assumir o valor vazio), pois nos modelos computacionais comerciais deve-se especificar o primeiro caso (não-vazio) explicitamente (em geral especificado como *required*). Poderíamos tê-los chamado de "atributos obrigatórios", mas preferimos a nomenclatura "não-vazio", pois a primeira pode dar a impressão de que o atributo é que é obrigatório, e não o seu valor.

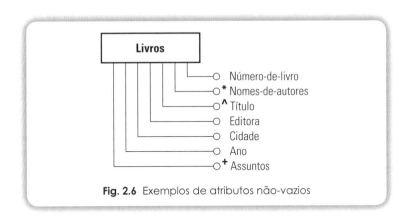

Fig. 2.6 Exemplos de atributos não-vazios

Exercícios **E2.6-1** Identificar atributos não-vazios no sistema Multiteca.

2.7 Atributos determinantes

Uma restrição de integridade muito comum em conjuntos de entidades, devido à sua importância em todos os modelos computacionais, é um atributo monovalorado que assume valores únicos, isto é, dado um conjunto de entidades, não há duas entidades desse conjunto com o mesmo valor para aquele atributo. Em outras palavras, dado um

2.7 Atributo Determinante

valor para esse atributo, esse valor determina a qual entidade ele está associado. Um tal atributo denominamos de *atributo determinante*. Por exemplo, vamos supor, no nosso estudo de caso da Multiteca, que daremos um "número de livro" para cada exemplar de cada livro, como fazem as bibliotecas (que usualmente o chamam de "número de tombo"). Assim, cada livro tem um único número e a cada valor do número de um livro corresponde um único livro. Em outras palavras, dado um certo número de livro, ele determina univocamente de que livro se trata (a recíproca é garantida, pois trata-se de um atributo monovalorado). Assim, chamaremos um atributo monovalorado como esse de *atributo determinante*. Isso será anotado no diagrama ER, usando-se para o atributo uma bolinha cheia, como na fig. 2.7-1(a). Alternativamente, pode-se sublinhar o atributo determinante, como em 2.7-1(b).

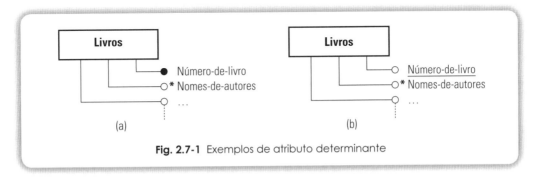

Fig. 2.7-1 Exemplos de atributo determinante

Na prática, ocorrem muitos casos de atributos determinantes, como por exemplo o "número de chapa" ou "número de matrícula" dos funcionários de uma empresa (em geral exibido no crachá), os códigos dos materiais usados em uma empresa, os códigos de seus produtos, etc. Em geral, denominaremos os atributos determinantes de "número", eventualmente seguido de uma qualificação. Isso porque "código" implica em alguma codificação.

Muitos leitores sabidos deverão ter pulado, ao reconhecerem o nosso "atributo determinante" como sua velha "chave", e ter-se perguntado: "mas para que complicar?". A razão de o primeiro autor ter inventado essa nomenclatura (em seu livro sobre BD de 1986 [Setzer 1989]) foi o desejo de distinguir o modelo conceitual dos modelos computacionais relacionais. Como veremos no cap. 3, chaves são absolutamente essenciais nesses últimos modelos, independentemente de refletirem simples restrições de integridade de alguns atributos. No modelo conceitual, os atributos determinantes não são essenciais. Queremos restringir o seu uso exclusivamente para o caso de restrições de integridade de unicidade dos valores de algum atributo.

Vários atributos podem, juntos, formar um atributo composto determinante. Por exemplo, o CPF das pessoas no Brasil não é um atributo determinante, pois duas pessoas (um casal, ou pai e filho) podem ter o mesmo CPF. No entanto, suponhamos que a composição de CPF com a data do nascimento seja determinante. Na Fig. 2.7-2(a), mostramos esses dois atributos sublinhados formando um só atributo determinante. Na outra notação, não seria possível empregar uma bolinha cheia para cada um, pois isso indicaria que cada um é um atributo determinante. Para conservar essa notação, é necessário criar um atributo composto com esses dois, como Identificação na fig. 2.7-2(b). A primeira solução é menos artificial, pois a composição da segunda deu-se somente para assinalar que o atributo determinante envolve mais do que um atributo: as características do mundo real representadas por esses dois atributos da composição não têm nada a ver entre si, diferentemente, por exemplo, da composição (logradouro, número, complemento) de um endereço.

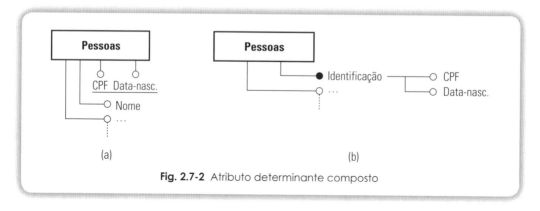

Fig. 2.7-2 Atributo determinante composto

Finalmente, é interessante notar que não faz muito sentido ter-se um atributo multivalorado determinante. O que se consideraria como dois valores diferentes para esse atributo? Dois subconjuntos diferentes de valores do conjunto de valores do atributo (podendo então ocorrer alguns elementos iguais) ou todos os elementos diferentes?

Formalismo matemático: ver F2.7.

***Exercício* E2.7** Identificar atributos determinantes nos conjuntos de entidades do sistema Multiteca. Atenção: nem todos esses conjuntos devem ter um atributo ou conjunto de atributos determinante!

2.8 Relacionamentos e conjuntos de relacionamentos

No item 2.3 introduzimos uma categoria de características de uma entidade, os seus atributos. O nome Sérgio da Silva, o seu endereço e telefones são atributos que caracterizam parcialmente essa pessoa, representada no conjunto de entidades Pessoas. Mas há outra categoria de características dos conjuntos de entidades a ser considerada, como por exemplo a circunstância de uma pessoa ter feito um empréstimo de um livro da Multiteca. Assim, o fato de Sérgio da Silva ser uma pessoa conhecida que emprestou o livro de título *Meios Eletrônicos e a Educação: uma visão alternativa*, de V. W. Setzer (com perdão do *merchandising*), é uma característica adicional (temporária, no caso) de Sérgio da Silva. Nesse exemplo, estão envolvidos os conjuntos de entidades Pessoas e Livros. Onde colocaremos o dado de que essa pessoa emprestou esse livro? Obviamente, não deve ser em Pessoas, pois uma entidade desse conjunto deve ter apenas valores de atributos concernentes às pessoas, e aqui trata-se de algo que tem a ver com os livros. Por outro lado, não cabe adicionar os dados do empréstimo em Livros, pois nesse conjunto de entidades só devem entrar atributos de livros, e naqueles dados há algo concernente às pessoas. Realmente, sempre que se fala de um empréstimo, deve-se fazer referência tanto a um livro, como a uma pessoa.

2.8 Relacionamentos e Conjuntos de Relacionamentos

Percebe-se que os dados referentes àquele empréstimo devem ser colocados fora de Pessoas e de Livros. O que necessitamos é algo que represente uma *associação* no mundo real entre o ente-pessoa, cujo nome é Sérgio da Silva, com o ente-livro, cujo título é *Meios Eletrônicos*... No modelo conceitual, devemos *relacionar* (note-se o uso dessa palavra no modelo conceitual, em lugar de *associar* do modelo descritivo) um elemento de um desses conjuntos (Pessoas) a um elemento do outro (Livros), mas esse dado não pertence diretamente nem a um nem a outro. Pelo contrário, ele é decorrência da pre-existência de ambos, e ainda do fato de livros serem emprestados a pessoas. Devemos introduzir um novo elemento no MER, de modo que fique claro que, dados dois conjuntos de entidades como Livros e Pessoas, elementos de um podem *relacionar-se* com elementos do outro. Isso será anotado graficamente por meio de um losango conectando um conjunto de entidades ao outro, o mesmo símbolo gráfico introduzido por Chen (fig. 2.8-1). Ele é denominado de *conjunto de relacionamentos*. Como nos conjuntos de entidades, colocamos dentro dele um nome, no caso Empréstimos, indicando que livros foram emprestados a pessoas e que pessoas emprestaram livros. Ele representa o fato de elementos de um conjunto de entidades poderem estar conectados (relacionados) a elementos do outro.

Fig. 2.8-1 Diagrama ER de um conjunto de relacionamentos

Examinemos as frases que envolvem consultas sobre os livros emprestados, por exemplo "selecione os livros emprestados a pessoas, onde o nome da pessoa é Sérgio da Silva" e "selecione as pessoas que emprestaram livros, onde o nome do livro é *Meios Eletrônicos*...". Verifica-se uma característica muito comum dos conjuntos de entidades e dos de relacionamentos: os primeiros, devido ao fato de representarem entes do mundo real, são denominados em geral por meio de substantivos, como Livros, Pessoas, Músicas (e, fora do exemplo da Multiteca, Departamentos, Produtos, Notas Fiscais, etc.). Relacionamentos referem-se a *associações* entre entes. Associações em geral existem para permitir ações entre eles. Ações são em geral representadas por verbos. Portanto, o nome mais adequado para um relacionamento deve ser derivado do verbo que indica a ação representada pela associação, daí "Empréstimos" na fig. 2.8-1. Mas "empréstimo" é um substantivo, e não um verbo! Acontece que, devido ao fato de uma associação envolver dois entes, a ação correspondente tem dois sentidos, conforme uma ou outra entidade assuma o papel de sujeito, e a outra de objeto. Se somente uma das entidades é uma pessoa, o sentido representado pela ação é indicado pelas vozes ativa e passiva. No exemplo, os dois sentidos vão de livros a pessoas (emprestados) e pessoas a livros (que emprestaram). Assim, para colocar um só nome dentro do losango que representa o relacionamento, recomendamos que se escolha o substantivo que representa a ação, no caso, Empréstimos. Como no caso dos conjuntos de entidades, esse nome deve começar com uma letra maiúscula, e estar no plural, pois indica todas as associações que se desejam representar.

Formalismo matemático: ver F2.8

Como veremos na seção 2.26, nas consultas envolvendo um relacionamento pode-se empregar o seu próprio nome. Para torná-las mais claras, é interessante criar *sinônimos* para o nome do relacionamento e colocá-los no diagrama ER, indicando com setas o sentido a que se referem, como na fig. 2.8-2. Usamos sinônimos derivados das consultas que exemplificamos no parágrafo anterior, de modo que a leitura dos nomes dos conjuntos especifique exatamente o que se quer, como "pessoas que emprestaram livros". Em inglês teríamos colocado os dois verbos diferentes que se usam para essa ação: *borrowed from* e *lended to*.

Fig. 2.8-2 Sinônimos de um conjunto de relacionamentos

Conceitualmente, um conjunto de relacionamentos que relaciona elementos de dois conjuntos de entidades é um *conjunto de duplas* dessas entidades. Por exemplo, uma das duplas de Empréstimos representa as entidades de Sérgio da Silva e de *Meios Eletrônicos...*, que indicaremos por (Sérgio da Silva, *Meios Eletrônicos...*). Essas duplas são puramente estruturais, isto é, *sintáticas*. É o nome "Empréstimos" que dá algum significado, estabelecendo algo não puramente estrutural. O usuário associa esse nome e os seus eventuais sinônimos (Que-emprestaram e Emprestados-a) àquilo que ele (e qualquer pessoa) entende por empréstimos de livros a pessoas. É portanto o nome do conjunto de relacionamentos que contém o significado das duplas do mundo real, isto é, a *semântica*. Cremos que é um erro dizer-se que se introduziu semântica na representação. Esta última é sempre algo estrutural; a semântica advém da associação que o usuário (e não o sistema) faz com o mundo real ou com um conceito; como vimos em 1.2.2, é o que transforma um dado em uma informação. Do ponto de vista do modelo, tudo se passaria exatamente da mesma maneira, se o nome do conjunto de relacionamentos fosse XYZ e não Empréstimos, e em todas as ocorrências deste último se utilizasse o primeiro. Assim, não se deve denominar um modelo conceitual, em particular o MER, de "modelo semântico"; ele é meramente um modelo sintático; espera-se que um analista de sistemas possa interpretá-lo, elevando-o à categoria de modelo semântico.

Finalmente, por simplicidade usaremos muitas vezes a palavra "relacionamento", querendo fazer referência a "conjuntos de relacionamentos", quando isso ficar claro. Por exemplo, referir-nos-emos simplesmente a "relacionamento Empréstimos".

Regras de projeto

R2.8.1 Usar para o nome de um conjunto de relacionamentos, sempre que possível, um substantivo derivado do verbo que indica a ação permitida pela associação entre entes representada pelo relacionamento.

R2.8.2 O nome de um conjunto de relacionamentos, como o de um conjunto de entidades, deve iniciar com letra maiúscula e estar no plural, a não ser no caso raríssimo de ocorrer no conjunto apenas um par de entidades.

R2.8.3 Para facilitar a formulação de consultas, devem-se colocar sinônimos indicando os sentidos das ações representadas pelo relacionamento, sempre que possível empregando as vozes ativa e passiva do verbo que representa as ações.

Exercício **E2.8** Representar diagramaticamente os relacionamentos entre CDs e músicas, entre músicas e compositores (note-se que se deve representar apenas um conjunto de entidades para músicas; os dois relacionamentos conectam-se a esse mesmo conjunto de entidades), entre DVDs e filmes e músicas, e outros que puder identificar no sistema da Multiteca. Prestar atenção no nome dos relacionamentos, procurando sempre usar um substantivo e indicar com setas os sinônimos com as vozes ativa e passiva, quando couberem, como na fig. 2.8-2.

2.9 Multiplicidades de Relacionamentos

O diagrama de relacionamentos presta-se para representar um dado muito importante sobre os relacionamentos, que denominamos de *multiplicidade*. Ele indica uma restrição de integridade quanto ao número de duplas em que um determinado elemento de um dos conjuntos de entidades relacionados pode ocorrer, ou indica a falta dessa restrição. Vamos introduzir esse conceito a partir de um exemplo.

É razoável supor que na Multiteca um livro esteja emprestado a uma única pessoa, mas que essa pessoa possa ter emprestado vários livros. Na fig. 2.9-1, mostramos a anotação desses fatos no relacionamento Empréstimos. O **1** anotado na aresta que conecta Empréstimos a Pessoas deve ser lido como "cada entidade de Livros pode estar relacionada por meio de Empréstimos com no máximo uma entidade de Pessoas". O **N** anotado na outra aresta deve ser lido como "cada entidade de Pessoas pode estar relacionada por Empréstimos com um número qualquer – eventualmente zero – de entidades de Livros". Note-se que um livro pode não estar emprestado, de modo que a expressão "no máximo" corresponde ao que se deseja modelar. Diz-se que a multiplicidade do relacionamento Empréstimos é *1 para N* ou *um para muitos*, denotada como **1:N**. No cap. 3, veremos que a multiplicidade dos relacionamentos é essencial no projeto de um modelo computacional.

A multiplicidade **1:N** refere-se obviamente ao sentido em que se lêem os relacionamentos. Pode-se dizer: "Empréstimos é **1:N** de Pessoas para Livros". Nesse caso, dever-se-ia dizer "Empréstimos é **N:1** de Livros para Pessoas". O significado é o mesmo.

Formalismo matemático: *ver* F2.9-1, onde fica claro por que iniciamos este item, dizendo que a multiplicidade refere-se ao número de ocorrências de uma entidade nas duplas de um relacionamento.

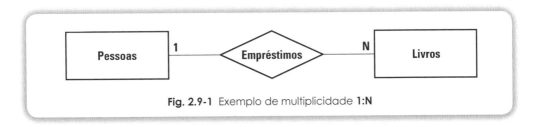

Fig. 2.9-1 Exemplo de multiplicidade **1:N**

Existe uma multiplicidade com maior restrição de integridade: trata-se da **1:1**, lida *um para um*. Para exemplificar esse caso, vamos sair do nosso estudo de caso. Em geral, nas empresas um departamento é gerenciado por um único gerente (pois senão dá briga...), e cada gerente gerencia um único departamento (pois em geral não agüenta gerenciar nem esse único). O relacionamento Gerenciamentos da fig. 2.9-2 representa essas restrições por meio da multiplicidade **1:1**. Assim, dada uma certa entidade de Funcionários, ela se relaciona por Gerenciamentos no máximo com uma única entidade de Departamentos (um funcionário pode não ser gerente de nenhum departamento, caso contrário a empresa seria uma taba só com caciques...) e, dado um Departamento, ele pode ser gerenciado no máximo por um funcionário (alguns departamentos podem ser órfãos temporários – ou quem sabe estamos em uma empresa supermoderna, com alguns departamentos em autogestão, sem estrutura hierárquica, onde todos são encarados, e comportam-se, como adultos responsáveis e as decisões são tomadas em conjunto).

Fig. 2.9-2 Exemplo de multiplicidade **1:1**

A multiplicidade **1:1** pode ser encarada como um caso particular de **1:N** – na verdade, **1:N**, nessa ordem, nos dois sentidos de leitura das entidades no relacionamento.

Formalismo matemático: ver F2.9-2.

Finalmente, anotamos também nos diagramas ER os relacionamentos sem restrição de multiplicidade: são os casos **N:N** ("muitos para muitos"). Um exemplo é o da fig. 2.9-3, onde em um CD podem estar gravadas várias músicas e cada música pode estar em vários CDs.

Formalismo matemático: ver F2.9-3.

Só para fixar um pouco mais as idéias, vamos exemplificar as três multiplicidades com um caso social. Considerando os dois conjuntos de entidades Homens e Mulheres e um relacionamento Ligações associando elementos de um com elementos do outro, temos os seguintes casos: **1:1** – monogamia; **1:N** – poligamia ou poliandria (dependendo do lado **1** e do lado **N**); **N:N** – "amizade colorida".

Fig. 2.9-3 Exemplo de multiplicidade **N:N**

2.9 Multiplicidades de Relacionamentos

Dados dois conjuntos de entidades, pode ocorrer entre eles vários relacionamentos diferentes paralelos. Um exemplo disso, sendo um de multiplicidade **1:1** e outro de multiplicidade **1:N**, é o caso da fig. 2.9-4, onde Gerenciamentos é o mesmo da fig. 2.9-2 e adicionamos a ela ainda o relacionamento Lotações, mostrando não só que funcionários estão lotados em departamentos, mas também que cada funcionário está lotado em um único departamento.

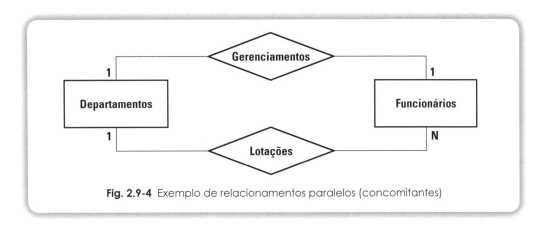

Fig. 2.9-4 Exemplo de relacionamentos paralelos (concomitantes)

Esse exemplo permite-nos exemplificar uma restrição de integridade sobre relacionamentos relativamente complexa. Se a organização da empresa é tal que um gerente deve obrigatoriamente estar lotado no departamento que dirige, temos um exemplo de restrição de integridade envolvendo vários relacionamentos. Lembrando-se que os elementos dos relacionamentos Lotações e Gerenciamentos são duplas de elementos de Departamentos e de Funcionários, pode-se expressar essa restrição da seguinte maneira um pouco mais formal: se uma dupla envolvendo um certo elemento de Departamentos e um certo elemento de Funcionários pertence ao relacionamento Gerenciamentos, ela necessariamente deve também pertencer ao relacionamento Lotações. Poder-se-ia inventar uma maneira de representar isso graficamente, mas não vale a pena sobrecarregar o modelo conceitual gráfico.

Formalismo matemático: ver F2.9-4.

Finalmente, façamos uma pequena extensão do modelo de Chen, permitindo que se coloque uma constante numérica **c** em lugar de **N** nas multiplicidades. Um relacionamento R entre E_1 e E_2 de multiplicidade **c:N** significa que cada elemento de E_1 pode relacionar-se em R com um número qualquer de elementos de E_2, mas cada elemento de E_2 só pode relacionar-se no máximo com c elementos de E_1. Por exemplo, na fig. 2.9-5 estamos modelando a restrição de integridade de uma pessoa poder emprestar no máximo 5 livros, e não um número qualquer de livros, obtendo uma multiplicidade **1:5** e não mais **1:N**, como na fig. 2.9-1.

Note-se que a multiplicidade **1:N** torna-se um caso particular de **c:N**. Evidentemente, pode-se estender a notação para multiplicidades **c_1:c_2**, onde c_1 e c_2 são números naturais (inteiros não-negativos).

Fig. 2.9-5 Exemplo de multiplicidade 1:c

Formalismo matemático: ver F2.9-5.

Exercícios

E2.9-1 Desenhe modelos ER para o caso da Multiteca, colocando as multiplicidades nos relacionamentos entre músicas populares e compositores, livros do tipo romance e autores, itens e as lojas onde foram comprados.

E2.9-2 Adicione à fig. 2.9-1 o fato de livros serem guardados em prateleiras.

E2.9-3 Desenhe modelos ER com os conjuntos de entidades e os relacionamentos para os seguintes casos: alunos e disciplinas em que se matricularam, contas correntes e correntistas, notas fiscais e produtos constantes das notas, notas fiscais e clientes compradores de produtos.

E2.9-4 Suponha que em um CD caibam no máximo 15 músicas. Como essa restrição seria representada em um diagrama ER?

E2.9-5 Colocar na fig. 2.9-3 sinônimos para o conjunto de relacionamentos, de modo que se possam formular frases como "selecione os CDs ... músicas" e "selecione as músicas ... CDs".

2.10 Relacionamentos parciais e totais

Já que estamos aos poucos introduzindo vários exemplos de restrições de integridade, vamos apresentar uma restrição que é uma extensão do modelo de Chen. Trata-se de uma restrição muito comum e importante na modelagem de casos práticos. Vamos introduzi-la por meio de um exemplo. Suponhamos o diagrama ER da fig. 2.9-3 e a seguinte exigência: para qualquer CD, há pelo menos uma música gravada nele. Dizemos nesse caso que CDs é *total* em Gravações; se essa restrição não é válida, dizemos que CDs é *parcial* em Gravações.

Formalismo matemático: ver F2.10.

A fig. 2.10-1 mostra como representamos essa restrição, indicando que Gravações é total em CDs. Para isso, colocamos uma bolinha cheia na saída da aresta de Gravações que une o losango deste relacionamento ao retângulo de CDs.

Fig. 2.10-1 Exemplo de relacionamento total

2.10 Relacionamentos Parciais e Totais

O nome "total" vem do fato de que o relacionamento Gravações cobre totalmente o conjunto de entidades CDs, isto é, todo elemento de CDs está em alguma dupla de Gravações.

Na fig. 2.10-2, estendemos o diagrama da fig. 2.9-4, adicionando a entidade Projetos e o relacionamento Participações, indicando com isso que funcionários participam de projetos. Além disso, colocamos as totalidades dos relacionamentos indicando que não há nenhum funcionário que não esteja lotado em algum departamento (estamos ignorando o caso do presidente, dos "aspones", etc.) e que não há nenhum projeto sem a participação de pelo menos um funcionário.

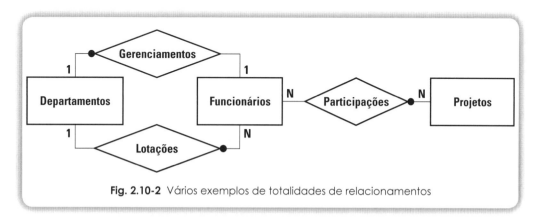

Fig. 2.10-2 Vários exemplos de totalidades de relacionamentos

Temos, então, para os casos vistos:

Relacionamento	Totalidade	Em relação a
Lotações	total	Funcionários
Lotações	parcial	Departamentos
Gerenciamentos	total	Departamentos
Gerenciamentos	parcial	Funcionários
Participações	total	Projetos
Participações	parcial	Funcionários

Observe-se que na fig. 2.10-2 está modelada a circunstância de poderem existir funcionários que não são gerentes (pois, como dissemos, não há só caciques nessa taba) e funcionários que podem não participar de projeto nenhum. Modelou-se também o fato de poderem existir departamentos sem funcionários, por exemplo no caso de novos departamentos, recém-criados.

Suponhamos agora que cada departamento deva necessariamente ter algum funcionário nele lotado. Isso seria representado pela fig. 2.10-3, criando-se uma situação perfeitamente válida conceitualmente, que é a de simultaneidade de ações. Trata-se do problema de inserção de elementos nos conjuntos. A contratação de novos funcionários para departamentos já existentes, e que já tenham alguns funcionários, não apresenta problema algum de representação no modelo conceitual da fig. 2.10-3. Mas, e a criação de um novo departamento? Digamos que se queira inserir um novo elemento em Departamentos, correspondente ao departamento Compras. Como todos os elementos de Funcionários obrigatoriamente já estão relacionados com elementos de Departamentos, devido à totalidade de Lotações em relação a Funcionários, e como cada funcionário só pode estar relacionado com um único departamento (multiplicidade **1:N**), então não haverá algum elemento de Funcionários esperando para ser relacionado com o novo departamento Compras. Isso significa que deverá haver uma inserção simultânea do novo departamento, de um novo funcionário, e da dupla no relacionamento ou a alteração do relacionamento de algum funcionário. Esse problema "do ovo e da galinha" não existe no nível conceitual: podemos perfeitamente supor as inserções simultâneas desses três elementos nos respectivos conjuntos. No nível computacional em geral, as transações devem ser executadas em seqüência, e temos aí pelo menos duas transações diferentes. A solução computacional é adiar a verificação da restrição de integridade até todos os elementos terem sido inseridos nos respectivos conjuntos.

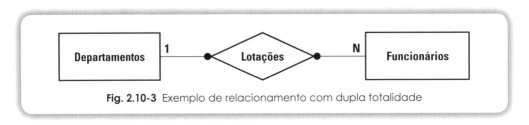

Fig. 2.10-3 Exemplo de relacionamento com dupla totalidade

Vamos fazer uma pequena extensão no modelo, para permitir uma *totalidade mínima*. Não se trata de uma característica muito freqüente na prática, mas complementa as possibilidades do modelo e o aproxima de certas notações usadas em alguns textos, como veremos adiante. Seja uma empresa onde não exista e não possa ser criado nenhum departamento com menos de 10 funcionários. Isso significa que cada elemento de Departamentos deve ocorrer em no mínimo 10 duplas de Lotações da fig. 2.9-4. Essa restrição pode ser representada graficamente como na fig. 2.10-4.

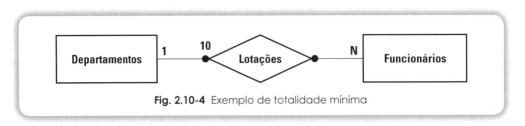

Fig. 2.10-4 Exemplo de totalidade mínima

Note-se que a totalidade, como foi definida, é um caso particular da totalidade mínima, em que esta tem o valor 1. Se entendermos a parcialidade como uma totalidade mínima de 0, podemos representar a parcialidade mínima e a multiplicidade do relacionamento como uma dupla ordenada, como é feito em alguns modelos conceituais. Na fig. 2.10-5 mostramos essa notação, supondo, como na fig. 2.10-2, que pode haver algum departamento sem nenhum funcionário. Cremos que nossa representação apresentada na fig. 2.10-4 é mais clara, principalmente levando-se em conta que os casos (**0,N**) e (**1,N**) são os mais freqüentes e são representados pela ausência ou presença da bolinha e o **N**

2.10 Relacionamentos Parciais e Totais

explícito ao lado da aresta. Além disso, nota-se a inversão de lado em relação à totalidade: o **10** de Lotações passou do lado de Departamentos para o de Funcionários, o que pode trazer confusão. Mas como estamos no modelo conceitual, qualquer representação que seja bem definida, concisa e representativa é válida. O resto é muitas vezes uma questão de gosto e de costume.

Fig. 2.10-5 Notação das multiplicidades e suas restrições como duplas ordenadas

Finalmente, é interessante notar que, ao representarmos essas várias restrições de integridade no modelo conceitual, possibilitamos uma conversão puramente estrutural desse modelo para os modelos computacionais, sem que seja necessário pensar-se nas particulares aplicações. Assim, no modelo computacional a implementação de uma multiplicidade conceitual **1:N** deve provocar a chamada de uma rotina padrão de verificação dessa restrição, sempre que houver inserção de uma entidade do lado **N** ou uma alteração ou inserção de uma dupla no relacionamento correspondente. Chamamos a atenção para o fato de essa rotina ser a mesma para todos os casos de multiplicidades **1:N** (ou **N:1**), devendo-se apenas passar parâmetros (ou classes, no modelo computacional orientado a objetos) contendo os nomes dos conjuntos de dados do modelo computacional envolvidos no processo. No caso da fig. 2.10-2, a inserção de uma nova dupla em Lotações deve disparar a chamada dessa rotina, verificando-se se o elemento de Funcionários dessa dupla não ocorre em alguma dupla já existente, o que significaria violar a restrição da multiplicidade. Em termos do mundo real, isso significa verificar se um funcionário não passa a ser lotado em dois departamentos. Porém, uma vez feito o diagrama conceitual, pode-se (e deve-se) ignorar completamente a particular aplicação. No modelo computacional, a chamada da rotina de verificação deve ser disparada simplesmente por causa da estrutura do modelo conceitual. Não interessa se é uma implementação deste ou daquele relacionamento, por exemplo se se trata de um cadastramento de um funcionário ou do empréstimo de um livro (um mesmo livro emprestado a duas pessoas). A semântica do mundo real foi reduzida à sintaxe do modelo, e daí para a frente deve-se fazer desenvolvimento de aplicações, levando-se em conta exclusivamente a estrutura – até onde isso for possível. Enfatizamos que devem existir rotinas padrões – ou classes da orientação a objetos – no modelo computacional para cada restrição ou característica estrutural do modelo conceitual. Todas as restrições de totalidade ("bolinhas") são estruturalmente iguais, independentemente das aplicações, envolvendo relacionamentos, onde elas ocorrem.

Chen utilizou em seu modelo original uma totalidade menos geral do que usamos aqui, aplicada apenas a relacionamentos **1:N**. As entidades para as quais o relacionamento é total foram chamadas por ele de "fracas", isto é, só existem se estão relacionadas a outra entidade.

Exercícios

E2.10-1 Desenhe o diagrama de entidades e relacionamentos, colocando apenas os atributos essenciais, mas colocando as multiplicidades e as eventuais totalidades, para os seguintes casos do sistema da Multiteca: itens (CDs, DVDs, fitas K7 e de vídeo, livros) fornecidos por fornecedores; músicas gravadas em CDs ou K7s, filmes gravados em fitas de vídeo ou DVDs, empréstimos de itens a pessoas, localização de itens em prateleiras de cômodos.

E2.10-2 Projete o diagrama ER de um sistema de administração de imóveis, contendo imóveis, proprietários (considere que a administradora registra apenas um proprietário para cada imóvel), alugadores (também únicos), corretores (múltiplos por imóvel), contratos de aluguel, aluguéis pagos, estado de uma venda (por exemplo, anotando clientes interessados, fase da venda, etc.) e anúncios em meios de publicidade. Coloque as totalidades adequadas.

E2.10-3 Seria razoável exigir a totalidade de Músicas em Gravações na fig. 2.10-1?

2.11 Atributos de relacionamentos

Suponhamos no sistema da Multiteca um conjunto de relacionamentos que representa a associação entre músicas e CDs, mostrando para cada música em que CDs ela foi gravada, e em cada CD quais as músicas foram nele gravadas, como na fig. 2.11-1. Obviamente, sua multiplicidade deve ser **N:N**, pois uma música pode estar gravada em mais de um CD e um CD pode conter mais de uma música (no caso de música erudita, poderia ser uma só). Note-se a totalidade do lado de CDs, pois não há CD sem músicas, já que, na Multiteca, não estamos considerando CD-ROMs com dados e programas para micros.

Fig. 2.11-1 Um conjunto de relacionamentos **N:N**

Deseja-se acrescentar um dado informando em qual trilha (isto é, seu número de ordem) de cada CD está gravada cada música. Essa trilha será representada como um atributo. A pergunta é: atributo de quem? Se colocássemos Trilha como atributo de Músicas, não estaríamos modelando corretamente, pois uma determinada música pode estar gravada, por exemplo, na 3ª trilha de um CD e na 7ª de outro. Portanto, Trilha não pode ser atributo de Músicas, pois depende de cada CD onde ela está gravada. É importante recordar que um atributo de um conjunto de entidades (Músicas, no caso) deve dizer respeito exclusivamente aos elementos desse conjunto. Vamos imaginar então que modelássemos Trilha como atributo de CD. Ora, para um CD, uma música está numa trilha, outra música em outra. Portanto, a trilha de uma certa música não é um atributo próprio de um CD. Se não é possível modelar esse atributo em nenhum dos conjuntos de entidades relacionados, sobra a possibilidade de modelá-lo como *atributo do relacionamento*. Na fig. 2.11-2 repetimos o diagrama anterior, colocando esse e ainda outro atributo do relacionamento, a duração da música no CD. Colocamos ainda um sinônimo para o relacionamento (ver 2.8), para uso na seção 2.26, consulta c_4.

2.11 Atributos de Relacionamentos

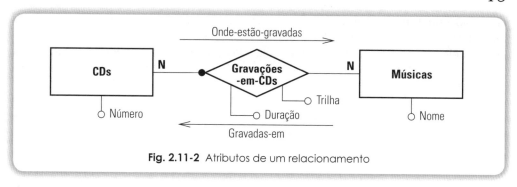

Fig. 2.11-2 Atributos de um relacionamento

Formalismo matemático: ver F2.11.

Quando o relacionamento é de multiplicidade **N:N**, o raciocínio que empregamos nesse exemplo pode ser usado na dedução do fato de um atributo pertencer ao relacionamento e não a uma das entidades relacionadas. Para isso, basta fixar um determinado elemento de um dos conjuntos de entidades (por exemplo, *Rhapsody in Blue*, de Músicas), e variar os elementos a ele relacionados no segundo conjunto de entidades (por exemplo, um CD com Michlo Leviev como solista, outro com Nelson Freire, etc.). Se o atributo em questão mudar de valor (por exemplo trilha 3, 7, etc. respectivamente), então ele não é um atributo do primeiro conjunto (Músicas). Repete-se o procedimento, tomando agora um certo elemento do segundo conjunto de entidades (por exemplo o CD de Caio Pagano *A Brazilian Salute*), e variando os elementos relacionados do primeiro conjunto, isto é, as músicas (por exemplo *Concertino* e *Dança Negra*, de Camargo Guarnieri). Se o atributo mudar de valor, como será o caso da trilha, ele não é um atributo do segundo conjunto (CDs). Portanto, não sendo nem um atributo do primeiro conjunto de entidades e nem do segundo, deve ser do relacionamento.

Um outro teste mais simples, mas não tão seguro, é observar a maneira com que o atributo é referido. No exemplo visto, diz-se "a trilha em que está gravada *Rhapsody in Blue* no CD de Michlo Leviev de mesmo nome" (para os interessados: gravação da Elephant Records; as improvisações dele são fantásticas e valem a pena ser ouvidas). Não se diz simplesmente "a trilha de um CD" (pois aí não sabemos a que música nos referimos) e muito menos "a trilha de uma música" (sem se referir de que CD se trata). O fato de o atributo ser descrito somente com frases que englobam os dois conjuntos de entidades mostra que o atributo é do relacionamento.

Atributos de relacionamentos **N:N** são bem claros, e os testes dados resolvem o problema de se distinguir onde colocá-los. A situação é bem mais sutil no caso **1:N**. Por exemplo, na fig. 2.9-1 poderíamos ter o atributo Data-do-empréstimo de um livro a uma pessoa. Nesse caso, o primeiro teste não pode ser aplicado nos dois conjuntos de entidades, e sim somente no lado **1**, fixando-se um elemento de Pessoas: o atributo varia com a mudança de um elemento de Livros para outro. Mas não é possível fixar um elemento de Livros e variar os elementos de Pessoas, pois cada livro está emprestado no máximo a uma pessoa (como indicado pelo **1** da multiplicidade). Aí o segundo teste é o único recurso. Diz-se "data do empréstimo de um livro a uma pessoa", mencionando-se portanto os dois conjuntos de entidades. Conclui-se que o atributo é do relacionamento, como na fig. 2.11-3.

A dificuldade no caso **1:N** vem da circunstância de que um atributo de um tal relacionamento poder ser movido para o conjunto de entidades do lado **N**. Afinal, por que não considerar Data-do-empréstimo como atributo de um livro? (Cada livro tem uma única data de empréstimo.) Pode-se objetar que o atributo não é próprio dele, mas é devido a ele estar emprestado a uma pessoa. Como veremos no modelo computacional relacional (seção 3.11.4), a implementação de atributos de relacionamentos **1:N** sempre faz o atributo "escorregar" para o lado **N**, de modo que colocar no modelo conceitual um atributo de um relacionamento **1:N** no próprio relacionamento torna-se um exercício meramente teórico. Diríamos que aqui temos uma questão de gosto. Os projetistas conceitualmente mais puristas talvez mantenham o atributo no relacionamento, e os mais práticos coloquem-no no conjunto de entidades do lado **N**.

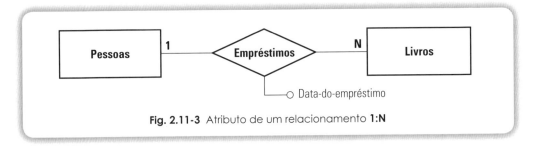

Fig. 2.11-3 Atributo de um relacionamento **1:N**

***Regra de projeto* R2.11** A regra R2.3-4 também deve ser imposta para os atributos de relacionamentos: cada atributo de um relacionamento deve ocorrer uma única vez no modelo, evitando-se assim a redundância e garantindo a independência de dados.

Exercícios

E2.11-1 Desenhe um modelo ER para filmes e fitas de vídeo (que podem conter mais do que um filme), especificando a duração de cada filme e sua ordem dentro da fita.

E2.11-2 Desenhe um modelo ER para representar notas fiscais e produtos vendidos, considerando a quantidade, preço unitário de cada produto e preço total da nota. Considere alguns atributos adicionais típicos de notas fiscais e de produtos. Como serão representados os dados do cliente da nota?

2.12 Relacionamentos repetidos e dados históricos

Vejamos um problema que deveria ter sido introduzido no fim do item 2.8, mas que deixamos para este momento, pois sua solução depende de atributos de relacionamentos. Em alguns casos, há necessidade de se repetir as duplas de um conjunto de relacionamentos, o que contradiz a definição usual de conjuntos da Matemática. Um exemplo seria adicionar ao modelo da Multiteca (ver 1.5.2) os dados de históricos de empréstimos de livros. Esses dados poderiam ser modelados conceitualmente como na fig. 2.12-1. Note-se que, diferentemente do caso de empréstimos (figs. 2.9-1 e 2.11-3), temos agora um relacionamento **N:N** (por quê?). Suponhamos que uma pessoa empreste o mesmo livro duas vezes. Teremos que representar essa dupla (pessoa, livro) duas vezes em Histórico-de-empréstimos (usamos o nome no singular pois "histórico" já é coletivo).

2.12 Relacionamentos Repetidos e Dados Históricos

Fig. 2.12-1 Relacionamento representando dados históricos

Como é possível contornar esse problema de se ter conjuntos com elementos repetidos, o que contradiz a noção de conjunto? Uma forma seria reconhecer que os empréstimos são na verdade diferentes, isto é, devem ter alguns atributos distintos. Possíveis atributos de Histórico-de-empréstimos seriam a data do empréstimo e a data da devolução, como na fig. 2.12-2 (aproveitamos para exemplificar um atributo composto). Supondo que Sérgio (daqui para diante, usaremos apenas o primeiro nome) emprestou o livro *Meios Eletrônicos...* duas vezes, as datas de empréstimo e de devolução serão naturalmente distintas. Agregadas às duas duplas (Sérgio, *Meios Eletrônicos...*), esses valores dos dois atributos produzem duas duplas, cada uma por sua vez com duas duplas de valores dos atributos. A primeira destas últimas é a mesma dupla (Sérgio, *Meios Eletrônicos...*), mas a segunda será diferente devido ao fato de as datas de empréstimo e de devolução serem distintas. Por exemplo, usando uma forma compacta que preserva a ordem das datas para comparações, poderíamos ter as duplas (a primeira data, na notação usual no Brasil, seria 14/3/2002):

```
((Sérgio, Meios Eletrônicos...), (20020314, 20020405))
```
e
```
((Sérgio, Meios Eletrônicos...), (20030927, 20031026))
```

Formalismo matemático: ver F2.12.

Fig. 2.12-2 Atributos de dados históricos

Há uma maneira muito mais elegante de resolver esse problema. Sempre que houver relacionamentos repetidos, podem-se eliminar as repetições fazendo-se com que os atributos do relacionamento tornem-se multivalorados (cf. 2.5). Assim, a um único elemento de Histórico-de-empréstimos (correspondendo a uma dupla representando num certo livro emprestado por uma determinada pessoa) podem-se associar vários valores de seus atributos (aproveitamos para exemplificar um atributo composto multivalorado), como na fig. 2.12-3.

Fig. 2.12-3 Eliminação de relacionamentos repetidos

A introdução de Histórico-de-empréstimos leva-nos a uma consideração muito importante, do ponto de vista de projeto. Quando no item 2.8 introduzimos o relacionamento Empréstimos da fig. 2.8-1, estávamos nos referindo ao fato de um livro ter sido emprestado a uma pessoa ou, no outro sentido, ao fato de que uma pessoa emprestou um livro. Quando o livro é devolvido, a dupla correspondente deve ser retirada de Empréstimos. Assim, esse conjunto de relacionamentos refere-se aos empréstimos atuais, e não ao histórico. Dessa maneira, é muito importante caracterizar no modelo descritivo o que se entende (isto é, a semântica) com o relacionamento (isto é, quais associações entre entes do mundo real ele representa). Por outro lado, ao projetarmos Histórico-de-empréstimos, deve-se especificar se ele se refere somente aos empréstimos passados, e já devolvidos, ou também aos empréstimos atuais, isto é, os ainda não devolvidos. No caso negativo, será necessário manter ambos os relacionamentos em paralelo, como na fig. 2.12-4 (mantivemos o nome Empréstimos, mas um nome melhor seria "Empréstimos-atuais").

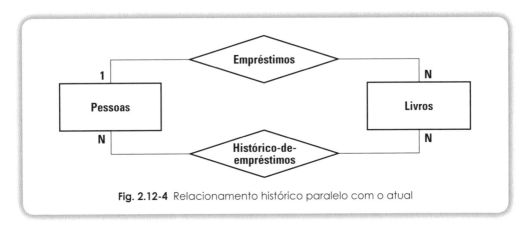

Fig. 2.12-4 Relacionamento histórico paralelo com o atual

Quais as vantagens e as desvantagens do modelo da fig. 2.12-4 em relação ao da fig. 2.12.3, considerando nesse último caso a noção estendida de que Histórico-de-empréstimos engloba o empréstimo atual? (O leitor deveria fazer o exercício de tentar responder antes de ler nossa resposta.)

Uma das vantagens é que o modelo da fig. 2.12-4 é mais claro e contém mais informação. Assim, representa-se nele a restrição de integridade de um livro só poder estar emprestado a uma única pessoa (pela multiplicidade **1:N**), o que não ocorre no caso da fig. 2.12-3 com a noção estendida para abranger tanto o histórico como o atual. Além disso, na fig. 2.12-4 há uma só data de empréstimo atual (o que é imposto pelo fato de o atributo correspondente ser monovalorado).

As desvantagens do modelo da fig. 2.12-4 em relação ao da fig. 2.12-3 são sua maior complexidade (dois relacionamentos em lugar de um só), e a necessidade de eliminar uma dupla de Empréstimos, quando um livro é devolvido, introduzindo-se essa dupla em Histórico-de-empréstimos. A rigor, esse segundo argumento aplica-se ao modelo computacional, e não ao conceitual, pois no fundo trata-se de uma questão de eficiência. Voltamos a insistir que, ao se desenvolver o modelo conceitual, deve-se ignorar totalmente todas as questões de eficiência (cf. 1.3.4), devendo-se escolher sempre o modelo que mais se aproxime do mundo real e melhor o represente. Ao se derivar o modelo computacional a partir do modelo conceitual, pode-se fazer uma implementação como a da fig. 2.12-3, eventualmente até passando pela 2.12-4 agregando-se, para efeitos de documentação do projeto, uma explicação dos motivos da simplificação.

Exercícios

E2.12-1 Desenvolva modelos ER para representar os insumos de uma empresa e os seus fornecedores, considerando as diferenças entre os casos de potenciais de fornecimento (isto é, o dado de qual fornecedor é capaz de fornecer qual insumo) e histórico de fornecimentos. Modele os preços dos insumos, que variam com a quantidade e os prazos de entrega.

E2.12-2 Suponha que uma empresa use como insumos não só os que são fornecidos por fornecedores, mas também certos produtos que ela fabrica (por exemplo, uma fábrica de caixas de papelão usa certas caixas produzidas para embalar outras). Modifique o modelo anterior, considerando que os insumos são materiais, e introduza os produtos fabricados pela empresa também como materiais (cuidado para a maneira de distingui-los). Introduza também clientes em potencial e o histórico de entregas dos produtos aos clientes, com os atributos convenientes.

2.13 Auto-relacionamentos

Em todos os casos de relacionamentos vistos até aqui, tivemos dois conjuntos de entidades diferentes. O que se estava representando era uma associação entre entes de categorias diferentes, como livros e pessoas, músicas e CDs, funcionários e departamentos, etc. No entanto, existem vários casos em que no mundo real há associação entre entes de mesma categoria. No caso da Multiteca, um exemplo seria o de livros com várias edições ou volumes repetidos. Dado um desses livros, queremos saber quais são os outros de mesmo título e autor, para poder, por exemplo, localizá-los (podem estar emprestados, ou mesmo ter localizações diferentes, estando em um cômodo da residência ou no escritório comercial). No modelo conceitual, essa associação entre entes de mesma categoria é representada por meio de um *auto-relacionamento*, como o da fig. 2.13-1. Ele representa a escolha de um certo livro como "original" e todos os outros como versões, podendo ser cópias idênticas ou edições diferentes. Isso é indicado por meio de um atributo de Livros contendo o tipo com valores "Original", "Cópia" (quando cópia idêntica ao "original") e "Edição" (quando é uma edição diferente da "original"). O que o auto-relacionamento faz é indicar, nos casos de "cópia" ou de "edição", qual é o livro original. Anotamos ainda o atributo Número-do-livro que, como vimos em 2.7, é um atributo determinante e distingue um livro de outro. Note-se que a multiplicidade é **1:N**, pois dado um livro "original", pode haver várias outras versões desse livro, sendo que cada versão está relacionada com um único original.

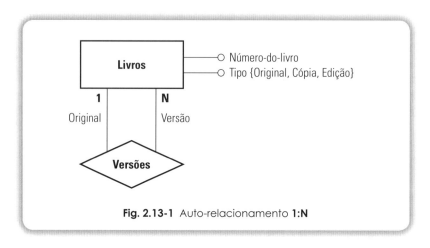

Fig. 2.13-1 Auto-relacionamento **1:N**

Formalismo matemático: ver F2.13-1.

Na fig. 2.13-1 aparece uma novidade: indicamos ao lado das arestas do relacionamento um nome de um *papel* (*role*, no modelo original de Chen), indicando qual o papel que cada entidade de uma dupla faz no relacionamento. Chen anotou papéis também para relacionamentos que não são auto-relacionamentos, mas se os nomes de um relacionamento e dos conjuntos de entidades relacionados são bem escolhidos, o papel de cada entidade fica claro, como é o caso de todos os diagramas vistos anteriormente (principalmente colocando os sinônimos com os dois sentidos de leitura, como na fig. 2.8-2). Mas no auto-relacionamento, como se tem um só conjunto de entidades, é necessário distinguir como, ou com que papel, cada entidade entra em cada dupla do relacionamento. Na verdade, os papéis funcionam como os sinônimos do nome do relacionamento, como nos nomes com os sentidos da fig. 2.8-2, mas cremos que a indicação dos papéis nas arestas é mais clara, principalmente no caso **1:N**. De qualquer modo, nada impede que se decida indicar papéis também em relacionamentos que não são auto-relacionamentos; depende apenas de o projetista escolher o que considera mais claro.

Na fig. 2.13-2, mostramos mais um auto-relacionamento **1:N**, Gerenciamentos-de-pessoal, representando o fato de funcionários gerenciarem funcionários. Esse nome foi dado para não confundir com Gerenciamentos das figuras anteriores, que tratavam de gerenciamentos de departamentos e não de pessoas. O atributo Gerente indica se o funcionário é (valor S, de "sim") ou não (valor N) um gerente. Note-se que não colocamos nenhuma totalidade no relacionamento (por quê?).

Vejamos um auto-relacionamento de multiplicidade **N:N**. Um exemplo clássico é o de materiais (peças) usados em uma empresa e a sua composição, como na fig. 2.13-3. A multiplicidade é **N:N**, pois um material pode ter como componentes vários materiais (um motor é composto de cilindros, virabrequim, válvulas, etc.) e um material pode ser componente de vários materiais (um parafuso está contido no motor, no pára-choque, na porta, etc.).

2.13 Auto-relacionamentos

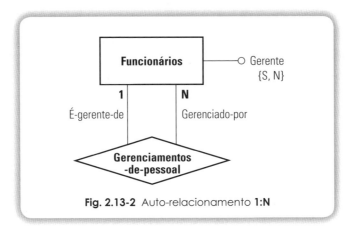

Fig. 2.13-2 Auto-relacionamento 1:N

Na fig. 2.13-3, usamos os papéis de tal modo a salientar os papéis gerais "Tem-como" e "É-de", que aparentemente aplicam-se a quase todos os auto-relacionamentos, como por exemplo o da fig. 2.13-2 ("Tem-como-gerente" e "É-gerente-de"), pois eles em geral modelam hierarquias ou subordinações.

O atributo Quantidade-contida ilustra um atributo de um auto-relacionamento. Por exemplo, um certo motor tem 4 cilindros. A representação do elemento de Composições seria ((Motor, Cilindro), 4).

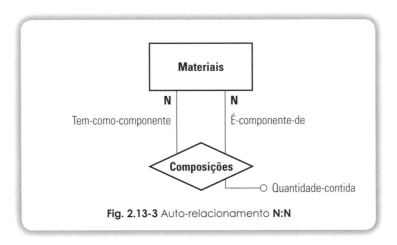

Fig. 2.13-3 Auto-relacionamento N:N

Para fixarmos melhor as idéias, vamos dar um exemplo que, apesar de abstrato, pode ilustrar o significado dos auto-relacionamentos. Suponhamos 10 peças representadas por $m_1, m_2, ..., m_{10}$. O diagrama da fig. 2.13-3 poderia indicar uma composição como a da fig. 2.13-4, em que apresentamos as árvores de composição dos materiais m_1, m_3, m_6 e m_8. Elas significam que m_1 é composto de m_2 e m_3; m_3 é composto de m_4, m_5 e m_6, etc.

Formalismo matemático: ver F2.13-2.

***Regra de projeto* R2.13** Em geral, todos os auto-relacionamentos têm papéis diferenciados. Se em um projeto de modelo conceitual aparecer um auto-relacionamento sem papéis diferenciados, deve-se tomar cuidado, pois talvez haja uma falha de projeto.

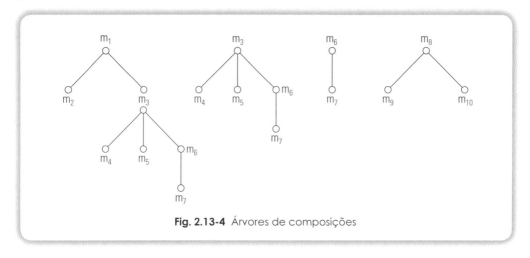

Fig. 2.13-4 Árvores de composições

No projeto de auto-relacionamentos, deve-se tomar o cuidado para verificar se cada dupla do auto-relacionamento é composta de elementos de mesma natureza, isto é, os entes correspondentes do mundo real que se associam são de mesma categoria. No entanto, um cuidado que deve ser tomado nesse projeto é o fato de entidades de um mesmo conjunto de entidades poderem relacionar-se entre si *indiretamente*, por meio de um outro conjunto, dando a impressão de tratar-se de um auto-relacionamento. Por exemplo, funcionários de um mesmo departamento relacionam-se entre si indiretamente por meio do relacionamento Lotações (fig. 2.10-2).

Formalismo matemático: ver F2.13-3.

Obviamente, existe no mundo real uma associação entre dois funcionários de um mesmo departamento, pois encontram-se com freqüência, etc. Mas no caso o importante é constatar que não existe entre eles (pelo menos abertamente...) uma associação *ativa*, isto é, que produz alguma ação no mundo real de relevância para a empresa, e sim uma *indireta*. Chamaremos um tal relacionamento de *indireto*.

Alguns autores preferem modelar certos tipos de composições de peças, usando especializações, que serão tratadas na seção 2.17.

***Exercício* E2.13** Quais dos casos seguintes prestam-se a ser modelados como auto-relacionamento? Modele todos, e escolha atributos convenientes para os auto-relacionamentos: matérias de um curso superior e seus pré-requisitos; partes de edifícios (andares, saguões, salas, etc.), parentesco entre pessoas; capítulos e seções de capítulos de livros; projetos e subprojetos; países, estados, cidades, bairros e logradouros (ruas, praças, etc.); mapas e regiões de mapas; organogramas de empresas; hierarquias militar e de ordens religiosas.

2.14 Relacionamentos n-ários

Até aqui, todos os conjuntos de relacionamentos que examinamos foram binários, isto é, envolveram dois conjuntos de entidades (eventualmente idênticos, no caso de auto-relacionamentos). Vejamos que podem ocorrer relacionamentos ternários (relacionando três conjuntos de entidades), quaternários, etc., que denominamos de *relacionamentos*

2.14 Relacionamentos n-ários

n-ários (lê-se "enários"). O número de conjuntos de entidades relacionados por um relacionamento é denominado o seu *grau*. Portanto, os relacionamentos binários têm grau 2.

Suponhamos uma empresa que constrói equipamentos complexos. A partir de desenhos de projeto dos equipamentos, são feitos documentos de requisições de materiais necessários para a construção. Toda requisição de um material dá origem a um ou mais pedidos de compra (estamos supondo, por absurdo, que não exista um almoxarifado onde os materiais são estocados). Queremos modelar essa estrutura, mostrando quais materiais de que requisições geraram quais pedidos. Sem essa informação, ao se receber um material do fornecedor não se pode saber a que setor da montagem ele deve ser encaminhado, pois a cada requisição está associado o dado do setor que a originou. Nesse caso, temos associações de três entes (um material, uma requisição e um pedido de compra), isto é, associações ternárias. Obviamente, vários materiais podem ser agrupados em uma requisição; um pedido de compra pode ser originado de vários materiais de diferentes requisições. Supondo-se os conjuntos de entidades Materiais, Requisições e Pedidos-de-compra, as triplas de elementos desses conjuntos (um em cada tripla) serão representadas por elementos de um conjunto de relacionamentos *ternário*, como o da fig. 2.14-1.

Na falta de um nome adequado, colocamos no relacionamento as iniciais dos conjuntos de entidades (um recurso que sempre funciona; o melhor teria sido colocar os três nomes dos conjuntos de entidades relacionados, por extenso).

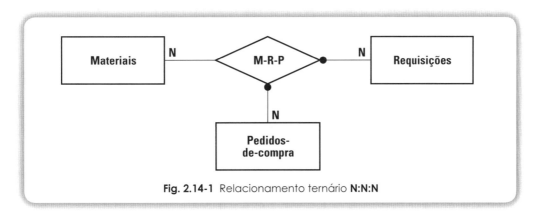

Fig. 2.14-1 Relacionamento ternário **N:N:N**

Formalismo matemático: ver F2.14-1.

Como deve ser entendida a multiplicidade **N:N:N** do relacionamento? Isso pode ser feito da seguinte maneira, que é uma extensão das multiplicidades de relacionamentos binários: corte-se a aresta que sai de Materiais por meio de um arco. O que está à direita desse arco (isto é, o losango com as duas arestas restantes) relaciona-se com um número qualquer de materiais, o que é indicado pelo **N** de Materiais. Ora, o que está do lado direito do arco de corte é um conjunto de duplas envolvendo uma requisição e um pedido. Portanto, cada dupla formada por uma certa requisição e um certo pedido pode referir-se a um número qualquer (**N**) de materiais. Analogamente, um certo material de uma dada requisição pode dar origem a vários pedidos (o **N** ao lado de Pedidos-de-compra), e um material em um pedido pode dar origem a várias requisições (o **N** ao lado de Requisições).

As bolinhas indicam as seguintes restrições de integridade de totalidade: não há nenhuma requisição que não pertença a M-R-P, isto é, deve referir-se a algum material constante de algum pedido; qualquer pedido é originário de algum material mencionado em alguma requisição; há materiais que não constam de requisições nem de pedidos.

Formalismo matemático: ver F2.14-2.

Como dissemos, esse exemplo é um absurdo, pois dever-se-ia considerar a existência de um almoxarifado, isto é, nem todas as requisições geram pedidos de compra. Além disso, uma requisição é sempre feita antes de um pedido de compra, isto é, existe por algum tempo antes de se associar com um pedido. Isso significa que deve haver uma dupla de Materiais e de Requisições sem se relacionar nunca com Pedidos-de-compra (se o material existir no almoxarifado) ou por algum tempo até que se preparem pedidos correspondentes. Com o conhecimento que já temos até aqui, é possível resolver esse problema (ver o exercício 2.14-1). No entanto, na seção 2.15 veremos como existe um outro elemento do MER que permite uma possibilidade de modelar melhor esse caso, contemplando todas essas situações.

O exemplo da fig. 2.14-2 ilustra um pouco mais como interpretar a multiplicidade, agora, de um relacionamento **1:N:N**. Dado um aluno em uma disciplina, há um só professor associado a ele, isto é, um aluno não pode ter em uma certa disciplina mais que um professor. Por outro lado, um certo professor pode ministrar uma determinada disciplina para um número qualquer de alunos, e um professor pode dar a um certo aluno mais que uma disciplina. Imaginando-se os cortes das arestas, como no caso **N:N:N**, essas restrições de integridade ficam claras.

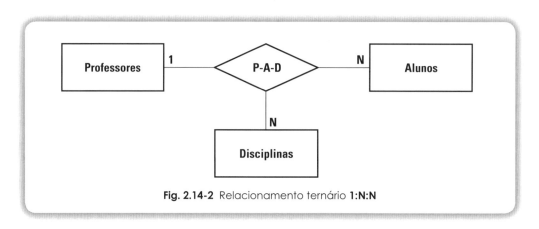

Fig. 2.14-2 Relacionamento ternário **1:N:N**

Esse também foi um mau exemplo, pois a associação no mundo real é entre alunos matriculados em disciplinas, independentemente do professor. Um professor é associado a uma disciplina ou a uma turma de uma disciplina.

Vejamos agora um caso **1:1:1**. Suponhamos que um banco (de dinheiro) deseja armazenar informações sobre correntistas (isto é, pessoas físicas que têm conta corrente no banco), contas correntes e cartões magnéticos. Os cartões magnéticos existem no mundo real, e têm vários atributos próprios, como data da emissão, número do cartão, data da validade, restrição de quantia a sacar, etc. Assim, o projetista resolveu representá-los por meio de um conjunto de entidades, o mesmo acontecendo com contas corren-

2.14 Relacionamentos n-ários

tes e com correntistas. Acontece que esse era um banco que confiava em seus correntistas, de modo que *sempre* emitia um cartão magnético para *cada* correntista de *cada* conta corrente, logo que esta fosse aberta ou mais um correntista fosse nela registrado. Obviamente, uma conta corrente pode ter mais do que um correntista, no caso de contas conjuntas (do tipo "e/ou"). Para usos do cartão (saques, emissão de extratos, etc.), não há contas solidárias (do tipo "e"), isto é, uma pessoa consegue usar o (seu) cartão sozinha. Se um correntista abre duas contas diferentes, ele ganha automaticamente um cartão para cada uma. Nessas condições, nosso projetista desenhou o diagrama da fig. 2.14-3. Note-se que as multiplicidades **1** impõem que, por exemplo, dado um correntista em uma conta corrente, existe um só cartão magnético emitido para ambos.

É interessante notar que, apesar de a multiplicidade do relacionamento ser **1:1:1**, por meio de Cartões Magnéticos C-C-C produz indiretamente um relacionamento **N:N** entre Correntistas e Contas-correntes. Variando-se o cartão magnético, pode-se ter vários correntistas para cada conta corrente, e várias contas correntes para cada correntista. O mesmo ocorre entre Correntistas e Cartões-magnéticos e entre Contas-correntes e Cartões-magnéticos.

Formalismo matemático: ver F2.14-3.

Finalmente, observem-se as bolinhas das totalidades e seu significado: não há correntista sem uma conta corrente e um cartão magnético, etc.

Relacionamentos n-ários podem servir para se resolver o caso mencionado na seção 2.12, qual seja o de se necessitar representar mais de uma vez uma mesma dupla em um relacionamento. No caso da fig. 2.12-2, pode-se acrescentar mais um conjunto de entidades, por exemplo Datas, formando um relacionamento ternário com Livros e Pessoas. Dessa maneira a mesma dupla livro-pessoa pode ocorrer em duas triplas distintas, uma para cada data em que o livro foi emprestado. Como sempre há uma data de empréstimo, a consideração do relacionamento ternário é razoável. A solução apresentada no item 2.12 é mais concisa, mas a aqui exposta pode refletir melhor a realidade.

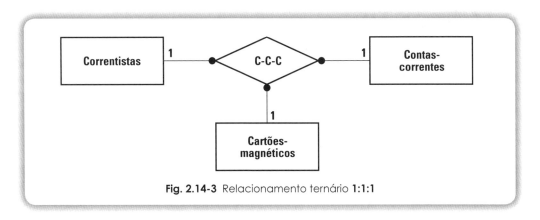

Fig. 2.14-3 Relacionamento ternário **1:1:1**

No entanto, ela depende de se considerar algo representado como um conjunto de entidades, quando eventualmente uma modelagem mais próxima da realidade seria a representação como atributo, como na fig. 2.12-3 (e exigindo duplas iguais em Histórico-de-empréstimos). Nesse caso pàrticular, Datas até que corresponde a algo "existente" no mundo real, de modo que sua modelagem como conjunto de entidades tem cabimento. No entanto, Datas terá um só atributo composto, ano-mês-dia. É muito

54   CAPÍTULO 2 — O MODELO CONCEITUAL DE ENTIDADES E RELACIONAMENTOS

raro encontrar-se um conjunto de entidades com um só atributo, o que sugere a seguinte regra de projeto:

Regra de Projeto R2.14 Desconfiar da modelagem de um conjunto de entidades que tem um só atributo. Provavelmente, ele é um atributo de outro conjunto.

Exercícios

E2.14-1 Por que não foi colocada nenhuma totalidade na fig. 2.14-2?

E2.14-2 Adicione mais um relacionamento ao modelo da fig. 2.14-1, a fim de representar especificamente materiais requisitados em requisições. Coloque sua multiplicidade e alguns atributos mais significativos. O que acontece quando um certo material de uma requisição gera um pedido de compra? O relacionamento ternário ainda é necessário?

E2.14-3 Modifique o diagrama da fig. 2.14-2, modelando matrículas de alunos em disciplinas, a formação de turmas diferentes quando existem muitos alunos para uma disciplina (suponha que cada turma refira-se exclusivamente a uma disciplina), e o fato de cada professor ministrar uma disciplina ou uma turma. Coloque as multiplicidades e os atributos mais significativos nos conjuntos de entidades e de relacionamentos, bem como as totalidades que se aplicam.

E2.14-4 Em que aspecto o modelo da fig. 2.14-3 não corresponde à realidade bancária dada pelas restrições descritas? Procure desenvolver um outro modelo que resolva esse problema (ver posteriormente a seção 2.15).

O primeiro autor introduziu auto-relacionamentos de grau variável, muito úteis em certos casos particulares, como por exemplo na modelagem de um sistema farmacológico, onde os efeitos da interação de várias substâncias devem aplicar-se a combinações de um número variável delas. Ver 2.31 para a referência.

2.15 Agregações

Os exemplos das figs. 2.14-1 a 2.14-3 foram baseados em suposições que não ocorrem na prática. Vamos levantá-las introduzindo uma extensão do modelo ER de Chen.

Como vimos na seção anterior no caso da fig. 2.14-1, na prática ocorre que nem todas as requisições de materiais geram pedidos de compra, pois uma parte dos materiais exigidos pode estar no almoxarifado, e a emissão de pedidos de compra nunca é concomitante com a de uma requisição (para começar, trata-se de seções diferentes da empresa, por exemplo manufatura e compras). Portanto, os materiais relacionam-se com as requisições, independentemente dos pedidos. Vamos supor que os materiais pedidos aos fornecedores sempre são entregues nos almoxarifados, de onde são encaminhados aos diferentes setores de manufatura, conforme as requisições. Na fig. 2.15-1 mostramos esse relacionamento, tendo colocado alguns atributos necessários para o que segue. O atributo Entregue indica se o material requisitado foi (valor S) ou não (N) entregue ao setor que emitiu a requisição, pois uma requisição pode conter vários materiais, e a entrega do almoxarifado ao setor de manufatura pode envolver apenas alguns dos materiais de uma requisição. Vamos supor que a quantidade requisitada de cada material é sempre totalmente entregue de uma vez. O atributo Estado indica em que situação se encontra uma requisição: Aberta (nada foi ainda feito com os materiais nela requisita-

2.15 AGREGAÇÕES

dos); Parcial (já foram entregues, do almoxarifado, alguns materiais requisitados nessa requisição, mas não todos); Fechada (todos os materiais requisitados foram entregues). O atributo Gerou-pedido indica se houve um pedido gerado pela requisição ou não.

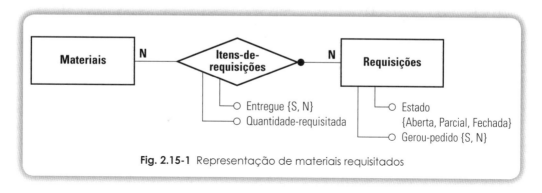

Fig. 2.15-1 Representação de materiais requisitados

E agora, como faremos com o conjunto de entidades Pedidos-de-compra? Em um pedido de compra podem constar vários materiais, mas é necessário para cada item (material) do pedido saber-se qual a requisição em que constava o item, a fim de se poder dar baixa no item da requisição quando o material for entregue pelo fornecedor e ainda transferi-lo do almoxarifado para o setor de manufatura. Nota-se, portanto, que é preciso relacionar um pedido de compra, digamos o de número PC1000, não com um material, digamos, parafuso sextavado de 6 mm, e, independentemente, com uma requisição R54, mas sim com ambos, isto é, o pedido de número PC1000 deve relacionar-se com a dupla (parafuso sextavado de 6 mm, R54).

Há duas soluções para esse problema: a) estender o modelo para que um relacionamento R_2 possa relacionar um conjunto de entidades E (no caso, Pedidos-de-compra) a um relacionamento R_1 (Itens-de-requisição) que representa duplas como (parafuso sextavado de 6 mm, R54); b) estender o modelo considerando-se um conjunto de relacionamentos R_1 (Itens-de-requisição) e seus conjuntos de entidades E_1 (Materiais) e E_2 (Requisições) como se tudo fosse um conjunto de entidades A (por exemplo, Materiais-requisições), "agregando" todos os dados. Em seguida, relaciona-se essa *agregação* ao conjunto de entidades E (Pedidos-de-compra) através de R_2 (Itens-de-pedidos). Essa segunda solução parece-nos muito mais clara, pois é confuso relacionar-se um relacionamento com outro relacionamento (recordemos que um conjunto de relacionamentos binários foi definido como relacionando elementos de dois conjuntos de entidades). Temo-la empregado com bons resultados, tendo sido a escolhida para este texto. Na fig. 2.15-2 apresentamos uma agregação (o retângulo grande) envolvendo os conjuntos da fig. 2.15-1, e o relacionamento Itens-de-pedidos relacionando essa agregação a Pedidos-de-compra. Chamamos a agregação de Materiais-requisições como introduzido acima, e adicionamos alguns atributos para ilustração.

Na prática, em geral não é necessário dar nome para a agregação, pois basicamente ela representa o relacionamento.

É muito importante não confundir um relacionamento de um conjunto de entidades (no caso, Pedidos-de-compra) com uma agregação (Materiais-requisições) com um relacionamento triplo, como o da fig. 2.14-1. Isso fica claro no formalismo referido em seguida.

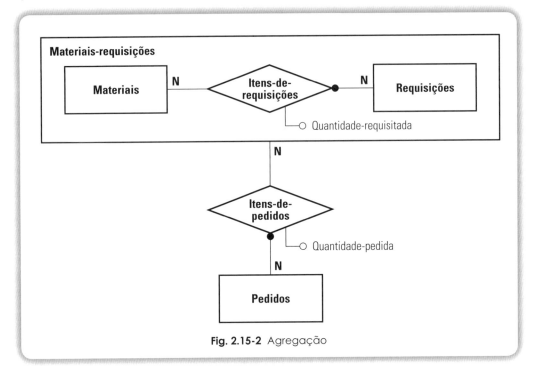

Fig. 2.15-2 Agregação

Formalismo matemático: ver F2.15.

Insistamos no significado dessa agregação. Ela representa o fato de requisições conterem materiais. O seu relacionamento com Pedidos-de-compra mostra que alguns itens de requisição ocorrem em pedidos de compra, mas nem todos. No caso da fig. 2.14-1, onde há um relacionamento triplo entre os três conjuntos de entidades, cada item de requisição constava obrigatoriamente de um pedido de compra. No caso da fig. 2.15-2, o relacionamento entre materiais e requisições é totalmente independente dos pedidos de compra. Esse modelo preenche uma das regras do negócio: inicialmente é feita uma requisição; posteriormente, é preenchido um pedido de compra. Assim, requisições devem ser, por algum tempo, independentes de pedidos de compra. As agregações permitem justamente que duplas existam por algum tempo, e depois assumam um papel como se fossem triplas, ao ajuntar-se o terceiro elemento.

Passemos ao caso da fig. 2.14-3. Lá foi feita uma restrição irreal, a de que cada correntista recebe obrigatoriamente um cartão magnético para cada conta corrente em que participa. Na verdade, os bancos emitem cartões magnéticos somente a pedido dos correntistas, e às vezes somente quando estes preenchem certos requisitos. Assim, as triplas da fig. 2.14-3 representam uma associação obrigatória que não deve existir. Além disso, nessa figura não é possível obter informações concernentes aos correntistas e suas contas, sem que se passe pelos cartões magnéticos. Ora, essas informações são talvez as mais utilizadas pelos bancos, nos movimentos das contas, emissão de saldos e extratos, etc. Tudo isso leva à conveniência de se representar um relacionamento entre correntistas e contas-correntes, independentemente de quaisquer outros conjuntos de entidades ou de relacionamentos. Algumas duplas (correntista, conta corrente) devem ser associadas a cartões magnéticos, mas não todas. Considerando-se o tempo, inicialmente abre-se uma conta corrente, sendo associada a um ou mais correntistas. Depois

2.15 Agregações

disso, é que se emitem os cartões magnéticos. Além disso, cada uma dessas duplas deve relacionar-se no máximo a um cartão magnético: por construção, a emissão de um cartão magnético para um determinado correntista de uma certa conta corrente elimina um eventual cartão precedente. Isso leva ao diagrama da fig. 2.15-3.

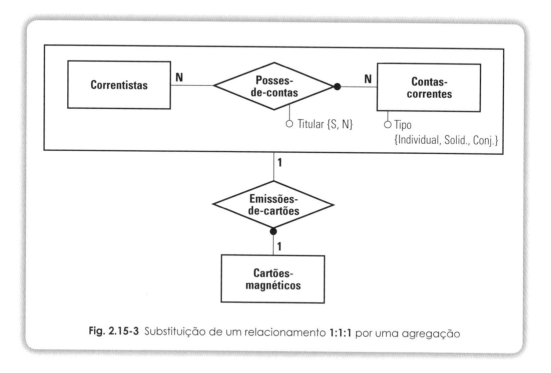

Fig. 2.15-3 Substituição de um relacionamento **1:1:1** por uma agregação

O nome Posses-de-contas foi dado na falta de outro melhor para o relacionamento; "posse" tem a conotação de posse material, e uma conta corrente é na verdade algo virtual. O nome Emissões-de-cartões também não é muito apropriado, pois em um sentido da ação (cf. 2.8, fig. 2.8-2) é perfeito (cartões emitidos para correntistas de contas correntes), mas no outro, não (não são os correntistas de contas correntes que emitem cartões; poder-se-ia exprimir a ação – ou o sinônimo do relacionamento – como "correntistas de contas correntes para os quais foram emitidos cartões"). Não colocamos sinônimos dos nomes dos relacionamentos indicando os sentidos, para não desviar da razão principal do exemplo.

Observe-se que na fig. 2.15-3 colocamos alguns atributos para exemplificar: Titular indica se o correntista é (S) ou não (N) o titular da conta. O tipo da conta pode ser individual, solidária ou conjunta. Seria útil o leitor investigar o porquê desses atributos terem sido localizados nos conjuntos escolhidos na fig. 2.15-3 e não em outros (ver exercício 2.15-1).

Note-se que a multiplicidade **1:1** de Emissões de Cartões expressa uma restrição de integridade essencial: dado um cartão magnético, existe apenas um certo correntista em uma determinada conta corrente associada a ele, e vice-versa. Essa restrição não aparece no modelo com o relacionamento ternário da fig. 2.14-3 (por quê?).

Outras soluções para o caso em questão poderiam ser propostas. Por exemplo, po-

58   Capítulo 2 — O Modelo Conceitual de Entidades e Relacionamentos

der-se-ia em lugar de Emissões-de-cartões ter projetado um relacionamento associando Correntistas a Contas-correntes em paralelo a Posses-de-contas; os atributos desse relacionamento seriam os atributos dos cartões. Um inconveniente dessa solução é a redundância que resultaria, ao duplicar-se parte dos dados já contidos no outro relacionamento. Um inconveniente maior provém da modelagem em si: cartões magnéticos existem no mundo real, de modo que a sua modelagem por meio de um conjunto de entidades torna o modelo mais claro.

Algumas observações gerais sobre agregações:

a) Note-se nos exemplos da figs. 2.15-2 e 2.15-3 que o relacionamento com as agregações não é total em relação à agregação: não há bolinhas nesse lado em Itens-de-pedido e nem em Emissões-de-cartões, respectivamente. Não há sentido em se modelar uma agregação A relacionada com uma entidade E por meio de um relacionamento R, especificando-se que R é total em A, pois aí cada elemento de A obrigatoriamente estaria relacionado a algum de E e, portanto, tem-se um relacionamento ternário. Por exemplo, se Emissões-de-cartões fosse total na agregação, cada correntista de uma certa conta corrente teria que ter obrigatoriamente um cartão magnético. Uma modelagem mais adequada para esse caso seria então um relacionamento ternário como o da fig. 2.14-3.

b) Agregações envolvendo relacionamentos **1:N** não fazem sentido, pois nesse caso cada entidade do lado **N** já indica, por meio do relacionamento, com qual entidade do lado **1** está relacionada. Lembremos que as agregações com relacionamentos **N:N** (como Itens-de-requisição na fig. 2.15-2) servem para selecionar algumas duplas, e relacioná-las (naquele caso, através de Itens-de-pedidos) com outro conjunto de entidades (Pedidos-de-compra). Mas no caso de relacionamento **1:N**, cada elemento do lado **N** já "representa" a (única) dupla em que ele eventualmente ocorre. Assim, as duas versões da fig. 2.15-4 são equivalentes quanto às informações representadas, o que significa que a versão (ii) deve sempre ser utilizada, e nunca a versão (i).

c) Não há muito sentido em se falar de atributos de uma agregação. Na verdade, esses atributos são os dos conjuntos de entidades relacionados na agregação, mais os atributos do relacionamento que ela engloba, isto é, todos os atributos de todos os conjuntos agregados.

d) Nada impede de se fazer uma agregação envolvendo mais do que dois conjuntos de entidades relacionados por um relacionamento, como ocorreu nos exemplos dados acima. Por exemplo, dados E_1 e E_2 relacionados por R_1 e E_3 relacionado a E_2 por R_2, pode-se construir uma agregação envolvendo todos esses conjuntos.

e) Uma agregação lembra uma superclasse da orientação a objetos: ela encapsula todos os conjuntos de entidades e de relacionamentos (suas subclasses) englobados por ela. No entanto, só estamos falando das estruturas de dados conceituais, e não dos comportamentos (métodos) dos mesmos.

f) Finalmente, em lugar de se representar a agregação como um retângulo grande envolvendo um relacionamento e os seus conjuntos de entidades, pode-se colocar um retângulo menor apenas envolvendo o relacionamento, como exemplificamos na fig. 2.15-5. A vantagem dessa representação é que, por ser mais compacta, não sobrecarrega tanto um diagrama quanto a anterior. Ela mostra explicitamente que o que se está fazendo no fundo é relacionar um conjunto de entidades (Artistas) com um relacionamento. Mas consideramos o retângulo grande preferível, sempre que possível, pois é mais representativo do fato de a agregação envolver também os conjuntos de entidades. Obviamente, a representação compacta não pode ser usada se a agregação envolver mais do que um relacionamento.

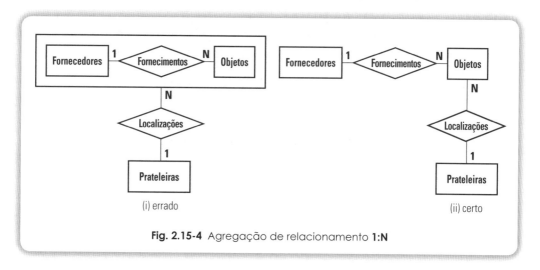

Fig. 2.15-4 Agregação de relacionamento 1:N

Regras de projeto

R2.15-1 Nunca projetar uma agregação de um conjunto de relacionamentos de multiplicidade **1:N**.

R2.15-2 Nunca projetar atributos de uma agregação.

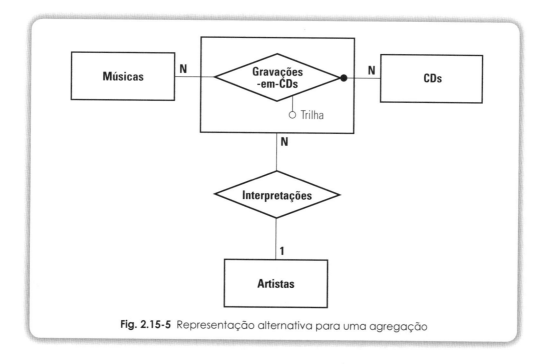

Fig. 2.15-5 Representação alternativa para uma agregação

60 CAPÍTULO 2 — O MODELO CONCEITUAL DE ENTIDADES E RELACIONAMENTOS

Exercícios

E2.15-1 Na fig. 2.15-3, por que o atributo Tipo não foi colocado em Posses-de-contas? Por que Titular foi colocado em Correntistas?

E2.15-2 Refaça o exercício 2.14-2 usando agregações.

E2.15-3 Uma empresa emite pedidos de compra para seus fornecedores, baseados em solicitações de materiais feitas por departamentos e também em cotações feitas junto a esses fornecedores. A partir do pedido, deve-se poder localizar a solicitação (para a entrega dos materiais, quando chegarem) e a cotação usada (várias cotações de um material feitas junto a um fornecedor podem coexistir). Modele essa situação. Sugestão: use a observação (d) acima.

2.16 Agregações de auto-relacionamentos

Para nos aprofundarmos um pouco mais nos conceitos e usos de agregações, vejamos, por meio de um exemplo bem prático, como podem ocorrer agregações de auto-relacionamentos e as possibilidades de modelagem que elas oferecem.

O problema, proposto ao primeiro autor por Anselmo Moraes Neto, durante um curso de Bancos de Dados que foi dado na empresa Camargo Correa há muitos anos, trata de várias versões da representação de peças e suas componentes. Seria interessante o leitor tentar desenhar o diagrama ER para cada nova versão antes de examinar a nossa solução. A fim de não prejudicar esse exercício, apresentamos inicialmente as várias versões do problema; em seguida, damos as soluções para as mesmas.

Versão 1. Representar as composições de peças e suas componentes, especificando a quantidade com que cada peça entra na composição de outra.

Versão 2. As composições da Versão 1 serão usadas por um almoxarifado, que atende requisições de peças. Algumas peças têm similares, que podem substituí-las em qualquer composição ou uso. Por exemplo, pode-se considerar como peças diferentes, mas similares, as que forem compatíveis mas tiverem fabricantes distintos. Assim, a solução da Versão 1 poderia representar a composição prioritária ("originais"). Deseja-se representar os *similares gerais* de cada peça, de modo que, na falta da peça prioritária, seja possível saber quais são as suas similares, e usá-las no lugar das originais.

Versão 3. Suponhamos que uma peça p_1 é uma componente de p_0, mas p_1 está em falta no almoxarifado. Procurando-se similares gerais para p_1, verifica-se que eles não existem (ou estão em falta também). Acontece que p_1 pode ser substituído por p_2 não de maneira geral, isto é, em qualquer composição, mas somente em algumas composições especiais. Em particular, a composição (p_0, p_1) tem uma *composição alternativa* (p_0, p_2), isto é, p_2 pode substituir p_1 no caso de ser componente de p_0. Representar as composições alternativas.

Versão 4. Dada uma composição qualquer, deseja-se associar uma peça a essa composição, indicando que ela é um similar seletivo do elemento "é componente de" da composição. Em outras palavras, deseja-se associar p_2 à dupla (p_0, p_1) indicando que nesta composição p_1 (a componente) pode ser substituída por p_2. Esta versão elimina uma redundância da Versão 3: nesta última, p_0 ocorre duas vezes, nas duas duplas que representam a associação desejada.

2.16 Agregações de Auto-relacionamentos

Versão 5. Introduzir nas Versões 2 e 4 prioridades de escolha dos similares, isto é, deseja-se especificar uma ordem de procura dos similares.

No final do exercício, desenhar um diagrama completo, com similaridades, composições, similares seletivos e os atributos da versão 5.

As soluções desse problema são as seguintes:

Versão 1. A fig. 2.13-3 representa o diagrama procurado.

Versão 2. A fig. 2.16-1 apresenta a solução para esse caso. Note-se que o auto-relacionamento Similaridades não atende à característica de possuir papéis diferenciados, como salientamos no fim do item 2.13.

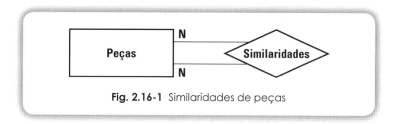

Fig. 2.16-1 Similaridades de peças

Formalismo matemático: ver F2.16-1.

Que duplas devem ser representadas em Similaridades? Evidentemente, vamos eliminar as duplas reflexivas, isto é, as que contêm duas vezes o mesmo elemento, do tipo (p, p). Duas duplas simétricas, como (p_0, p_1) e (p_1, p_0), devem ou não ser representadas? Depende de como serão processadas as consultas ao conjunto de duplas. Se quisermos obter a resposta a "obtenha os similares de p_0" somente por meio da busca das duplas, cujo *primeiro elemento* seja igual a p_0, então as duas duplas simétricas devem necessariamente ser representadas. De fato, se apenas (p_0, p_1) estiver em Similaridades, e não (p_1, p_0), obteremos p_1 como similar da peça dada p_0. Mas se a peça dada for p_1, então só encontraremos p_0 se (p_1, p_0) também estiver no conjunto.

Formalismo matemático: ver F2.16-2.

Quanto à transitividade, em geral ela deve ser necessariamente representada de maneira explícita. Exemplificando: devem ocorrer as 3 duplas (p_0, p_1), (p_1, p_2), (p_2, p_3), pois a dedução, a partir das duas primeiras, de que a 3ª dupla é válida tomaria muito tempo de processamento no modelo computacional.

A Fig. 2.16-1 deve ser combinada com a Fig. 2.13-3, formando um só diagrama, de composições e similaridades.

Versão 3. Observando-se o enunciado dessa versão, verifica-se que as composições alternativas constituem um conjunto de relacionamentos contendo duplas de duplas, isto é, relacionando uma composição (p_0, p_1) com (p_0, p_2), do exemplo dado na especificação dessa versão. Em outras palavras, é necessário relacionar relacionamentos. Como não existem relacionamentos de relacionamentos, devemos tomar Peças e Composições e agregá-los, formando um novo conjunto de entidades. Este pode então ser auto-relacionado, como na Fig. 2.16-2. Note-se que Composições-alternativas é um conjunto com duplas de duplas, como $((p_0, p_1), (p_0, p_2))$, indicando que p_1 é alternativa de p_2 na composição de p_0.

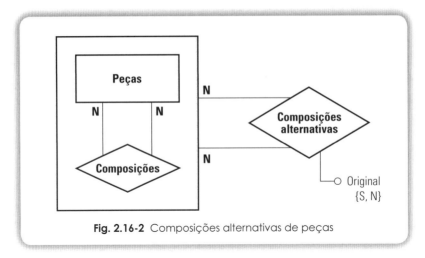

Fig. 2.16-2 Composições alternativas de peças

Essa solução tem vários inconvenientes. Se (p_0, p_2) é uma composição alternativa a (p_0, p_1), é necessário inserir (p_0, p_2) em Composições, produzindo-se uma redundância de p_0. Isto é, p_0 aparece duas vezes. Será também necessário acrescentar nesse relacionamento um atributo dizendo qual é a composição original, como ilustramos na Fig. 2.16-2. Têm-se ainda os problemas de reflexividade e transitividade abordados na versão 2.

Versão 4. Observando-se a solução da versão 3, vê-se que na dupla $((p_0, p_1), (p_0, p_2))$ exemplificada, p_0 ocorre duas vezes, o que apontamos como uma redundância. Na verdade, bastaria relacionar p_2 à dupla (p_0, p_1), entendendo-se que p_2 pode substituir p_1 como componente de p_0. O que desejamos, portanto, é relacionar uma peça p_2 a uma dupla (peça, peça) que no caso é (p_0, p_1). Aproveitando a agregação da Fig. 2.16-2, temos a solução da Fig. 2.16-3. À primeira vista, a solução pode parecer estranha, mas não tem nada de extraordinário. Basta pensar que Similares-seletivos é um conjunto de pares como $((p_0, p_1), p_2)$, indicando que p_2 pode substituir p_1 em p_0. Os papéis foram colocados para maior clareza. Note-se que completamos a Fig. 2.16-3 com o auto-relacionamento Similaridades da Fig. 2.16-1.

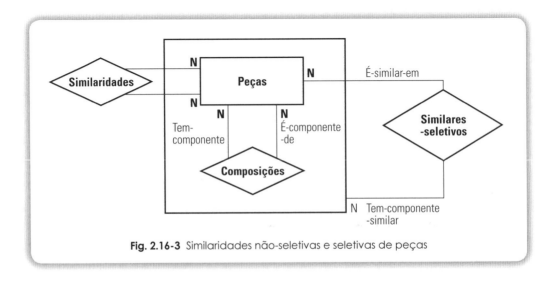

Fig. 2.16-3 Similaridades não-seletivas e seletivas de peças

Versão 5. Para se introduzir as prioridades de escolha dos similares, basta introduzir um atributo Prioridade nos relacionamentos Similaridades e Similares-seletivos. Por exemplo, dada a peça p_0, queremos indicar que ela tem similares gerais (isto é, independentes da composição) p_1 e p_2, que devem ser utilizados nessa ordem.

Formalismo matemático: ver F2.16-3

2.17 Especializações e generalizações de conjuntos de entidades

Como foi visto na seção 2.2, conjuntos de entidades representam entes do mundo real de mesma categoria. Existem muitos casos práticos em que os entes de uma mesma categoria subdividem-se em *subcategorias*. Todos os entes de uma mesma categoria têm em comum muitas características próprias, além de associações com entes de outra categoria. Mas em geral há características e associações dos entes de uma subcategoria que diferem das de outra. No modelo conceitual, essas características são em geral representadas por atributos e as associações por meio de relacionamentos. Podemos representar todos os entes de uma categoria por meio de um conjunto de entidades, com os atributos comuns, e os de cada subcategoria em outro conjunto de entidades, por meio dos atributos que representam apenas as características próprias da subcategoria. Suponhamos que se deseja representar os dados dos meios de gravação da Multiteca (*ver* 1.5), que são as fitas K7 e de vídeo, CDs e DVDs. Existem atributos comuns a todos esses meios, como data da aquisição, data do empréstimo a uma pessoa conhecida, tempo total das gravações do meio, estado geral do meio, gravação privada ou comercial, etc. Mas alguns atributos são específicos de cada categoria; por exemplo nos CDs e DVDs poderíamos ter o número de trilhas. Além disso, fitas K7 e CDs relacionam-se apenas com músicas (lembremos que não tratamos de CDs com dados e programas). Fitas de vídeo e DVDs podem relacionar-se com filmes e músicas. Na fig. 2.17-1 damos um exemplo de representação para essa situação, introduzindo um elemento que estende o MER, representado por um triângulo. Ele aponta para o conjunto de entidades Meios-de-gravação, que contém os atributos comuns a todos os elementos da categoria. De sua base saem arestas para os conjuntos de entidades que contêm os atributos comuns aos elementos de cada subcategoria, que denominaremos de *conjuntos de subentidades*. Essa subdivisão em subentidades é conhecida como uma *especialização*, no caso, de Meios-de-gravação. Os conjuntos de entidades K7s, CDs, etc. são os conjuntos *especializados*. No sentido contrário, temos o que é denominado de uma *generalização*, isto é, Meios-de-gravação *generaliza* K7s, CDs, etc. Dentro do triângulo, pode-se colocar um nome para a especialização ou para a generalização, no caso Tipos-de-meios.

Em nosso exemplo, as especializações são disjuntas, isto é, não há fitas K7 que sejam CDs, etc. Por isso, colocamos ainda um **x** no triângulo que representa a especialização, acima do nome desta, indicando que ela é *exclusiva*. Se os conjuntos de entidades especializados não forem disjuntos, diremos que a especialização é *inclusiva*, e representaremos esse fato com um **o** dentro do triângulo, acima de seu nome. O caso exclusivo é o mais comum, de modo que poderia ser subentendido, não sendo necessário portanto escrever o **x** nesse caso.

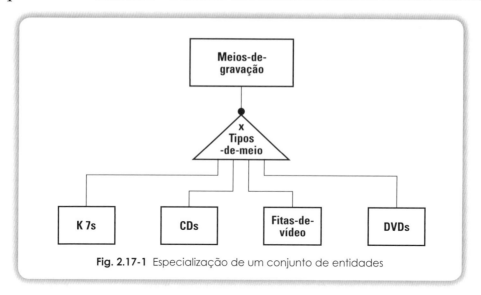

Fig. 2.17-1 Especialização de um conjunto de entidades

Cada meio de gravação é necessariamente de uma das 4 categorias. Por isso, colocamos uma bolinha no vértice superior do triângulo, indicando assim a *totalidade* da especialização, isto é, não há nenhum elemento do conjunto generalizado que não pertença a algum conjunto especializado. Uma especialização é *parcial*, se há algum elemento do conjunto generalizado que não ocorre em algum conjunto especializado. No outro sentido, uma generalização é sempre total, pois não pode ocorrer nenhum elemento de um conjunto especializado que não esteja no conjunto generalizado.

Especializações podem ocorrer em vários níveis. Por exemplo, no caso da Multiteca (ver 1.5.2) os itens guardados subdividem-se em livros e meios de gravação. Estes, por sua vez, subdividem-se em K7s, CDs, etc. Isso foi representado na fig. 2.17-2. Colocamos ainda um relacionamento para ilustrar o fato de um conjunto de entidade especializado (Meios-de-gravação) poder relacionar-se com outro conjunto (Músicas). Obviamente, livros não têm esse relacionamento (na Multiteca não há volumes com partituras, cf. 1.5.2-g_2).

A especialização em vários níveis pode ser usada na representação de composição de peças, em lugar de auto-relacionamentos. Para isso, não pode haver muitos níveis de composição. A justificativa para esse tipo de representação é que os atributos podem variar bastante. Por exemplo, um carro tem atributos que não se aplicam ao seu motor, portas, pneus, etc., que por sua vez têm atributos distintos. A representação como auto-relacionamento (ver 2.13) uniformiza os atributos.

Quando uma especialização é total e exclusiva, temos o que na Matemática denomina-se uma *partição* do conjunto de entidades generalizado (ver F2.17). No caso da Multiteca, o conjunto Itens é particionado em Meios-de-gravação e Livros, e Meios-de-gravação é particionado em K7s, CDs, Fitas-de-vídeo e DVDs.

2.17 Especializações e Generalização de Conjuntos de Entidades

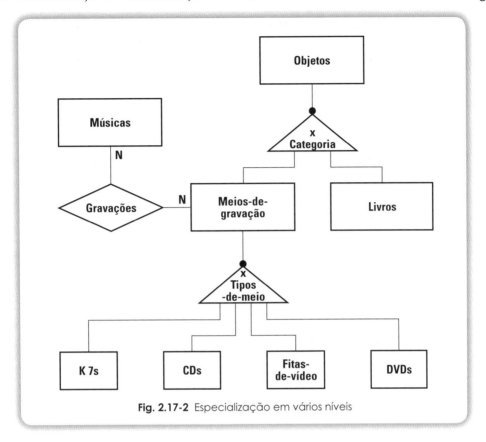

Fig. 2.17-2 Especialização em vários níveis

Algumas observações sobre as especializações:

a) O nome da especialização, colocado dentro do triângulo que a representa, funciona como se fosse um atributo do conjunto de entidades que está sendo especializado; é o atributo que corresponde à característica dos entes que é usada na categorização dos mesmos.

b) No caso de especializações exclusivas, tudo se passa como se houvesse um relacionamento **1:1** entre o conjunto de entidades generalizado e cada conjunto especializado.

c) A especialização lembra a herança da orientação a objetos. No entanto, estamos por enquanto tratando apenas dos dados, e não de seu processamento (métodos).

d) Note-se que estamos considerando apenas especializações de conjuntos de entidades, e não de atributos. Especializações de atributos são simplesmente composições dos mesmos como na fig. 2.4.

e) Relacionamentos entre especializações ou entre o conjunto generalizado e alguma especialização representam auto-relacionamentos da generalização (*ver* exercício E2.17-1).

f) Em lugar de representar uma especialização, poder-se-ia deixar as entidades especializadas somente no conjunto generalizado, sendo separadas por meio de um atributo representando seu tipo, e não sua categoria. Essa separação por meio de um atributo é considerada na literatura como uma *classificação*. Do ponto de vista do modelo conceitual, elementos do mundo real de mesma categoria devem ter os mesmos atributos. Uma justificativa para se modelar uma especialização e não uma classificação é o fato de se ter relacionamentos diferentes conforme o tipo, como no caso da fig. 2.17-2.

Com a especialização, pode-se resolver o caso levantado na regra R.2.2-2 (como?).

Exercícios

E2.17-1 Mostre graficamente que relacionamentos entre especializações de um mesmo conjunto de entidades E representam auto-relacionamentos de E.

E2.17-2 Na fig. 2.17-2, modele a associação de filmes com fitas de vídeo e DVDs, e o número da trilha das músicas no caso de CDs e DVDs.

E2.17-3 Desenhe um diagrama mostrando as especializações de funcionários em motoristas, secretárias e engenheiros. Escolha o tipo adequado de especialização (inclusiva ou exclusiva), bem como a totalidade ou parcialidade da mesma. Adicione relacionamentos a veículos e a projetos. Modele as línguas estrangeiras dominadas pelas secretárias e as formações dos engenheiros.

E2.17-4 Uma empresa deseja organizar um cadastro de clientes, que podem ser pessoas jurídicas (empresas) ou físicas. Quando se trata de uma pessoa jurídica, deseja-se assinalar uma única pessoa física que seja a responsável pelo contato com a primeira. Modele essa situação, desenhando conjuntos de entidades separados para clientes, para pessoas físicas e para jurídicas.

E2.17-5 Como a especialização pode ser usada na modelagem dos insumos de uma indústria que consome parte de seus produtos?

2.18 Relacionamentos generalizados

No Exercício 2.9-2, sugerimos modelar as localizações dos livros da Multiteca em prateleiras, e seus empréstimos. Os empréstimos não são somente os feitos *a* pessoas: um item pode ter sido emprestado *de* alguma pessoa (cf. 1.5.2-g_3). Nesse caso, e também no caso de itens próprios (isto é, do proprietário da Multiteca), é preciso especificar se o item está guardado em uma prateleira ou está em uso. Isso poderia ser modelado como na fig. 2.18-1, supondo-se que se deseje guardar apenas as datas do último empréstimo.

Uma restrição de integridade interessante é a de que, se um item tiver sido emprestado a alguém, então não pode estar nem guardado nem em uso. Ver F2.18 para uma expressão formal dessa restrição.

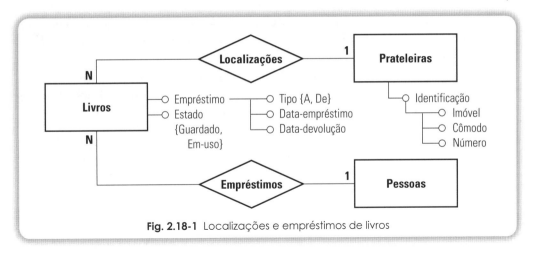

Fig. 2.18-1 Localizações e empréstimos de livros

Na verdade, os empréstimos a alguma pessoa podem ser considerados também como localizações dos itens: em lugar de estar localizado em uma prateleira, um item está "localizado" com a pessoa que o emprestou. Assim, nota-se que, de certa maneira, ambos os relacionamentos têm a mesma *natureza*, isto é, representam, do ponto de vista de localização, um tipo de associação semelhante no mundo real. Nota-se ainda que ambos os relacionamentos têm a mesma multiplicidade. Isso sugere generalizar esses dois relacionamentos em um só, "Localizações", conectado tanto a Prateleiras como a Pessoas, como na fig. 2.18-2. Para isso introduzimos um novo símbolo gráfico, distinguindo esse relacionamento dos simples vistos até aqui, denominando-o de *relacionamento generalizado*, elemento do MER introduzido pelo primeiro autor.

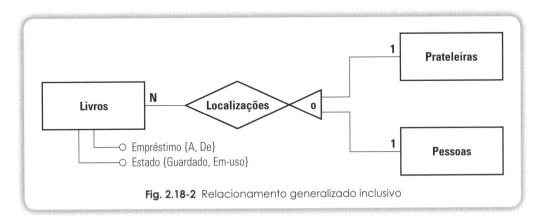

Fig. 2.18-2 Relacionamento generalizado inclusivo

Note-se que um livro emprestado de alguém pode estar guardado em uma prateleira. Isto é, no modelo conceitual, esse livro estaria simultaneamente nos dois relacionamentos. Mostramos isso colocando um **o** dentro do triângulo que expande o losango do relacionamento, indicando que se trata de um *relacionamento generalizado inclusivo*.

Um relacionamento generalizado simplesmente agrupa vários relacionamentos de mesma natureza e de mesma multiplicidade em um só. Em um dos lados do relacionamento, deve haver vários conjuntos de entidades, mas no outro pode haver apenas um, o que é, em nossa experiência, o caso mais comum. Se um lado de um desses relacionamentos tiver apenas um conjunto de entidades, denominá-lo-emos de *lado generalizado* do relacionamento, sendo o outro o *lado especializado*.

Se cada elemento do conjunto de entidades do lado generalizado puder relacionar-se apenas com no máximo *um* dos conjuntos de entidades do lado especializado, teremos um *relacionamento generalizado exclusivo*, indicando isso com um **x** na extensão do losango. Na fig. 2.18-3 ilustramos esse caso com a modelagem da alocação de um funcionário em uma divisão ou em um departamento de uma empresa. Ela supõe que um funcionário deve estar alocado necessariamente em um ou em outro (estamos ignorando o presidente da empresa e os "aspones"), e não pode estar alocado em ambos.

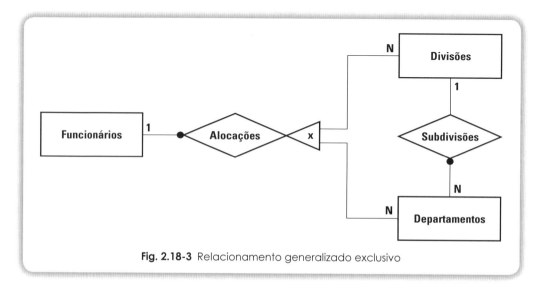

Fig. 2.18-3 Relacionamento generalizado exclusivo

Há uma outra notação que introduzimos para os relacionamentos generalizados, e que pode ser graficamente útil. Em lugar de estender o losango com um triângulo, pode-se usar o símbolo de derivação empregado em diagramas de fluxo: um pequeno círculo contendo um **o** ou um **x**, dependendo do tipo da generalização. A fig. 2.18-4 mostra um exemplo desses: deseja-se armazenar os dados sobre fornecedores de cursos que uma empresa organiza para seus funcionários. Esses cursos podem ser fornecidos tanto por departamentos da empresa quanto por instituições externas a ela.

Essa notação gráfica permite combinações de "inclusividades" e exclusividades. Por exemplo, na fig. 2.18-5 temos um relacionamento abstrato generalizado, exclusivo com um conjunto de entidades E_1 e com um par de conjuntos E_2 e E_3, sendo inclusivo nesses dois.

Uma das vantagens de se usar relacionamentos generalizados é que eles fornecem mais informação estrutural do que vários comuns equivalentes: eles mostram a natureza semelhante dos relacionamentos comuns correspondentes, e também o fato de a generalização ser inclusa ou exclusiva.

Um projetista com experiência provavelmente desenhará um diagrama ER já com relacionamentos generalizados. Mas nada impede, e talvez até seja interessante, começar com todos os relacionamentos comuns e depois generalizar os que forem adequados a essa operação. A primeira versão serve de documentação para a segunda.

2.18 Relacionamentos Generalizados

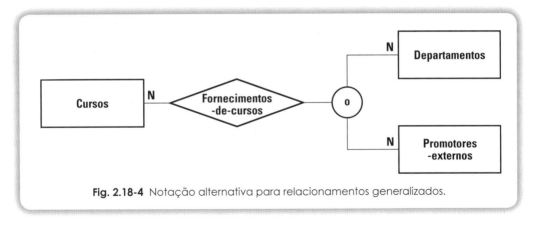

Fig. 2.18-4 Notação alternativa para relacionamentos generalizados.

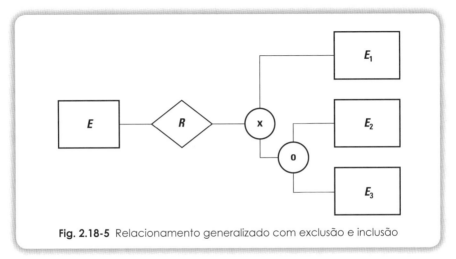

Fig. 2.18-5 Relacionamento generalizado com exclusão e inclusão

Exercícios

E2.18-1 Um banco emite faturas; cada título pode ter como agente cobrador uma agência do banco ou, no caso de inexistência de agência na cidade da cobrança, um banco correspondente. Usando um relacionamento generalizado, modele essa situação, colocando os atributos que a caracterizam.

E2.18-2 Uma empresa é provedora de serviços de conexão com a Internet, usando cabo ou satélite com antena portátil. Ela tem um cadastro de clientes (pessoas físicas e jurídicas) e um de domicílios, especificando o tipo (casa, apartamento, empresa, condomínio, etc.), seu endereço (separando o logradouro, CEP, etc.). Ela faz contratos de prestação de serviços simplesmente com os clientes (no caso de uso de satélite) ou com clientes mencionando um domicílio, onde o serviço será prestado (no caso de cabo). Um mesmo cliente pode ter vários contratos, um único para ele sem mencionar domicílios (satélite), e vários mencionando estes últimos, um por domicílio (cabo). Faça um modelo ER para essa situação, usando relacionamento generalizado.

E2.18-3 Expanda o caso anterior para modelar um sistema de atendimento a clientes (SAC). Ao receber um chamado, o atendente solicita o número do contrato. Muitas

70 Capítulo 2 — O Modelo Conceitual de Entidades e Relacionamentos

vezes a pessoa que está chamando não é cadastrada, pois está interessada em adquirir os serviços. O SAC deve nesse caso cadastrá-la como cliente em potencial. No caso de chamado de um cliente já cadastrado, para ser localizado no cadastro ele pode dar o número do contrato, seus dados pessoais ou dados do domicílio. Esses atendimentos devem ser registrados com suas características, como o tipo de atendimento, reclamação do cliente, cadastramento de cliente em potencial, solicitação de assistência técnica. No caso de antena móvel, obter o endereço para o serviço; quem foi o atendente, data e hora, um texto de comentário, etc.

E2.18-4 Expanda o caso anterior para considerar um sistema de *telemarketing*, isto é, o contato com um cliente em potencial pode ser feito pelo SAC, se este for chamado, ou pelo pessoal de *telemarketing*, se este tomar a iniciativa de contactar (isto é, incomodar...) um cliente em potencial. Separe esses casos em clientes prospectivos (aqueles que nunca foram chamados), contactados e contratados. É preciso registrar quem foi o funcionário de *telemarketing* que fez o contato.

2.19 Atributos globais

Existem atributos cujo valor é o mesmo para todos os elementos de um conjunto de entidades ou de relacionamentos. Por exemplo, um banco cobra a mesma taxa de emissão de talões de cheques para todas as contas correntes. Algumas contas podem estar isentas dessa taxa, mas quando ela é cobrada o valor a ser debitado é sempre o mesmo. Supondo que seja representado um conjunto de entidades Talões-de-cheques, se a taxa de confecção fosse representada por um atributo como os vistos até aqui, todos os elementos do conjunto teriam o mesmo valor para esse atributo, quando ele não fosse vazio. Isto é, quando não há isenção dessa taxa. Sugerimos ao leitor que resolva o seguinte exercício antes de prosseguir.

***Exercício* E2.19-1** Desenhe um diagrama contendo informações sobre contas correntes de um banco com seus números, saldos, saldos médios, bem como informações sobre talões de cheques emitidos para essas contas, com sua numeração inicial e final, e datas do pedido, da emissão e da entrega. Não esquecer de representar as multiplicidades dos relacionamentos e sua parcialidade/totalidade. Adicionar agora dois atributos especiais: o dado se deve ou não ser cobrada taxa de emissão de talão (no segundo caso, trata-se por exemplo, de cliente *muy amigo* de um dos diretores do banco) e o valor dessa taxa, que é a mesma para todas as contas.

Depois de feito esse exercício, deve ser examinada a nossa solução na Fig. 2.19, em comparação com a sua.

Observando-se a Fig. 2.19, nota-se que Taxa-é-cobrada é um atributo de Contas-Correntes, e não de Talões-de-cheques. Nota-se ainda que o relacionamento é total em Talões-de-cheques, pois evidentemente cada talão é emitido para uma determinada conta, e a multiplicidade é claramente **1:N**. Finalmente, aparece um atributo com uma notação gráfica diferente: Taxa-de-confecção é representado por um retangulinho, e não por uma bolinha. Com isso queremos representar o fato de ele ser um *atributo global*, isto é, seu valor é o mesmo para todos os elementos de Talões-de-cheques. Em outras palavras, é um atributo, cujo valor é assumido globalmente pelo conjunto todo, não sendo associado a cada elemento do mesmo em particular, como o eram todos os atributos vistos até aqui.

2.20 Projeto do Modelo Conceitual

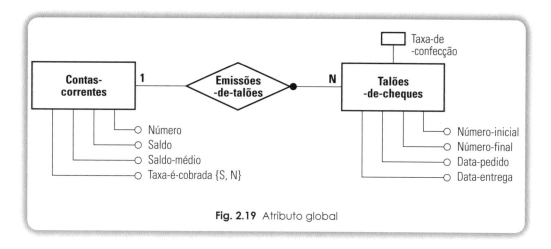

Fig. 2.19 Atributo global

Um exemplo muito comum de atributo global é o número de elementos de um conjunto (de entidades ou de relacionamentos). Por exemplo, na Fig. 2.19 poderíamos ter o número de contas existentes como atributo global de Contas-correntes.

***Exercício* E2.19-2** Na fig. 2.19, substitua os atributos Número-inicial e Número-final por um atributo (em que conjunto?) que indica o número final da última folha do último talão emitido. Esse atributo pode ser global?

2.20 *Projeto do modelo conceitual*

Agora que conhecemos os elementos do modelo conceitual, podemos voltar ao problema de projetar esse modelo, complementando o que foi dito no item 1.3. Vamos tratar aqui apenas das estruturas dos dados, e não de suas manipulações.

Reportando-nos à fig. 1.3, suponhamos que já se tenha o modelo descritivo do sistema que está sendo analisado. Se esse não for o caso, é possível pular essa fase, se houver um conhecimento profundo do sistema ou dependendo da prática do projetista. Nesse caso, o projetista poderá ir desenhando o modelo conceitual, à medida que vai perguntando aos conhecedores do sistema as características do mesmo. Essa é a técnica usada pelo primeiro autor nas dezenas de modelagens que tem feito, algumas muito grandes. Seja essa a forma, ou análise do modelo descritivo, o roteiro é mais ou menos o mesmo.

Segundo a nossa experiência, é fundamental "deixar o mundo real revelar as suas características". Ou, empregando outra metáfora, é necessário "aprender a ler a estrutura do mundo real nele próprio". Vamos mostrar os possíveis passos de um tal projeto descendente por meio de um exemplo. Seria interessante o leitor desenhar um diagrama ER à medida que for lendo esta descrição. Seja desenvolver um modelo conceitual de um banco. Examinando o mundo real (ou o modelo descritivo), encontramos elementos que claramente são fortes candidatos a serem representados por conjuntos de entidades, que são os primeiros elementos do modelo conceitual a serem procurados. Por exemplo, teremos os conjuntos de entidades de contas correntes e de cadernetas de poupança. São dois conjuntos distintos ou um só? É provável que a melhor representação seja de dois conjuntos independentes, pois as características são bem distintas: há na verdade pouquíssimos atributos comuns; pode-se tentar uma generalização (ver 2.17), produzindo-se um conjunto geral de contas particionado nos dois citados. O fato de os bancos processarem os dados dos dois, de maneira completamente independente, não deve influenciar o projeto, pois existe uma grande chance de que os sistemas tenham sido mal projetados. E não queremos partir dos modelos já existentes (o que seria um método ascendente), para não repetirmos os vícios anteriores. Nessa primeira fase, vamos colocar apenas os atributos mais relevantes, que ajudam a caracterizar as entidades. Em seguida, vamos procurar outras entidades, podendo por exemplo ler no modelo descritivo (ou obter a informação verbal dos conhecedores do banco), que existem correntistas associados às contas correntes. Correntistas fazem parte das contas? Não é isso que o mundo real nos revela: correntistas são pessoas e contas são... bem, são contas. Já que no mundo real eles são distintos, vamos distingui-los no modelo. Mas, se correntistas são pessoas, vamos projetar o conjunto de entidade Pessoas ou um conjunto Correntistas? Deixemos esse problema de lado por enquanto. Em ambos os casos, lemos (ou observamos, ou ouvimos) que pessoas (ou correntistas) "possuem" contas correntes. A presença de um *verbo* é uma forte indicação de uma associação entre pessoas (ou correntistas) e contas, que permite ações no mundo real, no caso abrir uma conta para uma pessoa, verificar o saldo de uma conta de uma pessoa, etc. Tentamos então desenhar o relacionamento Posses-de-contas, conectando-o aos outros dois. Note-se que usamos o nome no plural, pois não se trata de conjunto unitário (isto é, com um só elemento), e colocamos o substantivo do verbo, pois assim teremos os dois papéis "contas possuídas" por pessoas e pessoas "que possuem" contas – os dois papéis dos conjuntos de entidades no relacionamento. Tratamos em seguida da multiplicidade do relacionamento. Uma conta pode ser possuída por várias pessoas, que é o caso das contas conjuntas e solidárias. Colocamos então um **N** do lado de Pessoas (ou correntistas). Por outro lado, um correntista pode ter várias contas (uma individual, várias conjuntas, etc.), o que nos leva a colocar um **N** no lado de Contas-correntes. Agora enfrentamos o problema de representar o fato de termos os tipos de contas individual, solidária e conjunta. Claramente, trata-se de um *adjetivo*, uma qualidade, de cada conta, o que é uma forte indicação de ser um atributo. Mas atributo de que conjunto? Dos três possíveis, é evidente que se trata de atributo de Contas-correntes, pois diz-se "a conta é individual" ou "é conjunta". Não é a pessoa que "é conjunta", nem o relacionamento, pois para uma certa conta, variando-se os correntistas, a qualidade "conjunta" permanece (veja o teste introduzido na seção 2.11). Suponhamos que se quisesse representar a data da entrada de uma pessoa numa conta corrente. Essa data responderia à questão "a partir de quando a pessoa possui a conta?". Procuramos então um *advérbio* temporal, qualificando o verbo, o que é uma forte indicação de um atributo de relacionamento. De fato, essa data é um atributo de Posses-de-contas. Um outro atributo do relacionamento é o fato de um correntista ser ou não o titular de uma determinada conta. Nesses dois casos, o teste dado em 2.11 resolve plenamente o problema de se decidir em qual conjunto vai o atributo.

Continuando a análise do banco, chegamos eventualmente aos empréstimos. Devemos representar um conjunto de entidades para eles ou serão atributos de algum conjunto já existente? Empréstimos têm atributos próprios bem característicos: valor, forma de pagamento, juros, datas de vencimento, etc. Assim, aparentemente vale a pena desenharmos um conjunto de entidades Empréstimos. Associadas a empréstimos, temos pessoas: os tomadores e os avalistas. Uma possibilidade seria considerá-los como atributos de Empréstimos. Mas o mundo real nos conta que eles têm natureza diversa, ou melhor, os tomadores e avalistas têm consistência própria, são pessoas. Se apenas alguns

2.20 Projeto do Modelo Conceitual

dados restritos deles fossem usados, eles poderiam ser atributos de algum conjunto de entidades. Acontece que o banco entra eventualmente em contato com essas pessoas, telefonando para elas, pedindo seus dados, etc. Assim, elas comportam-se como entes para o banco, e merecem ser modeladas por conjuntos de entidades próprios. Bem, já temos um conjunto de entidades Pessoas ou Correntistas – ainda não decidimos até aqui qual dos dois nomes escolher para o conjunto. Ora, avalistas não precisam ser correntistas, e em alguns casos os tomadores também não precisam possuir uma conta. Assim, se escolhermos Pessoas como o conjunto que representa os dados de qualquer pessoa que recebe ou presta serviço ao banco, poderemos usar esse conjunto para relacioná-lo com qualquer outro, independentemente do tipo de pessoa. Assim, Pessoas é relacionado com Contas por meio de Posses-de-contas. Como iremos distinguir os avalistas dos tomadores? Evidentemente, essa qualidade será expressa por um atributo, pois não faremos a bobagem de introduzir mais um conjunto de entidades para avalistas e outro para tomadores (já que uma mesma pessoa pode assumir as duas posições), e nem um novo conjunto para ambos, pois trata-se de pessoas, e já temos o conjunto Pessoas representado no diagrama desenvolvido até o momento. Empréstimos será então relacionado a Pessoas. E onde colocaremos o atributo com valores Avalista e Tomador? Há três possibilidades: em um dos conjuntos de entidades ou no relacionamento. Já que o relacionamento é **N:N** (uma pessoa pode associar-se a vários empréstimos como tomador e/ou avalista, e cada empréstimo pode estar associado a várias pessoas), poderemos aplicar o teste introduzido na seção 2.11: fixando-se um elemento de Empréstimos, podemos ter a ele relacionado um elemento de Pessoas, correspondente a uma pessoa-tomador, e a um outro elemento, correspondente a uma outra pessoa-avalista. Portanto, o atributo não é de Empréstimos. Fixando-se uma pessoa, podemos ter a ela associado um empréstimo em que ela é avalista, e um outro empréstimo em que ela é tomadora. Portanto, o atributo também não é de Pessoas e, conseqüentemente, é do relacionamento. Vamos chamar esse atributo do relacionamento de Tipo-de-pessoa.

Se um empréstimo é saldado por meio de conta corrente, temos um relacionamento entre os dois conjuntos de entidades correspondentes.

Já nos alongamos demasiado neste exemplo. Na fig. 2.20, apresentamos o diagrama correspondente. Esse diagrama foi ainda complementado com os elementos das figs. 2.15-3 e 2.19.

***Exercício* E2.19-2** Complete o diagrama da fig. 2.20 incluindo:

a) Atributos adicionais relevantes para o funcionamento do banco, inclusive atributos determinantes;

b) Subdivisão de pessoas em físicas, jurídicas, funcionários do próprio banco e não-funcionários;

c) Introdução de contratos, subdivididos em "leasing" (nesse caso, é importante representar a informação de que há um proprietário do bem), empréstimos e alienações (hipotecas); as agências são as cobradoras de títulos e contratos;

d) Títulos, como promissórias, faturas, duplicatas, que garantem alguns contratos, e são emitidas em nome de pessoas cedentes;

e) Agências e postos de serviço;

f) Gerentes de agência, responsáveis por certas contas e títulos;

g) Aplicações (CDB, LH, fundos DI, etc.), com possível resgate em conta corrente.

Para incluir mais itens, procure os especialistas em cada área do banco, pois na experiência do primeiro autor, os bancos dificilmente contam com uma pessoa que conheça todos os detalhes das várias aplicações.

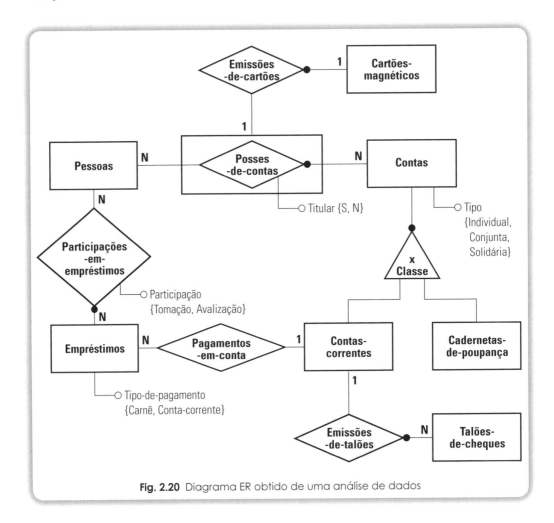

Fig. 2.20 Diagrama ER obtido de uma análise de dados

2.21 Modelar como atributo ou conjunto de entidades?

Um caso muito comum de dificuldade de projeto é a decisão de representar entes do mundo real, que são de mesma natureza, por meio de atributos ou de conjuntos de entidades. Por exemplo, seja o caso das informações bibliográficas de livros da Multiteca, como na fig. 2.5-1. Os autores devem ser modelados por um atributo de Livros ou por um relacionamento Autorias com um conjunto de entidades Pessoas? Um estudo das aplicações pode resolver esse tipo de problema: verifica-se que o único atributo dos autores que interessa à Multiteca e a uma biblioteca em geral é o seu nome, que funciona como uma qualificação de um livro. Daí termo-lo modelado como um atributo de Livros, e escolhido para ele o nome Nomes-de-autores em lugar de Autores. O endereço, data do nascimento, CPF e outros atributos dos autores não ocorrem em nenhuma manipulação de dados de uma biblioteca: para ela, cada autor resume-se ao seu nome. Ora, se existe idéia de se projetar um conjunto de entidades e ele tem um só atributo, ele é um forte candidato a ser representado como um atributo e não como conjunto de entidades (cf. R2.3-3). Por outro lado, para as editoras os autores existem como entes do mundo real, pois há contatos diretos com eles, é necessário armazenar vários de seus atributos além de seu nome (CPF, endereço, telefones, etc.). Portanto, para uma editora, os autores devem ser modelados como conjuntos de entidades.

Na fig. 2.20 temos um conjunto de entidades Pessoas. Obviamente, deseja-se registrar os números de telefones de cada pessoa. Telefones devem ser modelados como um atributo (multivalorado) de Pessoas ou por um conjunto de entidades Telefones? Aparentemente, eles merecem um conjunto de entidades, pois têm consistência física, a linha. No entanto, para uma empresa, os telefones dos clientes e de seus funcionários são simples atributos, pois interessam unicamente os números (ou ramais) dos aparelhos (ou das linhas). Se a modelagem gerasse um conjunto de entidades, não haveria apenas o atributo do número do telefone. Já para a companhia telefônica propriamente dita, os telefones, ou melhor, as linhas telefônicas, devem ser encarados como conjunto de entidades, pois têm vários atributos próprios: tipo da linha, data da instalação, endereço de envio de correspondência, dados do proprietário, data da cobrança, se há contratação de serviços especiais, etc.

Nesses dois exemplos, vemos como uma simples observação do mundo real pode levar a um projeto das estruturas de informações mais complexo que o necessário, do ponto de vista das aplicações. Nesse caso, é a análise funcional, isto é, do comportamento dos dados e para que eles servem, é que mostra qual estrutura deve ser usada.

2.22 Análise de sistemas = análise de dados + análise funcional

O projeto do modelo conceitual dos dados e o posterior projeto do modelo computacional compõem o que é denominado comumente de Análise de Dados. A ela contrapõe-se o que se chama de Análise Funcional, isto é, a análise do que é chamado comportamento dos dados, ou seja, das transações que manipulam os dados e que geram programas de processamento dos dados. Estes últimos são escritos numa das linguagens oferecidas pelo *software* gerenciador de bancos de dados. A análise funcional é em geral modelada em diagramas especiais chamados diagramas de fluxos de dados (DFD). Os diagramas que são usados para isso não levam em conta as estruturas conceituais de dados. O armazenamento destes é representado pelo que se denominou de repositórios de dados, e não são estruturados, isto é, não fornecem as informações que vimos no modelo de entidades e relacionamentos (MER). Na fig. 2.22 mostramos um pequeno exemplo de um DFD, na notação de Chris Gane, acrescida de numeração dos fluxos. Uma entidade externa, Usuário, usando o sistema da Multiteca, fornece a este o nome de um autor (fluxo 1). Entidades externas geram e consomem dados. Há um repositório de dados contendo os dados de Livros, que é consultado pelo processo "Busca por autor". Repositórios de dados correspondem aos nossos conjuntos de entidades – os relacionamentos não são representados. O fluxo 2 mostra o resultado da consulta: uma lista de títulos de livros escritos pelo autor dado. No fluxo 3, esse processo fornece ao usuário essa lista. O usuário seleciona um dos títulos e um segundo processo faz a busca por títulos, etc.

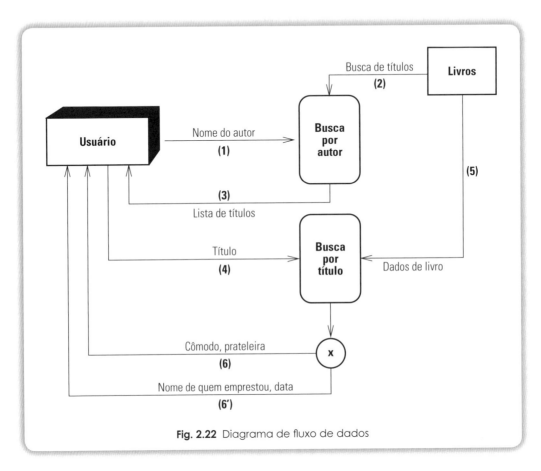

Fig. 2.22 Diagrama de fluxo de dados

Posteriormente, com o advento da orientação a objetos, desenvolveram-se métodos gráficos para mostrar os fluxos dos dados junto com as estruturas dos dados, como por exemplo na popular UML (*Unified Modeling Language*). O que se obteve assim foi uma mistura de análise de dados com análise funcional.

Tradicionalmente, a análise funcional é feita antes da análise de dados. Cremos que isso se deve a um desconhecimento do MER, ou à dificuldade em modelar os dados conceitualmente e ao fato de a análise funcional ser algo bem mais simples do que a análise conceitual dos dados. O MER é também um modelo com muito maior riqueza do que os repositórios e dados dos modelos tradicionais de fluxos de dados. Com o advento da Análise Orientada a Objetos, tentou-se misturar a análise de dados com a de fluxo de dados. Na opinião do primeiro autor, isso foi um erro. Em sua larga experiência, uma análise inicial de dados, levando ao MER, pode ser feita muito rapidamente, sem se entrar em muitos detalhes. De fato, o essencial é descobrir as entidades e os relacionamentos,

2.22 Análise do Sistemas = Análise de Dados + Análise Funcional

devendo-se inicialmente modelar apenas os atributos que contribuem para caracterizar o que é cada entidade e cada relacionamento. Uma análise funcional exige em geral muito mais detalhes. Por outro lado, um diagrama ER bastante grande pode ser apresentado, com redução mas ainda legível, em uma página A4. Temos em mãos um modelo desses feito pelo primeiro autor com 34 conjuntos de entidades e 42 relacionamentos, numa só dessas páginas. A análise funcional correspondente daria dezenas de páginas. Acontece que o modelo ER representa uma síntese não só dos dados e sua estrutura, como também do comportamento dos dados. Por exemplo, da fig. 2.20 imediatamente depreende-se que o banco concede empréstimos, que um empréstimo pode ser pago por meio de uma conta corrente, que cada cartão magnético é emitido para uma única dupla de pessoa e conta corrente, etc.

Feita a análise de dados, pode-se proceder à análise funcional, inclusive usando UML (ver 8.2 e 8.7). Infelizmente, UML e outros modelos de análise orientada a objetos aparentemente não foram desenvolvidos por pessoas que tivessem boa experiência com o MER e o conceito de modelagem conceitual de dados. UML já é demasiadamente computacional, orientada para o modelo relacional de dados. Como veremos no cap. 3, nesse modelo perde-se muita informação sobre o que se está modelando, como a distinção entre as representações computacionais de um conjunto de entidades e de um conjunto de relacionamentos.

Um dos perigos de a análise funcional ser feita antes da análise de dados é que estes tendem a ser projetados em função das aplicações, ocorrendo muita redundância e dependência de dados. Um exemplo real desse enfoque é o sistema de vários bancos (há uns 20 anos atrás eram todos): tente-se abrir uma segunda conta corrente ou uma caderneta de poupança, e ver-se-á que é necessário fornecer todos os dados pessoais novamente (endereço, RG, CPF, etc.). Isso mostra que em geral não há integração de dados: há um sistema de processamento de dados de contas correntes totalmente independente do de cadernetas de poupança, do de empréstimos, e assim por diante. Cada sistema usa seus próprios arquivos, independentemente da existência de outros arquivos com todos os (ou parte dos) dados. Isso é devido ao fato de se ter feito uma análise funcional para cada aplicação, não se tendo reconhecido que certos dados, como os dos clientes, eram usados por vários sistemas. O enfoque básico dos bancos de dados foi justamente unificar os dados, e colocá-los à disposição das várias aplicações.

Aqui tocamos em um ponto delicado. Uma das intenções básicas da orientação a objetos é produzir encapsulamento de dados e manipulações dos mesmos, isto é, seu "comportamento", descrito por meio de "métodos". Isso significa que os dados só podem ser manipulados pelos métodos (rotinas) encapsulados junto com eles nas assim chamadas classes, que contêm a descrição das estruturas dos dados e a descrição dos métodos. Mas isso viola o enfoque básico dos bancos de dados, pois os dados não ficam mais à disposição para serem tratados pelas rotinas de qualquer aplicação. Ao nosso ver, deveria haver encapsulamento das rotinas básicas de acesso e manutenção dos dados, mas as aplicações deveriam ser abertas, isto é, propomos uma combinação da orientação a objetos com a estrutura tradicional de sistemas baseados em bancos de dados. Voltaremos a esse problema no cap. 8.

A análise prévia dos dados independente da análise das aplicações leva a uma integração natural dos sistemas. No entanto, nossa posição é de que a análise de dados não deve ser feita totalmente independente da análise funcional, pois só esta é que mostra

78 CAPÍTULO 2 — O MODELO CONCEITUAL DE ENTIDADES E RELACIONAMENTOS

quais são as informações relevantes para a empresa. Por exemplo, ao reconhecermos a existência de funcionários no mundo real, projetaremos um conjunto de entidades para representá-los. Mas quais atributos devemos representar nesse conjunto? O nome do funcionário será certamente um atributo essencial. E o nome do pai do funcionário? E do avô, do bisavô? A data de nascimento será provavelmente muito útil, mas e o local de nascimento? Somente as aplicações que se deseja desenvolver sobre os dados é que dirão quais atributos serão ou não usados. Assim, cremos que a análise de dados deve preceder, sim, à análise funcional, mas só até certo ponto. Como dissemos, pode-se inicialmente projetar os conjuntos de entidades e os relacionamentos, e colocar alguns atributos mais característicos em cada conjunto, mas deve-se aguardar a colocação de atributos adicionais somente durante a fase da análise funcional. Aliás, em geral as entidades e relacionamentos são reconhecidos por meio de análise do modelo descritivo, onde são descritas as aplicações.

Chamamos de "programas de manipulação" tanto rotinas escritas em alguma linguagem algorítmica como especificações numa linguagem de consulta direta ("query language"). Note-se que o passo 1, como foi descrito, deve levar a um modelo conceitual rudimentar, que será completado no passo 2. O arco do passo 4 ligando o MER ao processo desenvolvimento de programas deve-se ao fato de eventualmente não se conseguir derivar um modelo de dados para o gerenciador de bancos de dados a ser usado, que contenha todas as características do modelo conceitual. Por exemplo, é muito comum não ser possível se especificar as restrições de multiplicidade **1:N** e **1:1**, de modo que deverão ser geradas rotinas para essa verificação. Nesse sentido, é interessante observar que a análise de dados tende a ajudar muito a construção das rotinas de manipulação. Por exemplo, uma restrição de totalidade de um relacionamento representa sintaticamente (isto é, estruturalmente) uma determinada situação do mundo real. No entanto, ela deve disparar a chamada de certos procedimentos de consistência independentes da particular aplicação. Isto é, uma "bolinha" de totalidade deve provocar ações na manipulação de dados que independem totalmente dos conjuntos de dados (ou, no modelo interno, dos arquivos) envolvidos por ela. Os procedimentos que verificam essa restrição de integridade no nível dos dados devem receber, como parâmetros, os nomes (ou qualquer outra identificação) dos arquivos envolvidos. Esses procedimentos são os mesmos para todas as aplicações que envolvem carga, atualização ou eliminação de dados correspondentes a uma entidade, cujo relacionamento com outra é total. Assim, transformou-se a semântica do mundo real em sintaxe no modelo conceitual, e daí para a frente quase tudo é mera transformação formal, sintática. Não há mais necessidade de se preocupar com o significado das manipulações. Isso simplifica enormemente o desenvolvimento de programas para as manipulações de dados.

A tendência em todas as empresas é acabar com a programação de sistemas. Isso se deu devido à dificuldade em disciplinar analistas e programadores, e garantir que produzam um sistema de processamento de dados robusto e flexível (isto é, no qual se possam introduzir correções e atualizações rapidamente e com baixo custo). Há duas tendências nesse sentido: os chamados geradores de aplicações, que geram programas a partir de especificações de alto nível, e sistemas já prontos, muito grandes e flexíveis, como os de ERP (*Enterprise Resource Planning*). No capítulo 5 veremos como é possível fazer muita coisa com um banco de dados, incluindo extração e atualização de dados, geração de relatórios, etc. sem programar nada, usando até mesmo sistemas gráficos.

Finalmente, é interessante notar que, se a análise de sistemas começa com a análise de dados, obtém-se uma verdadeira base de dados, isto é, uma coleção de dados que independe das aplicações, ou melhor, serve para qualquer aplicação, não estando voltada para uma determinada delas. Na verdade, nunca se consegue uma situação ideal de independência total em relação às aplicações, mas quanto mais próximo se ficar desse objetivo, melhor.

2.23 O modelo conceitual como ferramenta na gestão de empresas

Suponhamos que o modelo conceitual bancário desenvolvido na seção 2.20 tenha sido estendido a ponto de abranger praticamente todas as estruturas conceituais de dados da empresa. Nesse caso, ele não servirá apenas como passo no projeto de bancos de dados. Poderá também ser empregado como base para uma compreensão mais formal – e portanto mais objetiva e menos ambígua – da empresa. Uma das conseqüências da obtenção do modelo conceitual é precisamente a conceituação dos dados da empresa. Isso significa que cada termo, cada dado representado no modelo deve ser preciso. Por exemplo, é possível que, ao se analisar um banco, chegue-se à conclusão de que especialistas em duas aplicações diferentes denominam a mesma informação com duas nomenclaturas distintas. Por exemplo, o primeiro autor encontrou em um banco especialistas da aplicação "empréstimos" chamando de "avalista" aquilo que era chamado de "interveniente" em outra aplicação. O modelo conceitual deve uniformizar as nomenclaturas, e esclarecer as estruturas. Além disso, dá a possibilidade de se ter uma visão formal das informações, que pode ser compreendida por pessoas leigas em computação e em formalismos matemáticos. Em nossa experiência, se um modelo gráfico é apresentado para pessoas da área que foi modelada, elas aprendem rapidamente a interpretar o modelo, associando-o à sua experiência. Para isso, é essencial que o modelo seja simples e que reflita as características mais comuns do mundo real, sem a necessidade de formalismos e teorias muito complexas. Em nossa opinião, o Modelo de Entidades e Relacionamentos preenche esses quesitos, e pode ser muito bem usado como ferramenta na gestão de empresas.

Note-se que neste texto estamos nos dedicando primordialmente às estruturas dos dados. Vamos cobrir muito pouco da parte de manipulação de dados. Na gestão de empresas, essa segunda parte também é essencial, pois documenta o que se costuma chamar de transações. Para não deixarmos essa área sem pelo menos uma pequena menção, damos um exemplo ilustrativo na seção 2.26.

2.24 Deve-se incrementar o modelo conceitual?

O modelo ER apresentado até aqui é um modelo básico, já estendido em relação ao original de Chen. Ele tem se mostrado suficiente para modelagens bastante complexas. No entanto, como o modelo ER é conceitual, nada impede que se introduzam extensões à vontade. A única restrição é não perder a simplicidade do modelo. Vamos dar um exemplo de extensão.

Suponhamos uma empresa que tem vários almoxarifados, onde são estocados materiais de uso dos escritórios e da produção. Toda vez que um material é retirado de um almoxarifado, isso deve ser registrado no banco de dados, especificando-se a quantidade retirada de cada material e outros atributos, como data da retirada, etc. Nessa retirada, deve dar-se baixa na quantidade estocada. A fig. 2.24 mostra um possível modelo dessa situação, onde colocamos um símbolo gráfico para representar a restrição de integridade de que a quantidade retirada deve ser sempre menor ou igual à quantidade estocada.

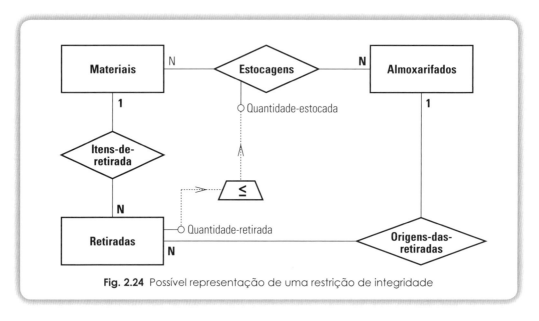

Fig. 2.24 Possível representação de uma restrição de integridade

Evidentemente, a restrição não é detalhada nem clara. Ela é temporal, pois só vale para a quantidade estocada no instante da saída de um determinado material, já que essa quantidade varia com o tempo.

Formalismo matemático: ver F2.24.

Vamos aproveitar a ocasião para uma observação: haveria alguma mudança no diagrama se Retiradas fosse substituída por Documento-de-retirada, e cada documento de retirada pudesse fazer referência a vários materiais e a vários almoxarifados? (O leitor deveria tentar responder, antes de ler o que segue.)

As multiplicidades seriam agora todas **N:N**, mas nesse caso perder-se-ia a informação de qual material foi retirado de qual almoxarifado (verifique com exemplos), e assim a restrição de integridade gráfica perderia o sentido. A solução poderia ser a de substituir Itens-de-retiradas e Origens-das-retiradas por um relacionamento triplo (ver seção 2.14). Mas aí haveria um grande inconveniente (qual?) – a redundância nos pares correspondentes a Estocagens que ocorreriam como parte das triplas do novo relacionamento. A solução correta seria (tente derivá-la) a de introduzir uma agregação (ver 2.15) de Materiais, Estocagens e Almoxarifados, e relacionar Documentos-de-retirada **N:N** com essa agregação. Mas por que não foi feita uma agregação na Fig. 2.24? (tente responder antes de prosseguir). A razão disso é que Origens-de-retirada é **N:1**, isto é, sabe-se pelo elemento de Retiradas, por meio desse relacionamento, exatamente de qual almoxarifado está se retirando o material (ver também a fig. 2.15-4). Assim, a observação que queríamos fazer é a de que relacionamentos **N:1** introduzem à vezes condições que permitem uma simplificação das estruturas. É evidente que uma agregação na situação da Fig. 2.24 substituindo Itens-de-retirada e Origens-de-retirada também estaria correta, mas consideramos a solução apresentada como mais simples.

Como citado no fim da seção 2.14, o primeiro autor introduziu mais um elemento no MER: um auto-relacionamento de grau variável, que foi muito útil na modelagem de um sistema para levantamento de interação de medicamentos (cf. exercício 2.27-2). Nesse caso, pode-se ter interação de 2, 3, 4, etc. substâncias. Não colocaremos esse elemento neste livro para não estendê-lo em demasia. Ver as referências no final do capítulo.

Finalizando, poderia ser feita a pergunta: qual o limite para a introdução de novas estruturas no MER? O fundamental é conservar o modelo simples; uma sobrecarga muito grande de símbolos gráficos pode torná-lo demasiadamente complexo. Por outro lado, não se deve ter medo de introduzir novas notações que sirvam para representar, com simplicidade e clareza, condições e estruturas do mundo real. Lembremos que o modelo é conceitual, de modo que qualquer representação é permitida.

2.25 Uma linguagem de declaração das estruturas do MER

Do ponto de vista de projeto, o modelo gráfico do MER é suficiente para representar as estruturas conceituais dos dados. No entanto, é muito útil poder armazenar em um computador uma representação textual do modelo, principalmente se houver integração com a descrição das transações. Essa representação permitiria a descrição de muito mais detalhes que o diagrama ER, além de elaboração de listas de referências cruzadas como, por exemplo, que transações consultam ou alteram atributos, de quais conjuntos. Para isso é útil ter-se uma linguagem para descrever as estruturas, como descrito em 1.3.3. Vamos apresentar, por meio de um exemplo, uma possível linguagem de descrição do modelo. Tomemos o caso da Fig. 2.20, e vejamos como seria a descrição de alguns de seus elementos. As palavras reservadas dessa linguagem estão em negrito.

```
conjunto-de-entidades Pessoas
     atributos      Nome, Sexo {M, F}, Data_nascimento (data),
                    CPF (numérico, não-nulo),
                    Endereço composto-de   Local composto-de
                            Rua, Número (numérico),
                            Complemento fim Local,
                            CEP {0-000 .. 99999-999},
                            Cidade fim Endereço,
                    Telefones (numérico, multivalorado),
                    Número (numérico, determinante)
     fim Pessoas
conjunto-de-entidades Contas
     atributos Tipo {Individual, Conjunta, Solidária},
                    Número (numérico, determinante),
                    Saldo (moeda),
     especializado-por Classe-de-conta {CC,CP},
          em Contas-Correntes {CC}
               atributos
                    Especial {S, N},
                    Cobra-taxa-cheque {S, N} fim Contas-correntes
```

```
    em Caderneta-de-poupança {CP}
            atributos
                    Saldo-mínimo-do-período (moeda),
                    Saldo-médio (moeda),
                    Data-de-aniversário (data)
                            fim Caderneta-de-poupança
    fim Contas
conjunto-de-relacionamentos Posses-de-conta
    sinônimos Pessoas-que-possuem, Pessoa-que-possui,
                            Possuídas-por, Possuída-por
    relacionando Pessoas (multiplicidade N)
    relacionando Contas-correntes (multiplicidade N)
    atributos Titular {S, N} fim Posses-de-contas
conjunto-de-entidades Cartões-magnéticos
    atributos
        Número (numérico, determinante),
        Data-emissão (data) fim Cartões-magnéticos.
agregação Pessoas-contas-correntes
    envolvendo Pessoas, Posses-de-contas, Contas-correntes
conjunto-de-relacionamentos Emissões-de-cartão
    relacionando Cartões-magnéticos (total, multiplicidade 1)
    relacionando Pessoas-contas-correntes (multiplicidade 1)
                        fim Emissões-de-cartão
```

Esse exemplo deve ser suficiente para que o leitor improvise a declaração dos outros elementos do MER (ver exercício E2.25).

Note-se que, em alguns atributos, colocamos certas restrições de integridade, como o conjunto de valores e o tipo. Por exemplo, {M, F, G} ou {0-000 .. 99999-999} – este último indicando o intervalo dos valores; **numérico** – indicando que os valores devem ser números e não outros caracteres, etc. Não foi colocado em nenhum caso o tamanho dos valores, como por exemplo "15 caracteres". O tamanho é uma característica do nível computacional, e não do conceitual, sendo uma herança das linguagens tradicionais de computação. Do ponto de vista conceitual, tanto faz o número de dígitos ou o número de caracteres do valor de um atributo. Cremos que no futuro também no nível computacional não será necessário especificar o tamanho de um item de dados. Poder-se-á especificar um tamanho máximo como simples restrição de integridade, assim indicando também o espaço padrão que deve ser deixado em formulários, telas e relatórios.

Restrições adicionais de integridade poderiam ser definidas, devendo-se tomar cuidado para que elas sejam sempre claras para o usuário. Quanto menos "matematiquês", melhor, se bem que não se deve impedir o uso de expressões matemáticas quando o problema for dessa natureza – por exemplo, a fórmula do cálculo de dígitos de controle. No caso do primeiro exemplo da fig. 2.15-3, poderíamos ter:

```
restrição Contas-conjuntas-e-solidárias
  se c em Contas-correntes e c.Tipo = "Solid." ou c.Tipo = "conj."
    então c em Posses-de-contas com-multiplicidade-mínima 2
                em correntistas
```

2.26 Uma Linguagem de Manipulação de Dados Conceituais

Exercício E2.25. Declare em uma linguagem análoga à desta seção os elementos dos diagramas das figs. 2.17-2, 2.18-2 e 2.20.

2.26 Uma linguagem de manipulação de dados conceituais

Nas seções anteriores examinamos como descrever as estruturas conceituais dos dados, por meio do MER. Nesta seção, veremos como podem ser descritos textualmente os acessos a esses dados, usando-se essas estruturas. Essa descrição pode servir para documentar as aplicações, ou a funcionalidade dos dados, e servir de passo intermediário e documentação para a sua formulação posterior no modelo computacional. Para isso, empregaremos uma linguagem inspirada parcialmente no GBD ZIM, que era produzido pela empresa canadense Zanthe Corp. Apesar de o ZIM ter sido um GBD relacional, os seus desenvolvedores tiveram em mente os conceitos do MER, e com isso produziram um sistema muito mais simples e conceitual do que os outros GBD relacionais. A linguagem que descreveremos é baseada na forma básica do ZIM, mais especificamente na especificação de relacionamentos, mas não segue sua sintaxe. Nossa intenção é só ilustrar a possibilidade de se ter uma linguagem para especificar consultas no MER.

Suponhamos que se queira descrever a obtenção de alguns dados de um conjunto de entidades E. A sintaxe geral seria (anotamos as palavras reservadas em negrito):

```
selecione E onde <expressão lógica envolvendo atributos de E>
        exiba <seqüência de atributos de E>
```

onde as duas frases entre parênteses angulares exprimem o que deve ser colocado naquele ponto. A cláusula **exiba** especifica como formar o conjunto de dados obtidos na consulta. Por exemplo, supondo no exemplo da Multiteca a existência do conjunto de entidades Livros da fig. 2.5, poderíamos ter os seguinte casos.

c_1)   **selecione** Livros **onde** Editora = "Editora Edgard Blücher"
         exiba Número-de-livro, Título

obtendo-se assim uma lista dos números e títulos dos livros editados por essa editora, cadastrados na Multiteca. Deve-se entender conceitualmente essa consulta como definindo ou fornecendo um subconjunto de elementos de Livros, para os quais o valor de Editora é Editora Edgard Blücher. Os elementos desse subconjunto têm apenas os atributos Número e Título.

Formalismo Matemático: ver F2.26. Veja-se nessa seção todas as consultas também formalmente, usando-se o mesmo índice que nos exemplos (c_1, c_2, etc.)

Vejamos o caso da obtenção de um atributo multivalorado:

c_2)   **selecione** Livros **onde** Editora = "Editora Edgard Blücher"
         exiba Título, Nomes-de-autores

fornece um conjunto em que cada elemento contém o título de um livro editado por essa editora, seguido dos nomes dos seus autores.

84 — CAPÍTULO 2 — O MODELO CONCEITUAL DE ENTIDADES E RELACIONAMENTOS

O uso de condições envolvendo atributos multivalorados seria:

c_3) **selecione** Livros **onde** Editora = "Editora Edgard Blücher"
   e Assuntos **contém** {Bancos de Dados, Modelo conceitual}
      exiba Número, Título, Nomes-de-autores

obtendo-se assim uma lista de números, títulos e autores dos livros dessa editora, cobrindo pelo menos os assuntos Bancos de Dados e Modelo Conceitual. Observe-se a notação de conjuntos: o conjunto de assuntos (um atributo multivalorado) de cada livro selecionado deve conter o subconjunto com os dois assuntos especificados.

Note-se que no ZIM não havia atributos multivalorados. O que esse sistema introduziu de grande novidade, em termos de linguagem de programação para bancos de dados, foi a especificação envolvendo ligações entre tabelas do Modelo Relacional de Dados (*ver* 3.5), e que se ajusta perfeitamente aos relacionamentos do modelo conceitual ER que, aliás, foi a inspiração para o ZIM – tanto que os seus projetistas chamaram as ligações de "relacionamentos" confundindo o modelo computacional com o conceitual. Por exemplo, para a fig. 2.11-2, suponhamos que se quer especificar uma consulta em que se dá o nome de uma música e desejam-se os números dos CDs da Multiteca e a trilha em que ocorrem:

c_4) **selecione** CDs Onde-estão-gravadas Músicas
     onde Nome **de** Músicas = "Rhapsody in Blue"
    exiba Número **de** CDs, Trilha

Estamos supondo que Onde-estão-gravadas tenha sido declarada como sinônimo de Gravações-em-CDs, analogamente ao exemplo da seção 2.25 para Posses-de-contas. Além disso, Nome **de** Músicas significa o valor do atributo Nome do conjunto de entidades Músicas, e é equivalente à notação Músicas.Nome (*ver* N2.3). Esse uso do **de**, sob a forma de **of**, foi introduzida na linguagem COBOL, que foi o primeiro esforço conjunto de fabricantes e usuários para se definir uma linguagem universal de computação. Seu primeiro compilador foi comercializado em 1960. Nota-se a preocupação dos projetistas com a clareza das formulações, ou sua autodocumentação: obviamente, o significado de Nome **de** Músicas é absolutamente claro; Músicas.Nome exige uma lembrança do que essa notação significa. Infelizmente, os projetistas de linguagens que se tornaram populares eram em geral acadêmicos e não estavam preocupados com a clareza.

Nessa consulta, vemos a genialidade da solução do GBD ZIM. Ele permitia uma declaração análoga à de um relacionamento conceitual, como fizemos na seção 2.25, com seus sinônimos. Escolhendo-se esses sinônimos adequadamente, de modo que numa consulta como essa possa-se ler uma frase que faz sentido para o programador (procuram-se os CDs onde estão gravadas musicas com uma certa qualificação), produz-se um formalismo que torna a consulta compreensível para qualquer um, e ainda por cima autodocumentada (ela não necessita de nenhum texto adicional para explicá-la). Veremos no cap. 4 o incrível contraste com a linguagem mais popular de acesso a BDs, a SQL, na qual, na falta daquela declaração, as consultas ficam extremamente complexas – inutilmente, devido a uma falta de conceituação dos projetistas dessa última linguagem e dos que a estenderam posteriormente.

Quando uma consulta envolve auto-relacionamentos, é necessário distinguir as ocorrências de elementos diferentes do mesmo conjunto de entidades, associando-as com os papéis que o conjunto de entidades exerce no auto-relacionamento (ver 2.13).

2.26 Uma Linguagem de Manipulação de Dados Conceituais   85

Para isso, suponhamos que, para a fig. 2.13-1, a declaração de Livros e Versões seja a seguinte:

conjunto-de-entidades Livros
    sinônimos Livro-original, Exemplares
    atributos
           Número (**numérico, determinante**),
           Título (**texto**)
           Tipo {Original, Exemplar, Edição}
           Edição (**numérico**) **fim** Livros
conjunto-de-relacionamentos Versões
    sinônimos Que-são-cópias-de
    relacionando Livro-original (**multiplicidade 1**)
    relacionando Exemplares (**multiplicidade N**) **fim** Versões

Note-se que os papéis ficam definidos, ao se usarem os sinônimos. O essencial neste caso é distinguir qual sinônimo está associado com qual elemento da multiplicidade (**1** ou **N**).

Com essas declarações, a seguinte consulta define o conjunto dos números dos livros presentes na Multiteca que são exemplares adicionais do livro Meios Eletrônicos e a Educação:

c_5)   **selecione** Exemplares Que-são-cópias-de Livro-original
          onde Título **de** Livro-original =
             "Meios Eletrônicos e Educação"
          e Tipo **de** Exemplares = Exemplar
        exiba Número **de** Exemplares

Note-se que os nomes dos sinônimos foram dados de tal modo que a consulta faça sentido para quem a lê. É lógico que o português dessa frase está meio arrevesado, mas certamente não exige muito esforço para se compreender que conjunto de resultados é desejado.

É importante entender o formalismo usado nessa consulta. Para isso, vamos imaginar que se examine o conjunto de relacionamentos Versões, e que se siga o seguinte algoritmo:

1) Constrói-se um conjunto vazio para conter os resultados da consulta; começa-se a examinar o relacionamento Versões.

2) Se não existir alguma dupla ainda não examinada em Versões, o procedimento é encerrado, caso contrário ele é continuado.

3) A partir do sinônimo Que-são-cópias, a próxima dupla de Versões é examinada, verificando-se qual elemento de Livros corresponde ao sinônimo Livro-original da dupla, isto é, corresponde ao lado **1** do relacionamento.

    Se esse elemento de Livros não tem o valor "Meios ..." do atributo Nome, o elemento encontrado de Versões é descartado, voltando-se ao passo 2;

    Caso contrário, o outro elemento da dupla de Versões é tomado, correspondendo a um elemento de Livros com o sinônimo Exemplares;

4) Se o tipo desse elemento de Livros não é Exemplar, volta-se para o passo 2.

86 Capítulo 2 — O Modelo Conceitual de Entidades e Relacionamentos

Caso contrário, o valor de seu atributo Número é colocado no conjunto de resultados, e volta-se para 2.

Uma consulta pode envolver um número qualquer de relacionamentos. Dado o modelo da fig. 2.10-2, deseja-se construir um conjunto dos nomes dos funcionários lotados no departamento de nome Financeiro e que participam do projeto de nome "Ganhar Mais". Suponhamos que tenham sido declarados os sinônimos Lotados-em para Lotações, e Que-participam-de para Participações, bem como os atributos Nome para Departamentos, Nome para Funcionários e Nome para Projetos. A seguinte consulta satisfaria esses requisitos:

c_6)   **selecione** Funcionarios Lotados-em Departamentos
                           e Que-participam-de Projetos
           onde Nome **de** Departamentos = "Financeiro" **e**
               Nome **de** Projetos = "Ganhar Mais"
        exiba Nome **de** Funcionários

Nessa formulação, divergimos do padrão do ZIM, que não tinha essa possibilidade de usar o conectivo **e** para especificar dois ou mais relacionamentos, referindo-se ao primeiro conjunto de entidades. Como sempre, nossa intenção foi de tornar a consulta o mais clara possível. Para isso, teria sido interessante usar ainda um sinônimo Departamento em lugar de Departamentos depois do **onde**. Essa fatoração de Funcionários é clara, pois o **e** depois de Departamentos vem antes de um relacionamento (Que-participam-de). Se não houvesse o **e**, dever-se-ia interpretar o relacionamento como relacionando Departamentos a Projetos, o que formalmente não seria o caso, pois Que-participam-de relaciona Funcionários com Projetos, e não Departamentos com Projetos. Assim, pode-se encadear um número qualquer de pares de relacionamentos a um conjunto de entidades comum.

Vejamos como poderia ser especificada uma alteração de dados. Suponhamos que o título do único exemplar adicional do livro "Meios Eletrônicos e a Educação" presente na Multiteca esteja errado, mas que o original esteja correto. A seguinte consulta poderia especificar a cópia do título do original para o exemplar, usando as declarações dadas acima. Note-se que a cláusula **selecione** simplesmente localiza os elementos que devem ser alterados; a cláusula **atribua** altera os atributos, cujo valor se deseja modificar.

c_7)   **selecione** Exemplares Que-são-cópias-de Livro-original
            onde Título **de** Livro-original =
                      "Meios Eletrônicos e Educação"
              e Tipo **de** Exemplares = Exemplar
       atribua Título **de** Livro-original
           para Título **de** Exemplares

Essa consulta seria mais clara, se adicionássemos à linguagem de declaração dos dados a possibilidade de declarar subconjuntos de conjuntos de entidades e de relacionamentos, que satisfazem condições como as que temos especificado na cláusula **onde**. Assim, por exemplo,

subconjuto-de-entidades Exemplares-cópia **de** Livros
    onde Tipo = Exemplar

O leitor familiarizado com bancos de dados talvez reconheça essa especificação como sendo parecida à declaração de uma *visão do usuário* (*user view*), que será abordada para o modelo relacional na linguagem SQL em 4.4.11. Usando-se esse subconjunto, a consulta c_7 poderia ser expressa como

```
c7')     selecione Exemplares-cópia Que-são-cópias-de
                   Livro-original
              onde Título de Livro-original =
                   "Meios Eletrônicos e Educação"
           atribua Título de Livro-original
              para Título de Exemplares-cópia
```

Note-se que, depois da cláusula **selecione**, pode-se colocar qualquer formulação como as que já foram vistas. Em particular, podem-se especificar vários relacionamentos, selecionando-se assim vários elementos de vários conjuntos. Quaisquer atributos desses conjuntos podem então ter seus valores alterados.

Suponhamos que se queira especificar a inserção de mais um exemplar desse livro, agora uma 2ª edição. Precisamos de duas inserções, uma em Livros e outra no relacionamento. Neste, inserimos dois elementos de Livros. Os papéis devem ser mencionados para diferenciar qual é o livro original e qual o exemplar adicional.

```
c8)     insira em Exemplares
          atribua 1001 para Número,
                  "Meios Eletrônicos na Educação" para Título,
                  Exemplar para Tipo, 2 para Edição
        insira em Versões (Livro-original onde Título =
                  "Meios Eletrônicos na Educação"
                  e Tipo = Original,
                  Exemplares onde Título =
                  "Meios Eletrônicos na Educação"
                  e Tipo = "Edição"
                  e Edição = 2)
```

Exercícios

E2.26-1 Formule uma consulta para a fig. 2.10-2, para fornecer o nome dos funcionários do departamento gerenciado por Carlos e que participam do projeto "Ganhar Mais". Note que será necessário usar dois sinônimos distintos para Funcionários, pois a consulta exige o exame de dois elementos diferentes desse conjunto, correspondendo a cada funcionário e seu gerente.

E2.26-2 Formule uma consulta para a declaração da seção 2.25 referente à fig. 2.20, para fornecer os números dos cartões magnéticos emitidos para todos os titulares de contas correntes. Acrescente à declaração os sinônimos que tornam a consulta mais legível.

2.27 O MER completo para o estudo de caso

Na fig. 2.27, apresentamos um diagrama ER completo para o estudo de caso da Multiteca, conforme o modelo descritivo de 1.5.2. Colocamos apenas os atributos mais importantes, para não sobrecarregar a representação gráfica.

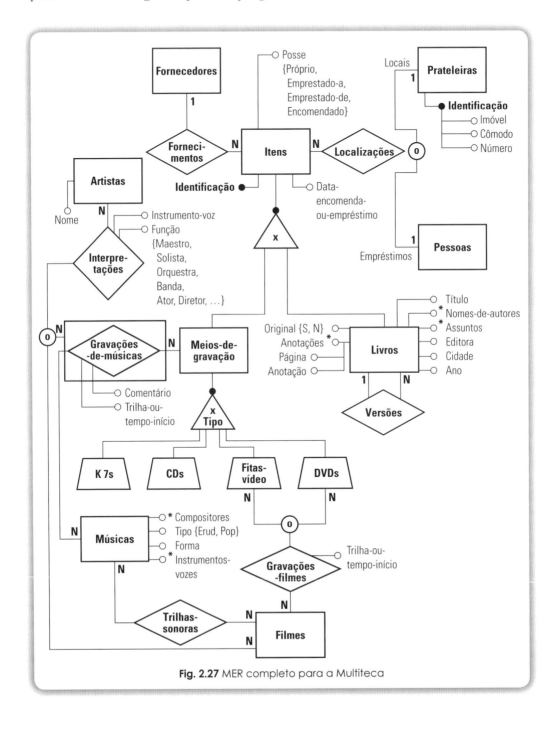

Fig. 2.27 MER completo para a Multiteca

2.27 O MER Completo para o Estudo de Caso

Algumas observações sobre esse modelo. Note-se que Localizações não é total em relação a Itens, pois um item pode ter sido cadastrado como encomendado de um fornecedor, mas ainda não ter sido entregue. Quando um livro tem uma versão (um segundo exemplar ou uma nova edição), os únicos atributos não vazios serão o ano, o fato de não ser o original e eventuais anotações. Nesse caso o título conteria, somente, por exemplo, "exemplar 2" ou "2a. edição". Modelamos as especializações dos meios de gravação, em lugar de simplesmente anotar o seu tipo como atributo de Meios-de-gravação, para representar a associação de filmes apenas com fitas ou com DVDs. Modelamos artistas como um conjunto de entidades, devido ao fato de serem muito importantes e devido ao relacionamento Interpretações. Uma outra possibilidade teria sido modelar os artistas como atributos multivalorados de Gravações-músicas e de Filmes, compostos de nome, função e de instrumento ou voz. De certa maneira, nossa modelagem funciona como uma "fatoração" dos artistas. O conjunto de entidades Artistas deve conter tanto artistas musicais como os de filmes, como diretores, atores, etc. O atributo Instrumento-voz de Interpretações deve conter o instrumento que o solista toca (violino, cavaquinho, etc.) ou a voz que ele canta (soprano, contratenor, etc.). Como são muito poucos os casos de um mesmo artista ter duas funções diferentes (como por exemplo Barenboim ou Ashkenazi tocando e regendo simultaneamente), não colocamos o atributo Função de Interpretações como multivalorado. Nesse caso, pode-se usar o truque de colocá-los com Maestro em Função e com Piano em Instrumento-voz.

É interessante notar a utilidade do relacionamento generalizado Interpretações. Se fosse implementado como dois relacionamentos distintos, todos os atributos teriam que ser repetidos. Note-se que um músico pode ser um intérprete musical em um filme, de modo que essa repetição seria realmente necessária.

Exercícios

Desenvolva um modelo de entidades e relacionamentos para os seguintes exercícios:

E2.27-1 Sistema hospitalar com informações sobre: hospitais, suas enfermarias, prontos-atendimentos, UTIs, funcionários, médicos, enfermeiros, pacientes, diagnósticos, laboratórios de análises clínicas (dos hospitais), resultados de análises, leitos, chefes de setores.

E2.27-2 Sistema de informações sobre medicamentos, com laboratórios fabricantes, medicamentos (aquilo que se compra na farmácia), substâncias (esse é o cerne da questão do ponto de vista farmacêutico), órgãos do corpo onde atuam as substâncias, efeitos indicados (por exemplo, contra cefaléia pode-se tomar a substância ácido acetilsalicílico – AAS – ou tomar dipirona), efeitos colaterais (AAS pode provocar hemorragia gástrica, síndrome de Reye em crianças, etc.), precauções (se há gastrite, não se deve tomar AAS) – que devem ser modelados como "efeitos de precaução" –, e a parte mais complicada (e menos conhecida) que é a interação entre substâncias, produzindo efeitos indicados, colaterais (por exemplo, guaraná com whisky – supondo serem substâncias – quando misturados dão dor de cotovelo em quem aprecia o segundo) e precauções. Cuidado, pois a interação pode ser de mais de duas substâncias.

E2.27-3 Um sistema de dados acadêmicos e administrativos para uma única universidade, com suas faculdades, departamentos, institutos de pesquisa, museus e órgãos centrais como biblioteca, CPD, orquestra, coral, etc., cursos de graduação e pós-graduação (considerar apenas o caso de cursos departamentais), disciplinas e pré-requisitos, alunos, professores, órgãos colegiados (conselhos etc.), órgãos administrativos. Não esquecer de representar a matrícula dos alunos nos cursos e nas disciplinas, e os dados necessários para emitir listas de presença e históricos escolares.

E2.27-4 Um sistema para uma corretora imobiliária e administradora de bens imóveis, contendo funcionários, corretores, imóveis (casas, terrenos, apartamentos, sítios, fazendas), vendas, aluguéis, clientes, anúncios em jornais.

2.28 Outros modelos conceituais

Neste livro abordamos unicamente o Modelo de Entidades e Relacionamentos. Vários outros modelos foram propostos, mas o mais empregado hoje em dia em modelagem de dados é o MER. Nas referências bibliográficas e históricas deste capítulo, fazemos um breve apanhado de outros modelos.

Um modelo que deve ser mencionado é a UML (*Unified Modeling Language*), um modelo gráfico que foi desenvolvido para fazer modelagem de dados e de processos seguindo a orientação a objetos. No entanto, como veremos no cap. 8, ele deve, a rigor, ser considerado um modelo computacional e não conceitual.

2.29 Decomposição de relacionamentos

Como veremos no próximo capítulo, o MER será usado para se derivar o Modelo Relacional de Dados Normalizado (MRN), que por sua vez será implantado em um GBD relacional. Uma das características fundamentais do MRN é que, a partir do MER, só é possível implementar diretamente relacionamentos binários de multiplicidade **1:N** e **1:1**, sem atributos. Nesta seção, veremos como se pode modificar qualquer diagrama ER, produzindo um modelo equivalente, isto é, sem perda de nenhum dado do modelo original, de modo que esse modelo equivalente só tenha relacionamentos binários **1:N** e **1:1** sem atributos. Isso será feito por um processo de *decomposição de relacionamentos*, obtendo-se o que chamaremos de *Modelo ER Decomposto*. O modelo do qual provém um modelo ER decomposto será chamado de *modelo original*.

2.29.1 Relacionamentos N:N

Para melhor ilustrar o processo de decomposição de um relacionamento **N:N**, vamos usar um exemplo já visto, o relacionamento da fig. 2.11-2, Gravações-em-CDs, entre CDs e Músicas, com os atributos do relacionamento Duração e Trilha. Na fig. 2.29-1, mostramos a decomposição de Gravações-em-CDs. Os conjuntos de entidades do modelo original permanecem exatamente como eram. Foi introduzido no modelo decomposto um *conjunto de entidades auxiliar* Gravações-em-CDs e dois *relacionamentos auxiliares*, Músicas-gravadas e CDs-gravados. Mudamos o nome de Gravações-em-CDs para Gravações para distinguir a referência a um ou a outro nos diagramas correspondentes. Como o conjunto de entidades auxiliar não modela objetos do mundo real, sendo resultante de uma manipulação formal, foi usado um novo símbolo gráfico, um *hexágono*.

2.29 Decomposição de Relacionamentos

Não introduzimos novos símbolos gráficos para os conjuntos de relacionamentos auxiliares para não sobrecarregar o grafismo. O fato de um relacionamento relacionar um conjunto de entidades auxiliar com um normal indica que ele também é auxiliar. Os conjuntos de entidades CDs e Músicas do modelo decomposto contêm exatamente os mesmos elementos dos conjuntos do modelo original. Queremos que haja equivalência de representação de dados entre os dois modelos, isto é, qualquer dado modelado na fig. 2.11-2 deve ser representado na fig. 2.29-1 e vice-versa. Suponhamos que o CD cd_1 esteja em CDs, a música m_1 esteja em Músicas, e a dupla (cd_1, m_1) esteja em Gravações-em-CDs da fig. 2.11-2, indicando que m_1 está gravada em cd_1. Para manter a equivalência da fig. 2.11-2, introduzimos em Gravações da fig. 2.29-1 um elemento g_1 para representar a dupla (cd_1, m_1), colocamos em Músicas-gravadas a dupla (g_1, cd_1), e em CDs-gravados a dupla (g_1, m_1). Assim, cd_1 e m_1 ficam indiretamente relacionados por meio de g_1.

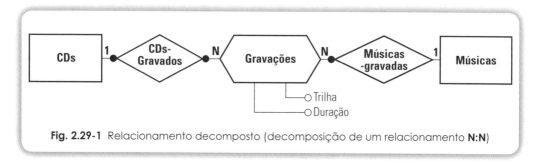

Fig. 2.29-1 Relacionamento decomposto (decomposição de um relacionamento **N:N**)

Note-se que as multiplicidades de Músicas-gravadas e CDs-gravados são ambas **1:N**. De fato, g_1 é utilizado exclusivamente para representar a dupla (cd_1, m_1) de Gravações (fig. 2.11-2). Para cada dupla diferente desse relacionamento, deve-se usar um novo elemento em Gravações. Assim, a cardinalidade, isto é, o número de elementos de Gravações deverá ser, por construção, exatamente a mesma de Gravações. Portanto, g_1 está relacionado com apenas um elemento de Músicas-gravadas e um de CDs-gravados, donde o **1** da multiplicidade nos dois casos. O **N** deve-se ao fato de que, por exemplo, no CD cd_1 provavelmente estão gravadas várias músicas, e a música m_1 pode estar gravada em vários CDs. Isto é, cada elemento de CDs-gravados pode estar relacionado com vários elementos auxiliares de Gravações, o mesmo acontecendo com cada elemento de Músicas-gravadas.

Observe-se a totalidade de Músicas-gravadas e CDs-gravados em relação a Gravações na fig. 2.29-1. De fato, por construção cada elemento de Gravações deve necessariamente representar uma dupla do relacionamento original Gravações-em-CDs, Portanto, ele deve necessariamente estar relacionado com um elemento de Músicas e um elemento de CDs. Assim, numa decomposição os relacionamentos auxiliares devem sempre ser totais no conjunto de entidades auxiliar. Como veremos, essa regra aplica-se a todas as decomposições de relacionamentos.

Colocamos ainda na fig. 2.29-1 uma totalidade de CDs-gravados em relação a CDs. Ela é devida à totalidade de Gravações da fig. 2.11-2 em relação a CDs. Dessa maneira, no modelo decomposto cada elemento de CDs fica obrigatoriamente relacionado a algum elemento de Gravações, que por sua vez está necessariamente relacionado a algum elemento de Músicas. Assim, essa totalidade acaba obrigando cada CD a ter pelo menos uma música gravada, como representado na fig. 2.11-2. Na decomposição, qualquer totalidade no diagrama original deve ser transposta para o diagrama com a decomposição.

Finalmente, os atributos de Gravações-em-CDs foram simplesmente transpostos para Gravações. Assim, o valor do atributo Trilha do elemento g_1 de Gravações indica em que trilha de cd_1 a música m_1 está gravada.

Formalismo Matemático: ver F2.29

Os nomes dos relacionamentos auxiliares podem ser os dos papéis que os dois conjuntos de entidades têm no conjunto de relacionamentos sendo decomposto. Daí termos escolhido os nomes Músicas-gravadas e CDs-gravados (melhor ainda teria sido "Musicas-gravadas-em-CDs" e "CDs-gravados-com-músicas", mas esses nomes seriam grandes demais para caberem nos símbolos gráficos.

Obviamente, esse esquema de decomposição é válido para quaisquer conjuntos de entidades diferentes relacionado por um relacionamento binário **N:N**: basta trocar os nomes dos conjuntos e dos atributos.

Para os próximos capítulos, é importante resumirmos as seguintes características dos relacionamentos auxiliares Músicas-gravadas e CDs-gravados: a) eles têm todos multiplicidade **1:N**; b) não têm atributos; c) o seu "lado" **1** está sempre do lado dos conjuntos de entidades originais; d) são totais no conjunto auxiliar.

Vale a pena notar que a decomposição evita a anomalia citada no item 2.12 (fig. 2.12-2), que tratava da representação da mesma dupla mais de uma vez em um relacionamento. No esquema decomposto, não há absolutamente nada de estranho em se ter dois elementos no conjunto de entidades auxiliar, representando a mesma dupla de elementos do conjunto de relacionamento original. Na prática, esses elementos do conjunto de entidades auxiliar terão sempre atributos com alguns valores diferentes.

2.29.2 Relacionamentos 1:N

Esses relacionamentos também podem ser decompostos, o que dará no Modelo Relacional duas possibilidades de implementação de um modelo ER, isto é, com ou sem decomposição prévia. Na seção 3.11.4, discorremos sobre as vantagens de um ou outro caso em termos computacionais. O resultado da decomposição é, nesse caso, idêntico ao da Fig. 2.29-1, a menos das multiplicidades dos relacionamentos auxiliares. Tomemos como exemplo o caso da fig. 2.11-3. Antes de verificar a solução correta na fig. 2.29-2, o leitor deveria desenhar o modelo decomposto e tentar deduzir essas multiplicidades, pois o resultado não é intuitivo. Não nos alongaremos em explicações sobre as multiplicidades resultantes. Para compreendê-las, basta imaginar um elemento de cada conjunto de entidades original e verificar com quantos elementos do outro conjunto ele pode se relacionar. O resultado deve indicar em quantas duplas do relacionamento auxiliar ele pode ocorrer, o que fornece a multiplicidade necessária.

Com essa decomposição, obtém-se as seguintes características dos relacionamentos resultantes: a) sem atributos; b) os conjuntos de entidades estão do lado **1** da multiplicidade.

Note-se que, no modelo decomposto, o conjunto de entidades auxiliar pode perfeitamente conter os atributos que se tiver projetado para o relacionamento original, como no caso da fig. 2.11-3.

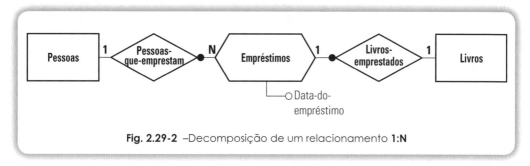

Fig. 2.29-2 –Decomposição de um relacionamento **1:N**

2.29.3 Relacionamentos 1:1

Idênticos ao caso **1:N**, agora com as multiplicidades dos relacionamentos reduzidas ambas a **1:1**.

***Exercício* E.2.29.3** Decompor o relacionamento Gerenciamentos da fig. 2.9-2.

2.29.4 Auto-relacionamentos N:N

A decomposição de auto-relacionamentos **N:N** é mostrada na fig. 2.29-3 para o exemplo da fig. 2.13-3. Aqui fica claro o aproveitamento dos dois papéis do conjunto de entidades no relacionamento, para denominar os relacionamentos auxiliares. Novamente, a construção básica do esquema decomposto baseia-se no fato de que para cada dupla de Composições da fig. 2.13-3 é introduzido um novo elemento do conjunto de entidades auxiliar Composições da fig. 2.29-3. Por exemplo, dados os elementos Motor e Virabrequim pertencentes a Materiais, e a dupla (Motor, Virabrequim) de Composições na fig. 2.13-3, introduzimos em Composições na fig. 2.29-3 um elemento c_1, e (c_1, Motor) e $(c_1, \text{Virabrequim})$ em É-componente-de e em Tem-como-componente, respectivamente.

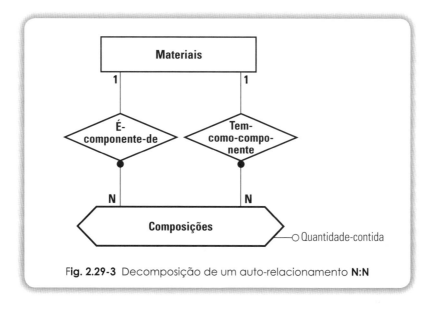

Fig. 2.29-3 Decomposição de um auto-relacionamento **N:N**

A decomposição resulta em relacionamentos auxiliares com as seguintes características: a) ambos **1:N**; b) sem atributos; c) conjunto de entidades correspondente ao original do lado **1** dos relacionamentos; d) são totais no conjunto auxiliar; e) não há auto-relacionamentos.

2.29.5 Auto-relacionamentos 1:N

A decomposição do relacionamento Gerenciamentos-de-pessoal da fig. 2.13-2 resulta no esquema da fig. 2.29-4.

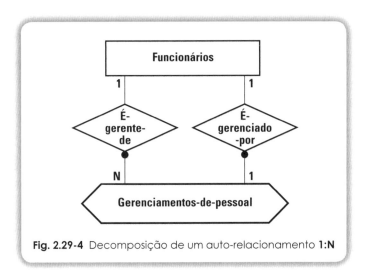

Fig. 2.29-4 Decomposição de um auto-relacionamento **1:N**

***Exercício* E2.29.5** Provar que as multiplicidades dos relacionamentos auxiliares da fig. 2.29-4 estão corretas.

2.29.6 Relacionamentos n-ários

Ilustramos na fig. 2.29-5 a decomposição de um relacionamento ternário **N:N:N** como o da fig. 2.14-1. Como sempre, cada elemento do relacionamento M-R-P da fig. 2.29-5 corresponde a um e apenas um elemento do conjunto de entidades auxiliar M-R-P da fig. 2.14-1. Assim, supondo-se que na fig. 2.14-1 m, r e p sejam elementos de Materiais, Requisições, e Pedidos-de-compra, respectivamente, e que a tripla (m, r, p) pertença a M-R-P, na fig. 2.29-5 teremos um único elemento e correspondente a (m, r, p). Esse elemento e estará relacionado com m, r e p por meio das duplas (e, m), (e, r) e (e, p) de M-MRP, R-MRP e P-MRP, respectivamente.

Na decomposição, os relacionamentos auxiliares têm todos as seguintes características: a) são todos **1:N**; b) não têm atributos; c) os conjuntos de entidades originais ficam do lado **1** dos relacionamentos auxiliares; d) são todos totais do lado do conjunto de entidades auxiliar; e) são todos binários.

Se o relacionamento fosse de multiplicidade **1:N:N**, a decomposição seria exatamente a mesma da fig. 2.29-5, com as mesmas multiplicidades. Idem, se a multiplicidade fosse **1:1:1** e **1:1:N** (ver o exercício E2.29.6-2).

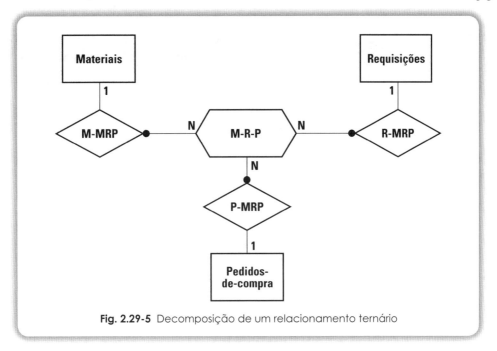

Fig. 2.29-5 Decomposição de um relacionamento ternário

Exercícios

E2.29.6-1 Decomponha os relacionamentos das figs. 2.14-2 e 2.14-3. Não esqueça de representar as totalidades da fig. 2.14-3 no diagrama do modelo decomposto.

E2.29.6-2 Mostre que no exercício anterior as multiplicidades dos relacionamentos auxiliares devem realmente ser todas **1:N**. Sugestão: suponha a existência de algumas triplas nos relacionamentos originais, exemplificando as restrições de multiplicidade.

A decomposição de relacionamentos de grau superior a 3 é análoga, isto é, o modelo decomposto deve ter um único conjunto de entidades auxiliar, são gerados relacionamentos auxiliares binários, todos **1:N**, etc.

2.29.7 Relacionamentos com agregações

Na fig. 2.29-6 apresentamos a decomposição do relacionamento com uma agregação, da fig. 2.15-2. Note-se que fizemos inicialmente a decomposição do relacionamento Itens-de-requisições. Com isso, o relacionamento com a agregação torna-se trivial, pois o conjunto de entidades auxiliar (hexágono Itens-de-requisições) é tratado formalmente como um conjunto de entidades qualquer.

Os relacionamentos auxiliares têm as características comuns a relacionamentos auxiliares resultantes da decomposição de relacionamentos **N:N** (ver 2.29.1). Além disso, não envolvem agregações.

Exercícios

E2.29.7-1 Coloque os atributos da fig. 2.15-2 no diagrama da fig. 2.29-6.

E2.29.7-2 Decompor os relacionamentos da fig. 2.15-3.

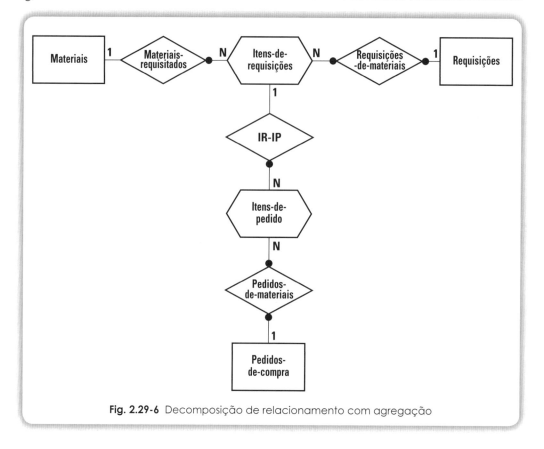

Fig. 2.29-6 Decomposição de relacionamento com agregação

2.29.8 Decomposição de relacionamentos generalizados

Essa decomposição é trivial: simplesmente substitui-se o relacionamento generalizado por relacionamentos comuns, e procede-se à decomposição deste últimos.

***Exercício* E2.29.8** Decompor os relacionamentos das figs. 2.18-2 a 2.18-5.

2.29.9 Síntese

Examinando-se as decomposições estudadas, pode-se chegar a um padrão geral de obtenção de um modelo decomposto, válido para qualquer tipo de relacionamento R:

a) O losango que representa R deve ser substituído por um hexágono, com mesmo nome.

b) Cada aresta que liga R a um conjunto de entidades deve dar origem a um relacionamento auxiliar, um novo losango. Os nomes dos relacionamentos auxiliares podem ser os mesmos dos papéis dos conjuntos de entidades relacionados por R.

c) A multiplicidade de um relacionamento auxiliar é **1:N** ou **1:1**, dependendo do caso.

d) Os relacionamentos auxiliares são todos totais em relação ao conjunto de entidades auxiliar (hexágono).

e) Se algum relacionamento original R tiver totalidade em relação a um conjunto de entidades E, ela permanece no relacionamento auxiliar que substitui a aresta que liga R a E, do lado de E.

2.30 Formalismos matemáticos do cap. 2

Atenção: os conectivos **e** e **ou** que aparecem em expressões lógicas nestes formalismos são os usuais do cálculo proposicional, isto é, A **e** B é verdadeiro *sse* ambos forem verdadeiros, e é falso em caso contrário, A **ou** B é falso *sse* ambos forem falsos, e é verdadeiro em caso contrário. Como usual, consideramos que nas expressões em que aparecem **e** e **ou**, o primeiro tem precedência sobre o segundo.

F2.3 Atributo

Chen, em seu artigo original, deu uma definição formal muito interessante de atributo. Ele o considerou como sendo uma função (no sentido matemático) que leva um elemento, um ponto, de um conjunto de entidades a um único elemento ou ponto do conjunto de valores assumidos pelo atributo. Note-se que isso vale para atributos compostos ou não. Vamos representar essas funções como na fig. 2.30-1, onde os atributos estão representados nos arcos e os conjuntos de valores são Conjunto de Nomes, Endereços e Sexos. Nessa figura, temos sexos explícitos, isto é, representamos todos os dois elementos do conjunto Sexo. Não o pudemos fazer para os outros conjuntos de valores, pois não seria possível representar todos os possíveis nomes e endereços. Na verdade, o nome do conjunto de valores não é muito relevante, pois se o nome de um atributo é bem escolhido, ele já indica quais valores serão assumidos pelo atributo.

Matematicamente, seja E um conjunto de entidades, a um atributo de E, e V o conjunto de valores assumidos por a. Então, o atributo a é uma função

$a: E \to V$

isto é, dado $e \in E$, existe um único $v \in V$ tal que $a(e) = v$.

Por exemplo, temos

Sexo: Pessoas $\to$ {M, F} e Sexo (Sérgio) = M

Observe-se que essa notação é equivalente à que introduzimos em 2.3, onde teríamos Sérgio.Sexo = M. Como dissemos, esta última será usada neste livro, pois é a empregada, nas linguagens de programação, para dados compostos (estruturados), como **record** da Pascal e **struct** da C, e nos GBDs, como na linguagem SQL de manipulação de dados do Modelo Relacional.

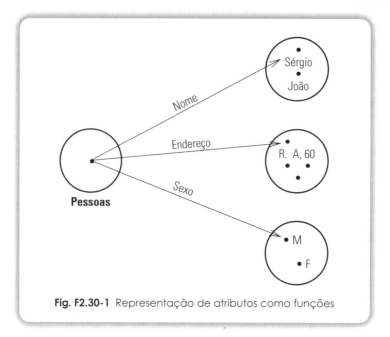

Fig. F2.30-1 Representação de atributos como funções

***Exercício* EF2.3** Desenhe uma figura parecida com a fig. F2.30-1 para representar o atributo Endereço como atributo composto, como exposto em 2.4.

F2.5 Atributo multivalorado

Como vimos em F2.3, atributos elementares podem ser definidos como uma função que leva cada elemento de um conjunto de entidades a um único elemento do conjunto de valores do atributo. No caso de um atributo multivalorado, tem-se uma função *multivalente*, isto é, ela leva um elemento de um conjunto de entidades a um número qualquer de elementos do conjunto de valores do atributo. A fig. 2.30-2 mostra dois exemplos: em um o atributo leva uma das entidades a um só valor (caso particular da multivaloração), mas no outro leva a dois.

A função multivalente leva um elemento de um conjunto de entidades a vários elementos do conjunto de valores, isto é, a um subconjunto qualquer de elementos do último. Todos os possíveis subconjuntos de um conjunto dado C é denominado na matemática de *conjunto das partes* de C. Portanto, uma função multivalente leva a um elemento do conjunto das partes do conjunto de valores que ela assume. Na notação matemática usual, temos

Assuntos:Livros $\rightarrow 2^{\text{Conjunto-de-assuntos}}$

Essa notação com a potência de 2 é sugestiva, pois dado um conjunto C com n elementos, existem 2^n possíveis subconjuntos de C, incluindo o subconjunto vazio. Por exemplo, o conjunto das partes de $\{1, 2, 3\}$ tem $2^3=8$ elementos:

$2^{\{1,2,3\}} = \{\{\}, \{1\}, \{2\}, \{3\}, \{1, 2\}, \{1, 3\}, \{2, 3\}, \{1, 2, 3\}\}$

onde {} denota o conjunto vazio.

2.30 FORMALISMOS MATEMÁTICOS DO CAP. 2

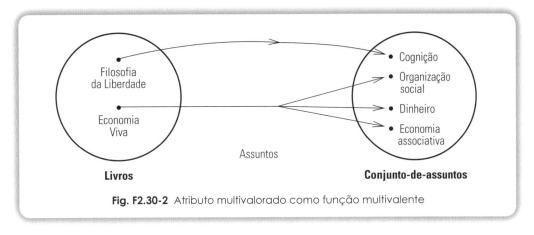

Fig. F2.30-2 Atributo multivalorado como função multivalente

F2.7 Atributo determinante

Formalmente, um atributo a de um conjunto E de entidades é um atributo determinante, *sse*

$$\forall e_1, e_2 \in E \; [e_1 \neq e_2 \Rightarrow e_1.a \neq e_2.a]$$

onde $e.a$ indica o valor do atributo a para a entidade e, seguindo a notação introduzida em 2.3, e $\Rightarrow$ é o sinal da *implicação lógica*:

A proposição $A \Rightarrow B$ é verdadeira *sse*

1) A for falso – no caso, se $e_1 = e_2$. Note-se que não se faz afirmação nenhuma sobre B, que pode ser verdadeiro ou falso (no caso, obviamente $e_1.a \neq e_2.a$ é falso).

   ou

2) se A e B forem ambos verdadeiros.

Note-se que não colocamos a implicação lógica também no sentido contrário (levando a uma *equivalência* lógica), pois estamos definindo apenas o que vem a ser "atributo determinante". Obviamente, cada atributo de uma entidade tem um só valor; se ele for multivalorado. Esse valor é o conjunto de valores que ele assume para essa entidade. Assim, para um atributo determinante, a equivalência é sempre válida. Em outras palavras, um atributo determinante é uma função biunívoca.

F2.8 Conjuntos de relacionamentos

Um relacionamento binário (do tipo do que exemplificamos na seção 2.8) que relaciona um elemento e_1 de um conjunto de entidades E_1 a um elemento e_2 de um conjunto de entidades E_2 é uma dupla ordenada (e_1, e_2). No exemplo da fig. 2.8-1, se j é um elemento de Pessoas representando por exemplo Sérgio e m é um elemento de Livros representando o livro "Meios Eletrônicos...", então (j, m) é um elemento de Empréstimos, indicando que Sérgio está relacionado com (emprestou) "Meios Eletrônicos...". Essa é apenas uma possível dupla. O conjunto de relacionamentos Empréstimos conterá todas as duplas pessoas-livros, mostrando todos os empréstimos efetuados. Portanto, do ponto de vista formal um conjunto de relacionamentos R relacionando conjuntos de entidades

E_1 e E_2 é dado por

$$R \subseteq \{(e_1, e_2) \mid e_1 \in E_1 \textbf{ e } e_2 \in E_2\}$$

ou

$$R \subseteq E_1 \times E_2 \text{ (produto cartesiano)}$$

isto é, um conjunto de relacionamentos binário relacionando conjuntos de entidades E_1 e E_2 é um subconjunto de todas as duplas ordenadas que podem ser formadas com elementos de E_1 e de E_2, respectivamente.

Note-se que não se está especificando como as duplas particulares que participam de R devem ser escolhidas dentre todas as possíveis duplas, isto é, as que envolvem todos os elementos de E_1 e de E_2, respectivamente. Simplesmente colocam-se em R as duplas que se quer relacionar segundo R. Assim, R é um determinado subconjunto das duplas possíveis, contendo apenas as duplas de interesse.

Note-se que a representação diagramática de um conjunto de relacionamentos como Empréstimos da fig. 2.8-1 simplesmente diz que há duplas com as representações de um livro e uma pessoa que se relacionam em Empréstimos. Contrariamente ao R acima, não especifica quais duplas estão relacionadas. Assim, a partir do diagrama pode-se apenas dizer "há duplas em Empréstimos relacionando Livros a Pessoas". Note-se como as duplas devem ser realmente ordenadas, pois, se assim não fosse, poder-se-ia fazer uma leitura como "o livro *Meios Eletrônicos...* recebeu emprestada a pessoa Sérgio".

Pode surgir a pergunta: se $(x, y) \in$ Empréstimos, e Empréstimos é representado como na fig. 2.8-1, como podemos saber se $x \in$ Pessoas ou $x \in$ Livros, e y vice-versa? Por convenção, consideraremos neste texto a ordem das duplas envolvendo sempre os conjuntos de entidades conectados por diagramas lidos primeiramente da esquerda para a direita. Se as arestas forem verticais, a ordem será de cima para baixo.

F2.9 Multiplicidades de Relacionamentos

F2.9-1 — 1:N

Sejam os conjuntos de entidades E_1 e E_2 de cardinalidades p e q, respectivamente, e um relacionamento R entre eles,

$$R \subseteq \{(a_i, b_j) \mid a_i \in E_1, b_j \in E_2, 1 \leq i \leq p, 1 \leq j \leq q\}$$

R é de multiplicidade **1:N** *sse* para quaisquer $a_m, a_n \in E_1$ e $b_k \in E_2$, tal que $(a_m, b_k) \in R$ e $(a_n, b_k) \in R$ então $a_m = a_n$, isto é, trata-se da mesma dupla pertencente a R. Em outras palavras, cada elemento de E_2 pode ocorrer em apenas uma dupla de R. Se a_m e a_n fossem elementos distintos de E_1, b_k estaria relacionado com pelo menos dois elementos distintos de E_1, contrariando a restrição de integridade **1** da multiplicidade **1:N**.

Como contra-exemplo se, no caso da Multiteca, Empréstimos da fig. 2.8-1 contivesse as duas duplas (Sérgio, *Meios Eletrônicos...*) e (Rubens, *Meios Eletrônicos...*), então o mesmo livro *Meios Eletrônicos...* estaria emprestado a duas pessoas diferentes (Sérgio e Rubens), o que não pode ocorrer no mundo real e contraria a multiplicidade **1:N** especificada para Empréstimos.

2.30 Formalismos Matemáticos do Cap. 2   *101*

Note-se que nada se especifica no caso contrário, isto é, se $a_k \in E_1$ e b_m, $b_n \in E_2$, $b_m \neq b_n$, então (a_k, b_m) e (a_k, b_n) podem ambos pertencer a R. No exemplo, poderíamos ter (Sérgio, *Meios Eletrônicos...*) e ainda (Sérgio, *Bancos de Dados...*), isto é, Sérgio emprestou pelo menos dois livros.

Ver F2.9-4 para uma outra formalização dessa multiplicidade.

F2.9-2 — 1:1

Sejam os conjuntos de entidades E_1 e E_2 e o mesmo R definido em **F2.9-1**.

R é de multiplicidade **1:1** *sse* (a_k, b_m), (a_k, b_n), $(a_r, b_m) \in R$, então $a_k = a_r$ e $b_m = b_n$. Em outras palavras, cada elemento de E_1 e de E_2 pode ocorrer em apenas uma dupla de R, como no caso da fig. 2.9-2.

F2.9-3 — N:N

Em um relacionamento **N:N**, qualquer elemento de um dos dois conjuntos de entidades pode ocorrer em um número qualquer de duplas do relacionamento.

F2.9-4 Restrições de integridade como predicados

Em geral, restrições de integridade são condições e, como tais, podem ser expressas matematicamente por meio de predicados de primeira ordem, isto é, proposições lógicas quantificadas com os quantificadores universal ∀ (lê-se "para todo" ou "qualquer") e existencial ∃ (lê-se "existe"). Com isso, a restrição da fig. 2.9-4 (o gerente de um departamento deve necessariamente estar lotado nele) poderia ser expressa matematicamente por

∀f ∈ Funcionários ∀d ∈ Departamentos [(f, d) ∈ Gerenciamentos ⇒ (f, d) ∈ Lotações]

Note-se que o formalismo matemático é muito bonito e exato, mas pode ser muito mais complicado que uma frase.

Para um exemplo do uso do quantificador existencial, veja F2.10.

Usando a descrição formal por meio de predicados, podemos formular a restrição de integridade representada pela multiplicidade **1:N** de um relacionamento R que relaciona E_1 e E_2 (nesse sentido, isto é, E_1 é o lado **1** e E_2 o lado **N**) como

∀a, b ∈ E_1 ∀e ∈ E_2 [(a, e) ∈ R **e** (b, e) ∈ R ⇒ a = b]

que é semelhante à formalização já vista anteriormente.

***Exercício* EF2.9-4** Formule em cálculo de predicados a restrição de integridade **1:1**.

F2.9-5 Multiplicidade c:N

A multiplicidade **c:N** de um relacionamento R entre E_1 e E_2 (nesse sentido) pode ser considerada como uma restrição de integridade dada formalmente pelo predicado

∀$e_1^1, e_1^2, ..., e_1^m \in E_1$ ∀$e_2 \in E_2$
    [$(e_1^1, e_2) \in R$ **e** $(e_1^2, e_2) \in R$ **e** ... **e** $(e_1^m, e_2) \in R$ **e** $e_1^j \neq e_1^k, 1 \leq j, k \leq m \Rightarrow m \leq c$]

***Exercício* EF2.9-5** Formule em cálculo de predicados a restrição de integridade **c:c**.

F2.10 Relacionamentos totais e parciais

Dado um relacionamento R entre E_1 e E_2,

R é *total* em E_1 sse $\forall e_1 \in E_1 \; \exists e_2 \in E_2 \; [(e_1, e_2) \in R]$

R é *parcial* em E_1 sse $\exists e_1 \in E_1 \; \forall e_2 \in E_2 \; [(e_1, e_2) \notin R]$

***Exercício* EF2.9-6** Formalize o fato de R ser parcial em E_1 e total em E_2.

F2.11 Atributos de relacionamentos

Para representar-se formalmente um atributo de um conjunto de relacionamentos biná-rio (isto é, que relaciona elementos de dois conjuntos de entidades), devemos associar a cada dupla do relacionamento um ou mais elementos. Exemplificando com Trilha e Duração (em minutos), como na fig. 2.11-2, e os exemplos usados na seção 2.11, podería-mos ter:

Gravações-em-CD = {[(Rhapsody in Blue, Rhapsody in Blue),1,28], [A Brazilian Salute, Dança Negra, 10, 3:12]}.

Como visto em 2.11, o nome do CD de Michlo Leviev é "Rhapsody in Blue", que usamos para fazer referência ao elemento do conjunto de entidades CDs no primeiro elemento da primeira dupla. Estamos usando o nome para representar a entidade cor-respondente. O segundo elemento dessa dupla é o nome da música, coincidentemente idêntico ao nome do CD.

F2.12 Relacionamentos repetidos

No relacionamento Histórico-de-empréstimos da fig. 2.12-2, suponhamos que p seja um elemento de Pessoas e v um elemento de Livros, e que (p, v) pertença ao relacionamen-to, ocorrendo duas vezes, com o atributo composto com os valores (e_1, d_1) e (e_2, d_2), onde e_i e d_i representam as datas de empréstimo e de devolução (já feita ou programa-da) e $e_1 \neq e_2$, ou $d_1 \neq d_2$. Nesse caso, temos

Histórico-de-empréstimos = {[(p,v), (e_1,d_1)], [(p,v), (e_2,d_2)], ...}

Note-se que temos elementos diferentes no conjunto. O importante é reconhecer que algum atributo do relacionamento deve necessariamente distinguir as duplas, e que o conjunto agora não é só das duplas do relacionamento, mas de elementos (duas duplas) que contêm os atributos do relacionamento.

F2.13 Auto-relacionamentos

F2.13-1 Auto-relacionamento

Um conjunto de auto-relacionamentos (ou, simplesmente, um auto-relacionamento) é um conjunto de relacionamentos R que relaciona elementos de um conjunto de entidades E a elementos desse mesmo conjunto, isto é,

$R \subseteq \{(e_i, e_j) \mid e_i, e_j \in E\}$

2.30 Formalismos Matemáticos do Cap. 2   *103*

Os papéis de um auto-relacionamento podem ser encarados como o resultado da aplicação de uma função. Assim, na fig. 2.13-1, por exemplo,

papel(e_i) = "original" e papel(e_j) = "versão"

F2.13-2 Composição de materiais

Supondo-se que em uma dupla (m_i, m_j) de Composições o primeiro elemento (m_i) corresponde ao papel Tem-como-componente e o segundo (m_j) ao papel É-componente-de, os elementos do relacionamento Composições da fig. 2.13-3 representados na árvore de composições da fig. 2.13-4 poderiam ser os seguintes, onde [(m_i, m_j), q] significa que entram q (valor do atributo Quantidade-Contida) peças m_j em m_i (os valores de q são arbitrários):

Composições = {[(m_1, m_2), 4], [(m_1, m_3), 3], [(m_3, m_4), 2], [(m_3, m_5), 6], [(m_3,m_6), 5], [(m_6, m_7), 1], [(m_8, m_9), 7], [(m_8, m_{10}), 6]}

F2.13-3 Relacionamentos diretos e indiretos

Suponhamos o relacionamento Lotações da fig. 2.13. Se

(Sérgio, Vendas) $\in$ Lotações e (Rubens, Vendas) $\in$ Lotações

não significa que existe um auto-relacionamento *direto* entre os elementos Sérgio e Rubens de Funcionários, isto é, de Funcionários para Funcionários. Dadas essas duas duplas, obviamente pode-se estabelecer que há algum relacionamento entre Sérgio e Rubens, pois o segundo elemento de cada dupla é o mesmo. Mas esse relacionamento é *indireto*. Seria direto se a dupla (Sérgio, Rubens) pertencesse a algum relacionamento, o que não é o caso.

F2.14 Relacionamentos n-ários

F2.14-1 Relacionamento ternário

Formalmente, M-R-P da fig. 2.14-1 é dado por

M-R-P $\subseteq$ {(m, r, p) | $m \in$ Materiais, $r \in$ Requisições, $p \in$ Pedidos-de-compra}

F2.14-2 Exemplo de totalidade em relacionamento ternário

Na fig. 2.14-1, a totalidade representada pela bolinha no lado de Requisições, isto é, a restrição de integridade de que cada elemento de Requisições está obrigatoriamente relacionado com um elemento de Materiais e um de Pedidos-de-compra pode ser expressa pelo predicado

$\forall r \in$ Requisições $\exists m \in$ Materiais $\exists p \in$ Pedidos-de-compra [$(m, r, p) \in$ M-R-P]

F2.14-3 Multiplicidade entre duplas de conjuntos de entidades em relacionamento 1:1:1

Na fig. 2.14-3, se denotarmos por co_i, cc_j e cm_k elementos de Correntistas, Contas-correntes e Cartões-magnéticos, respectivamente, podemos ter:

C-C-C = {(co_1, cc_1, cm_1), (co_1, cc_2, cm_2), (co_2, cc_1, cm_3), ...}

isto é, co_1 tem as contas cc_1 e cc_2, e cc_1 tem como correntistas co_1 e co_2. Isso justifica a nossa afirmação na seção 2.14 de que, apesar da multiplicidade **1:1:1**, C-C-C produz efetivamente relacionamentos **N:N** entre cada dupla de conjuntos de entidades.

***Exercício* EF2.14.1**. Demonstre formalmente que o relacionamento da fig. 2.14-3 não é equivalente (no sentido de representar os mesmos dados) a três relacionamentos duplos relacionando cada par de conjuntos de entidades.

F2.15 Agregações

Na fig. 2.15-2, temos

Itens-de-pedidos $\subseteq \{(mr, p) \mid mr \in$ Materiais-requisições, $p \in$ Pedidos$\}$
$= \{((m, r), p) \mid (m \in$ Materiais, $r \in$ Requisições$) \in$ Itens-de-requisições, $p \in$ Pedidos$\}$

Nessa definição formal, vê-se claramente que as duplas (mr, p) ou $((m, r), p)$ de Itens-de-pedidos (o relacionamento R_2 mencionado em 2.15) são compostas de uma dupla de Itens-de-requisições (R_1) e de um elemento p de Pedidos. Essa estrutura é formalmente diferente da tripla (m, r, p) que corresponderia a um elemento de um relacionamento ternário. Nesse último caso, m e r não formam uma dupla independente de p, como no caso de Itens-de-requisições. Em outras palavras, essa dupla pode existir independentemente de um elemento p de Pedidos com quem ela deve se relacionar. Já na tripla, é necessário haver um p. No entanto, uma dupla como $((m, r), p)$ pode ser considerada como uma tripla, pois envolve três elementos de três conjuntos de entidades. Ela apenas mostra que essa tripla tem uma estrutura especial (uma dupla envolvendo uma dupla).

F2.16 Agregações de auto-relacionamentos

F2.16-1 Similaridade de peças como relação de equivalência

A similaridade de peças como descrita na versão 1 da seção 2.16 define o que se chama na matemática de *relação de equivalência*: uma peça é evidentemente similar a si própria (reflexividade), se A é similar a B então B é similar a A (simetria) e se A é similar a B e B é similar a C, então A é similar a C (transitividade).

F2.16-2 Conjunto das peças similares a uma peça dada

Dado o conjunto de duplas Similaridades sem que haja reflexividade, isto é, tal que uma dupla como (p, p) não ocorra no conjunto, isto é

Similaridades $\subseteq \{(p_0, p_1) \mid p_0, p_1 \in$ Peças, $p_0 \neq p_1\}$

a consulta "obtenha os similares de p_0" pode ser definida pelo conjunto $S(p_0)$ dado por

$S(p_0) = \{p \mid (p_0, p) \in$ Similaridades$\}$

Essa consulta só dá resultados corretos, se as duplas simétricas como (p_0, p_1) e (p_1, p_0) pertencerem ambas ao conjunto Similaridades. Se apenas uma de cada par de duplas simétricas estiver no conjunto, então o resultado correto (isto é, ambas as duplas

2.30 Formalismos Matemáticos do Cap. 2

de cada par simétrico seria consultada) seria dado por

$$S(p_0) = \{p \mid ((p_0, p) \in \text{Similaridades } \mathbf{ou} \ (p, p_0) \in \text{Similaridades}) \ \mathbf{e} \ p \neq p_0\}$$

F2.16-3

A representação do atributo Prioridade no relacionamento Similaridades da fig. 2.16-3, usando-se a notação introduzida em F2.11, seria, por exemplo,

$$\text{Similaridades} = \{[(p_0, p_1), 1], [(p_0, p_2), 2], \ldots\}$$

F2.17 Partição de um conjunto

Dados subconjuntos $S_1, S_2, \ldots, S_n$ de um conjunto C, eles formam uma *partição* de C *sse*, a união desses subconjuntos resulta em C e esses subconjuntos são disjuntos dois a dois, isto é,

$$S_1 \cup S_2 \cup \ldots \cup S_n \quad \text{e} \quad S_i \cap S_j = \phi, \quad i \neq j, \, 1 \leq i, j \leq n$$

F2.18 Restrição de integridade sobre um atributo

A restrição de integridade da fig. 2.18-1, isto é, se um livro estiver emprestado a uma pessoa, ele não pode estar nem guardado nem em uso, pode ser expressa pelo seguinte predicado:

$$\forall l \in Livros \, [\, l.Empréstimo.Tipo = \text{``A''} \Rightarrow l.Estado = \nu]$$

onde ν representa o valor vazio.

Por outro lado, se um livro não está emprestado a alguém, o atributo Empréstimo deve estar vazio e o livro deve estar ou guardado ou em uso.

$$\forall l \in \text{Livros} \ \forall p \in \text{Pessoas} \, [\, (l, p) \notin \text{Empréstimos} \Rightarrow l.\text{Empréstimo} = \nu \ \mathbf{e} \ (l.\text{Estado} = \text{``Guardado''} \ \mathbf{ou} \ l.\text{Estado} = \text{``Em-uso''}]$$

Exercício EF2.18. Exprima formalmente as restrições de integridade implicadas pela fig. 2.24.

F2.19 Atributo global

Formalmente, poderíamos representar o conjunto de entidades Talões-de-cheques da fig. 2.19 como um par, em que o primeiro elemento contém o conjunto propriamente dito, e o segundo é o atributo global. Para simplificar, vamos representar apenas os números do cheque inicial do talão e do cheque final, e a data do pedido. Evidentemente, deveria ser feita toda uma revisão de notação, mas vamos manter essa ambigüidade notacional para simplificar.

Talão de Cheques = ({(1001, 1020, 20011205), (1021, 1040, 20020110), (1041, 1060, 20020227)}, 7,70)

onde R\$7,70 é a taxa de cobrança de talão de 20 folhas enviado pelo correio (informação do Bradesco em 22/8/04).

F2.24 Restrição de integridade sobre atributos de conjuntos distintos

Formalmente, a restrição de integridade da fig. 2.24 poderia ser expressa pelo predicado

$\forall r \in$ Retirada $\forall m \in$ Materiais $\forall a \in$ Almoxarifados

$[(r, a) \in$ Origens-das-retiradas **e** $(m, r) \in$ Itens-de-retirada $\Rightarrow$

$\qquad [(m, a) \in$ Estocagem **e** r.Quantidade-retirada $\leq (m, a)$.Quantidade-estocada]].

onde $x.t$ indica o valor do atributo t do elemento x, com precedência do "$\leq$" sobre o **e**, e a implicação "$\Rightarrow$" com a menor precedência.

F2.26 Consultas expressas formalmente

Consultas dão sempre um conjunto como resultado formal. Damos as consultas da seção 2.26 com os mesmos índices nela usados.

(**c₁**) $\{(l$.Número, l.Título $\mid l \in$ Livros **e** l.Editora = "Editora Edgard Blücher"$\}$

Lembrando que, como definido, l é uma n-pla contendo os valores dos atributos de Livros para esse elemento l, e l.Número indica a projeção dessa n-pla no elemento correspondente ao atributo Número.

(**c₂**) $\{(l$.Número, $\{l$.Nomes-de-autores$\}) \mid l \in$ Livros **e** l.Editora = "Editora Edgard Blücher"$\}$

(**c₃**) $\{(l$.Número, l.Título, $\{l$.Nomes-de-autores$\}) \mid l \in$ Livros **e** l.Editora = "Editora Edgard Blücher" **e** $\{$Bancos de Dados, Modelo conceitual$\} \subseteq l$.Assuntos$\}$

(**c₄**) $\{c$.Número $\mid c \in$ CDs **e** $\exists m \in$ Músicas $[(c, m) \in$ Gravações-em-CDs **e** m.Nome = "Rapsody in Blue"]$\}$

Nessa consulta, usamos o nome original do relacionamento. Uma outra possibilidade é usar o quantificador existencial na dupla do relacionamento:

(**c₄'**) $\{c$.Número $\mid c \in$ CDs **e** $\exists (c, m)$ $[(c, m) \in$ Gravações-em-CDs **e** $m \in$ Músicas **e** m.Nome = "Rapsody in Blue"$\}$

(**c₅**) $\{o$.Número $\mid o \in$ Livro-original **e** $\exists e \in$ Exemplares $[(o, e) \in$ Versões **e** o.Título = "Meios Eletrônicos e Educação"$\}$

Nesse caso, usamos os papéis representados pelos sinônimos declarados em 2.26. Se, ao contrário, se tivéssemos declarado explicitamente os papéis, poderíamos ter

(**c₅'**) $\{o$.Número $\mid o \in$ Livro-original **e** $\exists e \in$ Exemplares $[(o, e) \in$ Versões **e** o.Título = "Meios Eletrônicos e Educação" **e** e.Tipo = Exemplar]$\}$

Se tivessem sido declarados explicitamente os papéis do relacionamento na seção 2.26, a partir da fig. 2.13.1, a solução poderia ser:

(**c₅''**) $\{o$.Número $\mid o \in$ Livros **e** $\exists e \in$ Livros $[(o, e) \in$ Versões **e** papel(o) = "Original" **e** papel(e) = "Versão" e.Tipo = Exemplar]$\}$

(**c₆**) $\{f$.Nome $\mid f \in$ Funcionários **e** $\exists d \in$ Departamentos $[(f, d) \in$ Lotados-em **e** Projetos. Nome = "Financeiro" **e** $\exists p \in$ Projetos $[(f, p) \} \in$ Que-participam-de **e** p.Nome = "Ganhar Mais"$]$ $]$ $\}$

2.30 Formalismos Matemáticos do Cap. 2

Nessa última, usamos os sinônimos como introduzidos em 2.26.

Essas consultas, que são essencialmente definições de conjuntos, empregam predicados de 1.ª ordem, isto é, usando quantificadores (nesses exemplos, apenas o existencial). Aliás, é interessante notar que, como usual na definição de conjuntos usando predicados, as variáveis que aparecem nos elementos que entrarão no conjunto sendo definido (parte antes do sinal |), as denominadas "variáveis livres", não são quantificadas no predicado que vem depois do sinal |. Todas as outras variáveis que aparecem naquele conjunto devem ser quantificadas.

Nem todas as consultas podem ser expressas por meio de predicados de primeira ordem. Um exemplo típico é a chamada "explosão de materiais", que usa o auto-relacionamento da fig. 2.13 -3. É impossível construir um predicado de 1.ª ordem para se obter todas as componentes de uma dada peça em todos os níveis. Se o número de níveis fosse fixado, por exemplo, dada uma peça desejam-se todas as suas componentes diretas e ainda as componentes das componentes, seria possível formular o predicado. Por exemplo, suponhamos que, em cada dupla de Composições, o primeiro elemento da dupla seja uma peça continente, e o segundo uma peça contida. Então, o seguinte conjunto define todos os nomes de componentes em dois níveis da peça "Motor de Fusca":

$\{m.\text{Nome} \mid m \in \text{Materiais } \mathbf{e} \ \exists c \in \text{Materiais } [(c, m) \in \text{Composições } \mathbf{e} \ c.\text{Nome} = \text{"Motor de Fusca" } \mathbf{ou} \ \exists c_1, c_2 \in \text{Materiais } [(c_1, c_2), (c_2, m) \in \text{Composições } \mathbf{e} \ c_1.\text{Nome} = \text{"Motor de Fusca"}]\}$

Mas seria impossível obter uma definição dessas, sem se conhecer de antemão quantos níveis terão que ser examinados. Para isso é necessário usar uma formulação que use uma recursividade, ou seja, um processo de indução finita.

Para especificarem-se alterações de valores de atributos em conjuntos de entidades ou em relacionamentos já presentes nos dados usando operadores sobre conjuntos, poder-se-ia eliminar o elemento, cujos atributos devem ser trocados, usando-se a subtração (complementação relativa) de conjuntos, seguida da união de novos elementos que são na verdade os antigos com os valores alterados. Em lugar disso, vamos definir uma função que altera valores de atributos: $s(c, a, v)$ substitui o valor do atributo a de um subconjunto c de elementos de algum conjunto de entidades ou de relacionamentos, pelo valor v. Assim, teríamos a seguinte formulação para $\mathbf{c_7}$:

$\mathbf{c_7})$ $s(\{e \in \text{Exemplares} \mid \exists o \in \text{Livro-original } [(o, e) \in \text{Versões } \mathbf{e} \ o.\text{Título} = \text{"Meios Eletrônicos e Educação" } \mathbf{e} \ e.\text{Tipo} = \text{Exemplar}]\}, \text{Título}, o.\text{Título})$

A inserção de novos elementos em um conjunto de entidades ou de relacionamentos pode ser especificada como uma função que substitui um conjunto por outro. Vamos representar essa função pelo operador $\leftarrow$, e considerar a formação de um elemento de um conjunto de entidades ou relacionamento colocando nomes de atributos seguidos de seu valor (dessa maneira a n-pla não precisa ser ordenada):

Exemplares $\leftarrow$ Exemplares $\cup$ {(Número: 1001, Título: "Meios Eletrônicos na Educação", Tipo: Exemplar, Edição: 2)}

F2.29 Decomposição de relacionamentos

Para ilustrar formalmente como funciona a decomposição de um relacionamento **N:N**, suponhamos que

$A = \{a_1, a_2\}, B = \{b_1, b_2\}$ e $R = \{(a_1, b_1), (a_1, b_2), (a_2, b_1)\}$

Construímos $A' = A$ e $B' = B$. A seguir, construímos

$R' = \{r_1, r_2, r_3\}$ (o número de seus elementos é o número de pares de R)

e

$R_1 = \{(a_1, r_1), (a_1, r_2), (a_2, r_3)\}$

$R_2 = \{(b_1, r_1), (b_2, r_2) (b_1, r_3)\}$

Assim, r_1 "representa" a dupla (a_1, b_1), pois relaciona indiretamente a_1 a b_1 por meio de (a_1, r_1) e (b_1, r_1); r_2 "representa" (a_1, b_2), etc. Note-se que $|R_1| = |R_2| = |R|$ (cardinalidade desses conjuntos). Nenhum elemento adicional é colocado em R', R_1 e R_2.

2.31 Referências bibliográficas e histórico

O modelo de entidades e relacionamentos foi introduzido por Peter Chen [1976], e foi formalizado em [Ng 1981]. A restrição de integridade de totalidade de relacionamentos (seção 2.10) foi introduzida em [Webre 1982]. O conceito de agregação (2.15) foi introduzido para o Modelo Relacional em [Smith 1977 e 1977a] e usado para o Modelo de Entidades e Relacionamentos, com o nome de "soma", em [Santos 1980]. A noção de "atributo determinante" (2.7) foi introduzida em 1986 na primeira edição de [Setzer 1989]. O cap. 21 de [Elmasri 2002] contém um MER expandido (*Enhanced ER Model, EER*), onde é incluída a especialização/generalização com nossas totalidade e especialização exclusiva em uma notação gráfica diferente. Consideramos a nossa mais coerente com as outras notações do modelo. Auto-relacionamentos de grau variável foram introduzidos em [Setzer 1989a].

Umas das primeiras linguagens para o MER foi CABLE [Shoshani 1978]; alguns exemplos aparecem em [Tsichritzis 1982]. A linguagem GORDAS [Elmasri 1982] foi uma linguagem definida para o MER baseada em cálculo de predicados. Anselmo Moraes Neto fez um excelente estudo dessa linguagem [Moraes 1982], completando-a, formalizando-a e provando sua "completude" em relação à potência do cálculo de predicados, no sentido estabelecido em [Atzeni 1982].

Um dos primeiros modelos conceituais foi o de J.R. Abrial [1974], que propôs um grafo em que os nós representavam informações elementares e as arestas representavam associações entre as informações. Aí o enfoque é completamente diferente do que apresentamos, pois parte-se dos atributos ou, mais abaixo ainda, dos valores assumidos pelos atributos. O agrupamento de atributos forma categorias de informações de onde se deduz o que no MER são as entidades.

Uma linha de modelagem conceitual é a das redes "semânticas", uma técnica de representação que foi desenvolvida para a representação e organização de dados em geral, e que teve grande utilização na pesquisa de processamento de linguagem natural. A distinção das redes semânticas em relação a simples grafos é a representação de dados relacionados com os conceitos (intuitivos) de "significado" e do "uso" dos nós e dos arcos [Woods 1975]. Em termos de uso dessa técnica para bancos de dados, podemos citar [Rossopoulos, 1975]. Uma interessante obra sobre o assunto é [Borkin 1980],

2.31 REFERÊNCIAS BIBLIOGRÁFICAS E HISTÓRICO

onde é apresentado o "Semantic Graph Data Model", e é mostrada sua equivalência ao "Semantic Relation Data Model", que é um modelo baseado em tabelas relacionais. A formalização das operações sobre os dados ilustra uma área muito pouco tocada neste livro. [Hull 1987] apresenta uma resenha sobre o modelo semântico de dados.

No vernáculo, vale a pena mencionar o extenso trabalho de Hiroo Takaoka [Takaoka 1983], baseado no modelo SDM de redes semânticas [Hammer 1981]. Apesar de o título indicar uma orientação do modelo a sistemas voltados para a confecção de estatísticas, o modelo é bastante abrangente e tem aplicações gerais. A representação não diferencia entidades, atributos e relacionamentos. É apresentada uma interessante linguagem de manipulação de informações baseada em "menus", que nos parece mais adequada ao nível computacional, se bem que poderia servir para o desenvolvimento das transações conceituais.

Discorrendo-se sobre modelos conceituais, é impossível deixar de citar os trabalhos pioneiros de B. Langefors sobre o "Modelo Infológico", que pode ser bem estudado em detalhe em [Sundgren 1975]. O modelo trata de formalizar algebricamente as características das estruturas dos dados e suas operações, sempre considerando o fator tempo.

Uma descrição completa de um modelo conceitual bem prático, contendo muitos exemplos, é apresentada em [Curtice 1982]. Nesse modelo, não é claramente representada a distinção entre atributos, conjuntos de valores e entidades, havendo inclusão de elementos computacionais no modelo conceitual, como ordenação. A representação usa diagramas em forma de árvore, o que dificulta a representação de associações não-hierárquicas dos elementos.

Uma introdução a vários modelos conceituais pode ser encontrada em [Tsichritzis 1982]. Em [Olle 1982], encontram-se vários modelos aplicados na solução de um problema proposto pelo "IFIP Technical Commitee 80", "For a Comparative Review of Information Systems Design Methodologies". Em particular, um desses modelos, o DATAID, desenvolvido na Itália por esforço conjunto (ou distribuído) de várias instituições, emprega uma versão do MER. Em [Ceri 1985] é detalhado o modelo que implementa o caso proposto pelo IFIP TC-80.

Ulrich Schiel, da Universidade Federal da Paraíba, desenvolveu um modelo, o THM (*Temporal Hierarchische Modell*), em que não há distinção entre conjuntos de valores e conjuntos de entidades (ambos denominados de "classes") e entre atributos e relacionamentos ("relacionamentos-membro") [Schiel 1984]. Ele denomina seu modelo de "hierárquico" por conter agregações (que no caso são usadas para agregar atributos) e especializações/generalizações. Um dos aspectos interessantes de seu trabalho é ter incluído o fator tempo no caso de especializações: uma classe A pode ser uma "pré-classe" de uma classe B, indicando que um elemento associado a uma classe A pode passar com o tempo a ser associada à classe B. Por exemplo, um veículo produzido por um fabricante pode passar com o tempo à classe de ser veículo de uma concessionária e depois de uma pessoa. Muito interessante é a apresentação das "operações" em uma linguagem algorítmica: as alterações dependentes do tempo são acionadas por meio de disparadores ("triggers"), um mecanismo estudado profundamente por Sérgio Leifert [1980]. Em [Setzer 1989], encontra-se um exemplo desse modelo, e sua correspondência no MER.

Qualquer livro atual sobre BD trata do MER. Seria interessante ler algum para comparar com nosso enfoque e ênfase. Um enorme (865 páginas!) livro que *não* recomendamos é o de C.J. Date [2004], pois não concordamos com várias de suas afirmações e enfoque. Por exemplo, nessa edição, na página 366, ele afirma que "o melhor modo de ver os 'relacionamentos' é simplesmente considerá-los um tipo especial de entidade. ... qualquer abordagem que insista em fazer tal distinção [entre entidades e relacionamentos] tem um grave defeito, porque ... o *mesmo objeto* pode, de forma bastante legítima, ser visto como uma entidade por alguns usuários e como um relacionamento por outros" (sua ênfase). Ora, isso equivale a não reconhecer que, no mundo real, entes têm uma natureza e as associações entre eles têm outra, em geral abstrata. Por exemplo, no caso de empréstimo de um livro de uma pessoa para outra, obviamente não será feito um registro que dê um aspecto físico a esse acordo, como seria o caso de uma biblioteca pública. Logo em seguida, ele dá como exemplo os casamentos entre pessoas, mas menciona a visão diferente, não pelo fato de que em certas aplicações a certidão de casamento é usada, e na maioria das outras não, e sim devido a consultas diferentes que se fazem aos dados. O enfoque desse livro fica claro com a ordem dos capítulos: o modelo computacional vem antes do modelo conceitual. Por outro lado, a sua extensa bibliografia comentada pode ser bastante útil.

Capítulo 3

O Modelo Relacional Normalizado

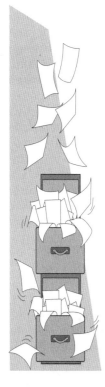

3.1 Introdução

No capítulo anterior, discorremos sobre um modelo conceitual de dados, o Modelo de Entidades e Relacionamentos (MER). Como vimos, o MER é um modelo que não pode ser implementado em um computador, existindo apenas na mente das pessoas. Ele pode ser representado, de maneira ilustrativa, por meio do diagrama ER, ou descrito em forma de texto por meio de uma linguagem formal. Por exemplo, um relacionamento binário é um conjunto de duplas abstratas de elementos de dois conjuntos de entidades. É impossível introduzir essas duplas abstratas em um computador. Neste capítulo apresentaremos um modelo computacional, isto é, um modelo de dados que permite a representação dos mesmos em um computador, o *Modelo Relacional de Dados* (MR). Um BD que segue esse modelo será denominado de *Banco de Dados Relacional* (BDR). Neste livro, apresentamos em detalhe apenas esse modelo computacional, pois é praticamente o único usado hoje em dia pelos sistemas gerenciadores de bancos de dados (GBDs), eventualmente com extensão para orientação a objetos. Nas décadas de 1970 e 80, outros dois modelos foram usados, o de redes e o hierárquico.

Neste livro, seguindo o que o primeiro autor introduziu em seu livro sobre BD já em 1986, fazemos uma subdivisão não-ortodoxa do Modelo Relacional (MR) em dois tipos: o *Normalizado* (MRN) e o

Não-normalizado (MRNN). O primeiro é o MR tradicional, como definido em 1970 por E.F. Codd, e implementado nos sistemas comerciais em uso, tais como o Access e SQL-Server (Microsoft), Oracle, DB2 (IBM), Sybase, Paradox, MySQL, etc. Em termos de representação de dados, o segundo é um superconjunto próprio do primeiro, isto é, é possível usar o MRNN e representar todos os dados exatamente como se fosse um MRN, mas o contrário não é verdade. Assim, o MRNN deve ser considerado como uma extensão do MRN. Seu uso simplifica muitas representações dos dados, e a formulação de muitas consultas. Infelizmente, o mercado recusou-se a fazer cumprir a profecia do primeiro autor deste livro, de que o MRN estava condenado, e seria substituído pelo MRNN. Aqui, aplicou-se muito bem uma das leis de Setzer (ver em seu "site"): "Na informática, raramente dá a lógica." Como o MRN tinha limitações grosseiras, alguns GBDs, tais como o Oracle, o Postgres, etc. foram estendidos para levantá-las. Mas, em lugar de adotarem o MRNN, isso foi conseguido com a adoção de alguma Orientação a Objetos (OO). Não temos nada contra a OO, pelo contrário. Só que, em nossa opinião, ela deveria ter sido introduzida sobre o MRNN, e não sobre o MRN. Assim, várias das estratégias que foram usadas para estender o MRN por meio da OO não teriam sido necessárias, como veremos no cap. 8.

Neste capítulo e no próximo, introduziremos conceitos básicos do MRN e como projetar e fazer consultas a um BD seguindo esse modelo, a fim de permitir que, no cap. 5, o leitor possa implementar seu próprio BD com alguns dos dados do exemplo da Multiteca usando o MS Access.

3.2 Conceitos básicos

Na visão tradicional dos dados, estes eram armazenados em *arquivos* (provenientes do inglês *files*), que eram seqüências de *registros* (*records*). Os registros eram formados por *campos* (*fields*), onde ficavam os dados propriamente ditos. O acesso a um campo era feito especificando-se sua posição física dentro do registro, isto é, a distância do início do registro até o início do campo, expresso em *bytes*, ou o equivalente da época, como por exemplo a unidade de representação interna dos bits dos caracteres organizados na codificação BCD (*Binary Coded Decimal*), ou o EBCDIC (*Extended Binary Coded Decimal*) da IBM. Hoje em dia, a representação ASCII se impôs. Já tinha havido tentativas de se usar uma visão menos física dos campos, inclusive nos modelos de redes e hierárquico. Uma das grandes contribuições de E.F. Codd, ao introduzir o MR em 1970, foi elevar a visão dos dados a conjuntos da matemática. Um conjunto da matemática, a não ser que seja um conjunto ordenado, não segue uma seqüência específica em seus elementos. No MR, em lugar de um arquivo – em que a visão é de uma seqüência de registros, e não de um conjunto –, passa-se a ter uma *relação*, cujo nome passou para *tabela* quando a IBM desenvolveu seu primeiro GBD relacional, o System R, de onde derivaram os GBDs DB2, ainda em uso, e o antigo SQL-DS. A denominação de "tabela", que se impôs no mercado, foi feliz, pois realmente o conjunto de dados do MR pode ser encarado como uma tabela no sentido comum da palavra. Daqui para diante, sempre que usarmos a palavra "tabela" estaremos, salvo ressalva, nos referindo a um conjunto de dados do MR, e não a uma tabela na acepção comum da palavra. Em certos trechos para não confundir com uma tabela comum, escrevemos "tabela relacional". Na fig. 3.2, mostramos o exemplo de uma tabela de nome Pessoas para os dados de pessoas cadastradas na Multiteca.

3.2 Conceitos Básicos

Pessoas				
Número-de-pessoa	Nome	Endereço	Telefone	Data-nascimento
1	Sérgio	R. Rosa 100	5566-7788	19/3/1942
2	Pedro	R. Azul 50	6655-8877	27/10/1945
3	Rubens	R. Verde 25	8877-6655	18/4/1960
4	João	R. Branca 1		

Fig. 3.2 Uma tabela do MR

Uma tabela é sempre bidimensional, e é composta por *linhas* (por exemplo, a que contém 1, Sérgio, R. Rosa 100, 5566-7788 e 19/3/1942) e *colunas* (por exemplo, a que contém Sérgio, Pedro, Rubens e João), com o significado usual. Para maior clareza, agregamos as duas primeiras linhas, com os nomes da tabela e das colunas, representadas em cinza. Uma *célula* de uma tabela é a confluência de uma linha com uma coluna (por exemplo, a célula que contém R. Azul 50), e contém um *valor* (R. Azul 50), que pode ser vazio ou não (a linha de João contém valores vazios nas colunas Telefone e Data-nascimento). Os valores assumidos pelas células de uma coluna são sempre elementos de um conjunto de valores denominado de *domínio* (na coluna Número-de-pessoa, os valores são os do conjunto dos números naturais). Se uma coluna pode conter uma célula com valor vazio (por exemplo, na fig. 3.2 desconhece-se o telefone de João), pode-se considerar que o domínio contém o valor vazio.

Uma tabela segue sempre um *esquema relacional*, ou simplesmente *esquema*, denotado como segue:

$E (A_1, A_2, ..., A_n)$

onde E é o nome do esquema (na fig. 3.2, Pessoas), e A_i é o nome do i-ésimo *atributo* do esquema (Nome é o 2.º atributo do esquema relacional Pessoas). Se uma tabela *segue* um esquema, as suas colunas têm o nome dos atributos. O nome dessa tabela pode coincidir ou não com o nome do esquema. A tabela da fig. 3.2 segue o esquema abaixo:

```
Pessoas (Número-de-pessoa, Nome, Endereço, Data-nascimento)
```

Assim, a um esquema pode corresponder um número qualquer de tabelas, cada uma com nome único. Por exemplo, se houvesse várias tabelas seguindo o esquema Pessoas acima, poderíamos chamá-las Familiares, Amigos, etc.)

O número de colunas (isto é, o valor de n) de uma tabela ou de um esquema é denominado de *grau*. Assim, na fig. 3.2, no esquema acima, Pessoas tem grau 5.

Em um esquema, pode-se especificar não só os nomes dos atributos, mas também os respectivos domínios:

$E (A_1:D_1, A_2:D_2, ..., A_n:D_n)$

Na fig. 3.2, poderíamos ter, em uma linguagem fictícia,

114 — Capítulo 3 — O Modelo Relacional Normalizado

```
Pessoas (Número-de-pessoa: ordem; Nome: texto, Endereço: texto,
         Data-nascimento: data)
```

onde **ordem** indica o conjunto dos números naturais maiores do que zero (1, 2, 3, ...), **texto** o conjunto dos textos e **data** o conjunto das datas, talvez no formato dd/mm/aaaa. Mais adiante veremos por que Número-de-pessoa está grifado. Em uma tabela que segue um certo esquema, os domínios das colunas são os domínios dos atributos do esquema.

É importante notar que, ao se usar um GBD, devem-se distinguir três conceitos, correspondentes a três fases importantes do uso do gerenciador para cada nova tabela que nele deve ser introduzida. O primeiro é a *declaração* de um esquema de tabelas, como o de Pessoas acima. O segundo é a *criação* de uma tabela seguindo um certo esquema, por exemplo a criação da tabela que conterá os dados das pessoas, isto é, abertura de um arquivo para contê-la. Com isso, é criada no computador uma *tabela vazia*, pois ainda não foi carregada com dados. Uma tabela vazia não contém nenhuma linha. Numa terceira fase, carregam-se os dados nessa tabela, linha por linha, obtendo-se então uma tabela como a da fig. 3.2. Em uma linguagem fictícia, poderíamos ter para as duas primeiras fases os seguintes comandos:

```
esquema Esq-Pessoas (Número-de-pessoa ordem; Nome: texto;
                     Endereço: texto; Data-nascimento: data)
crie tabela Pessoas seguindo Esq-Pessoas
```

Com isso, ficaria criada uma tabela como a da fig. 3.2, que segue o esquema dado de Pessoas. Ela poderia ter o mesmo nome do esquema. Outra tabela, com outro nome, como Familiares, poderia ser criada seguindo o mesmo esquema.

Infelizmente, como veremos na seção 4.4, na linguagem mais comum para GBDs relacionais, a SQL, não há declaração de esquemas para relações. No padrão estabelecido para a linguagem SQL2, um esquema é um conjunto de tabelas. O comando

```
create table Pessoas (Número_de_pessoa int not null, Nome varchar
(20) not null, Endereço varchar (20), Data_nascimento date)
```

já cria a tabela vazia correspondente nessa linguagem, onde foi introduzido o tipo **date**. A especificação **not null** indica que os valores na coluna não podem ser vazios. Usamos o sublinhado (_) em lugar do hífen (–) nos nomes das colunas, pois muitas implementações de SQL não permitem o uso de hífens no nome.

Em termos de linguagens de programação sem orientação a objetos, como Pascal ou C, a declaração de um esquema corresponde à declaração de um tipo, a criação de uma tabela à declaração de uma variável seguindo esse tipo. E, finalmente, a inserção da primeira linha nessa tabela corresponde a atribuir um valor a essa variável, a inserção de uma linha adicional, à concatenação de um valor ao valor anterior da variável. Em termos de orientação a objetos, as três primeiras fases correspondem à declaração de uma classe, à criação de um objeto seguindo essa classe e à instanciação de um objeto seguindo essa classe, respectivamente (ver o cap. 8).

Os leitores que conhecem linguagens de programação ou já usam um GBD poderão estranhar que no esquema acima não especificamos um tamanho para o tipo **texto**, por exemplo como o usual **texto** (20), em SQL **varchar** (20), indicando nesse caso que a

3.2 Conceitos Básicos

coluna correspondente terá no máximo 20 caracteres. Acontece que essa especificação de um limite de caracteres para o texto parece-nos ser uma aberração das linguagens de programação, imposta por uma questão de eficiência do código a ser executado (a rigor, interpretado) pelo computador. Essa preocupação com eficiência abaixa o nível de abstração e complica a tarefa de declarar um BD. A única justificativa para a especificação do tamanho de um atributo seria a de delimitar o campo correspondente em um relatório ou na tela onde o seu valor será exibido, a partir de uma tabela que segue o esquema. Por exemplo, **texto** (20) produziria a reserva de um campo de exibição de 20 caracteres. No entanto, isso deveria ser feito especificando-se quantos caracteres se deseja delimitar para esses campos no comando de saída da linguagem, ou no sistema desenhador de telas, que são usados para especificar o formato do relatório ou da tela, e não na especificação dos esquemas das tabelas do BD.

Formalismo matemático: ver F3.2 (definição de relação)

Vamos resumir as propriedades que caracterizam o MRN e adicionar outras:

P1 Cada tabela segue um esquema e recebe um nome próprio, distinto do nome de qualquer outra tabela do banco de dados.

P2 Cada coluna tem um nome, que é o mesmo do atributo correspondente no esquema seguido pela tabela.

P3 Em um esquema, cada atributo tem um nome diferente. Portanto, duas colunas distintas de uma mesma tabela devem ter nomes diferentes.

P4 Usando-se os nomes para fazer referência às colunas, a ordem destas é irrelevante.

P5 Os valores de uma coluna de uma tabela são elementos de um só conjunto, denominado de *domínio* da coluna.

P6 Os domínios devem ser sempre conjuntos de valores que ocorrem no modelo conceitual (MER).

P7 Duas ou mais colunas distintas podem ser definidas sobre o mesmo domínio.

P8 Não há duas linhas iguais (isto é, uma tabela é um conjunto de linhas no sentido matemático).

P9 A ordem das linhas é irrelevante (do ponto de vista do usuário).

P10 Cada célula de uma tabela pode ser vazia ou, ao contrário, conter no máximo um único valor elementar (isto é, uma célula não pode conter um conjunto de valores e nem um valor composto).

Introduzimos a propriedade P6, que não é encontrada na literatura, pois em nossa opinião é a que, além da organização em tabelas, realmente caracteriza o MR. Um contra-exemplo é o antigo GBD dBase ou seu sucessor Clipper: neles, havia uma ordem das linhas, às quais podiam ser associados os números implícitos das mesmas, isto é, 1, 2, etc. (por sinal, usados para calcular o endereço de cada registro – de tamanho fixo, contrariamente a qualquer GBD relacional eficiente – do arquivo que continha uma tabela, correspondendo à linha representada pelo registro como se fosse uma variável indexada de uma linguagem de programação). Numa tabela, era possível definir um domínio contendo os números de linhas de uma outra tabela. Ora, esses números de linhas eram algo interno, e não proveniente do modelo conceitual. Com isso, podia-se no dBase fazer um acesso direto, muito eficiente, a uma linha, dado o seu número. Essa eficiência era, no entanto, perigosa, pois a eliminação de alguma linha e a subseqüente inserção de nova linha podia fazer esta ocupar o espaço (e o endereço) da primeira. Nos modelos de redes, também era possível usar valores não provenientes do modelo conceitual, sob forma de endereços físicos, recurso que era usado para fazer a ligação entre dados de um arquivo com os de outro, o que servia para a implementação dos relacionamentos conceituais. No modelo hierárquico, a contigüidade física das linhas ou os endereços físicos serviam para estabelecer as ligações que implementavam os relacionamentos, ou na implementação de atributos multivalorados.

Na P10, temos precisamente a distinção fundamental entre o MRN e o MRNN: neste último, pode-se representar em células tanto valores compostos como multivalorados (conjunto de valores), conforme veremos no cap. 6.

Pode-se sintetizar essas propriedades definindo o MR como um modelo de dados em que a visão que o usuário tem destes é de conjuntos em formas de tabelas, nas quais são representados valores provenientes exclusivamente do modelo conceitual.

Muitas pessoas acham que o nome "Relacional", de "Modelo Relacional", vem do fato de as tabelas nesse modelo estarem "relacionadas", uma implementação dos relacionamentos do MER (que, como veremos em 3.5, são implementados pelo que denominaremos de "ligações" entre tabelas). Isso está **completamente errado**. O "relacional" vem de "relação" da Matemática, que como vimos substituiu a noção de "arquivo", e é equivalente à "tabela" do MR. Uma "relação" da Matemática é simplesmente um conjunto (no sentido matemático) de n-plas ordenadas, como definido no formalismo matemático F3.2. No caso da fig. 3.2, temos uma relação com 4 quíntuplas ordenadas. O termo "ordenada" refere-se ao fato de que, se representarmos uma quíntupla, a ordem dos elementos é essencial, como por exemplo (1, Sérgio, R. Rosa 100, 5566-7788, 12/9/40) a correspondente à primeira linha, na ordem das colunas da tabela.

É interessante notar que a caracterização de uma coleção de dados por meio de um ente matemático, como o é uma relação, isto é, um conjunto de n-plas, faz com que o nível de abstração resultante seja bastante elevado, fugindo-se das imposições das estruturas internas dos computadores. No entanto, não chega ao nível conceitual, apesar de vários autores assim considerarem o modelo relacional. O contrário também acontece: no seu artigo original sobre o MER, Chen caracteriza este último através de tabelas que constituem, essencialmente, tabelas de um MR. Codd provavelmente desenvolveu o MRN pensando, até certo ponto, na sua implementação no nível interno, e com isso o modelo necessariamente teve que afastar-se do nível conceitual. Na seção 3.4, mostraremos algumas diferenças fundamentais. Na próxima, vamos abordar uma característica absolutamente essencial dos MRs, não existente no modelo conceitual como nós o introduzimos: trata-se dos itens de busca.

3.3 Índices e chaves

Como veremos no fim da seção 3.5, é absolutamente essencial no MR que as linhas de uma tabela sejam localizadas com eficiência no tempo, a partir de valores dados de uma ou mais colunas. Essas colunas usadas para uma busca eficiente são denominadas de *índices*. Não é uma boa denominação, pois se confunde com índices de uma notação matri-

3.3 Índices e Chaves

cial, ou de variáveis indexadas das linguagens de programação. Teríamos preferido, por exemplo, "itens de busca". Mas como é a nomenclatura que se consagrou, vamos usá-la aqui. Nos primórdios dos GBDs, foram usadas outras denominações, como por exemplo no GBD ADABAS, que era muito popular no Brasil em grandes CPDs e que usava o nome *descriptor* para um índice.

O máximo de ineficiência se dá quando, para localizar uma determinada linha de uma tabela (por exemplo, procurando em qual linha ocorre um certo valor em uma dada coluna), é necessário percorrer as linhas seqüencialmente, uma a uma – o que é chamado de *busca linear*. Com isso, o tempo de busca é desastrosamente proporcional ao tamanho da tabela. O ideal seria se o tempo de busca fosse constante, isto é, não dependesse do tamanho da tabela, mas os métodos de organização de arquivos que têm essa propriedade (usando a técnica de espalhamento – *hashing* – extensível) não permitem certos tipos importantes de busca, como as ordenadas pelos valores do índice, como veremos no cap. 10. Nele, mostraremos como são geralmente implementados os índices hoje em dia (usando a técnica de árvores-B), permitindo uma busca proporcional ao logaritmo do tamanho do arquivo, o que é bastante razoável.

Uma tabela pode ter vários índices. Um índice pode ser *composto*, isto é, englobar várias colunas concatenadas numa ordem especificada pelo projetista, que fornece a informação ao GBD de que colunas ele deseja para cada índice. Em geral, os GBDs permitem que os índices sejam declarados durante a declaração das tabelas, e também dinamicamente, isto é, podem ser declarados e construídos, bem como eliminados a qualquer momento. Inspirados na linguagem SQL, na nossa linguagem fictícia poderíamos ter nesse último caso, para a tabela da fig. 3.2, um comando como:

crie indice Ind-número-pessoas **para** Número-de-pessoa **de** Pessoas

O nome do índice Ind-número-pessoas é essencial, pois com ele pode-se posteriormente especificar a eliminação do índice, isto é, a coluna (ou conjunto de colunas) passa daí para frente a funcionar como uma coluna qualquer. Com essa eliminação, uma busca das linhas da tabela Pessoas, dado um valor para a coluna Número-de-pessoa, produzirá então uma ineficiente busca seqüencial nas linhas da tabela. Um possível comando de eliminação de índice poderia ser:

elimine indice Ind-número-pessoas

O exemplo seguinte não faz muito sentido, servindo somente para ilustrar a declaração de um índice composto:

crie indice Ind-bobo **para** Nome, Telefone **de** Pessoas

Depois de declarado, qualquer uso que se faça da coluna ou da composição de colunas de um índice faz com que o mesmo seja usado, isto é, a busca pelos valores dessa coluna ou da composição de colunas será eficiente, a menos de em casos especiais, em que um otimizador procura aumentar a eficiência do processamento, e deduz que uma busca seqüencial é mais eficiente, como, por exemplo, se for necessário varrer todas as linhas de uma tabela.

A partir dos índices, podemos definir um conceito também fundamental no MR: a chave. Dada uma tabela T, dizemos que uma coluna C ou um conjunto de colunas de T que também designaremos por C, é uma *chave* de T sse C satisfizer as seguintes condições:

118 CAPÍTULO 3 — O MODELO RELACIONAL NORMALIZADO

1. C é um índice.
2. Não ocorre um valor vazio em C para nenhuma linha de T.
3. Dado qualquer valor em C, existe apenas uma linha de T com esse valor em C.
4. Se C é composto de várias colunas, nenhum subconjunto próprio de colunas de C satisfaz a restrição 3.

Pode-se encarar uma chave como sendo uma restrição de integridade que se impõe a uma coluna ou seqüência de colunas. A existência de uma chave em uma tabela implica necessariamente no fato de não existirem nunca duas linhas iguais, garantindo para a tabela a visão de um conjunto tradicional da matemática, onde nunca existem dois elementos iguais, isto é, nunca ocorre a repetição de um elemento do conjunto. Por isso, a restrição de integridade das chaves é denominada de *restrição de integridade de identidade*, ou simplesmente *restrição de identidade*: um certo valor de uma chave identifica univocamente uma linha da tabela que contém aquela chave. Assim, uma chave corresponde a um atributo determinante do modelo conceitual.

Nos esquemas relacionais e nas tabelas, indicaremos as chaves sublinhando-as, como Número-de-pessoa na fig. 3.2 e no esquema Pessoas da seção 3.2. Mais adiante, veremos o que se pode fazer com o sublinhado no caso de chaves compostas.

Se um esquema contém uma chave, todas as tabelas que seguem esse esquema também deverão conter a mesma chave. No entanto, pode-se declarar uma chave em uma tabela, cujo esquema não contém a declaração dessa chave.

A rigor, poder-se-ia permitir que uma chave assumisse um valor vazio, contrariando a condição (2), desde que esse valor ocorresse nas colunas da chave em apenas uma das linhas da tabela. A condição (2), eliminando essa possibilidade, simplifica essa questão. Além disso, a noção de restrição de identidade parte de um certo valor para uma chave, e a rigor o valor vazio não é um valor comum, a não ser que esteja especificamente no conjunto domínio da chave.

O leitor familiarizado com a literatura do MR deve ter estranhado a nossa propriedade (1). De fato, de um ponto de vista puramente teórico, ela não é necessária. No entanto, do ponto de vista prático, ela é absolutamente essencial. Com efeito, ao inserir-se uma nova linha em uma tabela T com certos valores para cada chave C de T, é necessário verificar se há outra linha com o mesmo valor de C. Em caso positivo, a nova linha não deve ser inserida, pois provocaria a existência em T de linhas com valores duplicados para C, contrariando a restrição 3. No caso da fig. 3.2, seria o caso de se tentar introduzir uma nova linha na tabela Pessoas, com o valor 3 para Número-de-pessoa, que já existe na tabela. O mesmo vale para a mudança de um valor de uma chave. Por exemplo, mudar na tabela da fig. 3.2 para 3 o valor do Número-de-pessoa da linha com Nome igual a Sérgio – passaria a conflitar com o valor da chave na linha de Rubens. Essa busca de uma eventual linha de T com o mesmo valor para C que está na nova linha sendo inserida, ou com o mesmo novo valor que C vai assumir no caso de modificação de uma linha, deve ser obviamente feita com eficiência, daí a razão da restrição (1). No cap. 10, veremos que a organização interna dos índices permite que essa verificação seja feita somente em um arquivo auxiliar relativamente pequeno que é construído para eles, sem que seja necessário fazer acesso ao arquivo, em geral muito maior, onde está a tabela propriamente dita. Com isso e levando-se em conta a estrutura especial do índice, a verificação da restrição de identidade é bastante eficiente. Na prática, declarar para o GBD uma chave de uma tabela significa declarar um índice com valores únicos. No exemplo visto, pode-

3.3 Índices e Chaves

ríamos ter um comando de criação de uma chave da seguinte forma:

crie indice unico Ind-número-pessoas **para** Número **de** Pessoas

A condição (4) especifica que uma chave é sempre um conjunto mínimo de colunas que segue a restrição (3). Obviamente, se uma chave é constituída de uma só coluna, a condição (4) não se aplica. Com essa condição, não basta que, para cada linha, os valores concatenados de um conjunto de colunas de uma chave determinem univocamente essa linha (isto é, não determinem ao mesmo tempo nenhuma outra) para que esse conjunto constitua uma chave: essa propriedade não pode valer para apenas parte dessas colunas. Um conjunto de colunas que satisfaz apenas as condições (2) e (3) é denominado de *superchave*. Uma superchave que satisfaz a condição (4) também é uma chave. Se não satisfizer, não é uma chave. A partir de uma chave, pode-se facilmente construir superchaves, bastando para isso ajuntar à chave quaisquer colunas que ainda não pertençam à chave. De fato, dado um conjunto de colunas que é uma chave, se ajuntarmos a esse conjunto qualquer outra coluna que ainda não pertence a ele, a condição (3) continua sendo válida. Por exemplo, seja a tabela Livros que contém os dados de livros da Multiteca, com o seguinte esquema relacional:

```
Livros (Número-do-livro, Nome-do-autor, Título, Editora,
Cidade, Ano, Assunto)
```

Supomos que cada livro tenha um único autor e é classificado em um único assunto (os casos de vários autores e assuntos, correspondendo a atributos multivalorados, serão tratados na seção 3.10).

Número-do-livro é uma coluna que é uma chave da tabela Livros (como essa chave não é composta de várias colunas, a condição 4 não se aplica). Com esse esquema, cada número de livro está associado a um único livro da Multiteca. Se ajuntarmos ainda a coluna Título à chave, cada dupla de valores do conjunto de colunas {Número-do-livro, Título} ainda continua determinando univocamente uma só linha da tabela. No entanto, esse conjunto não constitui uma chave, pois um subconjunto próprio dele consistindo apenas da primeira coluna já constitui uma chave. Assim, {Número-do-livro, Título} é uma superchave, pois apenas Número-do-livro já é uma chave. As superchaves serão usadas no cap. 9, quando examinarmos as Formas Normais. Note-se que toda tabela que segue estritamente a definição de modelo relacional (isto é, não contém linhas repetidas) tem uma superchave: o conjunto de todas as colunas. Eventualmente, essa superchave pode ser uma chave.

Uma tabela T pode ter várias chaves distintas. Por exemplo, na tabela Livros seguindo o esquema acima, provavelmente o conjunto de colunas {Título, Editora} também forma uma chave, além da já vista Número-do-livro, pois não se espera que uma editora edite dois livros diferentes com o mesmo título.

Se existem várias chaves distintas para uma mesma tabela, em geral os GBDs relacionais exigem que uma dessas chaves seja declarada como *chave primária*. Uma chave primária é uma chave, cujos valores são usados para a organização física das linhas da tabela dentro do arquivo do computador que a contém. Normalmente, essa organização corresponde a uma ordenação física das linhas da tabela nesse arquivo. Isso permite um acesso muito eficiente quando se usam valores crescentes (ou decrescentes) consecutivos da chave. Obviamente, só pode existir uma única chave primária para cada tabela.

Declarada uma chave primária de uma tabela, uma outra chave qualquer é denominada de *chave alternativa*.

Em vários GBDs relacionais, há necessidade de se declarar uma chave primária, pois ela é automaticamente usada nas ligações entre tabelas, conforme será estudado em 3.5. Por exemplo, como veremos no cap. 5, no GBD MS-Access pode-se estabelecer graficamente uma ligação entre duas tabelas. Nesse caso, é usada a chave primária de uma delas (o lado **1** da ligação) e graficamente escolhe-se qual a coluna da segunda(o lado **N** da ligação) que será usada para completar as ligações.

Como já vimos, no esquema de uma tabela, indicamos graficamente uma chave que contém um único atributo, sublinhando-a. Se em um esquema (ou tabela) a chave é composta de atributos (colunas) adjacentes, pode-se sublinhar os vários nomes com um só sublinhado. Se eles não forem adjacentes, pode-se unir os vários atributos com arcos, como nos exemplos da fig. 3.3.

Esquema	Chave primária	Chave alternativa
$T_1 (A, \underline{B, C})$	(B, C)	
$T_2 (\underline{E}, F, \underline{G}, H)$	(E, G)	
$T_3 (\underline{I}, J, \underline{K}, L, \underline{M})$	(I, K, M)	
$T_4 (\underline{\underline{N, O}}, P, \underline{Q})$	(N, O)	Q

Fig. 3.3 Representação de chaves compostas e alternativas

Nos exemplos, a tabela T_4 tem mais de uma chave. Nesse caso, assinalamos a chave primária com um duplo sublinhado.

Na seção. 3.13, abordaremos vários aspectos adicionais das chaves, ligados ao projeto das mesmas. Na seção 3.14, faremos considerações sobre projeto de índices que não são chaves ou colunas transpostas.

3.4 Implementação de conjunto de entidades

Dado um MER, devemos implementar um MRN onde se possam representar os dados do primeiro, para introduzi-los em um computador e poder processá-los. Na seção 3.3 caracterizamos o MRN como um sistema de tabelas de valores provenientes do modelo conceitual de dados. Com isso, podemos representar os elementos de um conjunto de entidades que tem somente atributos não-globais e elementares (isto é, não-compostos e monovalorados) diretamente, da seguinte maneira:

1. Cada conjunto de entidades dá origem a uma tabela do MR. Por exemplo, a tabela da fig. 3.2 pode representar o conjunto de entidades Pessoas do MER da fig. 2.3, com alguns atributos diferentes.

2. Os atributos de um conjunto de entidades são representados pelas colunas da tabela que representa esse conjunto. O nome da tabela e os nomes das colunas devem ser os mesmos que os nomes do conjunto de entidades e de seus atributos, respectivamente.

3. Cada entidade de um conjunto de entidades é representada por uma linha da tabela correspondente.

4. Os valores dos atributos de uma entidade são representados na linha que representa a entidade, nas colunas correspondentes aos atributos do conjunto de entidades.

5. Os atributos determinantes geram chaves no MR. A fig. 3.4 mostra como derivar uma tabela de um diagrama relacional a partir de um conjunto de entidades do MER. t representa todos os atributos elementares.

Fig. 3.4 Implementação de um conjunto de entidades.

Daqui para diante, todos os elementops gráficos do MR serão representados com fundo cinza, para distingui-los dos elementos do MER.

É importante distinguir-se muito claramente a diferença entre um conjunto de entidades do MER e uma tabela. No primeiro caso, cada entidade é um elemento abstrato, um ponto, de um conjunto abstrato. É impossível representar em um computador um elemento abstrato, assim como é impossível nele representar um ponto (aliás, nem é possível representar rigorosamente um ponto por meio de um desenho, já que um ponto ideal não deveria ter tamanho). Uma tabela, apesar de ser algo virtual, pode ser inserida em um computador por meio dos valores de suas células. Assim, uma tabela deve ser encarada como uma *representação* de um conjunto de entidades, e não ele próprio, assim como um pontinho feito a lápis em um papel pode representar um ponto, mas não é um ponto.

Na representação de um conjunto de entidades por meio de uma tabela, fizemos algumas restrições, entre as quais a de não haver no conjunto de entidades nenhum atributo composto. Essa restrição é fácil de ser levantada: basta representarem-se nas colunas da tabela os atributos-folha da composição. No caso da fig. 2.4, isso significaria representar CEP, Cidade, Logradouro, Número, e Complemento, cada um em uma coluna.

Mostraremos nas seções 3.10 e 3.11.13 como implementar no MRN os outros dois casos, atributo multivalorado e atributo global, respectivamente. No primeiro caso, precisaremos de tabelas auxiliares ligadas à tabela que implementa os atributos elementares e os compostos. Mas antes veremos como se implementam os relacionamentos.

***Exercício* E3.4.** Mostre como seriam os esquemas das tabelas representando os conjuntos de entidades Fornecedores, Prateleiras, CDs, Filmes, Artistas e Músicas da fig. 2.27. Coloque alguns atributos típicos de cada conjunto de entidades.

3.5 Implementação de relacionamento 1:N - ligações entre tabelas

Como vimos na seção anterior, a implementação de conjuntos de entidades do MER no MRN é trivial, quando não há atributos multivalorados e globais. Tomemos agora o caso da fig. 2.9-1 de Pessoas e Livros, relacionados por meio do conjunto de relacionamentos Localizações de multiplicidade **1:N**, indicando quem emprestou qual livro. É fácil criar as tabelas Livros e Pessoas, a primeira sem os atributos multivalorados Nomes-de-autores e Assuntos. Cada linha da primeira representará os dados de um livro, e cada linha da segunda os dados de uma pessoa. Mas como faremos para representar o relacionamento Empréstimos? Na fig. 3.5.1 representamos exemplos dessas tabelas mostrando, com segmentos de reta unindo linhas das duas tabelas, quem emprestou que livro, isto é, quais linhas das tabelas (ou elementos, no sentido de conjuntos) estão *ligadas* (atenção, não se deve dizer "relacionadas", pois essa é uma expressão que reservamos para o modelo conceitual!).

Pessoas

Número-de-pessoa	Nome	Endereço	...
1	Sérgio	...	
2	Pedro	...	
3	Rubens	...	
4	João	...	

Livros

Número-de-livro	Título	Editora	...
1	A Filosofia da Liberdade	Blá	
2	A Obra Científica de Goethe	Blé	
3	Verdade e Ciência	Bli	
4	Economia Viva	Bló	

Fig. 3.5-1 Exemplo de tabelas com ligações entre suas linhas

Na fig. 3.5-1, representamos pelos segmentos de retas os fatos de os livros *A Filosofia da Liberdade* e *Economia Viva* estarem emprestados a Pedro, *Verdade e Ciência* a João e *A Obra Científica de Goethe* para Rubens. Esses segmentos representam no MR os relacionamentos conceituais respectivos, isto é, as duplas correspondentes do MER, como (*A Filosofia da Liberdade*, Pedro), que deve pertencer ao conjunto de relacionamentos Empréstimos.

O problema é como representar esses segmentos no MR. Lembremos que no MR só é permitido representar valores que ocorrem em conjuntos de valores de atributos do MER. Assim, não se podem usar segmentos de retas para representar as ligações entre as linhas. Além disso, o MR é computacional; seria muito ineficiente representar as tabelas graficamente dentro do computador, com os segmentos anotados. Note-se que a multiplicidade **1:N** impõe que cada livro só possa estar relacionado com uma única pessoa

3.5 Implementação de Relacionamento 1:N–ligações entre tabelas

(isto é, no caso, emprestado a ela). Na fig. 3.5-1 de cada livro sai apenas uma ligação, no entanto há uma pessoa de cuja linha sai mais de uma ligação, mostrando que ela emprestou mais de um livro. Podemos interpretar essa restrição no MR da seguinte maneira: cada linha de Livros deve estar no máximo ligada a uma única linha de Pessoas, como aliás mostram os segmentos da fig. 3.5-1. Isso sugere uma maneira de representar essa ligação: introduzimos uma coluna auxiliar em Livros, e nessa coluna colocamos valores da chave de Pessoas, o que é mostrado na fig. 3.5-2, onde repetimos a fig. 3.5-1 e ainda acrescentamos a coluna auxiliar de livros, CT-Número-de-pessoa (esse CT no nome será explicado adiante). Como um valor da chave de Pessoas determina uma única linha de Pessoas, garantimos que cada linha de Livros fica assim ligada no máximo a uma linha de Pessoas, correspondendo ao lado **1** do relacionamento. Esse "no máximo" deve-se ao fato de um livro poder não estar emprestado a uma pessoa (no exemplo, todos foram emprestados). Isso será representado por meio de um valor vazio na coluna auxiliar CT-Número-de-pessoa usada para estabelecer as ligações que implementam o relacionamento.

Pessoas					Livros			
Número-de-pessoa	Nome	Endereço	...		Número-de-livro	CT-Número-de-pessoa	Título	...
1	Sérgio	...			1	2	A Filosofia da Liberdade	
2	Pedro	...			2	3	A Obra Científica de Goethe	
3	Rubens	...			3	4	Verdade e Ciência	
4	João	...			4	2	Economia Viva	

Fig. 3.5-2 Ligações entre tabelas com transposição de valores de chave

Os esquemas que essas tabelas seguem são os seguintes (colocamos mais atributos nos esquemas para ilustrar; o esquema de Livros não contém nomes de autores e nem assuntos, pois são atributos multivalorados, tratados na seção 3.10):

Pessoas (<u>Número-de-pessoa</u>, Nome, Endereço, Data-nascimento)

Livros (<u>Número-de-livro</u>, **CT-Número-de-pessoa**, Título, Cidade, Editora, Ano)

Formalmente, sejam duas tabelas T_1 e T_2 do MRN. Sejam C_1 e C_2 ambos colunas simples ou ambos conjuntos de colunas de T_1 e T_2, respectivamente. Se uma linha L_1 de T_1 tem em C_1 o mesmo valor que uma linha L_2 de T_2 em C_2, diremos que L_1 e L_2 são *linhas ligadas*. Essas ligações podem ser feitas intencionalmente, como na fig. 3.5.2, ou podem ser casuais, como por exemplo haver coincidência entre o número de um livro e o número de uma pessoa.

Na fig. 3.5-2, T_1, T_2, C_1 e C_2 são respectivamente Pessoas, Livros, Número-de-Pessoa e Número-de-livro; L_1 e L_2 são, por exemplo, as linhas de Pedro e de *Economia Viva*.

Até o momento falamos de ligações entre linhas de duas tabelas. Diremos que duas tabelas são *ligadas* se têm linhas ligadas, como Pessoas e Livros da fig. 3.5-2. Diremos que existe uma *ligação* entre T_1 e T_2 por meio das colunas (ou conjuntos de colunas) C_1 de R_1 e C_2 de R_2 *sse*:

1. C_1 e C_2 têm o(s) mesmo(s) domínio(s).

2. Existem durante algum tempo valores iguais em C_1 e C_2, introduzidos propositalmente para representar ligações entre linhas de T_1 e T_2.

Note-se que não diremos que duas tabelas são ligadas, se houver ligações simplesmente casuais entre linhas das duas. Assim, o fato de haver livros com os mesmos números de pessoas não implica que essas duas tabelas estejam ligadas pelas respectivas colunas, pois essa ligação não é proposital.

Note-se ainda que *não* dissemos que C_1 e C_2 devem ser duas tabelas *distintas*. Como veremos em 3.9, uma tabela pode estar ligada a si própria.

Formalismo Matemático: *ver* F3.5

Nos modelos relacionais (tanto no MRN como no MRNN), a ligação entre duas relações é feita sempre *transpondo-se* valores da chave de uma tabela T_1 para uma tabela T_2. No exemplo da fig. 3.2, valores da chave Número-de-pessoa foram transpostos para uma nova coluna CT-Número-de-pessoa da tabela Livros. Daí denominarmos essa coluna de *coluna transposta* ou, no caso de um esquema, de *atributo transposto*. Usaremos as seguintes convenções:

1. O nome de uma coluna transposta em uma tabela é o nome da coluna que é chave da outra tabela, precedido de **CT-** (abreviatura de "coluna transposta").

2. Uma coluna transposta será sempre grafada com negrito, tanto nos esquemas como nas tabelas.

Na literatura, o nome tradicional de uma coluna transposta é *foreign key*, traduzido comumente por *chave estrangeira*. Como a coluna CT-Número-de-pessoa não é chave de Livros, essa nomenclatura não nos parece adequada, pois "chave estrangeira" deveria significar uma chave com alguma qualificação adicional, que a torna "estrangeira", e uma coluna transposta não é chave. Diremos que CT-Número-de-pessoa é uma coluna transposta *de* Pessoas *para* Livros. Ela é uma coluna transposta *em* Livros. Denominamos Pessoas de *tabela origem* e Livros de *tabela destino* da transposição. Número-de-pessoa de Pessoas é a *coluna origem* e CT-Número-de-pessoa, a *coluna destino* de Livros.

Quando duas tabelas são ligadas pela transposição da chave de uma delas para a outra, a multiplicidade da ligação é em geral **1:N**, com o **1** do lado da tabela origem, e o lado **N** do lado da tabela destino. Isso se deve ao fato de que cada linha da tabela destino (como Livros, na fig. 3.5-2) fica ligada a apenas uma linha da tabela origem (Pessoas), e cada linha da tabela origem (Pessoas) pode ficar ligada a um número qualquer de linhas da tabela destino (Livros) – ver o formalismo F3.5.

Na Fig. 3.5-3, damos uma representação gráfica das tabelas da fig. 3.2 e sua ligação, no que denominamos *diagrama relacional*.

3.5 Implementação de Relacionamento 1:N-ligações entre tabelas

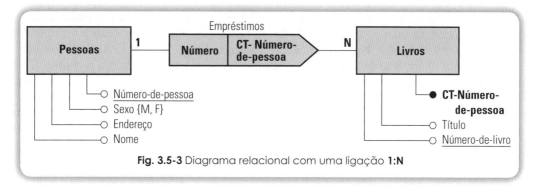

Fig. 3.5-3 Diagrama relacional com uma ligação **1:N**

No diagrama relacional da fig. 3.5-3, representamos o seguinte:

1. As tabelas provenientes de conjuntos de entidades, com retângulos.

2. Os domínios das colunas, quando for ilustrativo, como {M, F}, no caso de Sexo.

3. Os nomes das colunas que provêm de atributos do MER, como Número-de-pessoa, Nome, etc.; os nomes das colunas que são chaves (e que provêm de atributos determinantes do MER) são grafadas sublinhadas.

4. Os nomes das colunas que são transpostas, grafadas em negrito, como CT-Número-de-pessoa em Livros. A bolinha que é desenhada na ponta de uma linha que indica uma coluna transposta é representada cheia, para contrastar com as colunas que não têm essa propriedade.

5. A ligação entre as tabelas, representada por meio de um bloco em forma de "foguete" e suas ligações com as tabelas. A extremidade reta é conectada à relação origem, e contém o nome da coluna origem; a extremidade angular, o "bico" do "foguete", é conectada à tabela destino e contém o nome da coluna destino. Mais adiante, veremos que esse "foguete" pode ser opcionalmente substituído por um pequeno triângulo, mais compacto.

6. Um nome para a ligação, proveniente do nome do relacionamento (Empréstimos). Esse nome pode ser dispensado em casos, em que o significado da ligação é evidente.

7. A multiplicidade **1:N** da ligação. Como a quase totalidade das ligações entre tabelas é de multiplicidade **1:N**, ela pode ser omitida. Como veremos em 3.6, a única outra possibilidade geral é **1:1** (há possibilidade de representar **N:N**, mas é a representação de uma ligação extremamente particular, ver 3.7 e F3.7), esta última será sempre representada explicitamente.

8. A *totalidade* da ligação, representada por bolinhas, analogamente aos relacionamentos totais (não ocorre na fig. 3.5-3, ver fig. 3.5-4).

Neste texto, todos os elementos gráficos dos diagramas relacionais serão apresentados em cinza, para salientar a distinção em relação aos elementos dos diagramas ER.

Como se pode ver, o losango que representa o relacionamento é simplesmente substituído pelo "foguete", com o seu "bico" apontando para a tabela que implementa o conjunto de entidades do lado **N**. Qualquer totalidade que aparece no relacionamento deve ser incluída no diagrama relacional, no lado correspondente do "foguete". Como não há totalidade na ligação Empréstimos, damos na fig. 3.5-4 como exemplo a implementação do relacionamento Lotações da fig. 2.10-2. No caso, a bolinha implementa a totalidade do relacionamento dessa figura, indicando que cada linha de Funcionários está obrigatoriamente ligada a uma linha de Departamentos. Em outras palavras, a coluna CT-Sigla-do-depto de Funcionários nunca pode ser vazia, e qualquer valor que nela ocorra deve ter um valor correspondente na coluna Sigla-depto de Departamentos. Deixamos a multiplicidade **1:N** implícita.

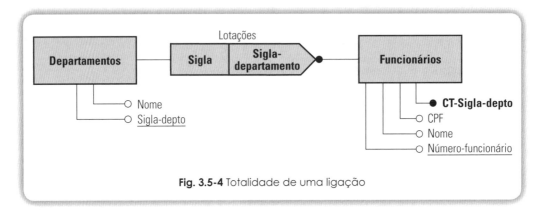

Fig. 3.5-4 Totalidade de uma ligação

Quando há uma só chave na tabela origem e ficar claro qual é a coluna transposta correspondente na tabela destino (o que é produzido pela nossa sugestão de nomenclatura, com o prefixo CT-), pode-se simplificar o diagrama relacional omitindo-se os nomes da chave e da coluna transposta e reduzindo o "foguete" a uma simples flecha, como nas figs. 3.5-5 e 3.5-6. A ponta da flecha aponta para a tabela destino, indicando para onde vai a transposição da chave. A falta da multiplicidade explícita da ligação indica que ela é **1:N**.

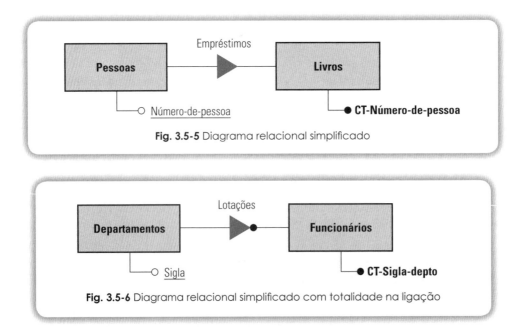

Fig. 3.5-5 Diagrama relacional simplificado

Fig. 3.5-6 Diagrama relacional simplificado com totalidade na ligação

3.5 Implementação de Relacionamento 1:N—ligações entre tabelas

Na seção 3.11.4, mostraremos um esquema geral, abstrato, para implementação de relacionamentos **1:N**.

A totalidade de uma ligação relacional é denominada comumente de *restrição de integridade referencial*, ou simplesmente *integridade referencial*. Esse nome deve-se ao fato de que cada linha da tabela destino (na fig. 3.5-2, cada linha de Livros) deve necessariamente fazer referência a uma linha da tabela origem (Pessoas). Essa referência é feita por meio dos valores colocados na coluna transposta.

Em muitos GBDs relacionais, é possível declarar uma integridade referencial de uma coluna transposta em relação a uma chave da tabela origem. Pode-se assim implementar diretamente as totalidades dos relacionamentos, mas do lado **N**. Nesses casos, quando se insere, por exemplo, uma nova linha em Funcionários da fig. 3.5-6, o GBD automaticamente verifica se o valor da coluna CT-Sigla-depto ocorre na coluna-chave Sigla de alguma linha de Departamentos. Nos GBDs em que isso não é possível, e no caso de totalidade do lado **1** do relacionamento, é necessário programar rotinas de verificação da totalidade. O interessante é que todas essas rotinas seguem o mesmo padrão, de modo que o código pode ser reutilizado, mudando-se somente os nomes das tabelas e das colunas. Se se puder usar uma orientação a objetos bem ampla, talvez se possam criar classes (da OO) parametrizadas, de modo que elas recebam como parâmetros esses nomes.

É importante observar que a implementação de um relacionamento **1:N** do MER no MRN é quase direta. Ela requer apenas que se acrescente uma chave à tabela do lado **1** da ligação, se não houver um atributo determinante no conjunto de entidades correspondente, e que se adicionem à tabela que implementa o conjunto de entidades do lado **N** as colunas necessárias para transpor os valores da chave da tabela que implementa o lado **1**.

Como foi visto, a ligação que se pode estabelecer entre duas tabelas do MR usa valores da chave de uma delas. Por isso, denominamos esse tipo de *ligação lógica*. Existem outros tipos de ligação, por exemplo a que era usada nos modelos de redes: nesse caso, para ligar o registro de um arquivo a um registro de outro arquivo inseria-se no primeiro um ponteiro para o segundo, isto é, o endereço físico deste (eventualmente relativo ao endereço de início do arquivo). Denominamos esse tipo de *ligação física*. Nos modelos hierárquicos, havia ainda um outro tipo de ligação física: a contiguidade dos registros.

Podemos agora dar uma outra definição do Modelo Relacional de Dados: é um modelo em que os valores conceituais são representados em forma de tabela bidimensional, e as ligações entre tabelas são exclusivamente lógicas.

Aqui, podemos notar uma das vantagens do MR: como as ligações são lógicas, há maior independência dos dados em relação ao armazenamento físico. A rigor, pode-se trocar uma linha de lugar no arquivo que implementa uma tabela, sem que as ligações para ela sejam afetadas, isto é, sem que seja necessário alterar algo físico. De fato, nesse caso não é necessário fazer nenhuma alteração na linha de uma outra tabela, que contenha o valor da chave da linha que é mudada de lugar. No entanto, veremos no cap. 10, sobre implementação de índices, que infelizmente há necessidade de ajustes físicos na representação dos índices quando uma linha que contém uma chave (isto é, no caso das ligações, uma linha da tabela origem) é mudada de lugar. Isto é, o MR não é totalmente independente da representação física. No entanto, a sua implementação tradicional é certamente mais independente do que os modelos de redes e hierárquico.

Finalmente, é importante que o processamento das ligações entre tabelas seja eficiente, pois sempre que duas tabelas são envolvidas em uma só consulta ao BD, a ligação entre elas será necessariamente usada. Essencialmente, isso significa poder localizar com eficiência uma linha de uma tabela a partir do valor de uma chave ou de uma chave transposta de uma outra tabela. Sejam L_1 e L_2 linhas ligadas das tabelas T_1 e T_2, respectivamente. Se uma consulta requerer que, dada L_1, localize-se L_2 (por exemplo, na fig. 3.5-5, dada uma pessoa em T_1, localizar em T_2 os dados dos livros emprestados a ela), seria um desastre se isso só pudesse se dar por uma varrida seqüencial de todas as linhas de T_2 à procura das linhas que tenham o valor procurado (a coluna transposta com o número do livro emprestado). Por isso, todas as chaves e todas as colunas transpostas de todas as tabelas devem ser declaradas como índices (*ver* 3.3).

***Exercício* E3.5.** Desenhe o diagrama relacional para o relacionamento Fornecimentos da fig. 2.27, explicitando a chave e a coluna transposta, necessárias para representar as ligações provenientes do relacionamento.

3.6 Implementação de relacionamento 1:1

Como vimos na seção 2.9, a multiplicidade **1:1** é um caso particular da multiplicidade **1:N**. Como essa última é passível de implementação direta no MRN, bastando para isso acrescentar uma coluna auxiliar para a transposição da chave da tabela origem, a implementação de relacionamentos **1:1** também será direta, usando-se o mesmo recurso de transposição.

Tomemos o caso relacionamento do Gerenciamento da fig. 2.10-2. A fig. 3.6 mostra a implementação do mesmo no MRN; usamos a notação gráfica simplificada com a flecha em lugar do foguete, como introduzida na fig. 3.5-5.

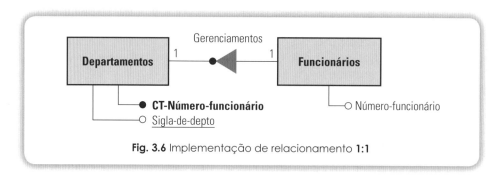

Fig. 3.6 Implementação de relacionamento **1:1**

A fig. 3.6 mostra que a chave Número-funcionário, de Funcionários, foi transposta para a tabela Departamentos com o nome de CT-Número-funcionário. Como a multiplicidade é **1:1**, teria sido possível inverter a flecha, indicando a transposição da chave Sigla-depto para Funcionários. Seria interessante o leitor tentar justificar por que fizemos a transposição no sentido da fig. 3.6, antes de prosseguir.

Acontece que a totalidade do relacionamento Gerenciamentos na fig. 2.10-2 está no lado de Departamentos, e não de Funcionários. Isso representa o fato de não haver nenhum departamento sem gerente, mas alguns (vários...) funcionários não são gerentes (caso contrário, essa taba só teria caciques!). Como todo departamento tem gerente, a coluna CT-Número-funcionário será *densa*, isto é, não haverá nenhuma linha em que o valor para essa coluna seja vazio. Ao contrário, se a transposição fosse no outro sentido, por exemplo por meio de uma coluna CT-Sigla-depto na tabela Funcionários, cada linha de um funcionário que não é gerente terá o valor dessa coluna vazio. Essa coluna seria *não-densa*. Do ponto de vista de armazenamento, nossa solução é um pouco mais eficiente.

Há ainda outra razão para que a transposição seja feita no sentido indicado na fig. 3.6. Como vimos, a coluna CT-Número-funcionário é densa, isto é, não contém valores vazios. Além disso, a cada linha de Funcionários corresponde uma única linha de Departamentos (indicado pelo **1** da multiplicidade do lado dessa tabela). Isso significa que a coluna CT-Número-de-funcionário não contém valores duplicados. Essas duas propriedades correspondem às condições (2) e (3) da seção 3.3, que devem valer para uma chave. Assim, se CT-Número-de-funcionário for declarado como chave, e nesse caso, o GBD verificar a não-existência de valores duplicados, automaticamente a restrição de integridade da multiplicidade **1:1** será verificada, sem necessidade de programarem-se rotinas especiais para isso. A condição (4) da seção 3.3 é satisfeita trivialmente, pois no exemplo Número é uma coluna elementar, isto é, não é composta de outras. Mas mesmo se o fosse, como por construção ela seria uma chave de Funcionários, a condição (4) seria satisfeita. Resta a condição (1); como em todos os GBDs relacionais, a declaração de uma chave torna-a um índice, ela também é satisfeita.

3.7 Ligações relacionais sem relacionamentos

O leitor pode estar concluindo que as ligações são usadas só para implementar relacionamentos do modelo conceitual. De fato, esse é o seu uso principal, daí termos iniciado com esse caso. Mas elas podem ocorrer em outros casos, como por exemplo o da fig. 3.7. Aí existe uma ligação entre duas relações por meio das colunas Data-nascimento e Data-compra. O exemplo é bem forçado, pois os casos com maior significado são realmente os provenientes da implementação dos relacionamentos. A ligação mostra que se poderia, com essas relações, obter os dados referentes à consulta exótica "quais os livros que foram comprados na mesma data de aniversário de fulano?", que, convenhamos, tem pouca utilidade prática.

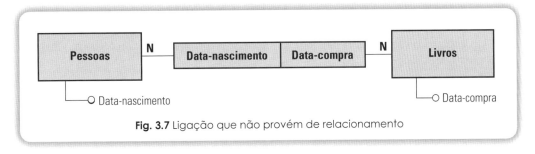

Fig. 3.7 Ligação que não provém de relacionamento

As ligações do tipo da fig. 3.7 ocorrem sempre que existirem domínios comuns a duas relações, sem que tenha ocorrido transposição de chave. Por exemplo, em todas as relações em que ocorrer uma coluna Data (de alguma ocorrência no tempo), haverá automaticamente a possibilidade de ocorrerem ligações segundo essas colunas. Elas de-

130 CAPÍTULO 3 — O MODELO RELACIONAL NORMALIZADO

vem ser representadas somente quando forem utilizadas por alguma consulta. Note-se que na fig. 3.7 não houve transposição de colunas, de modo que o "foguete" perdeu o bico. Note-se também que a multiplicidade nesses casos é **N:N** e não é geral, pois não é possível produzir a ligação de uma linha genérica de uma relação com uma linha qualquer da outra relação (*ver* formalismo F3.7). No restante deste livro, somente representaremos ligações provenientes de relacionamentos do modelo conceitual: serão sempre "foguetes" ou flechas e, no caso do MRN, sempre **1:N** ou **1:1** (veremos que no MRNN ocorrem ligações **N:N**).

Formalismo matemático: ver F3.7.

Exercícios

E3.7-1. Seguindo o esquema da fig. 3.7, mostre, por meio de exemplo de tabelas, que a ligação entre elas é **N:N**.

E3.7-2. Usando o exemplo do exercício anterior, mostre que essa ligação não é geral, isto é, não se pode ligar uma linha qualquer de uma tabela com uma linha qualquer da outra (como deveria ser uma ligação verdadeiramente **N:N**!).

E3.7-3. Suponha que existe alguma ligação para cada linha dessas duas tabelas. Mostre que, nesse caso, as ligações produzem um particionamento (cf. 2.17) das linhas de cada tabela.

3.8 Implementação de relacionamento N:N

Como vimos na seção anterior, é possível usar as ligações lógicas que introduzimos, para implementar alguns casos particulares de ligações **N:N** entre duas tabelas, mas essas ligações não são gerais. Isto é, não se pode ligar arbitrariamente qualquer linha de uma tabela com qualquer linha da outra. Isso significa que somente ligações gerais **1:1** e **1:N** podem ser implementadas no MRN, por meio de transposição de chaves. Note-se que essas ligações devem ser somente binárias, isto é, ligando apenas duas tabelas, pois uma coluna transposta só pode provir de uma única tabela origem.

Na seção 3.5 foi visto que é possível implementar no MRN, de uma maneira simples, relacionamentos gerais **1:N**. É possível implementar relacionamentos **N:N** usando-se somente relacionamentos **1:N**? Já vimos isso na seção 2.29.1, onde mostramos que é possível decompor um relacionamento **N:N** em dois **1:N** sem perda de dados. Basta, portanto, implementar no MRN o relacionamento decomposto, como mostrado na fig. 2.29-1. Obtemos o diagrama relacional da fig. 3.8; retornamos ao nome Gravações-em-CDs como na fig. 2.11-2.

Na fig. 3.8 aparece uma *tabela auxiliar*, proveniente do conjunto de entidades auxiliar Gravações-em-CDs. As tabelas auxiliares provenientes de conjuntos de entidades auxiliares serão representadas no diagrama relacional com um hexágono, como foi feito na decomposição de relacionamentos. Assim, pode-se logo perceber quais tabelas são provenientes de conjuntos de entidades, representando dados de entes do mundo real (retângulos), e quais são as auxiliares usadas para implementar relacionamentos decompostos, e que portanto não correspondem a entes do mundo real (hexágonos). Os atributos do relacionamento, Duração e Trilha, são representados na tabela auxiliar, pois estavam no conjunto de entidades auxiliar da fig. 2.29-1. Note-se que na tabela auxiliar

3.8 Implementação de Auto-relacionamento N:N

ainda ocorrem as colunas transpostas das chaves, CT-Número-de-CD e CT-Número-de-música. Usamos a notação simplificada, isto é, triângulos em lugar dos foguetes, pois os nomes sugestivos que demos às colunas transpostas, e a grafia das colunas transpostas com letras em negrito deixam bem claro que colunas estão sendo usadas para as ligações. Colocamos as multiplicidades para maior clareza – como são ambas **1:N**, poderiam ter ficado implícitas. Colocamos também nomes nas ligações, retirados dos relacionamentos obtidos na decomposição da fig. 2.29-1.

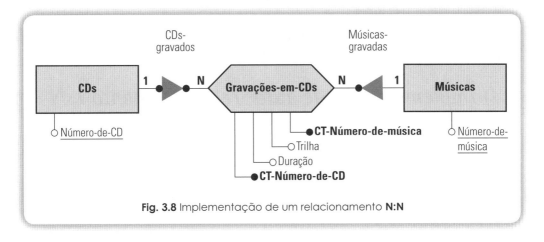

Fig. 3.8 Implementação de um relacionamento **N:N**

A totalidade de Gravações-em-CDs em relação a CDs (representando o fato de que não há nenhum CD sem música) dá origem à totalidade da ligação entre as tabelas de mesmo nome, do lado de CDs, representada pela bolinha do lado esquerdo do triângulo correspondente. As outras totalidades, do lado da tabela auxiliar, provêm das totalidades resultantes da decomposição (ver 2.29-1).

Ao contrário das ligações diretas **N:N** vistas em 3.7, pode-se verificar que a implementação de um relacionamento **N:N** usando decomposição, como na fig. 3.8, é absolutamente geral (ver exercício E3.8-1). Com isso, podemos representar o fato de qualquer música poder estar em qualquer CD, e vice-versa, independentemente de outras ligações.

Na seção 3.11.6, mostramos uma regra geral de implementação de relacionamentos **N:N** no MRN.

Finalmente, é interessante notar que em GBDs relacionais não há nenhuma distinção entre uma certa tabela e outra qualquer. Uma tabela é simplesmente uma tabela, e a distinção entre uma e outra resume-se exclusivamente aos esquemas eventualmente distintos. Assim, examinando-se isoladamente o esquema de uma tabela qualquer, não se pode concluir diretamente se ela implementa dados provenientes de um conjunto de entidades ou se é uma tabela auxiliar para implementar um relacionamento. Nem mesmo as ligações ficam em geral explícitas. Para deduzir as diferenças de significado entre as tabelas, e as ligações entre elas, é necessário examinar os nomes das colunas e torcer para que eles sejam suficientemente representativos para deduzir-se essa e outras diferenças como, aliás, é o caso neste livro. Assim, o diagrama relacional sendo aqui introduzido é muito mais rico, e serve de documentação para o diagrama eventualmente aceito pelo GBD ou para os esquemas das tabelas nele declaradas – desde que neles conservem-se os nomes usados no diagrama.

Exercícios

E3.8-1. Escreva os esquemas das tabelas da fig. 3.8, acrescentando atributos característicos de cada conjunto de entidades representado.

E3.8-2. Mostre com exemplos de tabelas que a implementação da fig. 3.8 é geral, isto é, por meio da tabela auxiliar pode-se ligar indiretamente qualquer linha de CDs com qualquer linha de Músicas.

E3.8-3. Desenhe diagramas relacionais para a implementação dos relacionamentos das figs. 2.12-2 e 2.15-1, incluindo os atributos.

3.9 Implementação de auto-relacionamento 1:N

Do mesmo modo que os relacionamentos **1:N**, os auto-relacionamentos **1:N** também podem ser implementados diretamente no MRN, por meio de uma ligação de uma tabela a ela mesma, o que denominaremos de *autoligação*. Seja por exemplo o auto-relacionamento Versões da fig. 2.13-1. Na fig. 3.9-1 mostramos com se pode implementá-lo no MRN.

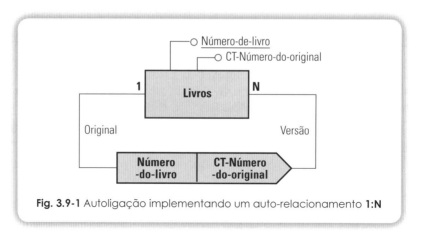

Fig. 3.9-1 Autoligação implementando um auto-relacionamento **1:N**

Para compreender-se que essa ligação implementa o relacionamento desejado, suponhamos o caso de uma segunda edição de um livro, presente na Multiteca juntamente com um único ou primeiro exemplar da primeira edição, que chamaremos de "original". Nesse caso, a linha que representa os dados do exemplar da 2.ª edição deverá estar ligada à linha com os dados do seu (único) original, na mesma tabela. Essa ligação é obtida por transposição do valor da chave Número-do-livro do original para a coluna transposta CT-Número-do-original na linha correspondente ao exemplar da 2.ª edição. Não usamos o padrão CT-Número-do-livro adotado até aqui para mostrar que não se deve ser rígido; o nome CT-Número-do-original parece bem mais sugestivo. Obviamente, esse exemplar estará ligado a um único original (lado **1** da ligação). Por outro lado, dada uma linha correspondente a um original, ela pode estar ligada a várias linhas de várias versões do original (uma 2.ª edição, exemplares adicionais, etc. – lado **N** da ligação). Na fig. 3.9-3, mostramos um exemplo de uma tabela que segue os esquemas da fig. 3.9-1. Colocamos apenas algumas colunas para ilustrar. A coluna Exemplar indica se o volume é o original (valor 1) ou é uma versão (valor maior do que 1).

Livros				
Número-de-livro	Título	Editora	Exemplar	CT-Número-do-original
1	A Filosofia da Liberdade	Blá	1	
2	A Obra Científica de Goethe	Blé	1	
3	Verdade e Ciência	Bli	1	
4	Economia Viva	Bló	1	
5	A Obra Científica de Goethe	Blé	2	2
6	Economia Viva	Bló	2	4
7	Economia Viva	Bló	3	4

Fig. 3.9-2 Tabela mostrando uma autoligação **1:N**

Exercício E3.9. Desenhe o diagrama relacional da implementação do auto-relacionamento Gerenciamentos-de-pessoal da fig. 2.13-2. Construa uma tabela mostrando algumas linhas de funcionários que são gerentes e de seus subordinados.

3.10 Implementação de atributo multivalorado

Como no MRN cada valor representado em uma célula só pode ser elementar, isto é, não pode ser composto nem ser um conjunto de valores (multivalorado), é preciso fazer uma representação indireta de um atributo multivalorado. Vejamos como representar no MRN o atributo Assuntos de Livros da fig. 2.5-1.

Se soubéssemos que se quer representar no máximo, digamos, três assuntos por livro, seria possível implementar três colunas na tabela Livros, como por exemplo Assunto1, Assunto2 e Assunto3. No entanto, essa solução tem os seguintes inconvenientes: 1) Qualquer busca por assunto (por exemplo, "forneça todos os livros com o assunto Bancos de Dados") exige uma busca nas três colunas independentemente, complicando sobremaneira a especificação das consultas. 2) Se se desejar começar a representar quatro ou mais assuntos, será necessário adicionar mais colunas à tabela; 3) Nos casos de livros com menos de três assuntos, uma ou duas colunas ficariam vazias.

O ideal seria fazer uma representação que não limitasse o número de ocorrências de assuntos, e não usasse células vazias a não ser que o valor do atributo seja vazio. A fig. 3.10-1 dá uma possível solução: é introduzida uma tabela auxiliar, que representaremos por um retângulo arredondado, para distingui-la das tabelas que são provenientes de conjuntos de entidades do MER, representadas por retângulos, como é o caso de Livros.

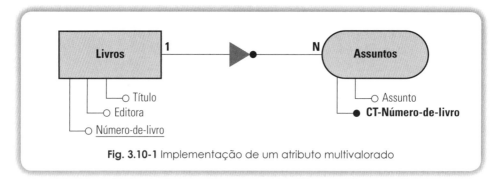

Fig. 3.10-1 Implementação de um atributo multivalorado

Na tabela auxiliar, introduz-se a coluna transposta CT-Número-de-livro com valores da chave de Livros. Note-se a totalidade da ligação em relação a Assuntos: de fato, não faz sentido uma linha de Assuntos existir sem que esteja ligada a uma linha de Livros, isto é, não há assunto sem livro.

Se um livro tem cinco assuntos, haverá cinco linhas em Assuntos, cada uma para cada assunto. Em cada uma dessas linhas, é colocado na coluna transposta CT-Número-de-livro, o valor da chave do livro, ao qual pertence o assunto da linha. Vê-se que não há limitação no número de assuntos para cada livro, e em Assuntos haverá exatamente tantas linhas quantos forem os assuntos de todos os livros, contando-se as repetições de assuntos. Em outras palavras, se dois livros tiverem o mesmo assunto, por exemplo "Bancos de Dados", esse assunto aparece em duas linhas, uma para cada livro.

Há uma maneira de se eliminar essas duplicações de assuntos, no caso de dois ou mais livros terem o mesmo assunto. A duplicação deveu-se ao fato de um livro poder ter vários assuntos e um assunto poder pertencer a vários livros. Isso sugere algo análogo à implementação de um relacionamento **N:N**, usando-se uma tabela auxiliar na forma de um hexágono, como na fig. 3.10-2, para implementar a ligação **N:N** entre a tabela que implementa o conjunto de entidades (retângulo) e a que implementa o atributo (retângulo arredondado), por meio de duas ligações **1:N**.

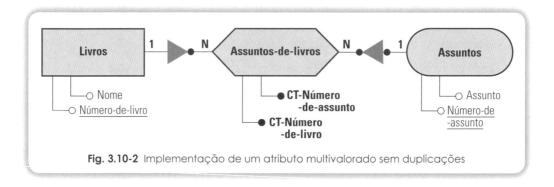

Fig. 3.10-2 Implementação de um atributo multivalorado sem duplicações

Essa implementação é mais complexa do que a da fig. 3.10-1, e torna as consultas mais complicadas e mais demoradas, pois é necessário percorrer três tabelas em lugar de duas. Tirando-se a totalidade do lado de Assuntos, ela implementaria os assuntos totalmente independentes dos livros, o que permitiria, por exemplo, fazer uma lista de assuntos sem levar os livros em conta. (Por que isso não é possível na solução da fig.

3.10-1?) Na medida em que forem sendo introduzidos seus dados em Livros, os livros são classificados quanto aos assuntos já existentes, introduzindo-se novas linhas em Assuntos-de-livros. Uma outra vantagem dessa solução é poder-se colocar mais uma coluna na tabela auxiliar da ligação, especificando a ordem do assunto (1, 2, etc.) dentro de cada livro, estabelecendo assim prioridades entre eles.

Notem-se as totalidades das ligações com Assuntos-de-livros, do lado desta tabela auxiliar, analogamente ao caso de relacionamentos **N:N** (ver 3.8).

Se um atributo multivalorado for atributo de mais de um conjunto de entidades, a solução sem duplicações é interessante, pois aí pode-se usar uma única tabela auxiliar com os valores do atributo. Esse seria o caso, por exemplo, de nomes de autores de livros e de músicas.

Para motivar o MRNN, que será abordado no cap. 6, seria interessante notar o absurdo do padrão do MRN: se um livro tiver 3 autores e 5 assuntos, será necessário representá-lo no MRN por meio de uma linha na tabela Livros, mais 3 na Nomes-de-autores (que implementaria o atributo multivalorado correspondente) e mais 5 na de Assuntos, num total de 9 linhas em três tabelas distintas – isso na solução com duplicações da fig. 3.10.1. Na solução sem duplicação, a situação ainda piora mais (calcule como exercício quantas linhas seriam no total). Mas o que se vê e pega-se na mão no mundo real é um livro só, e não um picadinho de livro! Veremos que no MRNN tudo isso pode ser representado em uma só linha, que é o que se esperaria de um modelo de dados decente em forma de tabela: uma linha para cada livro.

Exercícios

E3.10-1. Como se poderia representar no MER o fato de se ter vários assuntos por livro, mas indicar uma ordem (1, 2, ...) nos assuntos de cada livro? Seria possível representar isso no esquema com repetições, como na fig. 3.10-1?

E3.10-2. Construa tabelas com algumas linhas e valores, para exemplificar os diagramas das figs. 3.10-1 e 3.10-2.

E3.10-3. Complete os diagramas relacionais das figs. 3.10-1 e 3.10-2 representando também os nomes dos autores dos livros, conforme a fig. 2.5-1, colocando também os atributos restantes.

E3.10-4. Acrescente nos dois casos do exercício anterior uma tabela com os dados de músicas, usando as mesmas tabelas de nomes de autores e de assuntos.

3.11 Esquemas de conversão de elementos do MER para o MRN

Agora que já vimos as possibilidades de representação, no MRN, de conjuntos de entidades e de alguns tipos de relacionamentos do MER, bem como de atributos multivalorados, vamos introduzir regras de implementação para todos os casos. Assim, construiremos um catálogo que o leitor pode posteriormente usar em seu projeto, empregando o seu MER que, em uma boa técnica de projeto, terá sido desenvolvido inicialmente, para gerar o seu MRN. Essas regras permitem a construção de um diagrama relacional a partir de um diagrama ER. Esse diagrama independe do particular GBD relacional que será usado. Numa fase posterior deve-se desenhar um diagrama adequado às restrições desse GBD, ou mesmo usando suas capacidades de se especificar graficamente um BD, como é o caso do MS-Access a ser visto no cap. 5. Uma outra possibilidade, não tão clara, é especificar em forma de texto os esquemas das tabelas aceitas pelo GBD.

As regras de implementação que daremos a seguir serão abstratas, isto é, os nomes serão todos simbólicos; se o leitor referir-se aos casos que acabamos de ver, será fácil compreender o seu significado. Daremos um mínimo de explicações para conservar a forma de catálogo.

Como foi visto na seção 3.5, no MRN só é possível implementar, diretamente e de maneira geral, relacionamentos binários (isto é, envolvendo apenas dois conjuntos de entidades, não necessariamente distintos) de multiplicidade **1:N**. Todos os outros casos, tanto de grau maior do que dois como de multiplicidade **N:N**, empregam as decomposições vistas na seção 2.29.

Nas figuras com as regras de implementação, o elemento do MER fica acima ou à esquerda, e abaixo ou à direita, respectivamente, o elemento correspondente do MRN desenhado em cinza. Serão sempre usadas as formas concisas das ligações entre tabelas, com flecha em lugar de "foguete". Todas as ligações sem anotação de multiplicidade são **1:N**, isto é, serão anotadas apenas as multiplicidades **1:1**.

Em geral, não serão indicados atributos elementares nos conjuntos de entidades, pois a sua implementação nas tabelas correspondentes é direta, como vimos em 3.4. Quando necessária para a implementação de uma ligação no MRN, é indicada uma chave na tabela origem. Note-se que não representamos os atributos determinantes correspondentes às chaves, pois no MER eles não são necessários. Serão indicados atributos nos relacionamentos para ficar claro em que tabela eles devem ser implementados.

Antes de cada regra, colocamos restrições à mesma, abreviadas por **R** se existirem. Depois de cada regra de implementação, colocamos eventualmente algumas observações, abreviadas por **O**.

3.11.1 Conjunto de entidades

R: atributos somente elementares, isto é, sem atributos compostos nem multivalorados.

Fig. 3.11-1 Implementação de um conjunto de entidades

O: **1)** ver exemplos em 3.5. **2)** Note-se que a tabela e o atributo permanecem com o mesmo nome no MR (aqui representados por E e t, respectivamente).

3.11.2 Atributo composto

R: atributo composto não-multivalorado.

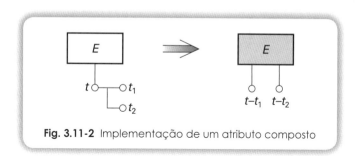

Fig. 3.11-2 Implementação de um atributo composto

O: 1) $t\text{-}t_1$ é uma sugestão de nome, concatenando-se t com t_1. Se só t_1 for suficientemente sugestivo como nome, pode-se deixá-lo sem o t. **2)** Mostramos um atributo composto apenas com um nível e apenas duas folhas; a mesma regra vale para um número qualquer de níveis. **3)** A mesma regra de implementação vale para atributos compostos de relacionamentos.

3.11.3 Atributo multivalorado

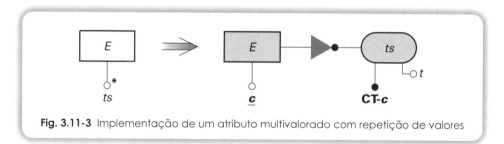

Fig. 3.11-3 Implementação de um atributo multivalorado com repetição de valores

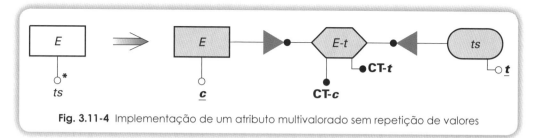

Fig. 3.11-4 Implementação de um atributo multivalorado sem repetição de valores

O: 1) O nome do atributo multivalorado, ts, é suposto ser o nome do atributo t no singular acrescido de um s para ficar no plural (ver 2.5), como em Nomes-de-autores; no caso t seria Nome-de-autor. **2)** c indica a chave de E, e $CT\text{-}c$ a coluna transposta com valores de c. **3)** Como na tabela ts da fig. 3.11-4 não há repetição de valores na coluna t, ela pode ser tomada como a chave de ts. **4)** Se t assumir valores de texto muito extensos, pode-se introduzir uma chave alternativa, contendo um número seqüencial, cujo nome poderia ser Número-de-t, transpondo-se essa última. **5)** ts pode ser composto (isto é, um atributo multivalorado composto), por exemplo no caso de haver vários endereços, cada um composto de local, CEP e cidade (ver 2.4). Nesse caso, a tabela *ts* terá colunas representando as folhas de *t*. **6)** A mesma regra de implementação vale para atributos multivalorados de relacionamentos (ver 3.11.6).

3.11.4 Relacionamento 1:N

Existem duas maneiras de se implementar relacionamentos **1:N**. A primeira já foi vista em 3.9 (fig. 3.9-1). A regra de implementação é a da fig. 3.11-5. A segunda usa a decomposição do relacionamento, como visto em 2.29.2 (fig. 2.29-2), obtendo-se o diagrama relacional da fig. 3.11-6.

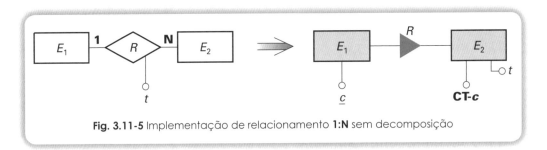

Fig. 3.11-5 Implementação de relacionamento **1:N** sem decomposição

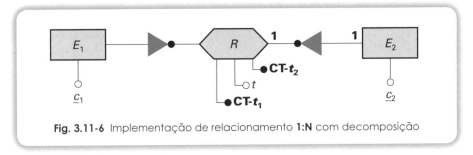

Fig. 3.11-6 Implementação de relacionamento **1:N** com decomposição

O: **1)** Não foram representados atributos de E_1 e de E_2, pois eles tornam-se colunas das tabelas correspondentes. **2)** No caso da fig. 3.11-5, o atributo do relacionamento vai para a tabela do lado **N** da ligação; já no outro caso, fica na tabela auxiliar (hexágono). **3)** Esse fato indica uma das vantagens da solução da fig. 3.11-6: ela preserva mais a independência dos dados. De fato, no caso da solução da fig. 3.11-5, a tabela E_2 deve ter uma coluna a mais, a coluna transposta CT-*c* que recebe valores da chave de E_1. Essa coluna não tem, portanto, dados de E_2, e sim de E_1, servindo apenas para estabelecer a ligação entre as duas tabelas. Assim, devido a isso E_2 recebe dados que não lhe dizem respeito direto, quebrando a independência de dados (cada tabela deveria conter apenas dados daquilo que representa no modelo conceitual). **4)** Na forma da fig. 3.11-6 há ainda a vantagem de se poder facilmente alterar a multiplicidade do relacionamento de **1:N** para **N:N**. Para isso, basta mudar a multiplicidade da ligação entre as tabelas E_2 e auxiliar *R*, passando de **1:1** para **1:N**, sem necessidade de mudança estrutural nas tabelas. Se existe a possibilidade dessa mudança, deve-se preferir essa solução e não a da fig. 3.11-5. Essencialmente, será necessário apenas mudar as rotinas ou a declaração de verificação da restrição de integridade **1:1**. **5)** Uma das desvantagens da fig. 3.11-6 é a necessidade de se introduzir uma chave (c_2) em E_2, que não era necessária na fig. 3.11-5. **6)** Uma outra desvantagem é que essa solução é mais complexa, exigindo mais espaço para armazenar os dados, e um maior tempo de processamento de consultas envolvendo as duas ligações. **7)** Em ambos os casos, se houver alguma totalidade em R, ela deve ser representada no lado correspondente da ligação. **8)** Na fig. 3.11-6, as chaves c_1 e c_2 transpostas para a tabela auxiliar R formam uma chave composta de R somente no caso de não se querer representar o mesmo elemento do relacionamento mais de uma vez (ver o final da seção 2.29.1). **9)** Denominaremos a forma da fig. 3.11-5 de *ligação implícita* entre as tabelas E_1 e E_2, e a da fig. 3.11-6 de *ligação explícita*, correspondendo a uma *implementação explícita* e uma *implícita* do relacionamento, respectivamente.

3.11.5 Relacionamento 1:1

Esse caso dá como resultado esquemas análogos aos das figs. 3.11-5 e 3.11-6, substituindo-se as ligações **1:N** por **1:1**, correspondendo a implementações implícita e explícita do relacionamento, respectivamente. No caso análogo ao da fig. 3.11-5, as considerações sobre a densidade das colunas transpostas, como discutido na seção 3.6, devem nortear o projeto quanto à decisão de qual chave transpor para a outra tabela.

3.11.6 Relacionamento N:N

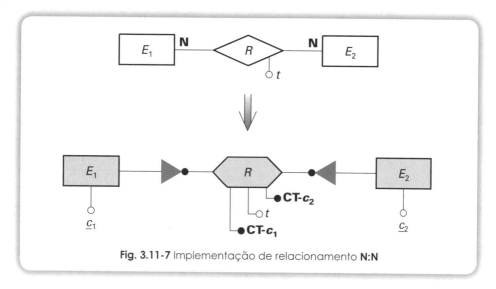

Fig. 3.11-7 Implementação de relacionamento **N:N**

O: 1) O diagrama relacional é uma implementação direta da decomposição vista em 2.29-1. **2)** Ver a seção 3.8. **3)** Totalidades no relacionamento R devem gerar totalidades nas ligações, sendo anotadas na base dos triângulos que indicam a ligação, do lado das tabelas correspondentes aos conjuntos de entidades (não faremos mais essa observação nas regras seguintes, pois vale para todas). **4)** Devido à existência da tabela auxiliar R e das ligações das outras com ela, é necessário definir ou introduzir as chaves c_1 e c_2 nas tabelas correspondentes. É importante observar que elas não eram necessárias no MER. **5)** O conjunto das colunas transpostas CT-c_1 e CT-c_2 forma uma chave da tabela R se não houver repetições de duplas de elementos dos conjuntos de entidades E_1 e E_2, como no caso de dados históricos exemplificado na seção 2.12.

3.11.7 Auto-relacionamentos N:N

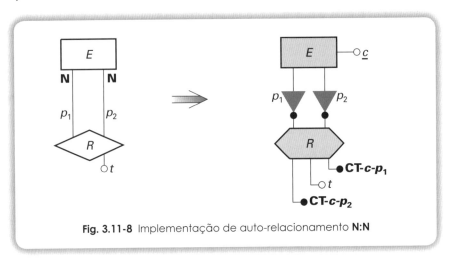

Fig. 3.11-8 Implementação de auto-relacionamento **N:N**

O: **1)** O diagrama relacional é uma implementação direta da decomposição vista em 2.29-4. **2)** Ver observações 3 a 5 de 3.11.6.

Na fig. 3.11-9 representamos as tabelas correspondentes ao exemplo de materiais e seus componentes das figs. 2.13-3 e -4 e a decomposição da fig. 2.29-3, e ainda um exemplo ilustrativo com valores.

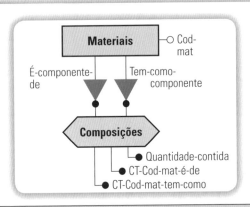

Materiais	
Cod-mat	Descrição
M1	Porta
M2	Janela
M3	Parafuso
M4	Dobradiça

Composições		
CT-Cod-mat-tem-como	CT-Cod-mat-é-de	Quantidade-cont
M1	M3	14
M1	M4	3
M2	M4	4
M4	M3	6

Fig. 3.11-9 Um caso de implementação de auto-relacionamento **N:N**

3.11.8 Auto-relacionamento 1:N

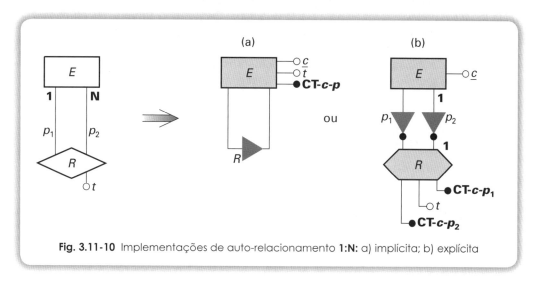

Fig. 3.11-10 Implementações de auto-relacionamento **1:N:** a) implícita; b) explícita

O: 1) Neste caso temos duas soluções: (a) usa uma implementação do auto-relacionamento por meio de uma ligação implícita (ver 3.11.4) e (b) por meio de uma ligação explícita, esta última correspondendo à decomposição mostrada na fig. 2.29-4. **2)** Ver observação 9 em 3.11.4, tomando-se E_1 e E_2 como E.

3.11.9 Relacionamento n-ário

Vejamos o caso de um relacionamento ternário **N:N:N**, que já indica a linha a seguir em casos de graus ainda maiores. A decomposição vista no item 2.29.6 é a base para se deduzir a solução apresentada na fig. 3.11-11.

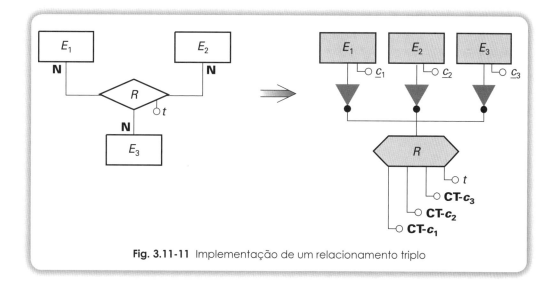

Fig. 3.11-11 Implementação de um relacionamento triplo

142 CAPÍTULO 3 — O MODELO RELACIONAL NORMALIZADO

O: 1) A implementação seria exatamente a mesma nos casos de multiplicidades **1:1:1**, **1:1:N** e **1:N:N**, como foi visto na seção 2.29.6. **2)** Se a multiplicidade for, por exemplo, **1** do lado de E_1, pode-se forçá-la no modelo relacional declarando a dupla de colunas (CT-c_2, CT-c_3) da tabela R como uma chave, mas isso só vale se não houver triplas repetidas, como por exemplo em dados históricos, como foi visto em 2.12 (ver exercício 3.11.9-1). **3)** As regras de implementação de relacionamentos de graus superiores é análoga, isto é, introduz-se sempre uma tabela auxiliar (hexágono).

Exercícios

E3.11.9-1. Prove que, se na fig. 3.11-11 as colunas CT-c_2 e CT-c_3 formam uma chave, então a multiplicidade no diagrama ER é **1** do lado de E_1.

E3.11.9-2. Seguindo-se a sugestão do exercício anterior, como se pode forçar, por meio de declaração de chaves, as multiplicidades **1:1:1** e **1:1:N**?

3.11.10 Relacionamento com uma agregação

No caso de um relacionamento **N:N** com uma agregação, há duas alternativas, apresentadas na fig. 3.11-12. A (a) é derivada da decomposição dos dois relacionamentos, como visto em 2.29.7. A (b) assemelha-se ao caso do relacionamento triplo da fig. 3.11-11.

O: 1) Na solução (b) da fig. 3.11-12, uma dupla de R_1 que não está relacionada com E_3 é representada por uma linha da tabela auxiliar R_1-R_2, em que CT-c_1 e t_2 são vazios, daí a parcialidade da ligação entre R_1-R_2 e E_3 (lembremos que se R_2 fosse total em relação à agregação, teria havido um erro de projeto, pois tratar-se-ia na verdade de um relacionamento ternário). **2)** A versão (a) é menos eficiente, mas apresenta maior independência de dados. **3)** Considerando-se a agregação como um conjunto de entidades, relacionamentos de outras multiplicidades com a agregação devem seguir as regras de implementação que se apliquem aos mesmos (ver exercício E3.11.10). **4)** Em lugar de transpor as colunas CT-c_1 e CT-c_2 de R_1 para R_2 (onde receberam os nomes CT-c_1-R_1 e CT-c_2-R_1 para que haja distinção de nomes), pode-se introduzir uma *chave substituta* (do inglês *surrogate key*) em R_1. Seria uma coluna com valores fictícios, como por exemplo numerando-se cada nova linha inserida em R_1, simplesmente para ser usada na transposição da chave de R_1 para R_2. A vantagem de uma chave substituta é de poder ser mais compacta, ocupando menos espaço em R_2, fazendo com que as consultas que usariam CT-c_1-R_1 e CT-c_2-R_1 em R_2 sejam mais rápidas.

Exercício E3.11.10 Mostre o diagrama relacional das implementações, no MRN, das figs. 2.15-2, 2.15-3, 2.15-5, 2.16-2 e 2.16-3.

3.11 Esquemas de Conversão de Elementos do MER para o MRN

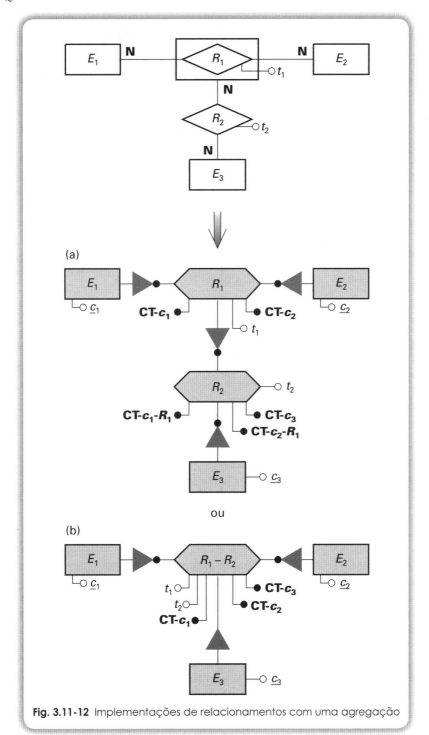

Fig. 3.11-12 Implementações de relacionamentos com uma agregação

3.11.11 Implementação de relacionamento generalizado

Como vimos em 2.18, há dois tipos de relacionamentos generalizados, o inclusivo e o exclusivo. Na fig. 3.11-13, damos a regra de implementação do primeiro caso, e na 3.11-14 a do segundo.

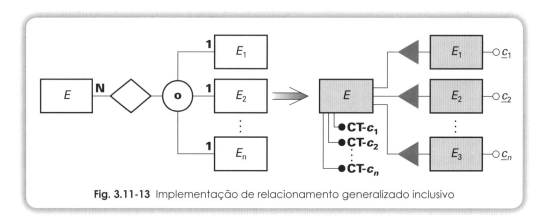

Fig. 3.11-13 Implementação de relacionamento generalizado inclusivo

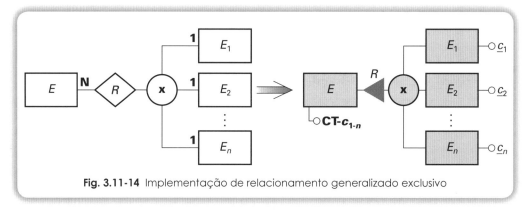

Fig. 3.11-14 Implementação de relacionamento generalizado exclusivo

O: 1) O caso da fig. 3.11-13 é trivial: como um elemento de E pode estar simultaneamente relacionado com um elemento de E_1, um de E_2, etc., é necessário introduzir na tabela E várias colunas transpostas, uma para cada chave transposta. Com isso, tem-se as n ligações independentes. **2)** Já no caso da fig. 3.11-14, como R é um relacionamento generalizado exclusivo, um elemento do conjunto de entidades E só pode relacionar-se com um único elemento de E_1, ou de E_2, etc. Isso é obtido, usando-se uma única coluna CT-c_{1-n} na tabela E que recebe os valores transpostos da chave c_1, ou da c_2, etc., havendo um único desses valores por linha de E. Para representar esse fato, introduzimos graficamente uma *ligação generalizada*. Obviamente, todas as chaves de E_1 a E_n devem ter o mesmo domínio. **3)** Nos GBDs relacionais que permitem a declaração de ligações, isso é feito declarando-se uma coluna como coluna transposta (como já visto em 3.5, o termo usado é "chave estrangeira", *foreign key*) e mencionando-se qual a chave de que tabela será usada na transposição dos valores. Nesse caso, os GBDs não permitem declarar que essa coluna transposta recebe valores de chaves de várias tabelas. É necessário fazer uma implementação como a da fig. 3.11-13. Mas isso não impede que o nosso diagrama

3.11 Esquemas de Conversão de Elementos do MER para o MRN

relacional represente esse fato, para deixar mais claro o que se está implementando. Afinal, isso fica coerente com a notação gráfica de vários tipos de tabelas diferentes, como as auxiliares (hexágonos), e as que implementam atributos multivalorados (retângulos arredondados), distinção essa que também não pode ser declarada nos GBDs relacionais. Queremos desenhar um diagrama relacional mais claro, que incorpore com simplicidade o maior número possível de elementos estruturais, de modo a ser o mais representativo possível. Para uma implementação em um GBD, ele pode ser convertido para um diagrama ou para a declaração de esquemas e tabelas que se adaptam às restrições do GBD a ser empregado. **4)** Nas figs. 3.11-13 e 3.11-14 temos um relacionamento generalizado **N:1**. O caso **1:N**, isto é, com o **1** do lado de E, é implementado por meio de uma ligação generalizada inclusiva ou exclusiva, anotando-se um **o** ou um **x** no círculo pequeno, respectivamente, e com transposição da chave de E para as tabelas E_1, E_2, etc. **5)** Se o relacionamento generalizado R for **N:N**, é necessário implementar uma ligação explícita, introduzindo-se uma tabela auxiliar, hexagonal. A ligação entre essa última e as tabelas E_1, E_2, etc. recai no caso **N:1** visto nas observações (1) e (2) acima, de acordo com o fato de o relacionamento ser inclusivo ou exclusivo.

***Exercício* E3.11.11**. Mostre o diagrama relacional das implementações, no MRN, das figs. 2.18-2 a 2.18-5.

3.11.12 *Implementação de generalização/especialização*

No MRN, há três possibilidades de se implementar uma generalização/especialização (cf. 2.17).

1) Todos os conjuntos de entidades são representados numa só tabela, isto é, os atributos dos conjuntos especializados são implementados na tabela que implementa o conjunto generalizado, como na fig. 3.11-15(a), onde e representa o nome da especialização. Nessa figura, representamos o caso de uma especialização exclusiva (o **x** do triângulo, cf. 2.17). O caso para uma especialização inclusiva é análogo. No caso da fig. 2.17-1, teríamos uma tabela Meios-de-gravação com os atributos comuns (os da generalização), mais os dos conjuntos de entidades K7s, CDs, Fitas-de-vídeo e DVDs. Uma coluna especial Tipo-de-meio deve indicar qual especialização é representada em cada linha. Essa solução é ineficiente em espaço e em clareza, pois perde-se a subdivisão das especializações. Além disso, todos os relacionamentos com as especializações têm que ser feitos com a tabela da generalização. No entanto, se a especialização é inclusiva, essa solução elimina a redundância de se implementar a mesma entidade em várias tabelas distintas, como seria o caso nas duas soluções seguintes.

2) Cada conjunto de entidades especializado dá origem a uma tabela distinta, onde são representados também os atributos comuns, como na fig. 3.11-15(b). No caso da fig. 2.17-1, não haveria a tabela Meios-de-gravação. Esta solução tem o grande problema de introduzir uma redundância dos dados comuns, isto é, da generalização (representados por t), e exigir a sua sincronização. Isto é, esses atributos devem ser alterados igualmente em todas as tabelas. Ela é muito eficiente no caso de consultas a cada especialização, independentemente. Além disso, qualquer relacionamento com a generalização, exige a implementação de ligações com todas as tabelas que implementam as especializações. No caso da fig. 2.27, um relacionamento como Gravações-músicas teria que gerar ligações (explícitas, pois a multiplicidade é **N:N**) de Músicas com as quatro tabelas (k7s, CDs, Fitas-vídeo e DVDs).

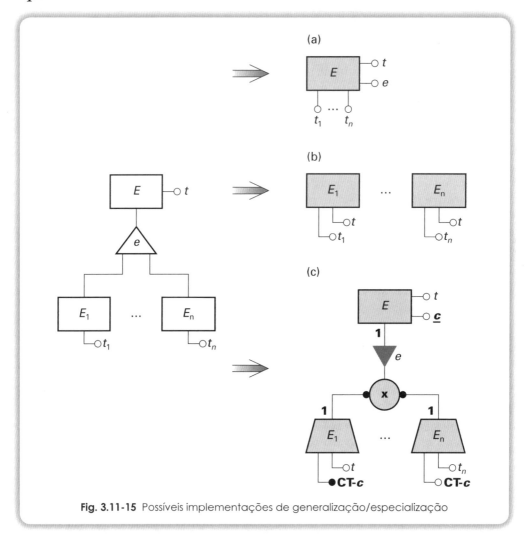

Fig. 3.11-15 Possíveis implementações de generalização/especialização

3) Implementa-se uma tabela apenas para a generalização, que denominaremos *tabela generalizada* e uma tabela auxiliar para cada especialização, denominada de *tabela especializada*, como na fig. 3.11-15c. Introduzimos um novo símbolo gráfico: um trapézio indica que se trata de uma tabela especializada, e que os dados da generalização devem ser procurados em outra tabela (a generalizada) ligada a todos os trapézios. Note-se que não introduzimos os trapézios no MER, pois os triângulos indicam claramente que se trata de uma generalização/especialização. Observe-se que temos uma ligação generalizada, com todas as multiplicidades **1:1**, total em relação a todas as tabelas especializadas. De fato, cada linha de uma tabela especializada deve necessariamente estar ligada a alguma linha da tabela generalizada, onde estão os dados comuns. É necessário introduzir uma chave na tabela generalizada – c, na fig. 3.11-15c –, se já não houver um atributo determinante. Na fig. 3.11-16, mostramos essa solução para o caso da Fig. 2.17-1, apresentando apenas os elementos essenciais para o assunto em pauta.

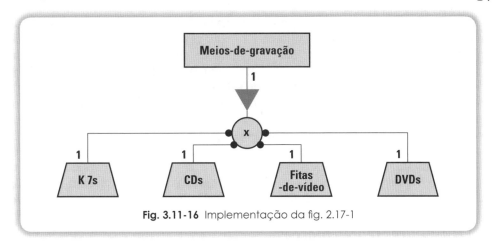

Fig. 3.11-16 Implementação da fig. 2.17-1

A escolha de uma das três implementações deve basear-se em um estudo das aplicações e seus parâmetros de utilização das tabelas, e da necessidade de percorrer as ligações no caso da terceira solução.

***Exercício* E3.11.12** Mostre o diagrama relacional da implementação da fig. 2.17-2.

3.11.13 *Implementação de atributo global*

Um atributo global de um conjunto de entidades ou de relacionamentos (ver 2.19) apresenta um grande problema de representação. Se o seu conjunto de valores coincidir com o de algum atributo não global, pode-se introduzir na tabela que implementa o conjunto uma linha auxiliar contendo o valor correspondente na coluna de mesmo domínio. Para localizar essa linha com eficiência, será necessário usar algum item de busca da tabela, representado com um valor fictício. Por exemplo, se uma chave tiver valores numéricos inteiros e o zero não é um valor válido, pode-se usá-lo na linha auxiliar. Se não for possível aproveitar as colunas já existentes, pode-se criar uma nova tabela que conterá uma só linha com todos os valores dos atributos globais de todas as tabelas, uma coluna para cada um. Uma representação diagramática possível é dada na Fig. 3.11-17, correspondendo ao exemplo da fig. 2.19 e mais um atributo representando o número total de livros na Multiteca. Note-se que não há transposição de colunas nesse caso.

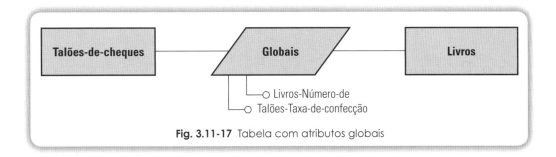

Fig. 3.11-17 Tabela com atributos globais

Teria sido muito fácil introduzir nos GBDs relacionais a possibilidade de se implementar diretamente atributos globais, que são muito comuns, como por exemplo a necessidade de se armazenar o número de linhas de uma tabela. Um exemplo seria o número de livros, CDs, etc. na Multiteca – muitas vezes o último valor de uma chave numérica seqüencial não satisfaz, pois a eliminação de algumas linhas pode quebrar a continuidade da seqüência. Outro caso seria guardar o valor da chave de uma tabela correspondendo à última linha nela inserida. Isso permitiria, por exemplo, guardar o número do último talão de cheques em uma tabela com os dados dos talões emitidos para cada conta corrente bancária. Como veremos na seção 5.4, o GBD MS-Access tem um dispositivo especial que permite uma declaração de uma chave numérica seqüencial, incrementando automaticamente o último valor usado quando da inserção de uma nova linha. No entanto, aparentemente esse é o único atributo global que ele implementa diretamente. Nessa questão, pode-se notar uma característica fundamental dos GBDs relacionais: não seguem conceitualmente as necessidades de armazenamento de dados.

3.11.14 Outras representações

Não entraremos na representação de elementos adicionais que podem ser usados no MER, como os mencionados em 2.24. O mesmo enfoque do diagrama do MER pode ser usado no diagrama relacional: devem ser introduzidos todos os símbolos que podem representar informações estruturais úteis, desde que o modelo não fique sobrecarregado e complexo demais.

3.12 Diagrama do MRN para o estudo de caso

Na fig. 3.12, apresentamos o diagrama relacional correspondente ao modelo da Fig. 2.27-1. Empregamos sempre as soluções com menos relações. A rigor, deveriam ser feitas considerações sobre as transações a serem executadas sobre o modelo, a fim de se decidir qual solução adotar em cada caso onde existe mais de uma possibilidade de representação relacional. Infelizmente, temos que limitar este texto, não entrando nessas considerações. Representamos algumas chaves para ilustração, e somente algumas colunas típicas, para não sobrecarregar o diagrama. Notem-se as totalidades das ligações provenientes, em alguns casos, das decomposições; em outros, do modelo conceitual. Note-se que as chaves Número-de-livro, Número-de-meio, Número-K7, etc. deveriam ter como nome CT-Número-de-objeto. Saímos do padrão proposto para maior clareza.

Exercícios

Como exercícios, recomendamos que se desenhe o diagrama relacional da fig. 2.20 e dos casos propostos no item 2.18.

3.13 Projeto de chaves

Examinado-se os diagramas relacionais, pode-se observar uma característica fundamental do MR: a enorme duplicação de valores de chaves, devido ao fato de as ligações entre tabelas serem feitas necessariamente com a transposição daqueles valores. De fato, no exemplo da fig. 3.12, só a chave de Músicas é usada, além dessa tabela, em 4 outras. A redundância dos dados das chaves é uma característica intrínseca do MR. Isso leva à questão fundamental do projeto das chaves: ele deve ser tal que diminua ao máximo os efeitos dessas redundâncias. Um aspecto que está diretamente ligado a esses

3.13 Projeto de Chaves

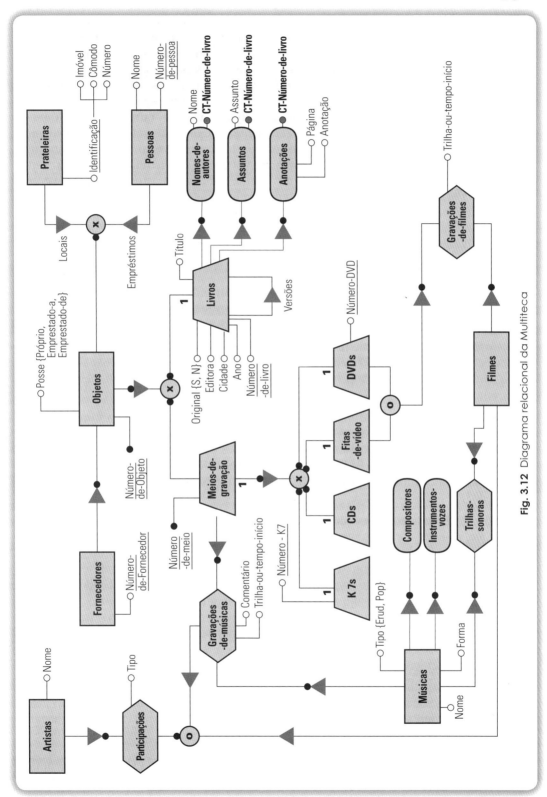

Fig. 3.12 Diagrama relacional da Multiteca

150 Capítulo 3 — O Modelo Relacional Normalizado

efeitos é o da *volatilidade* dos dados das chaves, isto é, a alteração de seus valores com o tempo. Se em uma linha de Músicas houver alteração da chave usada para fazer as ligações com outras tabelas, o resultado será a necessidade de alterar esse dado em uma linha de Músicas e em inúmeras linhas de cada uma das 4 outras tabelas (Compositores, Gravações-de-músicas, etc.). Uma das características de um sistema com *redundância de dados* é o fato de a alteração de um único dado produzir a necessidade de se alterar vários outros dados. Não há possibilidade de se diminuir essa redundância no MR, pois as ligações, necessárias para representar implícita ou explicitamente os relacionamentos, são feitas sempre por meio de transposição de chaves. Assim sendo, só resta um recurso: diminuir a volatilidade das chaves. Isso pode ser obtido não se colocando dentro da chave nenhum dado que represente alguma informação, isto é, a chave deve ter valores fictícios, que não provêm de nenhum atributo conceitual. Por exemplo, pode-se dar um número ou código em seqüência como valor para a chave. O mais simples é usar um número natural seqüencial – daí termos em geral chamado as chaves das tabelas do exemplo da fig. 3.12 de "Número-…" Evidentemente, dígitos ou caracteres de controle podem ser adicionados, mas é importante saber que a fórmula de cálculo deve ser cuidadosamente escolhida, pois jamais poderá ser mudada sem custo muito alto. Quando, ao contrário, uma chave provém de ou contém um atributo conceitual, é popularmente conhecida como *chave falante*. Vejamos alguns contra-exemplos.

Um exemplo típico genérico é o usado em muitas empresas para o sistema de controle de materiais. É costume projetar-se um código para os materiais contendo várias informações sobre o tipo (elétrico, hidráulico, etc.) , classificação, se é ou não importado, se é ou não fabricado pela empresa, etc., concatenado no final com um número seqüencial sem significado.

O número do CPF do Ministério da Fazenda tem (ou tinha) como último dígito à direita, antes dos dois dígitos de controle, o número da Unidade Regional de Operações (URO) do SERPRO. Por exemplo, o último dígito à direita dos CPFs tirados em São Paulo é 8, pois é a região da 8.ª URO. Resultado: o SERPRO não podia ter mais do que 10 UROs. Se o contribuinte muda de região, esse dígito não pode mudar (então qual a sua utilidade?).

Até há alguns anos, cada aluno da Universidade de São Paulo recebia um "número USP" que, além de outras informações, continha como algarismo mais à esquerda o dígito mais à direita do ano da primeira matrícula na universidade. Resultado: se o aluno prestasse um segundo vestibular em um outro curso e se matriculasse uma segunda vez (coisa possível até 1986), ele ganhava um novo "número USP", permanecendo com dois números. É muito provável que no computador esse aluno tinha dois nomes, dois pais, duas mães, etc. todos coincidentes dois a dois... Bem, como nossas universidades costumam tratar seus alunos como números (o seu próprio, os de suas notas, etc.), estávamos dentro do esquema tradicional.

Numa conta de 8/7/04 da companhia de energia elétrica da cidade de São Paulo, a Eletropaulo (também conhecida pelo apelido de "Eletroluf", em homenagem a quem lhe deu o nome atual), aparece um código do consumidor que já tinha sido citado pelo primeiro autor em seu livro de BD de 1986, com 15 dígitos: "lote" (2 dígitos), "local" (3), "livro" (5), e "instalação" (5), que provavelmente formam a chave do domicílio. Se algum burocrata resolver mudar a classificação dos lotes, locais ou livros, estará dando muito trabalho ao pessoal de processamento de dados (se é que estes vão deixar uma tal mudança ocorrer). Se houver necessidade de se ter mais de 100 lotes ou de 1.000

3.13 Projeto de Chaves

locais, também haverá um custo alto de alteração nos sistemas. Ora, ao que nos consta a Eletropaulo tem alguns milhões de consumidores, o que daria um total de 7 dígitos e mais um de controle para uma chave fictícia, e não 15. Além desses números há um outro, o "medidor", de mais 7 dígitos, e ainda um "número do cliente", com mais 7, aparentemente sem atributo conceitual (será que este está sendo usado como chave?). Aliás, é interessante notar como o computador permite que se congelem conceitos, estruturas e procedimentos arcaicos: certamente não há mais um "livro" onde se registram novas ligações de energia elétrica, mas esse número é conservado até hoje.

É preciso ficar bem claro que a regra de não se colocar informações nas chaves é uma regra de princípio, e não estrita. No caso da Eletropaulo, suponhamos que lote, local e livro sejam atributos necessários do domicílio onde está instalado o relógio medidor de consumo. Supondo que o número da instalação, de 5 dígitos, seja um número fictício (isto é, sem informações), vemos que com essa formação da chave contendo dados correspondentes a atributos, houve uma economia de 3 dígitos em comparação com um número fictício de 8 dígitos para toda a chave, já que os dados de lote, local e livro têm que ser armazenados. Se tiver sido feito um cuidadoso estudo mostrando que essa economia de tamanho compensa qualquer gasto com a volatilidade dos três primeiros atributos, e as conseqüências de se congelar esses dados, então o projeto foi bem feito e a solução seria a melhor. Temos então as seguintes regras no projeto de chaves:

R1 Uma chave deve preferencialmente ter valores fictícios.

R2 Se o projeto incluir atributos conceituais na chave, deve ser exigido um estudo mostrando os custos, benefícios e prejuízos dessa inclusão.

Ao contrário da **R2**, admitiríamos em princípio qualquer projeto de chave totalmente fictícia sem um tal estudo. É melhor perder um pouco de espaço agora do que arrancar os cabelos em desespero posteriormente. Projetar uma chave fictícia é prevenir acidentes – às vezes imprevisíveis.

Essa regra vale inclusive para atributos determinantes (ver 2.7). Muitas vezes, os atributos determinantes são muito extensos. Como veremos no cap. 10, quanto menor o tamanho de um índice (recorde-se que toda chave deve ser um índice), maior a eficiência de busca. Uma coluna com valores fictícios, por exemplo numéricos seqüenciais, pode ser a representação mais compacta possível. Isso nos leva a uma terceira regra de projeto de chaves:

R3 Por questões de eficiência no acesso ao BD, as chaves devem ser o mais compactas possível. Em geral, uma representação numérica inteira é a mais compacta.

Devemos agora chamar a atenção para um caso particular. Examinemos a fig. 3.5-4. Nela temos uma ligação, Lotações, que é total em Funcionários, significando que cada linha de Funcionários está ligada a alguma linha de Departamentos. Isso pode sugerir uma implementação especial da chave de Funcionários. Em vez de se definir uma chave fictícia para Funcionários, como foi o caso de Número-funcionário da fig. 3.5-4, poder-se-ia levar em conta a totalidade da ligação, e definir uma chave para Funcionários que seria o conjunto de duas colunas: a coluna transposta com valores da chave de Departamentos, CT-Sigla-depto, e uma outra coluna com valores fictícios seqüenciais *para cada* valor da coluna transposta. Nesse caso, diremos que a tabela Funcionários é uma tabela *dependente* da tabela Departamentos. Diremos que esta última é uma tabela *dominante* de Funcionários. De fato, segundo a modelagem conceitual, os dados de um funcionário só existem no BD se ele estiver lotado em um departamento: cada funcionário é dependente de algum departamento.

Do ponto de vista de chaves, tudo se passa como se os funcionários fossem numerados dentro de cada departamento. O resultado, uma chave composta, poderia ser representado na fig. 3.13-1.

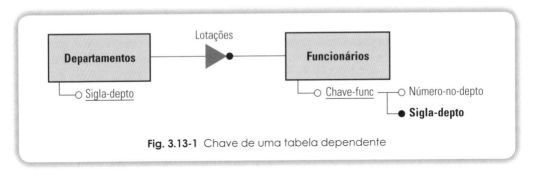

Fig. 3.13-1 Chave de uma tabela dependente

Essa maneira de projetar chaves para tabelas dependentes tem um inconveniente: se um funcionário mudar de departamento, será necessário mudar o valor de sua coluna Número-no-depto. No caso das fig. 3.5-4, isso não ocorre.

Existem casos em que geralmente não há o perigo de uma linha de uma tabela dependente, que está ligada a uma certa linha de uma tabela dominante, dever passar a ser ligada a uma outra linha da segunda. É o caso que denominamos de *dependência estável*. Por exemplo, suponhamos que no BD de uma empresa seja necessário armazenar dados das pessoas que são dependentes de cada funcionário (para efeito de salário família, promoções de auxílios, etc.). Na fig. 3.13-2, temos a representação dessa situação. Ora, nenhum dependente usualmente muda de funcionário do qual ele depende, de modo que o inconveniente apontado raramente vai acontecer. Infelizmente, o fato é que pode acontecer: por exemplo, se os dois membros de um casal forem funcionários, e os dependentes estiverem registrados como dependentes de um só dos membros do casal (como exige a legislação), e este sair da empresa, será necessário mudar os dependentes para o outro funcionário.

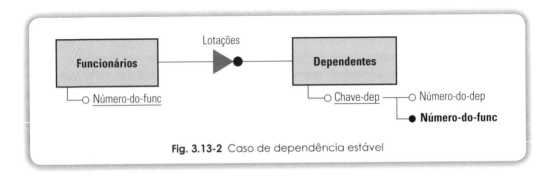

Fig. 3.13-2 Caso de dependência estável

No MER original, Chen introduziu o que denominou de *conjunto de entidades fraco*, que se relaciona **N:1** com um outro conjunto. Um elemento do primeiro só tem

3.14 Projeto de Índices

existência se estiver relacionado com um elemento do segundo. Não introduzimos tal conjunto, pois consideramos que a totalidade de um relacionamento cobre esse caso, e é mais geral, pois aplica-se também a relacionamentos **N:N**. Relegamos o problema de se reconhecer que uma entidade é fraca para o projeto de chaves, pois nesse caso tem-se no MR uma tabela dependente.

3.14 Projeto de Índices

Como vimos em 3.3, índices aceleram a localização de linhas em uma tabela, dado um valor para o índice. Em particular vimos em 3.5 que todas as chaves e colunas transpostas devem ser declaradas como índices, para acelerar as buscas que envolvem tabelas ligadas. A dúvida que deveria surgir é se é conveniente declarar outras colunas ou composições de colunas como índices para acelerar as consultas usando essas colunas. De fato, se por exemplo na tabela Livros forem feitos muitos acessos envolvendo valores dados para a coluna Título, eles seriam muito mais eficientes se essa coluna fosse declarada como índice. No entanto, isso só é verdade para acessos envolvendo simples leitura das linhas de Livros. Para compreender esse problema, vamos adiantar algo que será compreendido no cap. 10, sobre implementação de índices. Em geral, os índices devem ser implementados por meio de um arquivo auxiliar, que fica transparente para o usuário. Esse arquivo contém valores do índice e "ponteiros", endereços físicos ou virtuais (como por exemplo, relativos a uma base ou ao início do arquivo) das linhas, onde ocorrem esses valores. Esses arquivos auxiliares são muito mais compactos que os arquivos contendo as tabelas onde estão os índices, e a busca de um valor do índice é muito mais rápida do que a busca direta de uma linha de uma tabela. A busca do valor no arquivo de um índice nunca é feita seqüencialmente (a menos de valores consecutivos do índice, a partir do segundo valor em certos tipos de implementação de índices). Assim, o uso de um índice acelera muito a busca das linhas que contêm um certo valor desse índice. Uma conseqüência disso é que, idealmente, todas as colunas que ocorrem em condições da consulta (por exemplo, a coluna Editora na consulta "quais são os livros editados pela Editora Edgard Blücher") deveriam ter sido declaradas como índices.

Infelizmente, as coisas não são tão simples quanto parecem ou, como dizem os americanos, "there is no free lunch", não há almoço que seja grátis. Quando um índice é declarado para uma tabela, a inserção ou eliminação de linhas dessa tabela, ou a alteração do valor em uma ou mais colunas que compõem o índice implica em modificação do arquivo do índice. Se há muitos índices para uma determinada tabela, aquelas operações podem ficar muito mais lentas do que sem a existência dos índices. Assim, uma regra que deve ser seguida é a seguinte:

R A criação de um índice para uma certa tabela acelera as consultas envolvendo condições sobre valores desse índice, mas desacelera os acessos de inserção, eliminação e alteração de linhas dessa tabela.

Em GBDs que permitem a criação dinâmica de índices, isto é, sua criação a qualquer momento, uma maneira de se decidir quantos e quais índices devem ser criados para uma certa tabela pode ser deduzida criando-se os índices sistematicamente e fazendo-se estatísticas sobre o tempo de processamento dos acessos às linhas da tabela para cada combinação possível para os índices. Infelizmente, esse é um processo combinatório, e o número de testes acaba ficando inviável. Deve-se então escolher apenas algumas combinções adequadas de índices para os testes. É importante saber que, obviamente, uma combinação só é ótima dependendo do tipo de acessos que se faz ao BD, isto é, de sua utilização. Uma outra utilização pode fazer com que aquela combinação de índices passe a ser a pior possível.

O método de organização de arquivos de índices mais usual, a Árvore-B, produz, como veremos no cap. 10, uma organização ordenada dos valores dos índices. Assim, se uma certa consulta requer a ordenação dos resultados segundo uma coluna ou composição de colunas, o seu processamento será muito mais eficiente se essa coluna ou combinação de colunas for declarada como um índice.

Finalmente, é interessante notar que para uma tabela muito grande é em geral muito mais eficiente declará-la e carregá-la sem os seus índices, e posteriormente criar cada índice, do que declará-la com seus índices e depois fazer a carga da mesma. Isso se deve em grande parte ao fato de que, no primeiro caso, para cada nova linha da tabela sendo carregada é preciso introduzir os valores de cada um de seus índices em seus arquivos, devendo-se ter então muitos arquivos ativos simultaneamente. A criação de um índice necessita apenas de leitura do arquivo onde está a tabela, e a criação e carga do arquivo do índice.

3.15 Formalismos matemáticos do cap. 3

F3.2 Definição de relação

Dados os conjuntos $D_1, D_2, ..., D_n$, denominados de *domínios*, uma *relação* sobre esses conjuntos é um conjunto R tal que

$$R \subseteq D_1 \times D_2 \times ... \times D_n$$

onde $\times$ indica o produto cartesiano. Em palavras, R é um conjunto de n-plas ordenadas formadas pela combinação de elementos de D_i, de modo que em uma n-pla o primeiro elemento desta é um elemento de D_1, o segundo elemento da n-pla é um elemento de D_2, etc. Note-se que os conjuntos D_i não precisam ser necessariamente distintos. R é dita uma *relação n-ária*.

Um exemplo particular ligado com a linguagem natural talvez possa ajudar na compreensão dessa nomenclatura. Tomemos o caso de relações entre pessoas, de uma ser mais velha do que outra. Digamos que Pessoas seja um conjunto representando pessoas, tal que Pessoas = {Ana, Ari, Ida, Rui}. Suponhamos que Ana seja mais velha do que Ari, Ari mais velha do que Ida e Ida do que Rui. Vamos representar o fato de Ana ser mais velha do que Ari, isto é, essa relação entre eles, por meio da dupla ordenada (Ana, Ari). A ordenação é essencial, pois estamos assumindo que a pessoa representada pelo primeiro elemento da dupla seja mais velha do que a segunda, e não o contrário. Podemos representar todas as relações de alguém ser mais velho do que outro por meio da relação formal

$Mais\text{-}velho$ = {(Ana, Ari), (Ari, Ida), (Ida, Rui), (Ana, Ida), (Ana, Rui), (Ari, Rui)}

Vê-se que

$Mais\text{-}velho \subseteq Pessoas \times Pessoas$

quer dizer, Mais-velho é um subconjunto de todas as duplas possíveis de serem formadas

3.15 FORMALISMOS MATEMÁTICOS DO CAP. 3

com elementos de Pessoas. Em outras palavras, há duplas de elementos de Pessoas que não estão em Mais-velho, como por exemplo (Ari, Ana) e (Ana, Ana).

A relação Mais-velho é binária. É muito fácil construir relações binárias que representem fatos do mundo real, como por exemplo uma pessoa ser maior do que outra, um objeto estar mais distante do observador do que outro, etc. Relações de maior grau, como as ternárias, quaternárias, etc. são simplesmente generalizações desse conceito. Intuitivamente, pode-se interpretar uma relação n-ária como a R acima como especificando quais elementos de $D_1, D_2, ..., D_n$ estão *relacionados* entre si.

Partindo de um esquema de uma relação R que segue um esquema

$R\ (C_1{:}D_1,\ C_2{,:}D_2,\ ...,\ C_n{:}D_n)$

podemos alternativamente definir que uma n-pla (linha) p definida sobre a relação R é uma função que leva cada nome de coluna C_i de R a um valor do domínio D_i, isto é,

$p{:}\ C_i \rightarrow D_i$

Uma *relação* que segue o esquema R é um conjunto de n-plas ou funções assim definidas sobre R.

Exercícios

EF3.2-1 Represente uma relação binária *Parentesco* com alguns de seus parentes.

EF3.2-2 Estenda a relação do exercício anterior para uma relação ternária, onde o último elemento de cada tripla indica o grau de parentesco.

F3.5 Multiplicidade de uma ligação relacional

Se uma ligação L é feita entre duas tabelas T_1 e T_2 do MRN por meio da transposição de uma coluna (ou conjunto de colunas) chave de T_1 para T_2, L é necessariamente de multiplicidade **1:1** ou **1:N** (isto é, L não pode ser **N:N**). De fato, seja C_1 a coluna (ou conjunto de colunas) origem contendo a chave de T_1, e C_2 a coluna (ou conjunto de colunas) destino da transposição de C_1 em T_2. Por definição de chave, cada valor c_1 de C_1 ocorre em uma e apenas uma linha é de T_1. Assim, cada linha de T_2 com c_1 em C_2 está ligada apenas a *uma* linha de T_1. Portanto, L não pode ser **N:N**. Por outro lado, T_2 pode conter uma ou mais linhas com o valor c_1 em C_2. Portanto, L é de multiplicidade **1:1** ou **1:N**.

F3.7 Multiplicidade N:N em uma ligação relacional

Se uma ligação L é feita entre duas tabelas T_1 e T_2 do MRN sem que o seja por transposição de uma chave de T_1 para T_2, a ligação pode ser **N:N**, mas será sempre extremamente particular. De fato, tomemos as colunas não-chaves C_1 de T_1 e C_2 de T_2 onde ocorrem valores comuns que estabelecem ligações entre as linhas. Seja c um valor que ocorre em C_1 e em C_2. Como C_1 e C_2 não são chaves, c pode ocorrer em várias linhas de T_1 e de T_2. Cada linha de T_1 em que ocorre c estará ligada a todas as linhas de T_2 em que ocorre c, e vice-versa. Suponhamos que uma linha l_1 de T_1 não esteja ligada por C_1 a alguma linha de T_2. Desejamos ligar l_1 a uma linha l_2 de C_2, mas l_2 já contém um valor c. Devemos colocar em l o valor c em C_1. Mas, com isso, l_1 fica ligada automaticamente a todas as linhas de T_2 que contêm c em C_2. Assim, não é possível ligar qualquer linha de T_1 somente a uma certa linha de T_2, e vice-versa. Por isso, essa ligação não é **N:N** geral.

Por outro lado, se todas as linhas de T_1 estiverem ligadas a linhas de T_2 e vice-versa, com esse tipo de ligação que não usa uma chave, obtém-se um particionamento das linhas de T_1 e de T_2 (ver o exercício E3.7-3).

3.16 Referências bibliográficas e histórico

Os primeiros modelos de bancos de dados basearam-se no modelo de redes e hierárquico. Para uma abordagem desses modelos segundo a perspectiva de projeto a partir de um modelo conceitual ER, nos moldes do presente livro, veja-se [Setzer 1989]. A primeira tentativa de modelar bancos de dados usando conjuntos foi feita por Childs [1968]. O modelo relacional de dados foi introduzido por Edward Codd [1970], do laboratório de pesquisas San Jose Research da IBM (atualmente chamado de Almaden Research Center) em San Jose, California, em um artigo que se tornou um clássico e que deveria ser lido por todos os que se interessam por bancos de dados. É realmente de admirar ter Codd proposto um modelo que, na época, só poderia ser implementado com ineficiência, pois como será visto no cap. 10, a implementação eficiente de índices só apareceu com as B-árvores em 1972. Devido à sua importância para os BDs, Codd recebeu em 1981 o *Turing Award*, a maior honraria da Association for Computing Machinnery (ACM).

Depois que Codd lançou as idéias do MR, houve uma série de pesquisas de implementação do modelo. Já em 1975 houve uma que teve sucesso: a da University of California, Berkeley, dirigida por M. Stonebraker, que resultou no GBD INGRES (de "INteractive Graphics and Retrieval System". Curiosamente, de gráfico o sistema não tinha nada – aliás, provavelmente nem havia terminais gráficos naquela época...) [Held 1975, Stonebraker 1976, 1986]. Um outro esforço de sucesso, produzido pelo mesmo laboratório da IBM em San Jose, foi o System R [Astrahan 1976]. Quando ele foi lançado comercialmente tinha dois nomes diferentes, SQL/DS para o sistema operacional DOS (introduzido em 1981) e DB-2 para o MVS (em 1983). Posteriormente sobrou apenas o DB2. Uma história viva, relatada pelos pesquisadores que participaram do seu desenvolvimento, com referências ao desenvolvimento do INGRES, pode ser encontrada em [McJones 1997].

A motivação para o desenvolvimento do System R (ver a seção 4.5) foi uma pesquisa de uma linguagem de acesso aos BDs relacionais, denominada de SEQUEL [Chamberlin 1974, 1976]. Posteriormente, seu nome foi abreviado para SQL (ver comentários em 4.5), lançada como a linguagem de acesso dos SQL/DS e DB2. As nomenclaturas "linha" e "coluna" de uma tabela relacional ficaram definitivamente estabelecidas com a linguagem SQL. As colunas das tabelas relacionais são também denominadas de "domínios", por exemplo em [Furtado 1979] que, por sinal, foi o primeiro livro sobre BDs no Brasil, e de "atributos", por exemplo em [Silberschatz 1999].

O que denominamos de "ligação lógica" (ver 3.5) é chamado de "elo" em [Furtado 1979]. Atributos globais (3.11.3) foram introduzidos no MR em [Setzer 1989].

A recomendação de não se usar chaves "falantes" de 3.13 foi feita pelo primeiro autor na 1ª edição, de 1986, de seu livro [Setzer 1989]; posteriormente, C.J. Date também a fez [Date 1992].

Peter Chen, em seu artigo original sobre o modelo ER, já mostrou como implementar algumas estruturas desse modelo no MRN [Chen 1976], se bem que a sua caracterização

3.16 Referências Bibliográficas e Histórico

de ER já pode ser considerada como relacional, em lugar de puramente conceitual, como apresentada neste livro. Alguns textos, como [Elmasri 2002], contêm breves seções sobre essa implementação. Um excelente livro que também trata desse assunto e extensamente sobre o projeto de tabelas do MR é o de Carlos A. Heuser [2001], que também trata de um importante assunto que não abordamos aqui, o da construção de um MER a partir de um MR, ou de arquivos tradicionais, processo chamado de "engenharia reversa" (não simpatizamos com a denominação de "engenharia" para áreas da computação, pois a engenharia devia lidar com materiais físicos, e o *software* é algo abstrato, virtual). Um outro livro que trata do projeto de tabelas é [Manilla 1992]. O primeiro artigo que tratou da conversão do MR para o MER foi provavelmente [Wong 1980]. Outros que tratam do assunto são [Dumpala 1983, Teorey 1986]. Veja-se também [Ullman 1997] para conversão do MER para o MRN.

Codd [1979] estendeu o MR no que se denominou de RM/T, com uma certa distinção entre tabelas que provêm de conjuntos de entidades e as que implementam relacionamentos, fazendo ainda um estudo sobre valores vazios. Posteriormente, ele publicou um livro apresentando o "modelo relacional versão 2", RM/V2, abordando até mesmo sistemas distribuídos [Codd 1990].

Um exemplo de conversão do MER para um outro modelo que não seja o MR, no caso para o modelo de um GBD particular, o ADABAS, que segue um MR estendido (ver a seção 6.1), pode ser visto em [Setzer 1981].

Qualquer livro atual sobre BD cobre o MR em seus vários aspectos, em geral tanto práticos como teóricos. Um excelente e extenso livro sobre a teoria do MR é o de D. Maier [1983], que o primeiro autor usou como texto em disciplinas a nível de doutorado.

Vários GBDs relacionais estão disponíveis livremente para carga pela Internet. O GBD relacional INGRES, mencionado acima, foi posteriormente substituído pelo POSTGRES, que incorporou orientação a objetos (ver cap. 8), ações temporais – como o disparo de operações e verificação de integridade, por exemplo em certas datas ou em intervalos de tempo –, etc. [Stonebraker 1986, 1991]. Posteriormente, foi desenvolvido o PostgreSQL, que é um *software* livre, e preserva as características do POSTGRES, mas contém uma SQL estendida; ver http://www.postgresql.org, onde ele é descrito e de onde pode ser obtido. Outro GBD relacional livre é o MySQL; em http://dev.mysql.com/ encontra-se sua documentação e o sistema para carga para Linux e Windows. Um GBD recente e que tem tido muita aceitação é o Caché, disponível em www.intersystems.com. Recomendamos ao leitor fazer a carga de um desses sistemas, logo depois de obter noções da linguagem SQL no cap. 4. Os conceitos e o estudo de caso apresentados neste livro podem ser testados com eles ou com o sistema MS Access descrito no cap. 5.

Sobre implementação de GBDs, veja-se o excelente livro [Garcia-Molina 2001].

Capítulo 4

Linguagens de Acesso ao Modelo Relacional

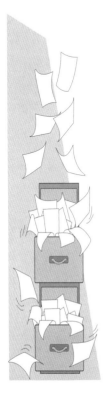

4.1 Introdução

Como vimos em 1.3.4, o uso de um BD se dá por meio de duas categorias de linguagens: uma para descrição das estruturas dos dados, e outra para manipulação dos mesmos. Na primeira, especificam-se as estruturas dos dados que se quer armazenar. No modelo relacional de dados, isso significa especificar quais tabelas serão usadas, dando-se o nome da cada uma, e para cada tabela quais os nomes das suas colunas e o domínio de cada uma (especificado em geral pelo formato dos dados da coluna). Além disso, deve-se especificar quais colunas ou conjuntos de colunas devem ser índices, para acelerar o acesso a eles, bem como especificar restrições de integridade. Como veremos, infelizmente em geral as ligações entre tabelas não são especificadas, isto é, ligações são implícitas: o usuário sabe que elas existem, tendo transposto colunas com chaves para criá-las, mas não declara esse fato para o GBD como um dado estrutural. Essa é uma falha conceitual gritante nos GBDs relacionais, com raríssimas exceções. No caso da linguagem SQL, a especificação da ligação é reduzida a uma declaração de integridade referencial (ver 3.5) no lado **N** das ligações.

Denominaremos a segunda categoria de linguagens, a de manipulação de dados, de *linguagens de acesso* aos dados. Por meio delas, o usuário pode especificar duas categorias básicas: *consulta* a dados armazenados em um BD, isto é, exibição dos mesmos, e *modificação* dos dados de um BD. A modificação de dados consiste, por sua vez, de três funções: a *inserção* de novos dados no BD, a *alteração* de um ou mais dados, isto é, de seu valor, e a *eliminação* de um ou mais dados.

A linguagem de acesso mais comum hoje em dia para BDs relacionais é a SQL (*Structured Query Language*), cuja origem será descrita na seção de histórico e referências (4.6). Ela é uma linguagem unificada, isto é, é usada tanto para declaração de um BD quanto para o acesso ao mesmo. Infelizmente, ela tornou-se um padrão; na seção 4.4.17 justificamos o advérbio "infelizmente", apresentando nossas críticas a essa linguagem, e mostrando como ela poderia ser melhorada, principalmente no sentido de torná-la mais próxima dos problemas que se resolvem com um BD. Para abordá-la de uma maneira conceitual, vamos inicialmente examinar algumas operações das duas linguagens de acesso definidas por Codd em 1970 e 1971, a *Álgebra Relacional* e o *Cálculo Relacional*. Essas linguagens são matemáticas, baseadas no fato de tabelas serem conjuntos de n-plas ordenadas, como foi visto em 3.2. Apresentaremos inicialmente as formulações mais simples, para na seção de formalismo matemático apresentarmos aquelas que exigem familiaridade com noções e notações matemáticas mais complexas.

Vamos introduzir essas linguagens por meio de exemplos. Para isso, usaremos as tabelas das figs. 3.2-1, 3.5-2, 3.5-5 e 3.10-1, que seguem os seguintes esquemas vistos na seção 3.5, representando pessoas, livros com seus assuntos e empréstimos de livros *a* pessoas. Para simplificar, não vamos considerar os casos de livros emprestados *de* pessoas. Lembremos que usamos CT- como um prefixo para colunas transpostas, que indicam ligações entre tabelas, com seu nome grafado em negrito; chaves são sublinhadas.

```
Pessoas (Número-de-pessoa, Nome, Endereço, Sexo, Data-
nascimento)

Livros (Número-de-livro, CT-Número-de-pessoa, Título, Cidade,
Editora, Ano)

Assuntos (CT-Número-de-livro, Assunto)
```

A fig. 4.1 mostra o diagrama relacional dessas 3 tabelas.

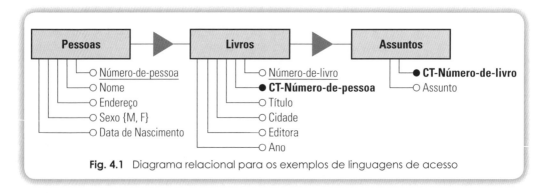

Fig. 4.1 Diagrama relacional para os exemplos de linguagens de acesso

4.2 Álgebra relacional

A linguagem da Álgebra Relacional é um conjunto de operadores algébricos e de predicados (isto é, que dão como resultado "verdadeiro" ou "falso"), com os quais se pode especificar o acesso às tabelas de um MRN. Acessos complexos podem ser especificados por meio da combinação desses operadores e de tabelas, da mesma maneira que funções com vários graus de complexidade podem ser especificadas na aritmética combinando-se as operações de soma, subtração, etc., sobre números. Quando se aplica sobre dois números uma operação como a soma, o resultado é um número. Quando se aplica um operador da Álgebra Relacional a uma (ou duas) tabela(s), que denominaremos de *tabela(s)-argumento*, o resultado é uma tabela, que denominaremos de *tabela-resultado*. Recordemos que "tabela" é uma denominação popular para o que matematicamente é chamado de "relação", como vimos em 3.2. Se essa denominação fosse levada rigorosamente à Álgebra Relacional, ela deveria ser chamada de "Álgebra Tabular".

4.2.1 Projeção de uma tabela

Suponhamos que se tenha a seguinte consulta: "Quais são os nomes das pessoas com dados gravados no BD"? Na Álgebra Relacional, essa consulta seria expressa da seguinte maneira:

`Pessoas.Nome`

Aplicada à tabela da fig. 3.2, essa consulta daria a tabela-resultado da fig. 4.2.1.

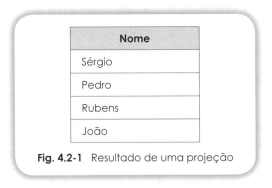

Fig. 4.2-1 Resultado de uma projeção

Essa operação de *projeção*, indicada aqui por um operador infixo (isto é, que é escrito entre os argumentos aos quais se aplica, como é o caso dos operadores aritméticos binários comuns +, ÷, etc.) representado por um ponto (no original, de Codd, o operador era prefixo, isto é, colocado antes dos argumentos, representado por π), pode ser interpretada como "projete todas as linhas da tabela Pessoas na coluna Nome" e o seu resultado, nesse caso, é uma tabela sem nome com uma só coluna Nome, com todos os valores que ocorrem na coluna Nome da tabela Pessoas, sem repetições. Outras notações diferentes do ponto poderiam ser usadas, mas quisemos ficar próximos à forma usada em SQL, como se verá na seção 4.4. Ela corresponde à cláusula **de** que empregamos na linguagem de consultas para o MER em 2.26.

A consulta "Quais são os nomes e datas de nascimento das pessoas?" seria expressa com a seguinte projeção:

162   Capítulo 4 — Linguagens de Acesso ao Modelo Relacional

```
Pessoas.(Nome, Data-nascimento)
```

obtendo-se como resultado uma tabela sem nome com as colunas Nome e Data-nascimento. No caso, ela contém as linhas da tabela Pessoas reduzida apenas a essas duas colunas, eliminando-se linhas duplicadas.

Vemos, portanto, que uma possível sintaxe para a operação de projeção é

```
Tabela.Coluna
```

quando se trata da projeção em uma só coluna, ou

```
Tabela.(Coluna₁, Coluna₂, ..., Colunaₙ)
```

para projeção em várias colunas, onde Tabela representa o nome de uma tabela, e Coluna, $Coluna_1$, ..., $Coluna_n$ representam os nomes de algumas de suas colunas, em qualquer ordem.

Basicamente, a operação de projeção produz uma redução de uma tabela apenas às colunas especificadas na operação ou, em outras palavras, é uma operação de seleção de apenas algumas colunas. Como o resultado é uma tabela, isto é, um conjunto de linhas no sentido matemático, eventuais linhas repetidas que aparecem na tabela-resultado são eliminadas desta.

Formalismo matemático*: Ver F4.2.1

***Exercício* E4.2.1** Baseado nas tabelas mencionadas em 4.1, e usando a operação de projeção, formule as consultas: 1) Forneça o nome e o sexo de todas as pessoas cadastradas; 2) Forneça o título e a editora de todos os livros; 3) Quais os assuntos cadastrados?

4.2.2 Restrição de uma tabela

Como vimos, a operação de projeção seleciona colunas de tabelas. A operação de *restrição* seleciona linhas completas. Se a operação é feita sobre uma certa tabela, uma linha desta é incluída na tabela-resultado baseado em 1) comparação, com uma constante, do valor de uma coluna especificada ou 2) comparação entre os valores de duas colunas dessa linha. Ela dá como resultado uma tabela sem nome, com as colunas com os nomes da tabela original, e com as linhas selecionadas. Isto é, produz um subconjunto das linhas da tabela original. Por exemplo, a consulta "quais são os dados das pessoas nascidas depois de 1945 inclusive?" seria representada por

```
Pessoas[Data-nascimento ≥ 1945]
```

(supondo-se que essa comparação seja válida para datas). Aplicada à tabela da fig. 3.2, a tabela-resultado seria a da fig. 4.2-2.

A sintaxe que usamos para a operação de restrição é

```
Tabela[Coluna p constante] ou
```

```
Tabela[Coluna₁ p Coluna₂]
```

onde p é um operador de comparação, em geral $\leq, <, =, \neq, >$ ou $\geq$, que deve ser compatível com os domínios das colunas envolvidas na comparação e com o tipo da constante. Esse operador pode ser estendido, abrangendo outras operações além das comparações

4.2 ÁLGEBRA RELACIONAL

163

numéricas, como por exemplo para cadeias de caracteres (testar se uma cadeia é igual a outra, está contida em outra, é o prefixo de uma outra, etc.). A sintaxe usada por Codd empregava um operador prefixo indicado por σ.

Note-se que a segunda forma acima compara os valores de duas colunas *diferentes* para cada linha de uma tabela.

Número-de-pessoa	Nome	Endereço	Sexo	Telefone	Data-nascimento
2	Pedro	R. Azul 50	M	6655-8877	27/10/1945
3	Rubens	R. Verde 100	M	8877-6655	18/4/1960

Fig. 4.2-2 Resultado de uma restrição

Formalismo matemático: F4.2.2

Exercício E4.2.2 Baseado nas tabelas mencionadas em 4.1, e usando a operação de restrição, formule as seguintes consultas: 1) Forneça todos os dados da tabela Livros das editoras que editaram livros na cidade Caixa Prego; 2) Forneça todos os dados das pessoas do sexo feminino; 3) Dê o número dos livros do assunto Ciência.

4.2.3 Seleção em uma tabela

A *seleção* é uma combinação da restrição seguida da projeção (por que nessa ordem?). Por exemplo, a consulta "quais são os nomes das pessoas que nasceram a partir de 1950?", aplicada à tabela Pessoas de 4.1, seria

```
Pessoas[Data-do-nascimento ≥ 1945].Nome
```

dando como resultado uma tabela sem nome, com uma coluna Nome e as linhas contendo Sérgio e Rubens. Se o desejado fosse o nome e a data de nascimento de cada pessoa, a formulação seria

```
Pessoas[Data-do-nascimento ≥ 1945].(Nome, Data-do-nascimento)
```

A *condição de seleção* Data-do-nascimento ≥ 1945 pode ser combinada com outras usando conectivos lógicos **e**, **ou**, e **não**, como, por exemplo, para as pessoas nascidas entre 1945 e 1980:

```
Pessoas[Data-do-nascimento ≥ 1945 e Data-do-nascimento ≤
1980].(Nome, Data-do-nascimento)
```

Quando o conectivo usado é **e** e o operador é de igualdade, as colunas devem obrigatoriamente ser diferentes. De fato, uma seleção como

```
Pessoas[Data-do-nascimento = 1945 e Data-do-nascimento = 1980]
```

daria como resultado uma tabela vazia (por quê?).

Obviamente, as condições podem envolver mais de uma coluna. Para especificar os nomes das pessoas nascidas entre 1945 e 1980, do sexo feminino, teríamos

164   CAPÍTULO 4 — LINGUAGENS DE ACESSO AO MODELO RELACIONAL

```
Pessoas[Data-do-nascimento ≥ 1945 e Data-do-nascimento ≤ 1980 e
Sexo = F].Nome
```

Exercícios

E4.2.3-1 Baseado nas tabelas da seção 4.1 e usando a operação de seleção, formule as consultas: 1) Forneça o nome das editoras que editaram livros na cidade Caixa Prego; 2) Forneça o nome dos autores do livro de número 1234; 3) Forneça a editora e a cidade que editou o livro *A Filosofia da Liberdade*; 4) Forneça os números e títulos dos livros que estão emprestados a alguma pessoa.

E4.2.3-2 Por que a seleção

```
Pessoas[Sexo = F e Sexo = M].Nome
```

não faz sentido?

4.2.4 Junção de duas tabelas

As três operações vistas até o momento envolvem uma única tabela. Assim, não poderíamos com elas atender a consulta "forneça o nome da pessoa que emprestou o livro de título *Economia Viva*". A operação de *junção* (do inglês *join*) permite o uso de duas tabelas-argumento, cruzando-se os seus dados (de fato, na linguagem de desenvolvimento de aplicações Datatrieve para os antigos computadores VAX da Digital Co. essa operação era chamada de **cross**). A tabela-resultado recebe todas as colunas das duas tabelas-argumento, somente com as linhas para as quais certas condições entre os valores das colunas de tabelas diferentes são satisfeitas. Assim, certas linhas de uma tabela são concatenadas a certas linhas da outra. Escolhendo-se adequadamente aquelas condições, pode-se especificar acessos ao BD que envolvem ligações entre tabelas, e que portanto representam dados envolvendo relacionamentos conceituais. Por exemplo, dadas as tabelas da fig. 3.5-2, queremos expressar a consulta "que livros estão emprestados a quais pessoas?", que necessariamente envolve as tabelas Livros e Pessoas. Uma possível sintaxe seria

```
Pessoas[Número-de-pessoa = CT-Número-de-pessoa]Livros
```

obtendo-se como resultado a tabela da fig. 4.2-3 (colocamos apenas as colunas da fig. 3.5-2 que mostram dados).

Número-de-pessoa	Nome	Número-de-livro	CT-Número-de-pessoa	Título
2	Pedro	1	2	A Filosofia da Liberdade
3	Rubens	2	3	A Obra Científica de Goethe
4	João	3	4	Verdade e Ciência
2	Pedro	4	2	Economia Viva

Fig. 4.2-3 Resultado de uma junção

4.2 ÁLGEBRA RELACIONAL — 165

A expressão

```
Número-de-pessoa = CT-Número-de-pessoa
```

indica a *condição de junção*. Ela especifica que serão colocadas nas linhas da tabela-resultado apenas as linhas concatenadas das tabelas Pessoas e Livros, que contêm valor igual nas colunas Número-de-pessoa e CT-Número-de-pessoa respectivamente, como se pode ver na fig. 4.2-3. Essas são justamente as colunas que produzem a ligação entre as linhas das duas tabelas. Assim, somente as linhas ligadas farão parte da tabela-resultado. Com isso, ficamos sabendo, por exemplo, que Pedro emprestou os livros *A Filosofia da Liberdade* e *Economia Viva*. Note-se que se pode realmente considerar que as duas tabelas foram "juntadas", justificando-se o nome da operação.

A condição de junção pode envolver mais de uma coluna de cada lado da igualdade. É o caso em que a chave de uma das tabelas é composta. Isso ocorre, por exemplo, quando uma consulta envolve uma ligação com uma tabela auxiliar que implementa uma agregação, como a ligação entre R_1 e R_2 da fig. 3.11.13a. A especificação de junção seria, nesse caso abstrato,

$$R_1[(CT\text{-}c_1, CT\text{-}c_2) = (CT\text{-}c_1\text{-}R_1, CT\text{-}c_2\text{-}R_1)]R_2$$

Em geral, não há interesse em obter todas as colunas das duas tabelas-argumento. A própria presença, na tabela-resultado, das colunas usadas em uma condição de junção é uma redundância, pois elas contêm necessariamente o mesmo valor em cada linha. Para se especificar apenas algumas das colunas da tabela-resultado, pode-se usar a operação de projeção. A consulta "forneça os títulos dos livros emprestados e o nome de quem os emprestou" seria então expressa por

```
(Pessoas{Número-de-pessoa =
                CT-Número-de-pessoa}Livros).(Título, Nome)
```

obtendo-se como resultado a tabela da fig. 4.2-4.

Título	Nome
A Filosofia da Liberdade	Pedro
A Obra Científica de Goethe	Rubens
Verdade e Ciência	João
Economia Viva	Pedro

Fig. 4.2-4 Junção com projeção

Formalismo matemático: F4.2.4.

4.2.5 Renomeação de colunas e nomeação de tabelas

O leitor mais atento poderá estar se perguntando: "O que acontece se duas tabelas a serem juntadas têm colunas com nomes iguais, e que não ocorrem na condição de jun-

166 CAPÍTULO 4 — LINGUAGENS DE ACESSO AO MODELO RELACIONAL

ção? A tabela-resultado teria duas colunas com nomes iguais? Como se especificaria a projeção em uma das duas colunas?" O fato é que uma tabela, em particular uma tabela-resultado, não pode jamais ter duas colunas com nomes iguais (cf. propriedade **P3** da seção 3.2). Para evitar isso, seria necessário mudar, na especificação da junção, o nome de uma das colunas conflitantes. Desse modo essa mudança seria virtual, válida apenas durante a execução da operação. A tabela-resultado teria o nome mudado na coluna correspondente. Vamos, então, introduzir uma operação de *renomeação* de colunas, para a qual empregaremos o símbolo ->. Por exemplo, para mudar o nome da coluna Nome da tabela Pessoas para Emprestado-a na junção exemplificada, poder-se-ia ter a seguinte sintaxe:

```
Pessoas(Nome->Emprestado-a)[Número-de-pessoa =
        CT-Número-de-pessoas] Livros).(Título, Emprestado-a)
```

obtendo-se o resultado da fig. 4.2-5.

Título	Emprestado-a
A Filosofia da Liberdade	Pedro
A Obra Científica de Goethe	Rubens
Verdade e Ciência	João
Economia Viva	Pedro

Fig. 4.2-5 Mudança de nome de coluna do resultado

Essa questão de uma operação para a mudança de nome de uma coluna sugere que se use a mesma sintaxe para um operador de *nomeação* de tabelas-resultado de qualquer operação que dê uma tabela como resultado. Por exemplo,

```
Pessoas(Nome->Emprestado-a){Número-de-pessoa =
        CT-Número-de-pessoas} Livros).(Título, Emprestado-a)
        ->Livros-emprestados
```

resultaria na tabela da fig. 4.2-6.

Livros-emprestados	
Título	Emprestado-a
A Filosofia da Liberdade	Pedro
A Obra Científica de Goethe	Rubens
Verdade e Ciência	João
Economia Viva	Pedro

Fig. 4.2-6 Atribuição de nome a uma tabela-resultado

4.2 Álgebra Relacional

A sintaxe geral de uma junção com mudança de nome de colunas e nomeação da tabela-resultado seria, então (para simplificar, consideramos uma condição de junção com uma só coluna em cada tabela),

```
(Tabela₁(Coluna₁₁ -> Nova-coluna₁₁, ..., Coluna₁ₘ -> Nova-
coluna₁ₘ)[Coluna₁ᵢ = Coluna₂ⱼ]Tabela₂(Coluna₂₁ -> Nova-coluna₂₁,
..., Coluna₂ₙ -> Nova-coluna₂ₙ)).(Colunaₖᵢ, Nova-Colunaₖⱼ, ...,
Colunaₖₚ, Nova-Colunaₖq)->Nova-tabela
```

onde $Coluna_{1i}$, é o nome de uma coluna da $Tabela_1$, $Coluna_{2i}$ da $Tabela_2$, k indica a tabela (1 ou 2) e Nova-tabela é o nome que será dado à tabela-resultado.

Há dois casos em que se deve nomear uma tabela-resultado: 1) Deseja-se aplicar posteriormente a ela outras operações; em termos de GBDs, é como se tivesse sido declarada, criada e carregada (com dados) uma nova tabela, que fica armazenada para acessos posteriores; 2) Deseja-se modificar uma tabela; para isso, basta usar como nome da tabela-resultado uma das tabelas-argumento, como será exemplificado na seção seguinte. Assim, as operações vistas até aqui, que eram usadas para simples consulta, passam a poder ser usadas na modificação de tabelas.

4.2.6 Junção natural

Existe um caso particular de junção de duas tabelas, em que a condição de junção envolve colunas de mesmo nome nas duas tabelas-argumento, e não há outras colunas nas duas tabelas com nomes iguais. Nesse caso, não é necessário especificar a condição de junção, que fica implícita, obtendo-se o que é denominado de *junção natural* (apesar de ela não ter nada de "natural"...), do inglês *natural join*. Para isso, usa-se o símbolo especial ⋈. Como exemplo, suponhamos que haja duas tabelas com os esquemas

```
Músicas(Número-da-Música, Nome-da-Música)
Compositores(Número-da-música, Nome-do-compositor)
```

em que Número-da-música de Compositores é a chave transposta de Número-da-música de Músicas. (Note-se que adotamos neste livro sempre nomes diferentes para as chaves transpostas, para facilitar as descrições envolvendo-as e as chaves, mas aqui colocamos o mesmo nome para poder ilustrar esta operação.) Nesse caso, uma consulta "forneça o nome de todas as músicas e de seus compositores" poderia ser formulada usando-se a junção natural como:

```
(Músicas ⋈ Compositores).(Nome-da-música, Nome-do-compositor)
```

A tabela-resultado de uma operação de junção natural contém todas as colunas das duas tabelas-argumento, com exceção das colunas usadas na condição de junção implícita, que aparecem apenas uma vez. Isto é, a duplicação é eliminada (os nomes e valores dessas duas colunas seriam iguais, e portanto redundantes, infringindo ainda a propriedade P3 de 3.2). Note-se que os outros atributos de cada esquema, fora dos usados na condição implícita da junção natural, devem ter nomes diferentes, caso contrário seriam envolvidos automaticamente na condição de junção.

Exercícios

Levando em conta as tabelas de esquemas apresentados em 4.1, formule as seguintes consultas usando as operações da álgebra relacional vistas até aqui:

168 CAPÍTULO 4 — LINGUAGENS DE ACESSO AO MODELO RELACIONAL

E4.2.6-1 Dar o nome dos livros que têm Bancos de Dados entre seus assuntos.

E4.2.6-2 Estenda a consulta anterior para dar o nome dos livros que têm Bancos de Dados e também Orientação a Objetos entre seus assuntos.

E4.2.6-3 Dar o nome das pessoas do sexo feminino que emprestaram livros com assunto Ciência.

E4.2.6-4 Quais são os assuntos dos livros da editora Edgard Blücher emprestados por pessoas do sexo feminino?

E4.2.6-5 Dada a tabela da fig. 3.11, dar o número dos livros originais com os números de suas versões.

4.2.7 Outras operações da álgebra relacional

As operações de seleção e de junção podem ser classificadas como as mais importantes para a conceituação de linguagens para o MR. Outras operações podem ser definidas, baseadas no fato de as tabelas serem conjuntos (de linhas ou n-plas ordenadas) no sentido matemático. Assim, as operações clássicas sobre conjuntos podem ser aplicadas a elas: *produto cartesiano, união, interseção, complementação relativa* e *divisão* de duas tabelas, e *testes de inclusão* e de *contenção* de uma tabela em outra. As cinco primeiras dão como resultado uma tabela. As duas últimas operações dão como resultado um predicado "verdadeiro" ou "falso".

A união, a interseção e a complementação relativa requerem que as duas tabelas-argumento tenham *compatibilidade de união*, isto é, que tenham o mesmo grau (mesmo número de colunas) e que as colunas correspondentes, pela ordem, tenham o mesmo domínio.

O *produto cartesiano* tem valor simplesmente conceitual (isto é, na prática não é usado em consultas), e na álgebra relacional difere da mesma operação comumente definida na matemática: aplicado a duas tabelas, dá como resultado não um conjunto de pares, mas uma tabela. Essa tabela-resultado contém todas as colunas das duas tabelas, e suas linhas são compostas da concatenação de cada linha da primeira tabela-argumento com cada linha da segunda. Assim, o número de linhas da tabela-resultado é o produto dos números de linhas das duas tabelas-argumento.

Formalismo matemático: F4.2.7-1.

Note-se que a junção de duas tabelas resulta sempre em um subconjunto do produto cartesiano das mesmas. Esse subconjunto é restrito às linhas que satisfazem a condição de junção.

A *união* de duas tabelas é a operação de união de conjuntos (de linhas); é como se se concatenasse uma tabela à outra, ou se inserissem as linhas de uma na outra, eliminando-se eventuais linhas duplicadas.

Por meio da *união* de duas tabelas e a nomeação da tabela-resultado, pode-se especificar a inserção de uma ou mais linhas em uma tabela. Por exemplo, a inserção do livro *A Pedagogia Waldorf* na tabela Livros da fig. 3.3, emprestado a Pedro, poderia ser especificada como

```
Livros ∪ {(5, 3, A Pedagogia Waldorf)} -> Livros
```

notando-se que a nomeação de uma tabela-resultado com o mesmo nome de uma das

4.2 ÁLGEBRA RELACIONAL

tabelas-argumento indica a substituição dessa última pelo resultado da operação (note-se a semelhança com os comandos de atribuição das linguagens de programação). Ignoramos as colunas que foram indicadas pelas reticências na fig. 3.5-2; é como se os valores inseridos para elas fossem vazios. Conservamos as chaves ao redor da notação da tripla (5, 3, A Pedagogia Waldorf) por puro rigor notacional, já que a união é feita sempre entre dois conjuntos.

A união de duas tabelas, com nomeação da tabela-resultado usando-se o nome de uma das duas tabelas-argumento, permite a especificação, em um só comando, da inserção de várias linhas nessa última.

A *interseção* de duas tabelas dá como resultado uma tabela com apenas as linhas, com valores iguais em todas as colunas, que ocorrem simultaneamente nas duas tabelas-argumento.

A *complementação relativa* é uma operação em que as tabelas-argumento devem ter compatibilidade de união, e dá como resultado uma tabela que é a do primeiro argumento, com a eliminação das linhas idênticas que ocorrem na segunda tabela-argumento (nesta, podem ocorrer linhas que não ocorrem na primeira). Com essa operação, pode-se especificar a eliminação de uma linha. Se Rubens devolver o livro, isso poderia ser registrado no BD com a operação

```
(Livros — {(5, 3, A Pedagogia Waldorf)})∪
              {(5,, A Pedagogia Waldorf)} -> Livros
```

tendo-se com isso, efetivamente, substituído o 3 por um vazio, indicando que o livro não está mais emprestado. Na verdade, o estritamente necessário seria especificar na primeira operação a linha por meio do valor da chave:

```
Livros — {(5)}
```

tendo-se aproveitado o fato de a chave ser a primeira coluna. Para pular uma coluna numa especificação dessas, basta deixar o valor vazio, usando-se duas vírgulas consecutivas. Assim, não havendo dois livros de nomes iguais (isto é, o título seria uma chave alternativa), poder-se-ia especificar:

```
Livros — {( , , A Pedagogia Waldorf)}
```

Obviamente, essa operação exige que as duas tabelas tenham compatibilidade de união.

Usando-se a tabela Livros da fig. 3.5-2, a consulta "quais são os números das pessoas que não estão com livros emprestados?" poderia ser expressa como

```
Pessoas.Número-de-pessoa — Livros.CT-Número-de-pessoa
```

obtendo-se, como resultado, uma tabela contendo uma única coluna Número-de-pessoa com uma única linha, com o valor 1 (Número-de-pessoa de Sérgio, que não emprestou nenhum livro, pois seu número não consta da coluna CT-Número-de-pessoa de Livros).

Mas se o interesse é saber quais são os nomes das pessoas que não estão com livros emprestados, é necessário usar uma junção, pois é preciso usar dados de duas tabelas:

```
((Pessoas.Número-de-pessoa — Livros.CT-número-de-pessoa)
    [Número-de-pessoa = Número-de-pessoa]Pessoas).Nome
```

CAPÍTULO 4 — LINGUAGENS DE ACESSO AO MODELO RELACIONAL

Note-se que há uma ligação entre a tabela-resultado da primeiro operação e a tabela Pessoas. Como foi visto na seção anterior, a junção permite uma consulta usando-se uma ligação entre duas tabelas.

A consulta "Sérgio emprestou algum livro?" pode ser expressa usando-se uma seleção seguida da operação que denominaremos de *teste de inclusão*:

```
Pessoas[Nome = "Sérgio"].Número-de-pessoa ⊆
         Livros.CT-Número-de-pessoa
```

obtendo-se no caso a resposta "não".

A operação de *teste de contenção*, denotada pelo símbolo ⊇, testa se uma tabela contém uma outra e é simétrica à de inclusão, dando o mesmo resultado se a ordem dos argumentos fosse trocada. Pode-se também introduzir a operação de *teste de inclusão própria*, denotada por ⊂. Ela testa se uma tabela está propriamente incluída em outra, isto é, só dá resultado "verdadeiro" se uma está incluída na outra e se não forem iguais (o que é permitido no teste de simples inclusão, ⊆). Idem para a contenção própria ⊃.

Note-se que não abordamos a operação de *teste de pertinência* (em geral denotado por ∈) de uma linha em uma tabela, pois denotando-se uma linha como uma tabela unitária, isto é, contendo só essa linha, essa operação é idêntica à inclusão. Note-se ainda que estamos usando "inclusão" para designar o predicado que indica se um conjunto está incluído em outro, isto é, se o primeiro é subconjunto do segundo, e "inserção" para a função de inserir uma ou mais linhas em uma tabela.

Finalmente, há uma operação, a *divisão*, que simplifica as consultas que envolvem a cláusula "todos". Para ilustrar essa operação, vejamos o exemplo das tabelas da fig. 4.2-7, que mostra a implementação do atributo multivalorado Assuntos, com os assuntos de cada livro (ver a fig. 2.30-2 e a seção 3.10), com o esquema visto em 4.1.

Suponhamos que se queira fazer a consulta "quais são os números dos livros que contêm *ambos* os assuntos Cognição e Percepção?" Uma operação de seleção contendo esses dois assuntos não resolveria o problema, pois a especificação da condição de seleção

```
Assunto = Cognição ou Assunto = Percepção
```

não preencheria a condição desejada, já que seria satisfeita por um livro que tivesse qualquer um dos dois, como é o caso do livro de número 2 na fig. 4.2-7. O conectivo **e** também não funcionaria, pois o resultado seria vazio (ver 4.2.3).

Vejamos como a operação de divisão resolve esse problema. Para isso, vamos construir inicialmente uma tabela auxiliar Assuntos-desejados, contendo os assuntos desejados, da fig. 4.2-8.

A consulta citada é expressa usando o operador de divisão ÷ do seguinte modo, para a tabela Assuntos da fig. 4.2-8:

```
Assuntos [Assunto ÷ Assunto] Assuntos-desejados
```

Ou, como as colunas que servem para comparar os valores têm o mesmo nome, simplesmente

```
Assuntos ÷ Assuntos-desejados
```

com a qual obtém-se uma tabela contendo as colunas de Livros sem a coluna Assunto, satisfazendo a condição desejada.

4.2 Álgebra Relacional

Livros	
Número-de-livro	**Título**
1	A Filosofia da Liberdade
2	A Obra Científica de Goethe
3	Verdade e Ciência
4	Economia Viva

Assuntos	
CT-Número-de-livro	**Assunto**
1	Cognição
1	Percepção
1	Sentimento
3	Cognição
3	Percepção
4	Organização Social
4	Dinheiro
4	Economia Associativa

Fig. 4.2-7 Tabelas de livros e de seus assuntos

Assuntos-desejados
Assunto
Cognição
Percepção

Fig. 4.2-8 Tabela auxiliar para uma operação de divisão

Na divisão de uma tabela T_1 por outra T_2 segundo as colunas c_1 de T_1 e c_2 de T_2, uma linha l_1 de T_1 é inserida na tabela-resultado *sse* as linhas de T_1 que têm os mesmos valores nas colunas *fora* da c_1 cobrirem em c_1 todos os valores de c_2.

Formalismo matemático: F4.2.7-2.

172 CAPÍTULO 4 — LINGUAGENS DE ACESSO AO MODELO RELACIONAL

Exercícios

Usando as tabelas mencionadas em 4.1, formule as seguintes consultas:

E4.2.7-1 Usando as operações de união e junção, "forneça o nome dos livros que contêm os assuntos Bancos de Dados ou Orientação a Objetos."

E4.2.7-2 Usando as operações de interseção e junção, "forneça o nome dos livros que contêm os assuntos Bancos de Dados e Orientação a Objetos."

E4.2.7-3 Usando as operações de complementação relativa e outras, "forneça o nome dos livros que *não* contêm os assuntos Bancos de Dados ou Orientação a Objetos.

E4.2.7-4 Projete um modelo ER representando insumos de uma empresa e seus potenciais fornecedores. Derive o modelo relacional correspondente e, usando a operação de divisão e outras da álgebra relacional, expresse a consulta "dê os nomes dos fornecedores que fornecem todos os materiais".

4.3 Cálculo relacional

Como dissemos na introdução à seção 4.1, Codd definiu duas linguagens de acesso aos modelos relacionais. A primeira, Álgebra das Relações, foi introduzida na seção 4.2. A segunda é o *Cálculo das Relações*, uma linguagem em que as consultas são formuladas como definição de conjuntos (sob a forma de tabelas) usando-se o cálculo de predicados de primeira ordem. Codd deu uma sintaxe especial para evitar uma parte da notação matemática de conjuntos, denominando a linguagem correspondente de DSL-Alpha. Apresentaremos aqui apenas as formas mais elementares, correspondentes somente às operações de projeção, restrição e de seleção. As formas mais complicadas, que envolvem ligações entre tabelas, serão abordadas na seção de formalismo matemático F4.3.

Ao contrário da Álgebra Relacional, que opera com as tabelas como se fossem conjuntos em sua totalidade, aparecem variáveis cujos valores assumem linhas de tabelas, também chamadas "*variáveis n-plas*", dando origem ao "Cálculo Relacional de N-plas" (*Tuple Relational Calculus*), ou assumem colunas, consistindo no "Cálculo Relacional de Domínios" (*Domain Relational Calculus*). Vamos mencionar apenas o primeiro sob a forma da linguagem DSL-Alpha. Usaremos as mesmas consultas que exemplificaram a álgebra relacional na seção 4.2, para empregar algo já familiar ao leitor, e para efeito de comparação, usando as tabelas mencionadas em 4.1.

Iniciemos com o equivalente à operação de projeção, vista na seção 4.2.1. A consulta "quais são os nomes das pessoas com dados gravados no BD?" seria expressa em DSL-Alpha, por exemplo, como:

```
range Pessoas p
get Nomes-das-pessoas (p.Nome)
```

O comando **range** declara a variável p como assumindo valores de linhas de Pessoas: é uma variável n-pla. O comando **get** declara a tabela-resultado Nomes-das-pessoas e coloca nela todos os valores assumidos por p projetados na coluna Nome, isto é, equivale à projeção de Pessoas em Nome. A tabela Nomes-de-pessoas é criada nesse caso com uma única coluna, Nome. Pode-se imaginar p varrendo cada linha de Pessoas, e para cada linha a projeção desta em Nome é colocada na tabela-resultado.

4.3 Cálculo Relacional

Note-se que essa linguagem é apenas uma sintaxe diferente para a notação tradicional de uma definição simbólica de conjuntos, que no caso poderia ser expressa como:

```
Nomes-das-pessoas = {(p.Nome | p ∈ Pessoas}
```

entendendo-se assim que Nomes-de-pessoas é o nome do conjunto que se está definindo.

Nesse caso, a DSL-Alpha permite a omissão da variável:

get Nomes-das-pessoas (Pessoas.Nome)

Isso deve ser entendido como se fosse criada uma variável inplícita para Pessoas (por exemplo, p), que é usada em lugar desse nome de tabela no "processamento" da consulta, assumindo consecutivamente o valor de cada linha.

A consulta "Quais são os nomes e datas de nascimento das pessoas?" seria expressa em DSL-Alpha como:

```
range Pessoas p
get Nomes-e-aniversários (p.Nome, p.Data-nascimento)
```

ou

```
get Nomes-e-aniversários (Pessoas.Nome,
        Pessoas.Data-nascimento)
```

***Exercício* E4.3-1** Repita o exercício **E4.2.1** expressando as consultas como definições de conjuntos e em DSL-Alpha.

Passemos ao equivalente à restrição, vista em 4.2.2. A consulta "quais são os dados das pessoas nascidas após 1945 inclusive?" poderia ser, em DSL-Alpha,

```
range Pessoas p
get Pessoas-jovens (p): p.Data-do-nascimento ≥ 1945
```

ou

```
get Pessoas-jovens (Pessoas): Pessoas.Data-do-nascimento ≥ 1945
```

Note-se a semelhança com a notação usual de conjuntos:

```
Pessoas-jovens = {p ∈ Pessoas | p.Data-do-nascimento ≥ 1945}
```

***Exercício* E4.3-2** Repita o exercício E4.2.2 expressando as consultas como definições de conjuntos e em DSL-Alpha.

A seleção de 4.2.3, "quais são os nomes das pessoas que nasceram a partir de 1945?", seria:

```
get Pessoas-jovens (Pessoas.Nome, Pessoas.Data-nascimento):
Pessoas.Data-do-nascimento ≥ 1945
```

Para combinação de condições:

```
get Nomes-das-pessoas-jovens (Pessoas.Nome,
        Pessoas.Data-nascimento):
        Pessoas.Data-do-nascimento ≥ 1945 e
        Pessoas.Data-do-nascimento ≤ 1980
```

Exercício E4.3-3 Repita o exercício **E4.2.3-1** expressando as consultas como definições de conjuntos e em DSL-Alpha.

Esses exemplos já são suficientes para dar uma idéia de como são formuladas consultas simples, que não envolvem ligações entre tabelas. Quando são envolvidas ligações, é necessário usar os assim chamados "quantificadores" do cálculo de predicados da Lógica Matemática. Para isso, veja-se o

Formalismo matemático: F4.3.

4.4 A linguagem SQL

A linguagem SQL (*Structured Query Language*) tornou-se, infelizmente, um padrão para linguagens de declaração de BDR, isto é, para especificar quais tabelas fazem parte do BD e o esquema de cada uma, bem como para se especificar o acesso que se deseja fazer aos dados do BD (isto é, busca e modificação dos dados). Deve ficar bem claro, logo de início, que SQL não é uma linguagem de programação, mas somente de declaração de, e acesso a, tabelas. Portanto, para se fazer qualquer tipo de processamento que transcenda o mero acesso aos dados, é necessário "embutir" os comandos de SQL em uma linguagem hospedeira (*host language*), como exemplificaremos em 4.4.16. Um exemplo de um processamento que é impossível de se especificar somente em SQL é, por exemplo, a leitura de uma linha de uma tabela, sua exibição na tela do computador, à espera de o usuário apertar uma tecla qualquer do teclado e, quando isso acontece, passar para a próxima linha da tabela e exibi-la na tela, parando o processo quando a última linha for exibida. Assim, esse acesso, o mais elementar possível a um BD (por ser meramente seqüencial, envolvendo uma única tabela), necessita que se embutam comandos de SQL em uma linguagem de programação, onde se pode especificar a malha de repetição, a exibição na tela, etc. Veremos mais adiante que o fato de SQL não ser uma linguagem de programação é apenas o menor de seus absurdos. Afinal, essa característica tem uma grande vantagem: a especificação do acesso aos BDRs tornou-se relativamente padronizada. (O "relativamente" deve-se ao fato de que cada GBD introduziu suas próprias extensões e idiossincrasias na sua versão de SQL.)

Infelizmente, várias linguagens excelentes para declaração de tabelas para o GBD, bem como de acesso a elas, foram eliminadas pela adoção generalizada da linguagem SQL. Assim sendo, restringir-nos-emos aqui a uma apresentação de características básicas dessa linguagem. Na seção de histórico e referências discorreremos sobre a origem da mesma.

A declaração de uma tabela resume-se à descrição do seu esquema (ver a seção 3.2), dos domínios, de integridades referenciais e certas restrições de integridade. Vamos dar um exemplo simples, para deixar claros os princípios de declaração de tabelas. Na seção 4.4.13, voltaremos às declarações de tabelas com mais detalhe, abordando então as questões de declarar chaves e certas restrições de integridade.

Na linguagem SQL, poderíamos declarar uma relação como segue (para maior clareza, manteremos somente as palavras reservadas em inglês e, além disso, grafá-las-emos em negrito):

4.4 A Linguagem SQL

```
create table Pessoas
 (Numero_de_pessoa smallint,
  Nome varchar(20),
  Endereço varchar(20),
  Sexo char(1),
  Data_nascimento char(8));
```

Introduziremos a linguagem SQL, em sua versão padronizada SQL2, por meio de exemplos de complexidade progressiva. Nossa intenção não é a de colocar aqui um manual da linguagem, mas introduzir seus conceitos principais e mostrar como muitos podem ser compreendidos a partir da Álgebra e no Cálculo Relacional. Comecemos pelos exemplos vistos nas seções 4.2 e 4.3. Novamente, serão empregados principalmente os esquemas usados nessas seções (atenção: tiramos os acentos, pois em geral os sistemas não os aceitam nos nomes dos atributos):

```
Pessoas  (Numero_de_pessoa, Nome, Endereço, Sexo,
          Data_nascimento)
Livros   (Numero_de_livro, CT_Numero_de_pessoa, Titulo, Cidade,
          Editora, Ano)
Assuntos(CT_Numero_de_livro, Assunto)
```

Usamos o sinal de sublinhado (*underscore, underline*) em lugar do hífen nos nomes das colunas, pois este último não é aceito em geral pelos GBDs, que usam SQL, para não confundir com a operação de subtração (na linguagem de programação COBOL, a distinção era obtida exigindo-se que o sinal de subtração fosse precedido e seguido de um espaço em branco). Por isso, eliminamos também os acentos e substituímos o ç por um *c*. No entanto, para maior clareza mantivemos a distinção entre letras maiúsculas e minúsculas, apesar de ela em geral não existir nos GBDs, que usam SQL, a não ser nos dados armazenados.

Recordando, CT_Numero_de_pessoa de Livros é uma coluna transposta com valores da chave de Pessoas e indica a quem o livro foi emprestado (cada livro está emprestado a uma única pessoa, isto é, a ligação correspondente é **1:N** de Pessoas para Livros). A tabela Assuntos representa os assuntos de cada livro indicado pelo seu número em CT_Numero_de_livro, produzindo uma ligação **1:N** de Livros para Assuntos. Na tabela Assuntos, assuntos que pertencem a mais de um livro aparecem duplicados na coluna Assunto.

Nesta seção usaremos a linguagem SQL2, por considerarmos que é ainda amplamente empregada, em lugar da mais recente SQL2000.

4.4.1 Consultas básicas

A consulta da seção 4.2.1, que ilustrou a operação de projeção, "quais são os nomes das pessoas com dados gravados no BD?", poderia ser expressa em SQL como

select Nome **from** Pessoas

Em todos os GBDs que usam SQL, é possível dar um comando **select** interativamente, obtendo-se no caso, na unidade de saída, uma lista de todas as linhas da tabela Pessoas projetadas em Nome. No seu processamento, a tabela Pessoas é varrida, e para cada linha é exibido o conteúdo da coluna Nome. Uma outra forma é embutir um comando de SQL em uma linguagem de programação (em geral, sob a forma de uma chamada de uma função, onde um dos parâmetros é o comando em SQL representado como cadeia de caracteres) como veremos em 4.4.16. O comando **select** sempre dá uma tabela como resultado, que denominaremos, como na Álgebra e no Cálculo de Predicados, de *tabela-resultado*. Essa tabela pode, no entanto, não ser um conjunto de linhas no sentido matemático. Por uma questão de eficiência, linhas duplicadas não são eliminadas da tabela-resultado (pois para eliminá-las seria em geral necessário ordenar as linhas e comparar cada uma com a seguinte), isto é, se duas pessoas tiverem o mesmo nome, esse nome aparecerá duas vezes na tabela-resultado da consulta acima. Veremos no fim desta seção como eliminar linhas duplicadas.

Denominaremos cada parte sintática de um comando de SQL de uma *cláusula*. Assim, no exemplo acima, são cláusulas as partes **select** Nome e **from** Pessoas. Abreviadamente, faremos referência a uma cláusula usando somente a palavra reservada que a inicia. Assim, no exemplo, quando nos referirmos à cláusula **select** estaremos nos referindo, em verdade, à parte sintática **select** Nome. Por outro lado, usaremos a denominação *comando* **select** para nos referir ao comando completo, com todas as suas partes sintáticas.

Vamos aproveitar esse exemplo simples para introduzir o conceito de variável do tipo linha, ou *variável-linha*, que assume o valor de uma linha de uma tabela. A consulta seguinte é equivalente à anterior, mas usa a variável-linha p:

```
select p.Nome from Pessoas p
```

Nesse comando, p.Nome indica a projeção dos valores assumidos por p. Compare-se com a sintaxe da DSL-Alpha, vista na seção 4.3. A cláusula **from** do comando **select** da SQL equivale a (e talvez tenha sido derivada do) comando em DSL-Alpha

```
range Pessoas p
```

A cláusula **from** indica, portanto, quais tabelas serão usadas, e quais variáveis assumirão os valores de suas linhas, e será denominada de *lista de tabelas e de variáveis-linha*, ou simplesmente *lista de variáveis*. A parte entre o **select** e o **from** indica a projeção desejada, em ambas as formas vistas; denominaremos essa parte de *lista de projeção*.

A consulta "Quais são os nomes e datas de nascimento das pessoas?" seria expressa em SQL como

```
select Nome, Data_nascimento from Pessoas
```

ou, usando uma variável,

```
select p.Nome, p.Data_nascimento from Pessoas p
```

A sintaxe para exibir as linhas todas, e não sua projeção em algumas colunas, é

```
select * from Pessoas
```

Nesse caso, a lista de projeção é resumida ao sinal *, indicando que não há projeção das linhas da tabela-resultado.

Para eliminar duplicatas da tabela-resultado, pode-se usar a cláusula **distinct**:

```
select distinct Nome from Pessoas
```

4.4.2 Consultas com seleção

A consulta "quais são os dados das pessoas nascidas após 1945 inclusive?" que, como visto em 4.2.2, pode ser expressa por meio de uma restrição da álgebra relacional, poderia ser expressa por

```
select * from Pessoas where Data_do_nascimento >= 1945
```

ou, usando uma variável,

```
select * from Pessoas p where p.Data_do_nascimento >= 1945
```

Denominaremos a parte depois de **where** de *predicado* do comando, pois ele deve sempre assumir um valor verdadeiro ou (exclusivo) falso, dependendo dos valores que assumem as projeções das linhas e das variáveis-linha especificadas dentro dele. Não o denominamos de "proposição", pois, como veremos em 4.4.5, ele pode conter quantificadores do cálculo de predicados da lógica matemática.

Nesse exemplo, pode-se imaginar a execução desse comando da seguinte maneira: a variável-linha p assume o valor da primeira linha de Pessoas. O predicado é verificado; se para esse valor de p ele é verdadeiro, o valor de p é colocado na tabela-resultado. O processo é repetido sucessivamente para cada linha de Pessoas.

A sintaxe geral do comando **select** é, portanto,

```
select lista de projeção from lista de tabelas e variáveis-
linha where predicado
```

Assim, em termos de Álgebra Relacional, um comando **select** é basicamente um comando de seleção-projeção.

A consulta de 4.2.3, que ilustrou a operação de seleção, combinando a restrição com a projeção "quais são os nomes das pessoas que nasceram a partir de 1945?" seria:

```
select Nome from Pessoas where Data_do_nascimento >= 1945
```

ou, usando-se variáveis e eliminando-se as duplicatas do resultado:

```
select distinct p.Nome from Pessoas p
  where p.Data_do_nascimento >= 1945
```

O predicado pode conter conectivos lógicos (**and**, **or**, **not**), combinando várias condições, formando as expressões comuns do cálculo proposicional. Por exemplo, para selecionar as jovens que nasceram depois de 1945, inclusive, poderíamos dar o comando

```
select Nome from Pessoas
  where Data_do_nascimento >= 1945 and Sexo = 'F'
```

Recordando a seção 3.3 sobre índices, lembremos que a busca a uma tabela é eficiente quando é feita por uma coluna (ou conjunto de colunas) declarada(o) como índice. Nesse exemplo, o processamento será eficiente se todas as colunas envolvidas na cláusula **where** tiverem sido declaradas como índice. Essa declaração será vista em 4.4.14.

4.4.3 Consultas a tabelas ligadas

Vejamos como exprimir as consultas que envolvem tabelas ligadas. A consulta de 4.2.4

"forneça os título dos livros emprestados e o nome de quem os emprestou" poderia ser expressa por

```
select Titulo, Nome from Livros, Pessoas
  where CT_Numero_de_pessoa = Numero_de_pessoa
```

Dentro da cláusula **where** pode-se reconhecer exatamente a condição de junção vista em 4.2.4. Recordemos que CT_Numero_de_pessoa é coluna de Livros, e Numero_de_pessoa, de Pessoas. Com variáveis-linha teríamos, por exemplo,

```
select v.Titulo, p.Nome from Livros v, Pessoas p
  where v.CT_Numero_de_pessoa = p.Numero_de_pessoa
```

Supondo-se que na tabela Livros a coluna transposta CT_Numero_de_pessoa tivesse sido declarada com o nome Numero_de_pessoa (isto é, igual ao da coluna correspondente em Pessoas), a forma sem variáveis-linha teria que qualificar de que tabela é a coluna, por meio da projeção:

```
select Titulo, Nome from Livros, Pessoas
  where Livros.Numero_de_pessoa = Pessoas.Numero_de_pessoa
```

ou

```
select v.Titulo, p.Nome from Livros v, Pessoas p
  where v.Numero_de_pessoa = p.Numero_de_pessoa
```

O leitor deverá estar se perguntando: "Por que raios os autores estão sempre dando os exemplos com variáveis-linha, se elas são desnecessárias?" Acontece que quisemos até aqui familiarizar o leitor com o uso dessas variáveis, pois em algumas consultas elas são absolutamente necessárias, como por exemplo as que envolvem autoligações, isto é, uma ligação de uma tabela consigo própria. Nesse caso, duas linhas de uma mesma tabela têm que ser comparadas e, para distinguir uma linha da outra, as variáveis do tipo linha são imprescindíveis. Como vimos, a fig. 3.9-1 mostra a autoligação de livros para livros indicando, para um livro original, quais os exemplares adicionais (cópias ou outras edições). A consulta "quais são os números dos livros e os exemplares do livro de título *Economia Viva*?" poderia ser expressa em SQL como

```
select ex.Numero_de_livro, ex.Exemplar from Livros orig, ex
  where orig.Titulo = 'Economia Viva' and orig.Exemplar = 1
    and orig.Numero_de_livro = ex.CT_Numero_de_livro
```

Escolhemos os nomes da variáveis orig e ex para sugerirem o que contêm, isto é, a linha do original e as linhas dos exemplares adicionais, respectivamente. Foi necessário colocar a condição orig.Exemplar = 1, pois com isso localiza-se o exemplar original dos livros desejados. A última condição é a condição de junção. Note-se que da maneira como foi especificada, a consulta exibe o número e o exemplar do livro original. O leitor deveria certificar-se disso. Para isso, basta imaginar as duas variáveis assumindo, cada uma, uma linha de Livros da fig. 3.9-1, iniciando na primeira linha, e verificar se as condições são satisfeitas; nesse caso, deve-se incluir na tabela-resultado as projeções indicadas da linha contida em ex. A seguir, deve-se fazer ex apontar para a linha seguinte, e repetir o procedimento, até que ex assuma o valor da última linha. Aí deve-se passar orig para a próxima linha, recomeçar com ex na primeira linha, e assim por diante. (Note-se que estamos produzindo o produto cartesiano de Livros com Livros ou, em outras palavras, produzindo a combinação de cada linha de Livros com todas as linhas de Livros.)

4.4 A Linguagem SQL

É importante o leitor conscientizar-se de que, para fazer uma consulta envolvendo duas tabelas ligadas, é sempre necessário colocar no predicado a condição de junção. Essa condição é justamente a igualdade das duas colunas anotadas dentro do "foguete" da representação gráfica da fig. 3.5-3. Assim, usando-se essa notação gráfica, não é necessário preocupar-se com a formulação da condição de junção. Se a notação gráfica for a da fig. 3.5-5, a sistematização da notação de chave transposta como CT_... facilita a formulação dessa condição. Assim, um diagrama relacional bem feito e com nomenclatura sistemática torna a expressão de condições de junção uma atividade mecânica por parte do programador de SQL, o que simplifica a formulação de consultas, garantindo que sejam corretas. Condições de junção são grandes fontes de erros em consultas. Com essa sistematização elas passam a ser colocadas nas consultas como algo derivado da estrutura relacional do BD, não necessitando de raciocínio para serem deduzidas a partir da compreensão de cada consulta, do conteúdo das tabelas e do significado da condição de junção.

Para ilustrar uma consulta envolvendo duas ligações entre tabelas e, portanto, o uso de duas condições de junção, vejamos como ficaria a consulta "quais são os assuntos dos livros emprestados por Pedro?":

```
select distinct Assunto from Assuntos, Livros, Pessoas
  where Pessoas.Nome = 'Pedro'
    and Assuntos.CT_Numero_de_livro = Livros.Numero_de_livro
    and Livros.CT_Numero_de_pessoa = Pessoas.Numero_de_pessoa
```

ou, já que não há nomes de colunas iguais nas tabelas, a consulta pode ser simplificada para

```
select distinct Assunto from Assuntos, Livros, Pessoas
  where Nome = 'Pedro'
    and CT_Numero_de_livro = Numero_de_livro
    and CT_Numero_de_pessoa = Numero_de_pessoa
```

Note-se que o fato de não haver duas tabelas com nomes de colunas iguais simplifica a formulação de consultas. Por outro lado, a primeira formulação é mais clara, pois fica explícito que coluna pertence a qual tabela.

Formalismo matemático: ver F4.4.3 para uma consideração sobre a correspondência de consultas com junção e o cálculo de predicados.

Finalmente, é interessante notar que, por uma questão de eficiência, cada coluna (ou conjunto de colunas) transposta(s) deve ser declarada(o) como índice, como veremos em 4.4.14. A chave de onde houve a transposição deve também ter sido declarada como um índice, como especificamos na seção 3.3. Assim, uma das maneiras de um GBD processar uma junção é localizar seqüencialmente as linhas de uma das tabelas e, para cada uma dessas linhas, obter o valor da chave ou da chave transposta. Com esse valor, localizar pelo índice, com eficiência, as linhas da chave transposta ou da chave da outra tabela com o mesmo valor, respectivamente. Muitos GBDs têm um otimizador, que escolhe qual tabela deve ser examinada em primeiro lugar (isto é, seqüencialmente). Em geral, é escolhida a tabela que terá menos buscas seqüenciais, por exemplo uma com uma seleção usando índice, ou a tabela com o menor número de linhas.

4.4.4 Encaixamento de comandos `select`

Existe uma outra maneira de se formular uma junção. Trata-se de *encaixar* (em inglês, *nesting*) um comando **select** dentro de outro. A consulta "qual o nome da pessoa que emprestou o livro *Economia Viva?*" poderia ser:

```
select Nome from Pessoas
  where Numero_da_pessoa in
    (select CT_Numero_da_pessoa from Livros
      where Titulo = 'Economia Viva' )
```

Note-se que o **select** interior cria conceitualmente (o GBD poderia executar essa consulta de outra maneira) uma tabela-resultado auxiliar temporária (no caso, com uma só linha de Livros, projetada em CT_Numero_de_pessoa). O **select** exterior seleciona as linhas (no caso, uma só) de Pessoas para as quais o valor de Numero_de_pessoa ocorre nessa tabela auxiliar. Aplicada às tabelas da fig. 3.5-2 (supondo-se nomes de colunas com o "_" em lugar do "-"), o **select** interior produz uma tabela auxiliar com uma única linha e a coluna CT_Numero_da_pessoa contendo o valor 2, e o **select** exterior dá como resultado uma tabela com a coluna Nome contendo uma única linha, com valor Pedro. Note-se ainda que a expressão depois da cláusula **where** do **select** exterior continua sendo um predicado, isto é, dando um valor "verdadeiro" ou "falso". Depois da cláusula **in**, é necessário colocar entre parênteses o comando **select** que se segue, para delimitar seu fim (ele poderia ser seguido, por exemplo, de um **union**, como veremos em 4.4.7) e para indicar um conjunto. Finalmente, denominaremos essa forma de junção de *forma com encaixamento*, contrastando com as anteriores que continham uma *junção explícita*.

Cremos que essa característica de poder encaixar os comandos **select** é a origem do nome "structured" do S de SQL.

A consulta "quais são os números dos livros, seu título e o exemplar dos livros que têm mais de um exemplar?" poderia ser expressa, com encaixamento, da seguinte maneira:

```
select Numero_de_livro, Titulo, Exemplar from Livros
  where Exemplar = 1
    and Numero_de_livro in
      (select CT_Numero_do_original from Livros
        where Exemplar <> 1)
```

Nessa consulta, o **select** interior simplesmente monta uma tabela-resultado auxiliar temporária com os números dos livros originais que estão nas linhas dos livros que são exemplares (indicadas por Exemplar <> 1; o símbolo "<>" indica em SQL "diferente de"). A seguir, no **select** exterior, para cada linha de livros é verificado se o livro é original e se seu número ocorre na tabela auxiliar.

É interessante notar que a execução de comandos **select** com encaixamentos é em geral mais ineficiente do que a dos que contêm a condição de junção explícita. Isso se deve ao fato de a tabela auxiliar ser, em geral, realmente montada antes de o **select** exterior ser executado. Por outro lado, como as chaves e as chaves transpostas são declaradas como índices, a execução da condição de junção, quando explícita, é otimizada.

Se, numa ligação entre duas tabelas, a chave e a chave transposta são compostas de duas colunas, na forma explícita é necessário colocar duas condições de junção. Isso

4.4 A LINGUAGEM SQL

seria o caso abstrato da fig. 3.11-12a:

```
select ... from R₁, R₂
  where CT-c₁ = CT-c₁-R₁ and CT-c₂ = CT-c₂-R₁ and ...
```

Mas na outra forma, continua-se com um só encaixamento,

```
select ... from R₁
  where (CT-c₁, CT-c₂) in
    (select CT-c₁-R₁, CT-c₂-R₁ from R₂
       where ...)
```

Note-se que na forma com a condição de junção explícita há possibilidade de se obter os valores de quaisquer colunas das tabelas ligadas. Já na forma encaixada, só é possível obter os valores das colunas da tabela que ocorrem no **select** mais exterior (essa ressalva é devida ao fato de poder haver vários encaixamentos consecutivos, e não só dois como temos ilustrado). Em termos de linguagens de programação com estrutura de blocos, cada **select** determina um bloco, onde suas variáveis-linha são locais a ele, e globais a todos os encaixados dentro dele. Apenas os valores da tabela-resultado de cada **select** são passados para o **select** exterior seguinte.

Vejamos o caso de consulta envolvendo duas ligações. A consulta "quais os assuntos dos livros emprestados por Pedro?" vista no fim de 4.4.3 ficaria, com encaixamento,

```
select Assunto from Assuntos
  where CT_Numero_de_livro in
    (select Numero_de_livro from Livros
       where CT_Numero_de_pessoa in
         (select Numero_de_pessoa from Pessoas
            where Nome = 'Pedro' ))
```

Note-se como, aparentemente, essa consulta parece mais complexa, mas a sua construção pode ser feita de maneira bem "natural", de "trás para a frente", isto é, terminando-se com a tabela da qual se desejam alguns valores. Assim, seleciona-se o número da pessoa, cujo nome é Pedro. Em seguida, selecionam-se os números dos livros emprestados pela pessoa com aquele número. Finalmente, selecionam-se os títulos dos livros que têm os números assim obtidos. Se o GBD não tiver um otimizador que reconheça que estão sendo feitas as junções implícitas, a execução desse comando dá-se exatamente nessa ordem. Esse é o caso mais comum, não tão eficiente quanto com as junções explícitas.

Em lugar de **in** pode-se usar **not in**. Vamos ilustrar isso com o uso de um conjunto de constantes. A consulta "quais são os nomes das pessoas com dados no BD, excluídos João e Pedro?" poderia ser expressa como

```
select Nome from Pessoas
  where Nome not in ('João', 'Pedro')
```

A cláusula **not in** pode ser usada no encaixamento de comandos **select**, para representar o complemento da tabela-resultado de um **select** interior.

4.4.5 Algumas outras formas de predicado

SQL permite ainda o uso de outras cláusulas no predicado. Por exemplo, uma cláusula do

182 CAPÍTULO 4 – LINGUAGENS DE ACESSO AO MODELO RELACIONAL

tipo $v > $ **all** (C) dá um valor verdadeiro, se o valor de v é maior do que todos os valores do conjunto C, que em geral é a tabela-resultado de um **select** interior em um encaixamento. Assim, seja a consulta "quais os números, títulos e números de exemplar dos livros que têm o maior número de exemplares?" Lembremos que na tabela Livros a coluna Exemplar dá o número do exemplar, sendo que o volume original tem nessa coluna o valor 1. Uma possível consulta em SQL seria então:

```
select Numero_do_livro, Titulo, Exemplar from Livros
  where Exemplar >= all (select Exemplar from Livros)
```

Para certificar-se de que essa consulta realmente funciona, simule um caso, por exemplo de 3 livros com números de exemplares 1, 2 e 3. Lembre que a cláusula **all** exige que cada livro testado deva ter seu número de exemplar maior ou igual a todos os armazenados: os de número de exemplar 1 e 2 não satisfazem esse predicado.

Formalismo matemático: ver F4.4.5-1 para uma expressão formal correspondente a essa consulta.

Uma outra cláusula que pode ser usada no predicado é a **exists**, que verifica se existe alguma linha em uma tabela (em geral uma tabela-resultado de um **select**). Isto é, a tabela não deve ser vazia, quando dá o valor "verdadeiro", caso contrário dá o valor "falso". Por exemplo, seja a consulta "dar os títulos dos livros para os quais existem exemplares adicionais". Poderia ser formulada como

```
select orig.Titulo from Livros orig
  where exists (select ex.Exemplar from Livros ex
    where orig.Numero_do_livro = ex.CT_Numero_do_livro
      and ex.Exemplar > 1)
```

Pode-se imaginar a execução dessa consulta da seguinte maneira: orig assume consecutivamente cada linha de Livros. Para cada uma dessas linhas, é executado o comando **select** interior. Se não houver exemplares adicionais ligados ao livro de orig, o **select** interior dará como resultado uma tabela vazia, e o **exists** dará "falso", não sendo então orig colocada na tabela-resultado. Havendo exemplares adicionais, esse **select** fornece uma tabela com os seus números de exemplar e, portanto, não será vazia. O **exists** dará "verdadeiro" e a projeção da linha em orig será colocada na tabela-resultado do **select** exterior.

Formalismo matemático: ver F4.4.5-2 para uma expressão formal correspondente a essa consulta.

Em lugar de **exists** pode ser usado **not exists**, com resultado exatamente oposto. A consulta "quais os títulos de livros que não têm exemplares adicionais" poderia ser formulada como

```
select Titulo from Livros orig
  where not exists (select Exemplar from Livros ex
    where orig.Numero_do_livro = ex.CT_Numero_do_livro
      and ex.Exemplar > 1)
```

Por meio do **not exists** podem-se formular consultas do tipo "qualquer elemento tem (ou 'todos elementos têm') uma certa propriedade", pois são logicamente equivalentes a "não existe nenhum elemento que tenha a propriedade contrária". Por exemplo, dizer que todos os alunos de uma turma são do sexo feminino equivale a dizer que não

4.4 A Linguagem SQL

existe nenhum aluno na turma que seja do sexo masculino. Com isso, podem-se formular consultas correspondentes ao operador de divisão da álgebra relacional; a consulta vista em 4.2.5 "quais são os títulos dos livros que contêm *ambos* os assuntos Organização Social e Dinheiro?" poderia ser formulada da seguinte maneira (note-se a notação de um conjunto de constantes, no caso de tipo texto):

```
select Titulo from Livros v
   where not exists (select Assunto from Assuntos a
      where v.Numero_do_livro = a.CT_Numero_do_livro
         and Assunto not in ('Organização Social', 'Dinheiro'))
```

Como essas formas com **in**, **exists** e **all** dentro do predicado do **where** são predicados (isto é, dão como resultado um valor "verdadeiro" ou "falso"), podem ser combinadas entre si e com comparações por meio dos conectivos **and**, **or** e **not**.

Formalismo matemático: ver F4.4.5-3, onde mostramos por que com o **not exists** podem-se formular consultas gerais que necessitam do quantificador universal.

Exercícios

E4.4.5-1 Usando a cláusula **not exists**, formule uma consulta em SQL para fornecer os nomes das pessoas que não emprestaram nenhum livro.

E4.4.5-2 Idem, usando a cláusula **not in**.

4.4.6 Funções de agregação, agrupamentos e ordenação

A linguagem SQL contém as denominadas *funções de agregação* (não confundir com a agregação do MER) que não existiam na álgebra e no cálculo relacional originais: **count**, **sum**, **avg**, **min** e **max**, que produzem a contagem, a soma, a média, o menor elemento e o maior elemento de um conjunto de elementos, respectivamente. Em geral, essas funções têm como argumento uma coluna de uma tabela, sendo então aplicadas a todos os valores que aparecem nessa coluna, incluindo as repetições, ou todas as linhas quando indicadas por *****. Por exemplo, a contagem do número de livros existente na Multiteca poderia ser obtida com o comando

```
select count(*) from Livros
```

lembrando que ***** indica todas as linhas, no caso, de Livros.

Seria interessante o leitor conferir se o próximo comando fornece o número de assuntos diferentes:

```
select count(*) from Assuntos
```

Por construção, a tabela Assuntos tem repetições de assuntos, de modo que o resultado será diferente do esperado. Na tabela Assuntos da fig. 4.2-7, o resultado seria 9 e não 6 como esperado. Para contornar isso, vamos usar a cláusula **distinct** de SQL introduzida em 4.4.1, que elimina as duplicações de valores ou de linhas. O comando correto seria

```
select count(distinct Assunto) from Assuntos
```

A execução desse comando poderia ser entendida como formando a projeção de Assuntos em Assunto, e em seguida eliminando as duplicatas da tabela assim obtida. Em seguida, é feita a contagem de quantas linhas ela tem.

Usando-se uma função de agregação, a consulta de 4.4.5 "quais os números, títulos e números de exemplar dos livros que têm o maior número de exemplares?" poderia ser formulada da seguinte maneira:

```
select Numero_do_livro, Titulo, Exemplar from Livros
  where Exemplar in (select max(Exemplar) from Livros)
```

A consulta "quais são os assuntos dos livros da Multiteca e quantos livros há de cada assunto?" poderia ser formulada introduzindo-se uma novidade: o agrupamento de valores. No caso, queremos agrupar os assuntos, o que é obtido usando-se a cláusula **group by**:

```
select Assunto, count(*) from Assuntos group by Assunto
```

Pode-se imaginar a execução desse comando da seguinte maneira. As linhas de Assuntos são agrupadas por valores iguais da coluna Assunto. Em seguida, são contados quantos elementos existem em cada grupo, e cada contagem é concatenada com o valor de Assunto correspondente. Para a fig. 4.2-7 esse comando daria a tabela-resultado da fig. 4.4.

Assunto	
Cognição	2
Percepção	2
Sentimento	1
Organização Social	1
Dinheiro	1
Economia Associativa	1

Fig. 4.4 Contagem com agrupamento

Existe uma cláusula adicional, **having**, que permite a seleção apenas de grupos cujos elementos satisfazem uma certa condição. Por exemplo, considerando a tabela de assuntos da fig. 4.10, a consulta "quais os assuntos que ocorrem em 2 ou mais livros e seu número de ocorrências?" poderia ser formulada por

```
select Assunto, count(*) from Assuntos
  group by Assunto having count(*) >= 2
```

A cláusula **having** é aplicada depois que os grupos estão formados, e a condição que a segue deve ser satisfeita por cada grupo como um todo. Por isso, o segundo * funciona corretamente nesse caso, pois indica todas as linhas de cada grupo.

A cláusula **where** pode ser combinada com a **having**. Com isso, é possível envolver tabelas ligadas, agrupando-se a concatenação das linhas das duas como obtidas na junção. Por exemplo, a consulta "quais são os títulos e os assuntos dos livros que têm 3 ou mais assuntos" poderia ser obtida com

```
select Titulo, Assunto from Livros, Assuntos
```

4.4 A Linguagem SQL

```
where Livros.Numero_do_livro = Assuntos. CT_Numero_do_livro
   group by Titulo having count(*) >= 3
```

Nesse comando, inicialmente é feita a junção das duas tabelas, usando-se a condição de junção dada no **where**. Em seguida, é feito o agrupamento do resultado da junção, separando-se os grupos com títulos iguais. Os grupos com mais de 3 elementos são então inseridos na tabela-resultado.

As linhas da tabela-resultado podem ser ordenadas. Por exemplo, para obter o mesmo resultado mas ordenado alfabeticamente por título, e dentro de cada título, uma ordenação por assunto, um comando seria

```
select Titulo, Assunto from Livros, Assuntos
   where Livros.Numero_do_livro = Assuntos. CT_Numero_do_livro
      group by Titulo having count(*) >= 3
      order by Titulo, Assunto
```

Pode-se especificar se a ordenação deve ser descendente usando-se por exemplo

```
... order by Titulo desc
```

A especificação **asc** especifica ordenação ascendente, que é a padrão na falta dessa especificação.

A sintaxe geral de um comando **select** é

```
select lista de colunas
   from lista de tabelas
      where condição envolvendo colunas das tabelas do from e tabelas-resultado
         de comandos select encaixados

group by lista de colunas
   having condição sobre o grupo
   order by lista de colunas
```

Como vimos, onde podem ocorrer nomes de colunas podem ser usadas funções de agregação envolvendo-as; veremos ainda que podem ser também especificadas operações aritméticas e de cadeias de caracteres.

Conceitualmente, a execução de cada **select** segue a seguinte ordem. 1. A cláusula **where** é testada produzindo com isso junção e/ou seleção de linhas. 2. É feito o agrupamento das linhas resultantes usando-se os valores das colunas do **group by**. 3. São escolhidos apenas os grupos que satisfazem a cláusula **having**, que é sempre aplicada a cada grupo como um todo e não individualmente às suas linhas. 4. As linhas assim resultantes são ordenadas pelas colunas indicadas no **order by**. 5. É feita a projeção na lista de colunas do **select**, eventualmente com cálculo de funções de agregação que são aplicadas a todas as linhas resultantes de cada grupo.

4.4.7 Operações com conjuntos

A consulta "quais são os números dos livros que têm como assunto Organização Social ou Dinheiro?" poderia ser feita com o comando

```
select CT_Numero_do_livro from Assuntos
   where Assunto = "Organização Social" ou Assunto = "Dinheiro"
```

Uma outra possibilidade seria usar a união de conjuntos (ou de tabelas):

```
(select CT_Numero_do_livro from Assuntos
   where Assunto = "Organização Social")
union
   (select CT_Numero_do_livro from Assuntos
      where Assunto = "Dinheiro")
```

O processador de consultas em SQL deveria ter algoritmos de otimização de consultas muito avançados para deduzir que ambas as consultas são equivalentes e executar a segunda como se fosse a primeira, que é mais eficiente (por quê?).

Além de **union**, pode-se ainda especificar **intersect** para a interseção de duas tabelas, e **except** para a complementação relativa (*ver* 4.2.7).

Exercícios

E4.4.7-1 Usando a cláusula **intersect**, formule uma consulta em SQL para fornecer os nomes das pessoas do sexo feminino que emprestaram livros com assunto "Organização Social".

E4.4.7-2 Usando a cláusula **except**, formule uma consulta em SQL para dar nomes das pessoas que não emprestaram livros.

4.4.8 Teste de valor vazio e comparação com cadeias de caracteres

Em SQL é possível testar se uma célula de uma tabela tem valor vazio. Suponhamos que, se há um só exemplar de um certo livro na Multiteca (isto é, não há outras edições ou exemplares adicionais do original), então a sua coluna CT_Numero_de_livro da tabela Livros contém um valor vazio (isto é, não foi colocado nela nenhum valor). A consulta "quais os números e títulos dos livros sem outras edições ou exemplares?" poderia então ser formulada como

```
select Numero_do_livro, Titulo from Livros
   where CT_Numero_de_livro is null
```

Pode-se testar se uma coluna tem um valor não vazio usando a cláusula **is not null**. Note-se que há um só tipo de valor, vazio, quando deveria haver pelo menos dois diferentes, indicando se o dado é inexistente ou desconhecido (cf. 2.6).

Vejamos condições envolvendo cadeias de caracteres. Uma consulta como "quais os números dos livros cujos assuntos contêm a palavra 'economia'"? pode ser formulada como

```
select Numero_do_livro from Livros
   where Assunto like "%Economia%"
```

Suponhamos que as datas de nascimento das pessoas sejam escritas como uma cadeia de caracteres com formato ddmmaaaa. A consulta "quais nomes das pessoas que aniversariam em novembro?" seria

```
select Nome from Pessoas
   where Data_do_nascimento like "__11____"
```

A cláusula **like** aceita como argumentos cadeias de caracteres com símbolos % e _, que indicam respectivamente uma cadeia qualquer e um único caractere qualquer.

4.4 A Linguagem SQL

Assim,

- "%Ciência%" indica qualquer cadeia que contém a seqüência Ciência;
- "Din%" indica qualquer cadeia que começa com Din;
- "__11____" indica qualquer cadeia com exatamente oito caracteres, e 1 no terceiro e quarto caracteres (usamos o símbolo _ em lugar de _ pois nesse último caso, na impressão deste texto, dois consecutivos são unidos e não se nota claramente quantos são);
- "____" indica qualquer cadeia com exatamente 4 caracteres;
- "__%" indica qualquer cadeia com pelo menos dois caracteres.

Exercícios Dada as tabelas da seção 4.4, formule em SQL as consultas

E4.4.8-1 Forneça os nomes das pessoas que estão sem endereço.

E4.4.8-2 Usando o teste de valor vazio, forneça os assuntos dos livros cadastrados que não estão emprestados.

E4.4.8-3 Forneça o nome das editoras, cuja cidade começa com 'São'.

E4.4.8-4 Forneça o título dos livros, cujos assuntos contêm a palavra 'relacional'.

4.4.9 Renomeação de colunas

A cláusula **as** permite que se troque o nome de uma coluna de uma tabela. Assim, se se deseja que a tabela-resultado de uma consulta exiba o nome da coluna Data —nascimento como Aniversário, pode-se dar o comando

```
select Data_do_nascimento as Aniversario from Pessoas
  where Data_do_nascimento like "__11____"
```

Analogamente ao visto para a álgebra relacional em 4.2.5, em casos de duas tabelas com nomes de colunas iguais pode ser essencial ter-se que renomear algumas colunas.

A declaração de uma variável tipo linha é, no fundo, uma renomeação temporária do nome de uma tabela e, assim, pode-se usar a mesma sintaxe:

```
select p.Data_do_nascimento as Aniversario from Pessoas as p
  where p.Data_do_nascimento like "__11____"
```

Também é possível renomear todas ou algumas colunas (nesse caso, mantendo os nomes originais das que devem permanecer) de uma variável-linha:

```
select p.Aniv from Pessoas as p(NumPess, Nome, End, Sexo, Aniv)
  where p.Aniv like "__11____"
```

4.4.10 Junções estendidas

A linguagem SQL2 estendeu a sintaxe para as junções, permitindo (a) a sua especificação na cláusula **from**, em lugar da cláusula **select** e (b) ampliando seus tipos além do básico visto em 4.4.3.

Como exemplo do primeiro caso, vejamos como ficaria a primeira consulta da seção 4.4.3, "forneça os títulos dos livros emprestados e o nome de quem os emprestou":

```
select Titulo, Nome
  from Livros join Pessoas
    on CT_Numero_da_pessoa = Numero_da_pessoa
```

Com isso, pode-se imaginar que a junção cria uma nova tabela, especificada na cláusula **from**, que é então submetida às projeções, seleções (predicados da cláusula **where**), e outras operações usuais.

Pode-se especificar mais de uma junção. A consulta "quais são os assuntos dos livros emprestados por Pedro?" vista em 4.4.3, poderia ser formulada como:

```
select Assunto
  from (Assuntos join Livros
    on Assuntos.CT_Numero_de_livro = Livros.Numero_de_livro
       join Pessoas
    on Livros.CT_Numero_de_pessoa = Pessoas.Numero_de_pessoa)
  where Pessoas.Nome = 'Pedro'
```

Isso permite que se tenha um catálogo de comandos **select** já com todas as junções correspondentes ao envolvimento de várias combinações de tabelas ligadas que representam, no fundo, os relacionamentos do modelo conceitual, no qual a consulta deve ser inicialmente pensada. A partir desse catálogo, basta selecionar o padrão desejado para as junções e simplesmente adicionar as projeções necessárias logo após o **select** e o predicado de seleção após a cláusula **where**. Com isso, simplifica-se muito a programação de comandos em SQL, evitando-se uma fonte enorme de erros que são as condições de junção, que passam a ser usadas mecanicamente.

A extensão do tipo de junção, introduzindo a *junção externa* (*outer join*), permite que se adicionem às tabelas-resultado de uma junção, linhas que não entrariam na junção simples vista até aqui, que é denominada de *junção interior* (*inner join*). Há três tipos: *junção externa esquerda* (*left outer join*), *junção externa direita* (*right outer join*) e *junção externa completa* (*full outer join*). A primeira adiciona à tabela-resultado as linhas da tabela que ocorrem na tabela da esquerda da condição de junção e que não satisfazem essa condição (e que portanto não entrariam na tabela-resultado da junção interior). A segunda faz o mesmo com a tabela que ocorre na direita da condição. Já a terceira adiciona à tabela-resultado todas as linhas de ambas as tabelas produzindo, portanto, um produto cartesiano.

Por exemplo, suponhamos que se queira listar o nome de todas as pessoas cadastradas e, no caso das que emprestaram livros, adicionem-se os títulos desses livros. Isso poderia ser obtido com o seguinte comando. Adicionamos uma variável-linha só para exemplificar como ela pode ser declarada junto com a especificação da junção:

```
select p.Nome, Titulo
  from Pessoas p left outer join Livros
    on p.Numero_de_pessoa = CT_Numero_de_pessoa
```

Quando se usa alguma das especificações com **outer join**, pode-se empregar **inner join** para indicar com mais clareza que se está nesse caso usando uma simples junção, incluindo na tabela-resultado dessa operação somente as linhas que satisfazem a condição de junção.

Finalmente, é possível usar a junção natural, vista em 4.2.6. Dadas as tabelas Músicas

4.4 A Linguagem SQL   *189*

e Compositores daquela seção, a consulta lá examinada "forneça o nome de todas as músicas e de seus compositores" poderia ser formulada em SQL como

```
select Nome_da_musica, Nome_do_compositor
  from Musicas natural join Compositores
```

Se a condição da junção não envolve colunas de nomes iguais, pode-se ainda usar o **natural join** mudando-se o nome de uma delas com a cláusula **as**, como visto em 4.4.9.

Exercícios Dadas as tabelas com esquemas vistos na seção 4.4, formule em SQL as consultas

E4.4.10-1 Forneça o nome dos livros cadastrados; no caso de algum livro emprestado, acrescentar o nome de quem emprestou.

E4.4.10-2 Forneça os nomes de todos os livros cadastrados, com seus assuntos, se houver.

E4.4.10-3 Forneça os assuntos dos livros cadastrados, acrescentando para cada assunto o nome das pessoas que emprestaram livros com esse assunto.

4.4.11 Visões do usuário

Suponhamos que muitas consultas serão feitas sobre pessoas do sexo feminino. Com o que vimos até aqui, seria necessário sempre adicionar à cláusula **where** o trecho

```
and Sexo = 'F'
```

Em lugar disso, pode-se em SQL definir uma nova tabela contendo um subconjunto da tabela Pessoas, por exemplo com o nome Mulheres, e fazer a consulta sobre essa última. Essa nova tabela é chamada de *visão do usuário* (*user view*), já mencionada em 2.26, consulta c_7, e é declarada da seguinte maneira:

```
create view Mulheres as
  select * from Pessoas where Sexo = 'F'
```

Para saber o endereço de todas as pessoas cadastradas jovens do sexo feminino, pode-se então dar o comando

```
select Nome from Mulheres where Data_Nascimento >= 1975
```

O leitor deveria neste ponto tentar imaginar como seria implementada essa nova tabela Mulheres, antes de seguir adiante.

Se o leitor imaginou que, ao executar o comando **create view**, o GBD iria criar uma nova tabela com o nome Mulheres, contendo apenas as linhas de Pessoas onde Sexo contém o valor 'F', enganou-se redondamente. Essa solução seria fantasticamente ineficiente. A redundância das linhas nas duas tabelas exigiria que qualquer modificação em uma linha de uma das tabelas produzisse uma verificação do fato de essa linha ocorrer também na outra. Em caso positivo, a mesma modificação deveria ser feita nessa outra tabela.

A solução que se adota para esse problema é extremamente simples. Na verdade, uma tabela declarada como uma visão de usuário é considerada como uma tabela virtual, não sendo implementada fisicamente. O que se passa é que a declaração da *view* fica armazenada no mesmo local em que são armazenadas as especificações das tabelas, denominado usualmente de *dicionário de dados*. A declaração de uma visão serve para compor uma nova consulta no código-fonte de SQL quando houver uma consulta à tabela dessa visão. Por exemplo, a última consulta é expandida pelo processador (compilador ou interpretador) de SQL mudando-se a tabela da cláusula **from** e adicionando-se as condições da cláusula **where** da *view* precedidas por um **and**, o que resulta no comando

```
select Nome from Pessoas
  where Data_nascimento >= 1975 and Sexo = 'F'
```

que acaba sendo executado.

Assim, as declarações de visões do usuário não geram novas tabelas, e o tratamento de consulta das visões do usuário é meramente sintático, evitando-se os problemas causados por redundância de dados. Portanto, o uso de visões não implica em nenhuma perda de eficiência de processamento propriamente dito das consultas, demorando apenas um pouco mais para os comandos que as usam serem decodificados.

As visões do usuário podem ser muito úteis para simplificar consultas envolvendo junções. Já vimos na seção 4.4.10 uma maneira de fazer essa simplificação, colocando-se as junções na cláusula **from**. O uso das visões permite que as consultas usem junções pré-definidas, não contendo estas últimas aparentemente nenhuma junção. Com isso as consultas tornam-se muito mais simples, aproximando-se da linguagem natural, e evitando erros nas condições de junção. Assim, suponhamos que se declare uma visão para conter todos os dados dos livros emprestados e de quem os emprestou:

```
create view Livros_emprestados as
  select * from Livros, Pessoas
    where Livros.CT_Numero_de_pessoa = Pessoas.Numero_de_pessoa
```

Como já vimos em 4.4.1, o ***** indica que todos os atributos de Livros e de Pessoas estarão disponíveis para as consultas. Daí para frente, essa visão poder ser empregada sempre que for necessário fazer uma consulta envolvendo a ligação entre essas duas tabelas. Por exemplo, a consulta "Quais os títulos dos livros emprestados por pessoas do sexo feminino?" poderia ser formulada como

```
select Titulo from Livros_emprestados
  where Sexo = 'F'
```

A simplificação e a segurança de que uma consulta está correta ficam ainda mais claras se for usada mais de uma ligação entre tabelas. Por exemplo, vamos definir uma visão que englobe não só Livros e Pessoas, mas também Assuntos:

```
create view Livros_emprestados_com_assuntos as
  select * from Livros, Pessoas, Assuntos
    where Livros.CT_Numero_de_pessoa = Pessoas.Numero_de_pessoa
      and Assunts.CT_Numero_de_livro = Livros.Numero_de_livro
```

Os títulos e assuntos dos livros emprestados pelas pessoas do sexo feminino seriam dados por

```
select Titulo, Assunto from Livros_emprestados_com_assuntos
  where Sexo = 'F'
```

Visões podem ser empregadas nas definições de novas visões. Usando a visão

Mulheres vista no começo desta seção, podemos definir uma visão contendo os livros emprestados a pessoas do sexo feminino:

```
create view Livros_emprestados_a_mulheres as
  select * from Livros, Mulheres
    where Livros.CT_Numero_de_pessoa = Mulheres.Numero_de_pessoa
```

Na verdade, as visões foram introduzidas na área de BD por questões de segurança de acesso aos dados. Assim, podem-se definir visões contendo apenas algumas tabelas do BD, e dessas apenas algumas colunas ou linhas. Note-se que, nos exemplos acima, colocamos sempre todas as colunas nas visões, por meio da especificação * na cláusula **select**, mas poderíamos ter colocado apenas algumas colunas, produzindo visões somente com certas projeções das tabelas. Já a visão Mulheres contém apenas algumas das linhas de Pessoas. Se um usuário ficar sabendo apenas da existência da tabela Mulheres, ou recebe autorização de acesso apenas a essa visão, ele não terá acesso aos dados das pessoas de sexo masculino. Em nossa opinião, a simplificação das consultas é a maior utilidade das visões, daí a ênfase que demos a esse aspecto.

Nessa questão de segurança de acesso ao BD, talvez seja útil mudar os nomes de algumas colunas nas visões entregues a certos usuários. Lembrando-se o exemplo visto no início da seção 4.4.9, a especificação de uma visão contendo apenas nomes de pessoas que nasceram em novembro e a data de seu aniversário seria dada por

```
create view Aniversarios_de_novembro as
  select Nome, Data_nascimento as Aniversario from Pessoas
    where Data_nascimento like "__11____"
```

Uma das utilidades de se dar um nome a uma visão é poder eliminá-la do dicionário de dados; depois disso não pode mais ser usada. Por exemplo, para posteriormente eliminar-se a visão Aniversarios_de_novembro, dá-se o comando

```
drop view Aniversarios_de_novembro
```

Finalmente, deveríamos tratar de comandos de modificação de dados aplicados às visões. Esse tópico será coberto no fim da próxima seção.

4.4.12 Modificação de dados

Como vimos em 4.1, os comandos de modificação de dados de uma linguagem de acesso de um GBD são subdivididos em comandos de inserção, de eliminação e de alteração de dados. No caso do modelo relacional de dados, a inserção e a eliminação são sempre de linhas de uma tabela. A alteração é sempre de valores das colunas para certas linhas. É interessante considerar como alteração, e não como inserção, a substituição de um determinado valor existente em uma coluna de uma linha por um valor vazio. Do mesmo modo, consideraremos a mudança de um valor vazio para um não vazio como uma alteração, e não como a inserção de um dado.

Em SQL, a inserção de uma linha em uma tabela é feita por meio do comando **insert**. Por exemplo, vamos introduzir uma nova linha na tabela Pessoas (veja-se a estrutura dessa tabela em 4.4):

```
insert into Pessoas
  values (1001, "Fernando", "R. Marrom, 123", "M",)
```

No caso, como não se conhece a data de nascimento de Fernando, o seu valor é omitido, preservando-se as vírgulas que indicam as colunas. Conhecendo-se apenas os valores de algumas colunas, estas podem ser especificadas explicitamente:

```
insert into Livros (Numero_de_livro, Titulo, Editora,)
  values (542, "Stop Teaching Our Kids to Kill",
              "Crown Publishers")
```

Podem-se inserir várias linhas em uma tabela como cópias de linhas selecionadas de outra tabela. Se se desejar criar uma tabela Aniversarios_delas, já declarada com o nome e data de nascimento das pessoas do sexo feminino, pode-se dar o seguinte comando:

```
insert into Aniversarios_delas
  select Nome, Data_nascimento from Pessoas
    where Sexo = 'F'
```

Todo o poder sintático do comando **select** pode ser usado em um comando **insert**, incluindo o uso de várias tabelas ligadas, agrupamentos, funções de agregação, etc. Note-se nesse exemplo que a inserção é de um conjunto de linhas, definido pela cláusula **select**. Essa característica permite que se armazene temporariamente uma tabela-resultado: basta usar o comando **insert into** T em lugar do comando **select**, onde T é o nome de uma tabela que foi criada especificamente para armazenar temporariamente o resultado do comando **select**.

A eliminação de uma ou mais linhas é feita pelo uso do comando **delete** seguido de uma cláusula **where**, que seleciona as linhas que se deseja eliminar. Por exemplo, para eliminar da tabela Pessoas todas as linhas das pessoas cujos nomes terminam com nando, pode-se dar o comando

```
delete from Pessoas
  where Nome = "%nando"
```

A cláusula **in** permite que se eliminem algumas linhas baseado em dados de outra tabela. Por exemplo, queremos eliminar da tabela Livros todos os livros que têm como assunto Ciência. Isso pode ser feito com

```
delete from Livros
  where Numero_de_livro in
    (select CT_Numero_de_livro from Assuntos
      where Assunto = "Ciência")
```

Obviamente, pode ser usada qualquer formulação permitida na cláusula **where** que resulte em alguma condição para valores de colunas das linhas que se deseja eliminar, incluindo a complementar da anterior, com **not in**.

O comando para se alterar uma ou mais linhas de uma tabela é o **update**. Suponhamos que se tenha descoberto a data de nascimento de Serafim de Almeida. A alteração correspondente poderia ser feita com

```
update Pessoas
  set Data_nascimento = 29021932
    where Nome = "Fernando"
```

Suponhamos que Fernando devolveu todos os livros que havia emprestado. Devemos

4.4 A Linguagem SQL

colocar um valor vazio na coluna CT_Numero_de_pessoa em cada um desses livros (*ver esquemas em 4.4*):

```
update Livros
  set CT_Numero_de_pessoa = null
    where CT_Numero_de_pessoa in
      (select Numero_de_pessoa from Pessoas
        where Nome = "Fernando")
```

Suponhamos que a tabela Livros_com_preco seja uma extensão da tabela Livros, adicionando-se a esta uma coluna com o preço real do livro (a propósito, a inserção de uma nova coluna a uma tabela é em geral permitida pelos GBDs relacionais, pois nada há a mudar nas linhas da tabela, já que inicialmente a nova coluna contém apenas valores vazios):

```
Livros_com_preço (Numero-de-livro, CT-Numero-de-pessoa, Titulo,
          Cidade, Editora, Ano, Preço_real)
```

Queremos depois de um ano atualizar o valor gasto na compra de cada livro da Multiteca. Se a inflação voltou brava e for de 25%, o seguinte comando efetua essa alteração em todas as linhas de Livros_com_preço:

```
update Livros_com_preço
  set Preço_real = Preço_real * 1.25
```

Obviamente, depois da cláusula **set** poder-se-ia ter colocado uma cláusula **where** atualizando apenas algumas linhas selecionadas de Livros_com_preço.

O comando **update** atualiza dados de uma única tabela; é necessário dar vários deles, se várias tabelas devem ser alteradas.

Exercícios Dada as tabelas da seção 4.4 e a Aniversários_delas introduzida nesta seção, formule em SQL os seguintes acessos.

E4.4.12-1 Elimine todas as linhas de Aniversários_delas.

E4.4.12-2 Estamos em 1.º de janeiro. Insira em uma nova tabela Aniversarios_delas os dados correspondentes de todas as linhas de Pessoas das aniversariantes em janeiro (suponha o formato de data tipo cadeia de caracteres ddmmaaaa e veja a sintaxe de testes de cadeias na seção 4.4.8).

E4.4.12-3 Terminou janeiro. Elimine com um só comando as linhas de Aniversarios_delas das aniversariantes de janeiro.

E4.4.12-4 Elimine da tabela Pessoas todas as que emprestaram livros, cujo assunto é Ciência.

E4.4.12-5 Insira na tabela Assuntos todos os livros de Livros que estão faltando, deixando a coluna Assunto vazia.

E4.4.12-6 Suponha a existência de uma tabela em que cada linha contém o nome de uma pessoa e o título de um dos livros que ela emprestou. Usando as tabelas Pessoas e Livros, dê um comando em SQL para inserir naquela tabela os dados correspondentes.

E4.4.12-7 Mude na tabela Livros o nome de todas as cidades com nome Sampa para São Paulo.

194 CAPÍTULO 4 — LINGUAGENS DE ACESSO AO MODELO RELACIONAL

E4.4.12-8 Idem, somente nos casos em que o assunto é Cultura.

Resta abordar o problema de modificações em visões do usuário. Quando uma visão envolve uma única tabela, em geral não há problema, e essa é uma restrição comum a várias linguagens de acesso a BDs relacionais. Quando a visão envolve uma ou mais junções, pode ser impossível determinar quais linhas devem ser modificadas. Quando cada linha da tabela-resultado envolvendo visões corresponde a uma única linha das tabelas físicas envolvidas nas visões, a modificação pode ser feita. Em alguns casos, a modificação de uma visão pode simplesmente não fazer sentido. Por exemplo, tomemos a última tabela Livros_com_preços e a seguinte visão, que corresponde a uma tabela com uma só coluna e linha, contendo o valor total da biblioteca (ver a função de agregação **sum** em 4.4.6):

```
create view Valor_da_biblioteca as
  select sum(Preços) as Valor_total from Livros
```

A atualização

```
update Valor_da_biblioteca
  set Valor_total = Valor_total * 1.25
```

para corrigir o valor total da biblioteca (em lugar de livro a livro, como exemplificamos acima) não faz sentido (por quê?).

Em SQL2, foi introduzida a cláusula **with check option**, que pode ser colocada no fim da declaração de uma visão, e produz uma verificação de ser possível executar cada comando que envolve essa visão.

4.4.13 Declaração de tabelas

Na seção 4.4 mostramos brevemente como se declara uma tabela em SQL, sendo para isso usado o comando **create table**. Vamos completar a declaração do exemplo usado naquela seção, a tabela Pessoas:

```
create table Pessoas
  (Numero_de_pessoa smallint not null,
   Nome varchar(20) not null,
   Endereco varchar(20),
   Sexo char(1) default 'F',
   Data_nascimento char(8)),
   primary key (Numero_de_pessoa);
```

Adicionamos em relação à seção 4.4 a declaração **not null** para as duas primeiras colunas, especificando assim que nunca devem ficar com valor vazio. A primeira coluna é a chave da tabela, e portanto nunca deve ter valor vazio (os projetistas de SQL2 não devem ter ainda descoberto que a declaração **primary key** deveria ser suficiente; é realmente necessário especificar o **not null** para uma chave). Já no caso da segunda coluna, consideramos que o nome é essencial (não sendo totalmente conhecido, deve dar-se um valor provisório, por exemplo com parte do nome, ou o apelido). Isso significa que a inserção de uma nova linha em Pessoas só poderá ser feita, se essa linha tiver valores não vazios nessas duas colunas. Do mesmo modo, não será possível alterar uma linha já existente na tabela, se essa alteração colocar em qualquer dessas duas colunas o valor vazio. A coluna Sexo foi declarada com um valor padrão (*default*): quando, ao se inserir uma nova linha, não se dá explicitamente nenhum valor para essa coluna, é introduzido o valor F.

4.4 A Linguagem SQL

A declaração da chave primária (ver a seção 3.3) é feita por meio da declaração **primary key**. Se o nome juntamente com a data de nascimento formassem uma chave alternativa (ver 3.3), ela poderia ser declarada como

unique (Nome, Data_nascimento)

Uma vantagem dessa declaração seria o sistema avisar quando se fossem inserir os dados de uma pessoa e houvesse a coincidência de nome e data de nascimento com outra, o que provavelmente indicaria algum erro nos dados.

Assim como no caso de chave primária, é necessário declarar os elementos de uma chave alternativa como sendo não-vazios (não foi o caso na data de nascimento).

Algumas observações com relação à declaração de tabelas em SQL. Como se vê, os nomes das colunas precedem os de seus domínios (como em Pascal, onde o nome de cada variável precede seu tipo, para aproximar-se da notação matemática de uma função – no caso, que leva um trecho da unidade de armazenamento para um valor do tipo especificado). O comando **create table** não declara apenas a estrutura da tabela, mas "inicializa" os arquivos correspondentes. Aí há uma confusão entre a declaração de uma estrutura, isto é, declaração de um esquema, e a criação de uma tabela (inicialmente com valores vazios) seguindo esse esquema. Em SQL2 foi pelo menos introduzida a possibilidade de se declarar domínios independentes das declarações de tabelas. Isso permite que domínios comuns a várias tabelas sejam declarados uma única vez de uma maneira padronizada, e reutilizados na declaração das tabelas. Um caso típico, por exemplo, é o atributo endereço, que pode ser padronizado para todas as tabelas, podendo ocorrer, por exemplo, nas tabelas de funcionários, de clientes e de fornecedores de uma empresa. O antigo GBD relacional Rdb da Digital Co. seguia esse esquema de declaração independente de atributos e de tabelas, não contando, porém, com a distinção entre tabela e esquema. Em SQL2, a declaração de um domínio é feita, por exemplo, da seguinte maneira:

create domain CPF **as char**(12);
create domain Valor_Sexo **as** ("F", "M") **default** "F";

Consideraríamos como ideal uma linguagem que separasse os seguintes conceitos: declaração de atributos globais para todo um BD (como seria o caso do endereço padronizado), declaração de esquemas de tabelas (eventualmente com atributos próprios, não usando os atributos globais, e podendo usar estes últimos com eventual mudança de nome) e criação de tabelas vazias segundo esquemas previamente definidos (novamente com a possibilidade de mudar nomes de atributos dos esquemas).

Quanto aos domínios das colunas, podem ser usados em SQL2 os seguintes:

Numéricos

- **integer** ou **int**
- **smallint**
- **float**
- **real**
- **double precision**
- **decimal**(p, e) ou **dec**(p, e) ou **numeric**(p, e) – p, a *precisão* (*precision*), indica o número total de dígitos decimais, e e, a *escala* (*scale*), o número de dígitos depois do ponto (vírgula) decimal.

Capítulo 4 — Linguagens de Acesso ao Modelo Relacional

Cadeias de caracteres

- **char(**n**)** ou **character(**n**)**   tipo cadeia de tamanho fixo com n caracteres
- **varchar(**n**)** ou **char varying(**n**)** ou **character varying(**n**)**   tipo cadeia de tamanho variável, com no máximo n caracteres; no armazenamento, só é ocupado o espaço da cadeia.

Cadeias de bits

- **bit(**n**)**   tipo cadeia de tamanho fixo; se **(**n**)** é suprimido, o tamanho assumido é 1.
- **bit varying(**n**)**   tamanho variável.

Data e tempo

- **date**   representação com 10 caracteres, no formato padrão aaaa-mm-dd.
- **time**   representação com no mínimo 8 caracteres, no formato hh:mm:ss.
- **time(**n**)**   representação como **time**, com n+1 caracteres adicionais: um separador e n dígitos para uma fração decimal de segundos.
- **time with time zone**   como **time**, mas usando 6 caracteres adicionais para um deslocamento em relação ao tempo universal (UTC), como por exemplo +05:00 ou 11:30.
- **time-stamp** inclui tanto *date* quanto *time*, mais 6 posições para frações de segundo e um possível **with time zone** em seguida.
- **interval** pode especificar um incremento ou decremento para data (**year**, **month**) ou tempo (**day**, **time**) a ser aplicado em colunas com os formatos tipo **date** ou **time**.

Os tipos de data e tempo foram introduzidos apenas na SQL2. É fantástico como os implementadores de linguagens de computação quase sempre primaram por ignorar os problemas que devem ser resolvidos com um computador. Imagine-se há quanto tempo são usados datas e tempos nos programas. Imagine-se ainda quantos programas envolvem o tipo moeda: certamente a grande maioria! No entanto, esse tipo (decimal com duas casas depois do ponto ou vírgula) continua em geral inexistindo como tipo básico nas linguagens de computação (uma honrosa exceção é o GDB Access, ver 5.4).

Vejamos como são declaradas colunas transpostas (denominadas de *foreign key*, chave estrangeira, que, como vimos em 3.5, não consideramos adequada).

```
create table Livros
  (Numero_de_livro smallint not null,
  CT_Numero_de_pessoa smallint not null,
  Titulo varchar(20) not null,
  Cidade varchar(10),
  Editora varchar(20),
  Ano smallint),
  primary key (Numero_de_livro),
  foreign key (CT_Numero_de_pessoa),
  references Pessoas(Numero_de_pessoa);
```

A declaração **foreign key** estabelece, em síntese, uma integridade referencial (ver 3.5) de uma ligação **1:N** ou **1:1** entre duas tabelas. No exemplo, ela garante que em cada linha da tabela Livros (o lado **N** da ligação) a coluna CT_Numero_de_pessoa

4.4 A Linguagem SQL

deve sempre conter ou um valor vazio (isto é, essa linha não está ligada a alguma linha de Pessoas), ou um valor que esteja presente em alguma linha de Pessoas (o lado **1**) na coluna Numero_de_pessoa. Portanto, a cláusula **foreign key** deve conter uma coluna transposta, isto é, a coluna com a referência, e a sua continuação referencia **(referen-ces)** a coluna original de onde foi feita a transposição, ou seja, a coluna referenciada. Denominaremos de *tabela referenciada* a tabela com as linhas referenciadas (lado **1**, Pessoas) e *tabela com referências* a tabela com as linhas que referenciam (lado **N**, Livros).

A inserção de uma nova linha na tabela referenciada, ou a alteração de uma de suas linhas ou de uma linha de tabela com referências, produz a verificação dessa integridade. A cláusula **foreign key** pode ainda conter uma especificação da ação que deve ser tomada no caso de uma linha referenciada (no lado **1**, Pessoas) ser eliminada ou ter alterado o valor de sua chave usada na referência:

set null especifica que, ao ser eliminada ou alterada uma linha da tabela referenciada (no caso, Pessoas), um valor vazio seja inserido na coluna das linhas da tabela com as referências (Livros), isto é, as linhas com essa referência passam a não mais referenciar alguma linha (de Pessoas) ou, em outras palavras, passam a não mais ser ligadas.

set default idem, mas seja inserido o valor padrão declarado para a coluna transposta. Escolhendo-se esse valor padrão como o da chave de uma linha especial da tabela referenciada, pode-se impor que toda linha da tabela com as referências esteja ligada a uma determinada linha da tabela referenciada.

cascade produz a eliminação das linhas da tabela com referências (no caso, Livros) que referenciam a linha eliminada ou alterada (de Pessoas).

Essas declarações devem ser precedidas de uma cláusula **on delete** ou (inclusive) **on update**, indicando se a ação deve ser tomada, ao se eliminar ou alterar uma linha referenciada, respectivamente. Por exemplo,

foreign key (CT_Numero_de_pessoa)
  references Pessoas(Numero_de_pessoa) **on delete cascade**;

indica que, se uma linha de Pessoas é eliminada, todas as linhas de Livros que a referenciam devem também ser eliminadas. Isso significa que, se se eliminar os dados de uma pessoa, todos os dados dos livros que ela emprestou devem sumir da biblioteca.

As restrições de integridade **primary key**, **foreign key** e **unique** podem ser precedidas de uma cláusula **constraint** seguida opcionalmente de um nome, como por exemplo

constraint restr_nome_nasc **unique** (Nome, Data_nascimento);

Dando-se um nome para a restrição, pode-se posteriormente eliminá-la da seguinte maneira:

alter table Pessoas **drop constraint** restr_nome_nasc;

É possível adicionar-se dinamicamente uma restrição usando-se

alter table Pessoas
  add constraint restr_nome_nasc **unique** (Nome, Data_nascimento);

198 CAPÍTULO 4 — LINGUAGENS DE ACESSO AO MODELO RELACIONAL

Ou então,

alter table Pessoas **alter** Sexo **drop default;**

e posteriormente retornar à restrição vista na declaração dessa tabela, acima:

alter table Pessoas **alter** Sexo **set default** "F";

Alterações de uma tabela no sentido de adicionar uma ou mais novas colunas são feitas com o comando

alter table Pessoas **add** Telefone **char**(10);

O resultado desse comando pode ser uma simples alteração no dicionário de dados, onde se encontram as especificações de cada tabela. Somente, ao inserir-se ou alterar-se uma linha de Pessoas, é que a nova coluna receberá um valor. Por isso muitos sistemas permitem apenas adicionarem-se novas colunas, e não eliminar algumas já existentes. Nestes casos, é necessário criar uma nova tabela e carregá-la com os dados da primeira, sem as colunas que se deseja eliminar. Quando é permitido, o processo de eliminação de uma coluna é sempre muito demorado, pois exige uma varredura seqüencial de toda a tabela, alterando cada linha. Em SQL2 previu-se também essa operação:

alter table Pessoas **drop** Telefone **cascade;**

A cláusula **cascade** impõe que sejam também eliminadas todas as restrições de integridade e todas as visões do usuário que usam a coluna sendo eliminada. Já a cláusula alternativa **restrict** só produz a eliminação da coluna, se não houver restrições de integridade nem visões que a usam.

Para criar-se um novo BD que receberá parte dos dados de um já existente, pode-se usar em SQL2 a noção de um BD como sendo um conjunto de tabelas formando um todo, como por exemplo

create schema Multiteca **authorization** EBlucher;

em que se dá ao usuário de identificação EBlucher a categoria de administrador. Posteriormente, as tabelas do BD Multiteca seriam criadas com comandos do tipo

create table Multiteca.Pessoas ...

Um BD pode ser eliminado por inteiro:

drop schema Multiteca **cascade**

Com isso, são eliminadas todas as tabelas, declarações de domínios, restrições de integridade e visões das tabelas do BD. Novamente, pode-se usar **restrict** em lugar de **cascade**. Nesse caso o BD é eliminado somente se não houver nele nenhum elemento como tabelas, restrições, etc.

Pode-se ver que há inúmeros detalhes; abordamos aqui apenas aqueles que servem para ilustrar o poder da linguagem SQL, permitindo ao leitor que construa seu próprio BD.

4.4.14 Declaração de índices

Como vimos na seção 3.3, ao declarar-se uma coluna ou composição de colunas de uma certa tabela como um índice, o acesso às linhas dessa tabela por meio de valores dessa

4.4 A Linguagem SQL

coluna ou composição de colunas fica eficiente, podendo diminuir muito o tempo necessário para executar um comando de acesso. Em SQL2, ao se empregar, no fim de uma tabela, as cláusulas **primary key**, **foreign key** e **unique**, declara-se implicitamente um índice. Mostraremos nesta seção como era a declaração explícita na versão anterior da SQL, pois os GBDs ainda a conservam, já que é necessária para declarar-se um índice que não é uma chave nem uma coluna transposta. Para declarar-se um índice, usa-se o comando

```
create unique index ind_chave_livros
  on Livros(Numero_de_livro);
```

A especificação **unique** é opcional, e é a que impõe a restrição de unicidade dos valores necessária para uma chave. O comando especifica a tabela para a qual será criado o índice e qual coluna ou composição de colunas terão seus valores usados no índice.

A declaração de um índice é dinâmica, podendo ser feita a qualquer momento. Ela produz a criação de um arquivo com os dados do índice: seus valores e apontadores para as linhas da tabela sobre a qual ele foi aplicado, como veremos no cap. 10.

O nome do índice (ind_chave_livros, no exemplo acima) não é usado nas consultas, pois nelas empregam-se os nomes das colunas (no caso, Numero_de_livro), o que provoca automaticamente o uso dos índices correspondentes. O nome simplesmente permite que o índice seja eliminado posteriormente:

```
drop index ind_chave_livros
```

Se não foi declarada como **foreign key**, uma coluna transposta deve ser sempre declarada como índice, sem ser uma chave, isto é, sem ter valores únicos:

```
create index ind_num_pessoa_livros
  on Livros(CT_Numero_de_pessoa);
```

Com isso, acelera-se a execução de junções, cuja execução parte da tabela Pessoas, pois nesse caso o processador da consulta localiza uma de suas linhas, verifica o valor de Numero_de_pessoa da mesma e localiza eficientemente as linhas de Livros correspondentes, isto é, as ligadas àquela linha, usando o índice sobre CT_Numero_de_pessoa.

Para a criação de índices que não são chaves ou colunas transpostas, é importante levar em conta as questões de projeto de índices levantadas no fim da seção 3.14.

4.4.15 Restrições adicionais de integridade

Nas seções 4.4.13 e 4.4.14 foram abordadas algumas restrições de integridade, como as de uma coluna ou composição de colunas ser uma chave (isto é, ter valores únicos), satisfazer uma integridade referencial, uma coluna assumir apenas alguns valores, etc. Em SQL2 foi introduzida a possibilidade de se declararem em restrições de integridade por meio de um comando específico para isso. Por exemplo, suponhamos que cada livro cadastrado na Multiteca tenha necessariamente que ter pelo menos um assunto, isto é, a ligação entre Livros e Assuntos deve ser total em Livros (ver fig. 3.5-6). Usando-se as tabelas vistas em 4.4, isso significaria que cada valor de Numero_de_livro de Livros deve necessariamente ocorrer na coluna CT_Numero_de_livro de Assuntos. Essa restrição

200   CAPÍTULO 4 — LINGUAGENS DE ACESSO AO MODELO RELACIONAL

não pode ser implementada por uma declaração de integridade referencial, pois esta se aplicaria a CT_Numero_de_livro de Assuntos, isto é, verificaria que, no outro sentido, cada valor dessa coluna ocorre em Numero_de_livro de Livros. A restrição desejada poderia ser automaticamente verificada, dando-se o seguinte comando:

```
create assertion Todo_livro_tem_assunto
  check ((select Numero_de_livro from Livros)
    in (select CT_Numero_de_livro from Assuntos))
```

isto é, o conjunto de valores da coluna Numero_de_livro tem que ser um subconjunto dos valores da coluna CT_Numero_de_livro. Qualquer alteração nos dados de Livros e de Assuntos provoca a verificação dessa restrição (o que demandará relativamente bastante tempo!), e é abortada, se violá-la. Note-se que depois da cláusula **check** deve necessariamente vir um predicado, isto é, uma expressão que dê valor verdadeiro ou falso.

Na versão original da SQL, havia dois comandos para criar restrições adicionais de integridade: o **assert**, com efeito semelhante ao **create assertion**, mas com sintaxe diferente, e o **trigger** (gatilho, disparador) em que era possível especificar uma ação a ser tomada no caso de violação da restrição nele especificada. Essa ação poderia, por exemplo, ser a chamada de uma rotina que foi programada em alguma linguagem de programação. Um exemplo simples da primeira seria

```
assert Ano_valido on insertion to Livros: Ano <= 2004
```

Um exemplo de um gatilho poderia ser

```
define trigger Sexo on Pessoas: Sexo = 'F' or Sexo = 'M'
  action_procedure eliminar_linha_e_emitir_aviso (Nome, Sexo)
```

Essa condição é verificada sempre que existe alguma modificação em uma linha de Pessoas. Especificamos como ação a chamada de um procedimento, escrito em alguma linguagem algorítmica, que deve eliminar a linha com erro e emitir aviso ao administrador do sistema sobre o ocorrido, passando para isso o nome e o sexo (errado) da pessoa. Vejamos um exemplo do GBD Oracle. Desejamos contar quantas inserções de linhas na tabela Livros foram feitas; supomos a existência de uma variável num_de_livros:

```
create trigger conta_linhas_de_livros after insert for Livros
  begin
      num_de_livros := num_de_livros + 1
  end
```

4.4.16 SQL imersa em uma linguagem de programação

Como dissemos em 4.4, a linguagem SQL é uma linguagem exclusiva de acesso a BDs, não permitindo processamentos extremamente simples. Por exemplo, suponhamos que se queira entrar com o título de um livro e obter o nome da pessoa a quem ele está emprestado. Depois do primeiro livro, se ele existir (o título pode estar errado, caso em que desejamos avisar o usuário desse fato), o sistema deve esperar a digitação de um S ou um N; no primeiro caso, queremos repetir o processo para mais um livro e, no segundo, queremos encerrá-lo. Esse processo requer uma malha de iteração, emissão de mensagens, uma comparação com S ou N, etc., processos típicos de linguagens algorítmicas, impossíveis de serem expressos apenas em SQL. Para esse e muitos outros processos, é necessário fazer uma *imersão* de comandos da SQL em uma linguagem algorítmica, que

4.4 A Linguagem SQL

forneça todo o poder computacional que a primeira não apresenta. Para alguns GBDs, existem até linguagens algorítmicas especiais, só para a imersão dos comandos de SQL. Esse é o caso, por exemplo, da popular PL/SQL, do GBD Oracle. A linguagem em que os comandos da SQL são imersos é denominada de *linguagem hospedeira* (*host language*).

Para ilustrar como é feita uma imersão de SQL em uma linguagem algorítmica hospedeira, vamos dar um exemplo hipotético de imersão na linguagem Pascal. Ela foi escolhida por ser de longe a mais simples das linguagens algorítmicas (de fato, foi desenvolvida por N. Wirth especificamente para o ensino de algoritmos, sua elaboração e suas técnicas). Vamos supor que haja um compilador da linguagem Pascal que aceite comandos especiais em SQL denotados, como foi sugerido em SQL2, por **&SQL** (em muitas imersões de SQL, é usado o comando **exec**, como por exemplo na citada linguagem PL/SQL). Esse programa, explicado em seguida, poderia ser mais ou menos o seguinte:

```
var Mais_uma_vez: char(1);
    Tit, Pessoa: char(20);
    Num_livro: char(4);
begin
    Mais_uma_vez := 'S'
    while Mais_uma_vez = 'S' /* deve executar o processo? */
  begin
    writeln ('Entre com o título de um livro');
    readln (Tit); /* entrada do título desejado */
    /* verifica se existe um livro com esse título */
    &SQL select Numero_de_livro into :Num_livro from Livros
         where Titulo = :Tit
    if Num_livro = nil /* não achou um livro com esse título? */
       then writeln ('Título do livro inexistente')
       else /* achou livro com esse título */
         begin
            /* busca o nome de quem emprestou, se existe */
            &SQL select Nome into :Pessoa from Pessoas,Livros
                 where Titulo = :Tit
                    and Numero_de_pessoa = CT_Numero_de_pessoa;
            if Nome <> nil /* achou o nome de quem emprestou? */
               then writeln ('Nome de quem emprestou esse livro',
                       Nome)
               else writeln ('Esse livro não está emprestado')
         end
    /* teste de continuação com mais um título */
    repeat
      begin
         writeln ('Deseja consultar mais um livro? (S, N)');
         readln (Mais_uma_vez)
      end
    /* teste de entrada correta do dado */
    until Mais_uma_vez = 'S' or Mais_uma_vez = 'N'
  end
end
```

Esse programa usa a variável Mais_uma_vez, que recebe sempre os valores S ou N, para indicar se se deseja executar mais uma consulta ou não, isto é, se a malha de repetição **while** deve ser executada mais uma vez ou não. Essa variável recebe inicialmente o valor S, e só quando o usuário entrar com um N (o comando **repeat**, no fim, força a entrada apenas de um S ou um N) a malha é interrompida e o programa encerrado. Os comandos **&SQL** contêm comandos **select** comuns da linguagem SQL, com duas diferenças: eles contêm *variáveis de interface* com o programa, isto é, aquelas que aparecem dentro do comando em SQL mas foram declaradas no programa e não são nomes de colunas de tabelas; isso é indicado pelo sinal **:** que as precede. Além disso, aparece em cada **select** uma cláusula **into** que lista as variáveis do programa em que serão colocados, pela ordem, os valores de colunas obtidos no **select**. Qualquer variável do programa pode ser usada como variável de interface com SQL, bastando para isso colocar seu nome precedido de **:** como exemplificado nas cláusulas **into** e **where**.

Para esse exemplo, vamos assumir que para cada título haja apenas um livro, isto é, se houver mais de um exemplar supomos que esse fato esteja também no título, como "... ex. 2". O primeiro comando **select** serve para se verificar se o título digitado pelo usuário está correto, isto é, corresponde a um livro cadastrado na Multiteca. Para isso, ele retorna o número do livro, que supomos tenha o formato de 4 caracteres. Se o número do livro retornado pelo **select** é vazio, o que é testado pela sua comparação com **nil** da linguagem Pascal (supomos que o **null** de SQL seja convertido internamente para o **nil** da Pascal; usamos um formato de caracteres para o número do livro justamente para que retornasse **null** no caso de não existir), emite-se mensagem correspondente e não se faz a busca da pessoa que o emprestou, pulando-se para o trecho final em que se pede o dado (S ou N) de continuar ou não buscando mais um livro. Se não foi encontrado um número de um livro com o título dado, há uma mensagem nesse sentido, e desvio para a consulta de continuação do processo. Se um número de livro foi encontrado, o segundo **select** é executado, a fim de encontrar o nome da pessoa que o emprestou. Nesse comando, poderíamos ter usado o número do livro encontrado no **select** anterior, mas preferimos deixar a busca com o título para maior clareza. Note-se que o nome da pessoa que emprestou um livro é único, pois cada livro só pode estar emprestado a uma única pessoa (o relacionamento e, portanto, a ligação entre as tabelas são **N:1**). Esse valor com o nome da pessoa é colocado na variável Pessoa do programa. Se é dado o título de um livro que não se encontra emprestado, o valor retornado pelo **select** em Nome é o vazio, **null** da SQL. Para que isso funcione, supomos que a coluna Nome de Pessoas tenha sido declarada com a cláusula **not null**, isto é, seu valor não pode ser vazio. O comando **if** logo em seguida usa esse fato, testando se um nome foi mesmo achado e emite as mensagens correspondentes.

Para os leitores que estranharam o alinhamento vertical dos comandos da linguagem Pascal, é interessante notar que ele segue uma única regra, introduzida pelo primeiro autor deste livro: cada novo comando começa na mesma posição vertical do comando que o precede na execução seqüencial. A cláusula **end**, por exemplo, não é um comando; ela apenas encerra sintaticamente um comando **begin**, que é sempre alinhado com o próximo comando executado depois dele, e não com o **end**, como se costuma fazer. Da mesma forma, a cláusula **else** não é alinhada com o início do comando **if**, pois é parte deste, e não o próximo comando a ser executado depois dele. Outros tipos de alinhamento, semelhante a esse de alinhar o **if** com o **else** necessitam de regras especiais para os comandos que contêm mais de uma cláusula.

4.4 A LINGUAGEM SQL

203

Uma imersão do tipo exemplificado acima requer um compilador para Pascal que aceite os comandos **&SQL**, ou a passagem do programa por um pré-compilador, que traduz esses comandos para chamadas de procedimentos que executam os comandos em SQL, já convertidos dessa linguagem para um código executável que usa rotinas do GBD. Em várias linguagens, em lugar de comandos específicos do tipo **&SQL**, programa-se a interface com o GBD por meio de procedimentos (ou funções) existentes em um dicionário de dados associado ao GBD, ao qual o compilador tem acesso. Nesse caso, a sintaxe não é tão clara quando a que usamos acima.

O programa ilustrativo visto acima baseia-se no fato de que os comandos **select** usados retornam sempre uma única linha, ou melhor, no caso, um único valor. Quando um desses comandos retorna um conjunto de linhas, isto é, uma tabela-resultado, é preciso um dispositivo para varrer essa tabela. O padrão introduzido na SEQUEL, que foi a precursora da SQL, e ainda adotado nos GBDs da IBM como o DB2, é o uso do assim denominado *cursor*. A cada comando **select** é associado um cursor com um nome diferente, com um comando especial, por exemplo

&SQL declare C **cursor for select** Numero-de-livro ...

A execução do comando **&SQL open** C aciona o cursor, executando o **select** correspondente, que cria uma tabela-resultado temporária. Para se varrer cada linha dessa tabela, é usado o comando **&SQL fetch** C, que coloca uma linha dessa tabela nas variáveis de interface da cláusula **into** do comando **select** associado ao cursor. Podem ser usadas no comando **fetch** as cláusulas **first**, **last**, **next**, **prior**, **absolute** i, **relative** i, que resultam na primeira linha da tabela-resultado, na última, na próxima, na anterior, na i-ésima desde o início e a i-ésima em relação à última linha obtida, respectivamente. O padrão é **next**. Não ilustraremos um programa com um cursor, pois isso seria programação demais, fugindo ao escopo deste livro.

Alguns GBDs adotaram soluções mais simples para imersão de linguagens como SQL de acesso a BD em linguagens de programação, eliminando a necessidade de um cursor, que fica implícito. Em termos de SQL, simplesmente o fato de um certo **select** estar imerso em um programa da linguagem faz com que sua primeira execução construa a sua tabela-resultado, e retorne uma de suas linhas, continuando-se a execução do programa. As execuções seguintes desse mesmo comando **select** não produzem uma nova tabela-resultado. Em vez disso, sempre retornam uma única nova linha dessa tabela. Esse **select** é executado novamente, construindo uma nova tabela-resultado, somente quando não há mais linhas nessa tabela, ou quando se dá um comando especial indicando que ele deve construí-la novamente. Uma das vantagens do conceito de cursor é que o comando **open** é um só para cada comando da SQL, e vários comandos **fetch** podem estar espalhados pelo programa, todos mudando a linha apontada pelo cursor. Uma maneira de contornar esse problema quando não há cursor é encapsular o comando da SQL, por exemplo um **select**, em um método (procedimento), que é chamado a cada vez que se necessita de mais uma linha da mesma tabela-resultado. Ou então usar um comando do tipo **case** (Pascal) ou **switch** (linguagem C) para executar um comando da SQL e continuar o processamento em vários lugares diferentes do programa.

4.4.17 Comentários sobre SQL

A linguagem SQL tornou-se infelizmente um padrão, pois, como todos os padrões, sofre dos defeitos iniciais de sua concepção. É compreensível que se façam padrões para

204 — Capítulo 4 — Linguagens de Acesso ao Modelo Relacional

objetos físicos, como parafusos e porcas, pois uma vez fabricados não podem mais ser mudados. Mas um software é um produto intelectual, e pode sempre ser mudado, sendo apenas uma questão de custo. O estabelecimento de padrões congela sua evolução. Em particular, a SQL sofre pelo fato de que, quando foi projetada, não havia ainda conceitos de BD que foram desenvolvidos mais tarde, e que nunca foram incorporados a ela. Mas comecemos com os seus aspectos que consideramos positivos:

P_1 Ortogonalidade. O exemplo mais patente dessa característica é a cláusula **where**. Em todo o lugar em que se pode colocar essa cláusula, ela tem a mesma sintaxe. Por exemplo, tanto num comando **select** quanto num comando **update**, pode-se usar exatamente as mesmas construções com o **where**.

P_2 Visão de conjuntos. Como herança da definição do modelo relacional, a visão que se tem das tabelas é a de um conjunto de linhas no sentido matemático. Isso eleva o nível conceitual da visão que o usuário tem do BD e de seu uso.

P_3 Uso interativo ou compilado. É uma linguagem de uso interativo (isto é, seus comandos podem ser emitidos de maneira independente, sendo interpretados e executados, cada um, imediatamente, podendo-se ver o resultado, por exemplo, em uma tela) ou de uso dentro de outras linguagens, podendo então ser compilada. Neste último caso, ela pode ser usada dinamicamente, isto é, seus comandos podem ser montados por um programa e imediatamente executados. Isso permite, por exemplo, que um mesmo comando use tabelas, atributos ou predicados diferentes em cada execução.

P_4 Padronização de acessos a BD. A SQL padronizou a maneira de se programar comandos de acesso aos BDs relacionais normalizados. Com isso, um programador que conhece bem essa linguagem não precisa aprender esse tipo de comandos, ao usar qualquer linguagem que sirva de hospedeira para a SQL.

P_5 Universalidade. SQL pode ser embutida em qualquer linguagem algorítmica, pois a sua interface com esta resume-se à importação ou exportação dos valores das variáveis de interface.

Vejamos agora os aspectos que consideramos negativos:

N_1 Não é linguagem de programação. Como vimos na seção anterior, processamentos extremamente simples não podem ser expressos em SQL. Isso se deve ao fato de ela ser apenas uma linguagem de acesso a tabelas de BDs relacionais normalizados. Como conseqüência, ela em geral necessita de alguma linguagem algorítmica hospedeira, que certamente tem um outro tipo de sintaxe. Assim, um programador precisa conhecer, e bem, pelo menos duas linguagens: a SQL e a hospedeira.

N_2 Interface esdrúxula com linguagens hospedeiras. Pelo fato de ter que ser necessariamente imersa em linguagens algorítmicas hospedeiras, ser independente destas, e ainda voltada para processamento de conjuntos (o que não combina com o processamento de seqüências ou listas das linguagens algorítmicas), a interface com elas nunca é satisfatória. Isso fica patente examinando-se linguagens que eram chamadas antigamente de "linguagens de 4ª geração": linguagens algorítmicas com comandos específicos para acesso aos bancos de dados, em que a integração era perfeita. Algumas até preservavam a desejável visão das tabelas como conjuntos. Uma das mais interessantes foi a linguagem do GBD ZIM. Nela havia uma integração total de acessos ao BD, uso de telas e geração de relatórios. De fato, ela tinha um co-

4.4 A Linguagem SQL

mando de geração de relatórios totalmente compatível com os comandos de acesso ao BD e totalmente compatível com o resto da linguagem. Assim, por exemplo, no meio de um programa podia-se especificar um relatório, cujos resultados parciais ou totais podiam ser posteriormente empregados no restante do programa. No comando de geração de relatórios, que usava todo o poder da sintaxe geral para acesso ao BD (ver próximo item), era possível especificar expressões condicionais para o valor dos campos – com isso podia-se, por exemplo, deixar um campo em branco se o valor a ser exibido estivesse fora de uma dada faixa. O uso de SQL requer que, em geral, gere-se uma tabela-resultado e que posteriormente um gerador de relatórios varra essa tabela, a fim de produzir um relatório desejado; isso é uma desintegração total. Um outro exemplo: para atribuírem-se os vários campos de uma tela de entrada para uma tabela, era requerido em ZIM simplesmente um comando de atribuição com o nome da tela do lado direito e o nome da tabela do lado esquerdo: o compilador usava a correspondência entre nomes de campos e colunas para gerar as atribuições individuais. Aliás, nenhuma novidade aí, pois a linguagem COBOL, cujo primeiro compilador foi comercializado em 1960, tinha um comando que fazia justamente isso, o **move corresponding**.

N₃ A falha mais gritante da SQL é, em nossa opinião, o fato de não levar em conta a estrutura de ligações existente necessariamente em qualquer BD com mais de uma tabela. As ligações aparecem dentro dos comandos de acesso, por meio de junções. Qualquer junção está justamente declarando que existe uma ligação entre duas tabelas. Mas essa ligação existe para sempre – o que foi reconhecido na SQL2 com a declaração das colunas transpostas (*foreign keys*). Mas essa declaração serve exclusivamente para a verificação da integridade referencial (ver 3.5 e 4.4.13). Em cada comando de acesso que deve usar uma ligação, esta deve ser especificada por meio de uma junção. Tudo se passa como se, para cada processamento desse comando, se indicasse ao compilador ou interpretador da linguagem que a ligação existe. Justamente o citado GBD ZIM mostrou que o correto é declararem-se as ligações junto com a declaração das tabelas, isto é, os dados referentes à existência de uma ligação ficam no dicionário de dados. Obviamente, as ligações (que eram denominadas erroneamente de *relationships* no GBD/ZIM; erroneamente pois nem todas as ligações entre tabelas são devidas a relacionamentos conceituais, como é o caso da implementação dos atributos multivalorados – ver 3.10) eram declaradas por meio de condições de junção. Mas na programação do uso do BD, os comandos de acesso faziam referência ao nome da ligação e não à junção, o que simplificava enormemente a formulação dos acessos e tornava os comandos auto-explicativos. Por exemplo, usando parte da sintaxe da SQL, para a consulta "quais são os títulos dos livros emprestados a pessoas do sexo feminino?" poder-se-ia ter um comando

```
select Titulo from Livros Emprestados_a Pessoas
  where Sexo = 'F'
```

onde Emprestados_a seria o nome declarado para a ligação entre Livros e Pessoas, isto é, para a condição de junção

```
Livros.CT_Numero_de_pessoa = Pessoa.Numero_de_pessoa
```

Note-se a clareza, a simplicidade e a expressividade do comando **select** acima, comparado com o equivalente em SQL, que necessariamente tem que conter a condição de junção.

Leitores que aprenderam bem a nossa lição sobre a linguagem SQL ou que já a conheciam bem devem estar se perguntando: mas uma visão do usuário, como visto em 4.4.11, não poderia fazer o papel de ligação declarada? Em parte, sim: no caso acima, poder-se-ia declarar uma visão Livros_emprestados que conteria a junção vista. Só que essa visão seria de uma tabela (que, como vimos, é em geral virtual), que seria a tabela-resultado da junção. Ora, uma tabela assim é um absurdo (a menos de aplicações tipo *data-wharehouse* conforme o cap. 7), pois contém redundâncias que o usuário não esperaria (se uma pessoa emprestou 3 livros, todos os dados dela aparecem em 3 linhas da tabela da visão). Assim, esse tipo de visão do usuário não corresponde à estrutura que ele espera do BD: o normal seria ter-se duas tabelas separadas.

N_4 Cadeias de caracteres. É realmente fantástico como os projetistas de linguagens de programação pensam em geral no computador e não no usuário. Em SQL, é necessário englobar cadeias de caracteres com aspas ou apóstrofes, como em "F", 'Economia Viva', etc. No segundo caso as aspas ou apóstrofes são absolutamente justificadas: como a cadeia é composta de várias palavras separadas por brancos, é necessário indicar onde ela termina. Mas quando se trata de uma cadeia sem brancos, como "F", "Organização Social", etc., o fato de ser cadeia de caracteres é óbvio, e não necessita de aspas. O perigo seria de ela ser coincidente com uma palavra reservada da linguagem, como **select** ou **where**. Quando essa coincidência não existe, o compilador ou interpretador deveria deduzir automaticamente que se trata de cadeia de caracteres, caso contrário deveria considerar como palavra reservada. A linguagem do GBD ZIM tinha exatamente essa propriedade.

N_5 Geração de relatórios. A falta de comandos simples para geração de relatórios, contendo dispositivos para ordenação, "quebra" de valores iguais, cálculos nas quebras, formatação e máscaras de edição, títulos e rodapés por página, expressões condicionais nos campos, totalizações, etc., faz com que geralmente seja necessário extrair dados com comandos em SQL, armazená-los em um arquivo e posteriormente usar um sistema gerador de relatórios independente. Consideramos o comando de geração de relatório já citado GBD Zim (ver N_2) como contendo tudo o que se poderia desejar de um tal comando plenamente integrado ao resto da linguagem.

N_6 Cursor. Como vimos na seção anterior, para varrer uma tabela-resultado de um comando em SQL dentro de um programa em alguma linguagem hospedeira algorítmica, o padrão é ser necessário usar um cursor. Esse conceito é de nível muito baixo. pois sugere que um ponteiro é criado para cada tabela-resultado de um comando **select**. Cada comando **fetch** faz com que esse ponteiro se mova para uma nova linha dessa tabela. Esse padrão baixo combina com o nível baixo das linguagens algorítmicas (que, por sinal, são chamadas erroneamente de "linguagens de alto nível"; são de nível muito baixo, pois refletem a estrutura das linguagens de máquina, isto é, a estrutura lógica dos computadores), que em geral não processam conjuntos, mas seqüências ou listas. Só que isso não corresponde à nossa maneira usual de pensar: em geral pensamos em um procedimento que se aplica a todos os elementos de um conjunto, com por exemplo quando se pede a uma pessoa "leve por favor todas as cadeiras desta sala para a sala vizinha".

Para melhoria da linguagem SQL, consideramos que pelos menos as seguintes características deveriam ser-lhe incorporadas: declaração das ligações, como exemplificado em N_3 acima; possibilidade de atribuir linhas de tabelas a telas e vice-versa, usando apenas o nome das telas e das tabelas (ver N_2); geração de relatórios e telas usando a sintaxe do comando **select** e permitindo expressões condicionais na especificação dos campos.

Infelizmente, em lugar de se ter estendido as "linguagens de 4ª geração" para conterem e processarem os conceitos de orientação a objetos, elas foram praticamente eliminadas, tendo-se voltado às linguagens algorítmicas estendidas com orientação a objetos. SQL nunca foi uma "linguagem de 4ª geração", pois, como já foi notado, nunca foi uma linguagem de programação completa.

4.5 Formalismos matemáticos do cap. 4

F4.2 Álgebra relacional

F4.2.1 Projeção de uma tabela

Vejamos inicialmente como definir a projeção de uma linha de uma tabela. Seja l uma linha de uma tabela T de esquema $T(C_1, C_2, ..., C_n)$. Se $l = (c_1, c_2, ..., c_n) \in T$, então $l.C_i = c_i$ ou, se a projeção for em mais de uma coluna, $l.(C_{j_1}, C_{j_2}, ..., C_{j_m}) = (c_{j_1}, c_{j_2}, ..., c_{j_m})$, $1 \leq j_i \leq n, m \leq n$.

Para tabelas, se $T(C_1, C_2, ..., C_n) = \{l_1, l_2, ..., l_p\}$, então $T.C_i = \{l_1.C_i, l_2.C_i, ..., l_p.C_i\}$. Analogamente para projeção em várias colunas.

F4.2.2 Restrição de uma tabela

Formalmente, seja T uma tabela, C uma de suas colunas, v uma constante com um valor do domínio de C, e $\boldsymbol{p} \in \{<, \leq, =, \neq, \geq, >\}$. Então

$$T[C \, \boldsymbol{p} \, v] = \{l \in T \mid l.C \, \boldsymbol{p} \, v\}$$

Se C_1 e C_2 forem duas colunas de T, então

$$T[C_1 \, \boldsymbol{p} \, C_2] = \{l \in T \mid l.C_1 \, \boldsymbol{p} \, l.C_2\}$$

Evidentemente $l.C$, v, $l.C_1$ e $l.C_2$ devem ser comparáveis segundo o operador $\boldsymbol{p}$; o resultado de uma restrição é uma tabela com as mesmas colunas que a tabela-argumento do operador (T), contendo um subconjunto das linhas desta.

O operador de comparação $\boldsymbol{p}$ pode ser estendido, como por exemplo para abarcar pertinência a um conjunto de constantes (a linguagem SQL usa nesse caso o operador **in** – ver o fim da seção 4.4.4).

F4.2.3 Seleção em uma tabela

Exercício EF4.2.3. Formalize essa operação.

F4.2.4 Junção de duas tabelas

Sejam T_1 e T_2 tabelas, C_1 e C_2 colunas de T_1 e T_2 respectivamente. Então

$$T_1[C_1 = C_2]T_2 = \{l_1l_2 \mid l_1 \in T_1, l_2 \in T_2, l_1.C_1 = l_2.C_2\}$$

onde l_1l_2 indica a concatenação da linha l_1 com a linha l_2, isto é, se $l_1 = (v_{1_1}, v_{1_2}, ..., v_{1_m})$ e $l_2 = (v_{2_1}, v_{2_2}, ..., v_{2_n})$ então $l_1l_2 = (v_{1_1}, v_{1_2}, ..., v_{1_m}, v_{2_1}, v_{2_2}, ..., v_{2_n})$.

$F4.2.7$-1 Produto cartesiano de duas tabelas

Sejam T_1 e T_2 tabelas de graus m e n (isto é, com m e n colunas), respectivamente. O produto cartesiano de 2 tabelas dá como resultado uma relação de grau $m + n$. Sejam l_1 e l_2 linhas de T_1 e T_2, respectivamente, e $l_1 l_2$ a representação da sua concatenação.

O produto cartesiano de T_1 e T_2 é uma tabela de grau $m + n$, que pode então ser definida como

$$T_1 \times T_2 = \{l_1 l_2 \mid l_1 \in T_1 \text{ e } l_2 \in T_2\}$$

Denotando-se por $|T|$ a *cardinalidade* da tabela T, isto é, o número de linhas que ela contém (recorde-se que uma tabela é um conjunto de linhas), então obviamente

$$|T_1 \times T_2| = |T_1| \times |T_2|$$

onde o primeiro sinal $\times$ indica o produto cartesiano, e o segundo a multiplicação aritmética.

$F4.2.7$-2 Divisão de duas tabelas

Iniciemos com um caso particular. Pode-se dar uma definição formal relativamente simples para a divisão de uma tabela por toda uma outra tabela, sendo que as colunas desta última têm os mesmos nomes de parte das colunas da primeira (como foi o caso de Livros e Assuntos-desejados usadas no exemplo dado no fim de 4.2.7). Sejam duas tabelas $T_1(C_1, C_2, ..., C_m, C_{m+1}, ..., C_{m+n})$ e $T_2(C_{m+1}, ..., C_{m+n})$. Então

$$T_1 \div T_2 = \{l_1 \in T_1.(C_1, C_2, ..., C_m) \mid \forall l_2 \in T_2 \ (\exists l_1 l_2 \in T_1)\}$$

onde $l_1 l_2$ indica a concatenação de l_1 com l_2.

Para definir formalmente a operação de divisão geral, necessitamos inicialmente de um operador que nos dê o complemento da projeção de uma linha em um conjunto de colunas. Seja T uma tabela com um conjunto de colunas C, e C_1, C_2 uma partição de C. O *operador de complementação* $g_T(C_1)$ de C_1 em relação a T é definido da seguinte maneira:

Se $v_1 \in T.C_1$,

$$g_T(v_1) = \{v_2 \in T.C_2 \mid v_1 v_2 \in T\}$$

isto é, $g_T(v_1)$ dá uma tabela com a projeção em C_2 das linhas de T que têm a n-pla v_1 nas colunas C_1.

Seja $g_T(C_1)$ a união dos $g_T(v)$ para todas as linhas $v \in T.C_1$.

Na fig. 4.2-7, se T é Assuntos e $C_1 = \{\text{Assunto}\}$, então g_T (Cognição) = $\{1, 3\}$ (números dos livros com assunto Cognição); g_T (Assunto) = $\{1, 3, 4\}$.

Dada uma tabela T e um subconjunto de suas colunas C, denotemos por $T - C$ o conjunto de colunas de T complementar a C. Seja C_1 um subconjunto de colunas de T_1 e C_2 um subconjunto de colunas de T_2. Então

$$T_1[C_1 \div C_2]T_2 = \{l.(T_1 - C_1) \mid l \in T_1 \text{ e } T_2.C_2 \subseteq g_{T_1} (l.(T_1 - C_1))\}$$

isto é, devem-se tomar apenas as linhas l de T_1 tal que a projeção delas em $T_1 - C_1$ deve conter as linhas de $T_2.C_2$.

4.5 FORMALISMOS MATEMÁTICOS DO CAP. 4

Por exemplo, na fig. 4.2-7 podemos tomar T_1 como Livros, C_1 como Assunto; portanto $T_1 - C_1$ é CT-Número-de-livro. Na fig. 4.2-8, T_2 é Assuntos-desejados, e C_2 é Assunto. CT-Número-de-livro com o valor 3 é uma das linhas do resultado, pois o conjunto de valores de seu complemento Assunto é {Cognição, Percepção, Sentimento} que contém Assuntos-desejados.Assunto, que é {Cognição, Percepção}.

Exercício EF4.2.7-1 Justifique que o valor 4 de CT-Número-de-livro também estará no resultado do exemplo.

Codd chamou a atenção para o fato de ter denominado este operador de "divisão", pois

$$(T_1 \times T_2) \div T_2 = T_1$$

entendendo-se aí T_1 e T_2 como os conjuntos de todas as colunas de cada uma das tabelas correspondentes.

Exercício EF4.2.7-2 Prove essa propriedade. Sugestão: no produto cartesiano cada linha de T_1 é concatenada com todas as de T_2.

F4.3 Cálculo relacional

As expressões mais simples no cálculo relacional foram vistas na seção 4.3. Vejamos aqui expressões envolvendo predicados com quantificadores. A consulta "que livros estão emprestados a alguma pessoa?" poderia ser expressa em notação de conjuntos por:

```
{v ∈ Livros | ∃p ∈ Pessoas
(v.CT-Número-de-pessoa = p.Número-de-pessoa)}
```

A expressão $\exists x\ (P)$ pode ser lida como "existe x tal que P" e é verdadeira se *algum* valor de x torna o predicado P verdadeiro; é falsa se P calculado para *todo* possível valor de x é sempre falso. Em DSL-Alpha, os comandos seriam:

```
range Livros v
range Pessoas p
get Livros-emprestados (v): ∃p (v.CT-Número-de-pessoa =
    p.Número-de-pessoa)
```

Note-se que a declaração de p é essencial, pois o quantificador existencial exige uma variável, denominada de *variável ligada*. Uma variável como v, que não está ligada por algum quantificador, é denominada de *variável livre*. Observe-se que a expressão v.CT-Número-de-pessoa = p.Número-de-pessoa é a própria condição de junção das duas tabelas.

É importante constatar que as variáveis ligadas (no caso, p) nunca aparecem entre a palavra reservada **get** e o sinal de ":", pois só valem dentro dos predicados dos quantificadores. Por outro lado, as variáveis que aparecem entre o **get** e o sinal ":" são sempre variáveis livres.

Na álgebra relacional, para envolver duas ligações em uma consulta abrangendo três tabelas, não necessariamente distintas, é necessário fazer a junção correspondendo à primeira ligação (envolvendo as duas primeiras tabelas), e depois fazer a junção correspondendo à segunda ligação, isto é, da tabela-resultado da primeira operação com a terceira tabela. No cálculo de predicados, isso pode ser feito em uma só condição composta.

210 CAPÍTULO 4 — LINGUAGENS DE ACESSO AO MODELO RELACIONAL

Assim, a consulta "quais os títulos dos livros emprestados pela pessoa que emprestou o livro *Verdade e Ciência*?" poderia ser expressa pelos comandos

```
range Livros v, r
range Pessoas p
get Livros-emprestados (v.Titulo):
     ∃r (r.Título = "Verdade e Ciência"
         and ∃p (r.CT-Número-de-pessoa = p.Número-de-pessoa
             and p.Número-de-pessoa = v.CT-Número-de-pessoa.)
```

Para entender-se o predicado desse comando **get**, pode-se imaginar as três tabelas, e as variáveis assumindo valores de cada linha da tabela a que se aplica. Assim, poder-se-ia começar com v, r e p apontando para a (ou assumindo o valor da) primeira linha de cada tabela. Varia-se r até que ela aponte para uma linha de Livros em que o valor da coluna Titulo seja *Verdade e Ciência*. Verifica-se se a primeira linha de Pessoas, apontada por p, tem o valor na coluna Número-de-pessoa igual ao valor de CT-Número-de-pessoa apontado por r. Nesse caso, testa-se se esse valor é igual ao da linha apontada por v na coluna CT-Número-de-pessoa. Em caso positivo, coloca-se o valor de Titulo apontado por v na tabela Livros-emprestados. Em caso negativo, testa-se um outro valor de p, isto é, a próxima linha de Pessoas. Não havendo mais linhas em pessoas, procura-se outro valor de v na coluna Titulo com conteúdo "Verdade e Ciência", começando-se p novamente na primeira linha da tabela Pessoas, repetindo-se o processo. No caso, esse valor de v não será encontrado, pois cada livro está emprestado a uma única pessoa.

A consulta vista ao fim de 4.2.7 "quais são os números dos livros que contêm *ambos* os assuntos Organização Social e Dinheiro?" permite introduzir uma novidade, o quantificador universal ∀ ("qualquer", "todo"). Supondo-se a existência da tabela Assuntos da fig. 4.2-7 e Assuntos-desejados da fig. 4.2-8, essa consulta poderia ser expressa por:

```
range Assuntos a, s
range Assuntos-desejados ad
get (a.CT-Número-de-livro) : ∀ad (∃s (s.Assunto = ad.Assunto
    and s.CT-Número-de-livro = a.CT-Número-de-livro))
```

Paremos essa ilustração por aqui. Não daremos as especificações de modificação das tabelas para não sobrecarregarmos este texto. Vale a pena salientar que operações aritméticas não foram introduzidas por Codd em Alpha, esperando que se usasse uma linguagem de programação qualquer, onde Alpha aparecesse "embutida" para se fazer essa parte. Com isso, tanto as linguagens baseadas em álgebra como em cálculo relacional tiveram uma forte influência no sentido de não se tornarem linguagens algorítmicas, isto é, que pudessem exprimir qualquer processamento de dados.

Exercícios F4.3-1 a **-4** Refaça os exercícios E4.2.6-1 a -5 exprimindo as consultas em DSL-Alpha.

F4.4 SQL

F4.4.3 Expressão de junções em SQL como predicados

Vejamos o formalismo do cálculo relacional que está por detrás de um comando em SQL com junção explícita. O comando do fim de 4.4.3 poderia ficar, com variáveis-linha (usa-

4.5 Formalismos Matemáticos do Cap. 4

mos v em lugar de l para a variável que assume linhas de Livros, pois na fonte Courier o l parece-se como 1),

```
select a.Assunto from Assuntos a, Livros v, Pessoas p
 where p.Nome = 'Pedro'
   and p.Numero_de_pessoa = v.CT_Numero_de_pessoa
   and v.Numero_de_livro = a.CT_Numero_de_livro
```

Essa consulta é na verdade uma sintaxe especial para a seguinte definição de conjuntos:

```
{a.Assunto | a ∈ Assuntos
    e ∃v ∈ Livros (a.CT_Numero_de_livro = v.Numero_de_livro
      e ∃p ∈ Pessoas (v.CT_Numero_de_pessoa = p.Numero_de_pessoa
                  e p.Nome = 'Pedro'))}
```

Pode-se observar que a variável-linha a que aparece entre o **select** e o **from** aparece como variável livre na definição do conjunto; as variáveis-linha v e p que não aparecem entre o **select** e o **from** aparecem como variáveis ligadas pelo quantificador existencial. Essa é uma regra geral que pode ajudar, a quem tem familiaridade com conceitos e notação matemáticos, a entender o formalismo que se esconde por detrás de certas categorias de consultas em SQL.

Como mais um exemplo, vejamos a consulta de 4.2.4, "que livros estão emprestados a quais pessoas?" Em SQL ela poderia ser:

```
select p from Livros v, Pessoas p
   where v.CT_Numero_de_pessoa = p.Numero_de_pessoa
```

Compare-se com a definição de conjuntos e a consulta em DSL-Alpha de F4.3. Nesse caso, p seria a variável livre, e v a ligada.

F4.4.5-1 Correspondência com um predicado com um quantificador universal

A consulta do início de seção 4.4.5 "quais os números, títulos e números de exemplar dos livros que têm o maior número de exemplares?" pode ser expressa formalmente como

```
{v.Numero_do_livro, v.Titulo, v. Exemplar | v ∈ Livros
    e ∀r ∈ Livros (v.Exemplar ≥ r.Exemplar) }
```

vendo-se portanto que nesse caso a sintaxe de SQL >= **all** corresponde a uma transposição do quantificador ∀.

F4.4.5.2 Correspondência com um predicado com um quantificador existencial

A consulta da seção 4.4.5 "dar os títulos dos livros para os quais existem exemplares adicionais" pode ser expressa formalmente como

```
{v.Titulo, | v ∈ Livros
    e ∃r ∈ Livros (v.Numero_do_livro = r.CT_Numero_do_livro
    e r.Exemplar > 1) }
```

vendo-se portanto que a cláusula **exists** realmente tem alguma correspondência com o quantificador existencial.

F4.4.5.3 Relação entre os quantificadores universal e existencial

Empregando-se o **not exists**, chega-se ao quantificador universal, pois

$$\forall x \, (P(x)) \equiv \neg \exists x \, (\neg P(x))$$

onde $\neg$ é o operador lógico de negação, e $\equiv$ é a equivalência lógica. Tem-se também

$$\exists x \, (P(x)) \equiv \neg \forall x \, (\neg P(x))$$

4.6 Referências bibliográficas e histórico

Os operadores básicos da Álgebra Relacional foram introduzidos por Edward Codd [1970]; posteriormente, foram estendidos e formalizados em [Codd 1972b]. O Cálculo Relacional foi introduzido em [Codd 1971], onde ele expôs a linguagem DSL ("Data Sublanguage" Alpha); em [Codd 1972b] encontra-se a prova de que qualquer consulta do Cálculo Relacional pode ser expressa na Álgebra Relacional.

Uma terceira classe de linguagens formais para o modelo relacional não foi exposta neste livro, por fugir ao seu escopo: trata-se de linguagens baseadas em lógica, especialmente Datalog, inspirada na linguagem de programação PROLOG. A sua base é a seguinte: se T é uma tabela relacional, e i é uma linha de T, e j não é uma linha de T, então $T(i)$ é verdadeiro e $T(j)$ é falso. Uma das vantagens de Datalog é o fato de se poder nela exprimir recursões (definição indutiva de dados), e com isso ela adquire maior potência que a DSL-Alpha. O iniciador da pesquisa em lógica como linguagem de consulta foi o livro [Gallaire 1978]. Sobre o uso de Datalog com acessos a BD e sua recursividade, veja-se [Bancillon 1986]. Para uma descrição de Datalog, veja-se também [Ullman 1997].

Como mencionamos em 3.16, a pesquisa de uma linguagem de consultas a BD relacionais feita pela IBM redundou na linguagem SEQUEL de "Structured English QUery Language" [Chamberlin 1974, 1976]. Por sua vez, essa linguagem motivou o desenvolvimento do primeiro GBD relacional da IBM, o System R (ver 3.16), lançado em 1978. Felizmente, logo percebeu-se que de "English" essa linguagem tinha muito pouco, e seu nome foi reduzido para SQL, de "Structured Query Language", a linguagem de acesso dos GBDs sucessores SQL/DS e DB2, lançados em 1982. A potência da IBM logo tornou a linguagem SQL de amplo uso; a empresa tornou-a livre, de modo que apareceram outros GBDs que a utilizaram, como o Oracle da Oracle Inc. Mesmo GBDs que tinham sua própria linguagem, como o INGRES com a linguagem QUEL e o ZIM, originalmente da Zanthe Corp. do Canadá, com uma extraordinária linguagem própria – uma extraordinária linguagem completa de programação de "4ª geração" [Zanthe 1985, Forthergill-Brow 1990] –, fizeram implementações de SQL para seus sistemas. Quem conheceu o sistema ZIM certamente concordará em que isso foi um retrocesso conceitual nesse sistema. Uma cópia dele para teste pode ser obtida em www.downloaddatabase.com/databasesoftware/zim.htm onde o primeiro autor pôde, com alegria, ver que esse excepcional sistema não desapareceu.

Cremos que a adoção geral da SQL foi devida à mentalidade errônea, principalmente nos EUA, de que SQL era o melhor que se podia ter em termos de linguagem de acesso a BDR. A formação de comissões para padronizar SQL do American National Standards Institute (ANSI) e do International Standards Organization (ISO) em 1986 e 1987, respectivamente, levou à publicação de um padrão que ficou conhecido como SQL-89 ou

4.6 REFERÊNCIAS BIBLIOGRÁFICAS E HISTÓRICO

SQL1. Provavelmente, o estabelecimento desse padrão ajudou a propagação da implementação da SQL em vários GBDs, e seu uso. Uma expansão foi feita posteriormente, resultando na SQL-92 ou SQL2, e agora existe a SQL-99 ou SQL3. Nessa última versão, foram incorporados conceitos de orientação a objetos (ver cap. 8), gerenciamento da integridade do BD, etc. Esses padrões visam sempre a portabilidade de programas, mas a verdade é que cada GBDR implementa não só o padrão, mas também extensões, de modo que a portabilidade acaba sendo um mito. Um livro que descreve SQL em detalhe é [Kauffman 2001].

A importância da IBM e o uso desses sistemas fizeram com que a linguagem SQL se impusesse no mercado, por exemplo em lugar da QUEL, a linguagem do sistema INGRES [Stonebraker 1976, 1986]. Um exemplo da QUEL, mostrando como ela é mais simples do que a SQL, pode ser visto em [Setzer 1989].

Um *software* livre que fornece uma SQL com interface para vários GBDs, incluindo o MySQL, é o CuteSQL, disponível em www.dirfile.com/cutesql.htm para carga. Para GBDs tipo *software* livre, veja a seção 3.16.

O leitor que dispõe do MS Access pode experimentar SQL com esse sistema. Nesse caso, recomendamos a leitura prévia do cap. 5, que trata daquele GBD.

Informações sobre o GBD ZIM podem ser obtidas da ZIM Technologies do Brasil, em www.zimismobile.com/brasil.

Sobre a implementação de processadores de linguagens de consulta, veja-se [Garcia-Molina 2001]. [Ramakrishman 2002], como outros livros, traz detalhes sobre implementação e otimização de consultas.

Capítulo 5

Estudo de Caso de Implementação no Microsoft Access 2000

5.1 Introdução

No presente capítulo, mostramos na prática como implementar um BD. Utilizamos para isso uma parte do nosso estudo de caso, a Multiteca. Usamos para essa implementação o GBD Microsoft Access 2000© (daqui para diante simplesmente denominado de Access). A adoção desse sistema deve-se às qualidades enumeradas a seguir, e não ao fato de o considerarmos como o melhor GBD, de um ponto de vista técnico.

- É um sistema muito difundido. Optamos por esse sistema por desejar tornar a implementação dos conceitos tratados nesse livro acessível para muitas pessoas. Também por esse motivo, adotamos a versão 2000 do Access, que é uma versão bastante usual desse sistema. Os recursos utilizados estão em sua grande maioria presentes nas versões anteriores do Access – pelo menos da versão 97 em diante – e quando algum recurso utilizado é específico da versão 2000, isso é devidamente apontado.

- É fácil de usar. Esse sistema contrasta com outros sistemas, muitos dos quais inclusive tecnicamente mais complexos e eficientes que o Access, por não exigir do usuário conhecimentos preliminares profundos de teoria de sistemas GBDs ou da estrutura específica interna de construção do sistema.

216 CAPÍTULO 5 — ESTUDO DE CASO DE IMPLEMENTAÇÃO NO MICROSOFT ACCESS 2000

- Conta com um sistema gráfico simples para construção do esquema do BD e para consultas ao mesmo, o que simplifica muito essas tarefas, evitando em grande parte dos casos a programação em uma linguagem algorítmica.

O Access é um GBD fundamentado no modelo relacional normalizado. Isso exige que atributos compostos e multivalorados sejam implementados conforme visto no capítulo 3.

Não temos a pretensão, no presente capítulo, de explorar completamente os recursos do Access. Para o leitor interessado em conhecer todos esses recursos, recomendamos consultar o material especializado publicado pela própria Microsoft ou usar o sistema de ajuda ao usuário (*help*) que faz parte do sistema. Algumas publicações adicionais sugeridas encontram-se também no final desse capítulo. Abordamos aqui alguns recursos relacionados com (já utilizando a nomenclatura do Access): tabelas, consultas, formulários, relatórios e páginas da internet. Não abordamos a construção de módulos em VBA – que são uma forma de estender a funcionalidade básica do Access por meio de programas escritos em Visual Basic, que funciona como linguagem hospedeira da SQL (ver 4.4.16) – pois isso exigiria do leitor conhecimentos de programação.

Apresentamos somente os aspectos essenciais que possibilitam a implementação da Multiteca. Apresentamos também a implementação de uma versão simplificada da Multiteca apresentada nos capítulos anteriores. Deixamos a implementação da Multiteca completa como um exercício para o leitor. Recomendamos *fortemente* ao leitor interessado que resolva esse exercício.

5.2 Ativação do sistema

O primeiro passo para utilizar o Access é naturalmente ativá-lo. Supondo-se que o Access já esteja instalado no computador, isso pode ser feito pela seleção do programa a partir do menu **Iniciar** (ou **Start**, se a instalação do Windows estiver em inglês).

O resultado dessa seleção é a tela inicial do Access. A partir dela, podemos utilizar um BD anteriormente gravado ou gravar um novo BD. Se optarmos pela gravação de um novo BD, ainda podemos escolher entre partir de um BD vazio ou utilizar os programas assistentes do Access como guia nesse processo (um BD vazio é um BD que tem um nome, mas nenhuma tabela associada a ele). Os assistentes são úteis para usuários novatos. Como no nosso caso nós mesmos (os autores) estamos cumprindo o papel de "assistentes", preferimos a primeira opção, conforme mostrado na fig. 5.2-1.

Ao selecionarmos **OK** na tela de criação do BD, somos solicitados a escolher um diretório para recebê-lo e um nome para ele, por meio da tela apresentada na fig. 5.2-2. O primeiro nome padrão oferecido pelo Access é **bd1**. Colocamos o BD no diretório **Bancos de Dados Access**, e substituímos o nome **bd1** que aparece no campo **Nome do arquivo** por **Multiteca** (observe o **N** sublinhado em **Nome do arquivo.** Isso indica que o comando pode ser ativado utilizando as teclas **Alt+N**). O nome do arquivo e o nome do BD coincidem.

5.2 Ativação do Sistema

Fig. 5.2-1 Criação de um BD vazio

Fig. 5.2-2 Seleção do diretório e do nome do BD

Ao ativar-se o "botão" **Criar**, um BD vazio é criado no diretório especificado no campo **Salvar em**. O Access permite então que se inicie a estruturação da base de dados, como na tela apresentada na fig. 5.2-3.

Fig. 5.2-3 Início da estruturação do BD

O acesso a um BD já gravado pode ocorrer tanto para manipulação dos dados como para revisão de sua estrutura. Para isso, seleciona-se na tela inicial do Access a opção **Abrir um arquivo existente** (fig. 5.2-1). A qualquer momento durante a utilização ou construção de um BD, o trabalho já efetuado pode ser gravado em disco para utilização posterior.

5.3 Estudo de caso: a Minimultiteca

No presente capítulo utilizamos uma versão simplificada do modelo relacional da Multiteca apresentado na fig. 3.12. A simplificação foi feita para evitar que certos conceitos de implementação fossem apresentados repetitivamente. Consideramos também que a melhor maneira de aprender a utilizar uma ferramenta computacional é "colocando a mão na massa". Sendo assim, reservamos a implementação da Multiteca completa como um exercício para o leitor. Denominamos essa versão simplificada de Minimultiteca.

O diagrama ER para a Minimultiteca está apresentado na fig. 5.3-1. O diagrama relacional correspondente está apresentado na fig. 5.3-2, sem os atributos.

A Minimultiteca tem Objetos como conjunto de entidades central, composto por livros e meios de gravação. A diferenciação entre livros e meios de gravação é dada pelo valor do seu atributo Tipo. Quando um objeto é um meio de gravação, está associado com músicas. O relacionamento Gravações entre entidades do conjunto Objetos e entidades do conjunto Músicas é, portanto, parcial em relação ao último.

O conjunto de entidades Objetos tem um relacionamento generalizado (cf. 2.18) exclusivo com os conjuntos de entidades Prateleiras e Pessoas. Isso caracteriza a localização de cada objeto, que pode ou estar guardado em uma prateleira ou emprestado a alguém.

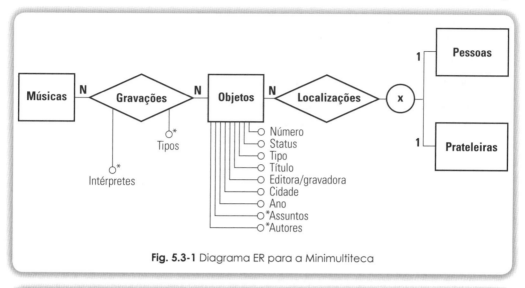

Fig. 5.3-1 Diagrama ER para a Minimultiteca

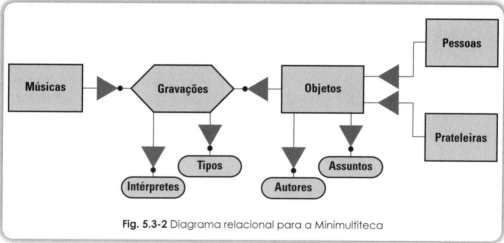

Fig. 5.3-2 Diagrama relacional para a Minimultiteca

O modelo da Minimultiteca é bem menos rico que o modelo da Multiteca completo apresentado nos capítulos 2 e 3. Mesmo assim, ele é suficiente para ilustrarmos os conceitos de implementação que queremos enfatizar nesse capítulo.

5.4 Tabelas

Como em qualquer modelo relacional, a estrutura de dados básica do Access consiste de tabelas. Cada tabela tem um *nome* e um conjunto de *colunas*, que no Access são chamadas de *campos*. "Campo" (*field*) sempre foi usado em computação para designar um trecho de um registro (*record*) de um arquivo (*file*). Ora, não estamos tratando de arquivos, que são algo da estrutura interna, física, no nível do sistema operacional, mas de tabelas do modelo relacional, que são uma representação externa (por exemplo, várias tabelas podem ser guardadas por um GBD em um só arquivo). Assim, preservaremos aqui a denominação dos capítulos anteriores ("atributo" ou "coluna"), que consideramos ser a mais adequada. No Access, as linhas de uma tabela são denominadas de *registros*, denominação que também não empregaremos.

Uma tabela pode ser construída de três formas distintas (fig. 5.2-3):

1. Modo "estrutura": nessa forma, pode ser especificado o esquema de cada tabela. Cada atributo do esquema recebe um nome e uma coluna na tabela. A cada coluna associa-se, além de um nome, um tipo de dados (isto é, o conjunto de valores que a coluna pode receber) e um comentário textual do significado pretendido para aquela coluna. A inserção dos dados propriamente dita precisa ser efetuada posteriormente.

2. Modo "assistente": são propostas algumas formas padronizadas de esquemas de tabelas – aquelas consideradas pelos construtores do Access como as mais freqüentes para seus usuários – com atributos predefinidos que o usuário pode utilizar ou mudar posteriormente.

3. Modo "inserindo dados": nessa forma, é apresentada uma planilha para ser preenchida. Cada linha dessa planilha corresponde a uma nova linha da tabela, e cada coluna da planilha corresponde a uma coluna da tabela. Novas linhas são criadas à medida que as linhas da planilha vão sendo preenchidas. Os nomes das colunas são atribuídos segundo uma forma padrão (Campo1, Campo2, etc.), podendo ser modificados posteriormente para nomes mais significativos. Os tipos atribuídos a cada coluna são "ajustados" pelo próprio Access, tentando deduzir cada tipo a partir dos valores inseridos nas células pelo usuário (por exemplo, se em uma coluna da planilha colocamos somente números inteiros, um tipo de dados **Inteiro** será atribuído àquela coluna).

No nosso caso, já temos um projeto detalhado da base de dados que queremos implementar. Esse projeto é a Minimultiteca, ou seja, a versão simplificada da Multiteca. Optamos, portanto, por construir as tabelas no modo estrutura.

O nome padrão dado para um esquema de tabela criada no Access é **Tabela1**. Para que ela receba um nome mais apropriado, precisamos gravá-la. Antes de gravar uma tabela, precisamos construir pelo menos algumas colunas, caso contrário o Access nos apresenta uma mensagem de erro, indicando que estamos tentando criar uma tabela sem colunas, o que não faz sentido dentro de um BD: uma tabela pode existir sem linhas – ou seja, pode estar vazia e dessa forma resumir-se ao seu esquema – mas não sem colunas.

Uma coluna é definida pelo seu nome, pelo tipo de dados que pode receber e por um comentário do que ela significa. O comentário é opcional (embora recomendemos fortemente que o usuário o coloque sempre que o nome do atributo não for suficiente para indicar o significado dos dados de uma coluna), mas o nome e tipo são essenciais para definir uma coluna. Os tipos disponíveis para colunas no Access são:

- **Texto**: qualquer texto "alfanumérico" (isto é, letras, dígitos e caracteres especiais) com até 255 caracteres;

- **Memorando**: qualquer texto "alfanumérico" com até 64 kbytes, geralmente utilizado para atributos com observações ou descrições a respeito dos dados de uma linha;

5.4 Tabelas

- **Número**: valores numéricos. Esse tipo requer ainda a definição do subtipo apropriado (inteiro, inteiro longo, ponto flutuante, etc.);

- **Data/Hora**: valores representando especificamente datas e horários;

- **Moeda**: um valor numérico específico para representar e manipular valores monetários (parte inteira e duas casas decimais);

- **AutoNumeração**: geralmente utilizado para atributos-chave. Os valores representados são números naturais, os quais são automaticamente gerados e inseridos de forma a garantir a não-duplicação de valores. Duas formas de preenchimento automático dos dados podem ser utilizadas: *incremental*, em que cada novo valor é igual ao último valor criado mais um, e *aleatório*, em que os valores são gerados sem uma ordem aparente (ou seja, simulando uma geração aleatória de valores);

- **Sim/Não**: valores "booleanos", ou seja somente os valores "sim" e "não";

- **Objeto OLE**: objetos importados de outros aplicativos, como por exemplo planilhas do Excel, arquivos do Word, objetos de som, imagens, etc.;

- **Hyperlink**: endereços de correio eletrônico ou endereços de páginas da Internet (URLs – *universal resource locators*).

Cada um desses tipos admite a determinação de propriedades adicionais, como por exemplo valores iniciais e restrições a subconjuntos dos tipos especificados. Vamos explorar algumas dessas propriedades, mas as possibilidades são muitas. Somente exemplificaremos aquelas que são úteis para o exemplo considerado.

Utilizemos como exemplo a tabela Prateleiras, que tem as colunas Comodo e Numero-de-prateleira. A coluna Comodo deve ser do tipo Texto, pois ela recebe o nome do cômodo em que cada prateleira se localiza. A coluna Numero-de-prateleira recebe os números identificadores das prateleiras sendo, portanto, uma chave. Assim, escolhemos para ela o tipo AutoNumeração Incremetal. Evidentemente, uma coluna de números identificadores não admite valores repetidos. No Access, para evitar a repetição de valores em uma coluna, isto é, criar uma chave, é necessário criar um índice com **Duplicação não autorizada**. O índice, conforme visto na seção 3.3, deve ser declarado quando se deseja um acesso eficiente às linhas de uma tabela com base no conteúdo da coluna indexada. Sem o índice, o acesso às linhas da tabela ocorre sempre de maneira seqüencial. Na fig. 5.4-1 está apresentada a tabela Prateleiras, no modo estruturas, evidenciando a propriedade **Indexado** referente à coluna Numero-de-prateleira, que está ajustada para **Sim (Duplicação não autorizada)**.

Uma chave primária (ver 3.3) é declarada de uma outra maneira, como veremos adiante (fig. 5.6-5). No caso específico da coluna Numero-de-prateleira, os valores não são fornecidos diretamente pelo usuário (pois o tipo da coluna é AutoNumeração), portanto a declaração do índice com duplicação não-autorizada é redundante. Para qualquer outro tipo de dados, entretanto, ele é necessário para garantir a não-duplicação de valores em uma coluna específica.

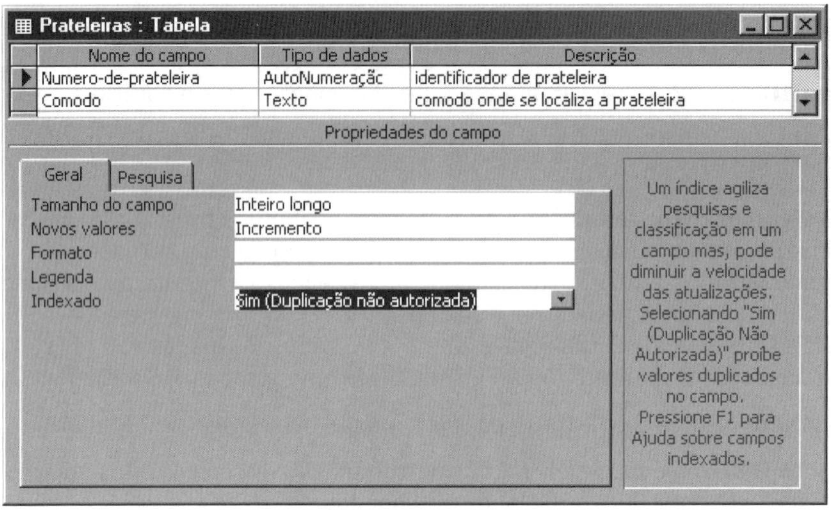

222 CAPÍTULO 5 — ESTUDO DE CASO DE IMPLEMENTAÇÃO NO MICROSOFT ACCESS 2000

Fig. 5.4-1 A tabela Prateleiras

Consideremos agora a tabela Objetos (fig. 5.4-2). Os atributos multivalorados Assuntos, Autores, Tipos e Intérpretes são implementados em tabelas separadas (cf. 3.10 e fig. 5.3-2). As colunas Título, Editora/Gravadora, Cidade, Tipo e Status são de tipo **Texto**. As duas últimas colunas apresentam uma característica adicional interessante, pois os valores admissíveis são apenas algumas palavras específicas (no caso de Tipo, as palavras "livro", "cassete", "fita vídeo", "CD" e "DVD"; no caso de Status, as palavras "guardado", "emprestado" e "em uso"). A coluna Ano é de tipo **Número**, que restringiremos para valores inteiros positivos e com quatro dígitos. A coluna Numero-de-objeto é de tipo AutoNumeração Incremental. Finalmente, como existe uma ligação do tipo **1:N** entre Prateleiras e Objetos, uma coluna adicional, transposta de Numero-de-prateleira é colocada na tabela Objetos, denominada CT-Numero-de-prateleira. Essa coluna precisa ser de tipo **Número**, para receber referências aos valores da coluna Numero-de-prateleira que pertence à tabela Prateleiras.

As restrições de integridade de valores de uma coluna podem ser inseridas, utilizando-se a propriedade **Regra de validação**. No caso de um conjunto finito de valores, eles podem ser inseridos um a um. Por exemplo, no caso da coluna Status, a regra de validação a ser digitada é a expressão

```
(como "guardado") ou (como "emprestado") ou (como "em uso").
```

Essa expressão determina as três alternativas de valores para aquela coluna.

No caso de um intervalo numérico, os extremos do intervalo precisam ser especificados. Por exemplo, no caso da coluna Ano, a regra de validação a ser digitada é a expressão

```
(> 999) e (< 10000).
```

***Exercício* E5.4.** Implemente as tabelas restantes para o BD Minimultiteca conforme a fig. 5.3-2.

5.5 Carga e Edição de Dados

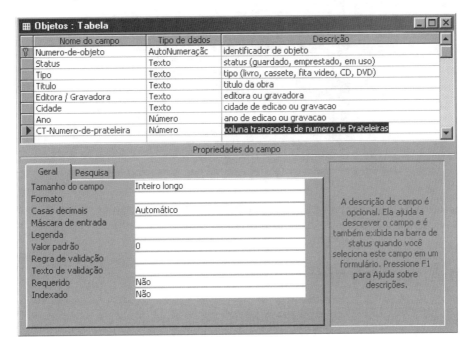

Fig. 5.4-2 A tabela Objetos

5.5 Carga e edição de dados

Existem duas maneiras básicas de inserir dados em tabelas de um BD do Access:

1. Editando as tabelas.
2. Utilizando telas denominadas *formulários*, preparadas no próprio Access.

A construção e utilização de telas serão detalhadas em 5.8. Na presente seção, discutiremos a primeira maneira.

Vamos inserir alguns dados na tabela Prateleiras. A fig. 5.4-1 mostra essa tabela exposta no **Modo estrutura**, que apresenta o esquema da tabela, incluindo o tipo associado a cada coluna. Podemos modificar a exposição da tabela para o **Modo folha de dados**, que apresenta os dados contidos na tabela. A transição de um modo para outro é feita selecionando-se a opção correspondente na Barra de Ferramentas, conforme mostrado na fig. 5.5-1 (note-se a ativação do ícone mais à esquerda na segunda linha da tela).

Fig. 5.5-1 Mudança do modo de exposição de uma tabela

O modo folha de dados apresenta a tabela como uma planilha, que pode ser preenchida ou editada fazendo uso dos comandos usuais (copiar e colar, recortar, excluir, etc.). A tabela Prateleiras preenchida no modo folha de dados é exibida conforme mostrado na fig. 5.5-2.

Numero-de-prateleira	Comodo
1	sala de jantar
2	sala de visitas
3	copa
4	quarto dos pais
5	quarto dos filhos I
6	quarto dos filhos II
(AutoNumeração)	

Fig. 5.5-2 A tabela Prateleiras exposta no modo folha de dados

***Exercício* E5.5.** Preencha as tabelas da Minimultiteca com alguns dados. Cada tabela deve ficar com no mínimo três linhas preenchidas.

5.6 Ligações entre tabelas

O Access permite implementar as ligações lógicas entre tabelas (ver 3.5) utilizando um editor gráfico. Essas ligações são utilizadas nas consultas e formulários, conforme veremos nas seções posteriores do presente capítulo.

No Access, as ligações são denominadas de *relacionamentos*. Não adotaremos aqui esse nome, para não confundir com os relacionamentos do modelo conceitual. Continuaremos, portanto, a utilizar "ligações".

Para exibir os recursos essenciais do editor gráfico de ligações, vamos tomar como exemplo as tabelas Prateleiras e Objetos da Minimultiteca. Essas tabelas têm entre si uma ligação **1:N**: uma prateleira acomoda muitos objetos, mas cada objeto pode estar em uma única prateleira.

O editor gráfico de ligações é ativado pela opção **Ferramentas** e, em seguida, **Relacionamentos** da Barra de Ferramentas, conforme ilustrado na fig. 5.6-1.

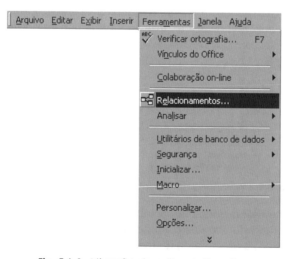

Fig. 5.6-1 Ativação do editor de ligações

5.6 LIGAÇÕES ENTRE TABELAS   225

O resultado dessa ativação é a tela apresentada na fig. 5.6-2. Utilizando essa tela, o usuário pode selecionar as tabelas para as quais quer implementar ligações. (Nela o usuário pode também selecionar consultas que deseja manipular, como veremos em 5.7.) No nosso caso, selecionamos o nome Prateleiras na lista da fig. 5.6-2, em seguida ativamos a opção **Adicionar** e depois selecionamos o nome Objetos e novamente a opção **Adicionar**.

Fig. 5.6-2 Editor de ligações – tela inicial

Acionando-se **Fechar** aparece a tela da fig. 5.6-3, sem a ligação mostrada. Essa ligação é construída, selecionando-se a coluna Numero-de-prateleira da tabela Prateleiras com o botão esquerdo do mouse, arrastando-se essa coluna até a coluna correspondente da outra tabela, isto é, CT-Numero-de-prateleira da tabela Objetos, mantendo-se o botão do mouse pressionado durante todo o "percurso".

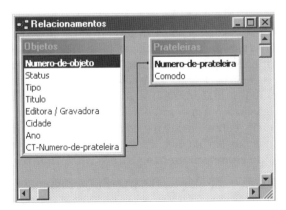

Fig. 5.6-3 Ligação entre Prateleiras e Objetos

Ao ser finalizada, a operação de ligação ativa uma janela de opções, mostrada na fig. 5.6-4. Nessa janela, são apresentadas as tabelas que estão sendo ligadas (Prateleiras e

226 CAPÍTULO 5 — ESTUDO DE CASO DE IMPLEMENTAÇÃO NO MICROSOFT ACCESS 2000

Objetos) e as colunas usadas para isso em cada uma das tabelas (Numero-de-pratelei-ra e CT-Numero-de-prateleira, respectivamente).

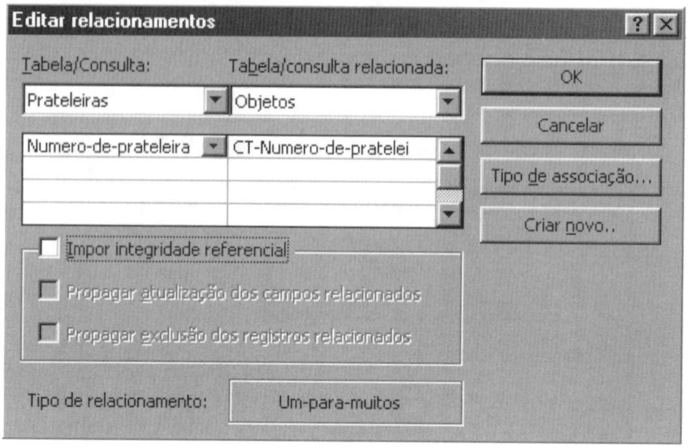

Fig. 5.6-4 Edição das propriedades de uma ligação

Se a opção **Impor integridade referencial** for selecionada, o Access passa a não permitir a inclusão de linhas com valores na coluna de uma tabela que não tenham linhas com valores correspondentes na outra tabela. Isso implementa a totalidade de uma ligação (ou integridade referencial, ver 3.5). No exemplo da fig. 5.6-3, uma prate-leira nova pode estar vazia, ou seja, não conter ainda objetos. Um objeto pode, por sua vez, estar em uso ou emprestado, ou seja, não se encontrar em nenhuma prateleira. Em nosso caso, se aquela opção for selecionada, o Access passa a impedir a inclusão, na tabela Objetos, de linhas com valores para CT-Numero-de-prateleira que não te-nham uma linha com valor correspondente na coluna Numero-de-prateleira da tabela Prateleiras. Não impomos, nesse exemplo, a integridade referencial, permitindo assim prateleiras sem objetos e objetos sem prateleiras. Assim, selecionamos simplesmente a opção **Criar novo**, que permite estabelecer-se uma nova ligação.

Os tipos principais de ligações são **Um-para-um** e **Um-para-muitos**, correspon-dendo naturalmente aos tipos de ligações lógicas **1:1** e **1:N**. Ligações lógicas do tipo **N:N** são implementadas por meio de duplas de ligações do tipo **Um-para-muitos** (cf. 3.8). O Access identifica se a ligação desejada é do tipo **Um-para-um** ou do tipo **Um-para-mui-tos** em função das colunas utilizadas na ligação. Se as colunas ligadas nas duas tabelas são chaves, então a ligação forçosamente é do tipo **Um-para-um**. Se uma das colunas for chave, mas a outra não, então a ligação é do tipo **Um-para-muitos** como no exemplo da fig. 5.6-4. Quando nas tabelas ligadas não se determinam quais colunas deveriam ser chaves, o campo **Tipo de relacionamento** aparece como **Indeterminado**.

Uma coluna é definida como chave primária com os seguintes passos:

1. Abra a tabela correspondente no **Modo estrutura** (como na fig. 5.6-5).

2. Selecione com o botão esquerdo do mouse a coluna que deve ser chave.

3. Selecione com o botão esquerdo do mouse o ícone de **Chave primária** (🔑).

Por exemplo, devem ser chaves primárias na tabela Prateleiras a coluna Numero-de-prateleira e na tabela Objetos a coluna Numero-de-objeto. Após a definição de Numero-de-prateleira como chave primária em Prateleiras, aquela tabela é apresentada no Access conforme exibido na fig. 5.6-5.

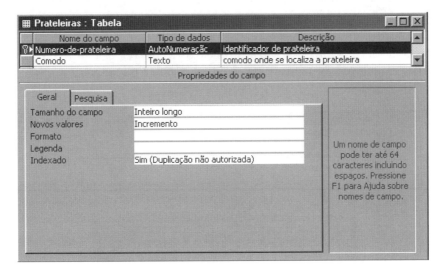

Fig. 5.6-5 Numero-de-prateleiras selecionada como coluna-chave em Prateleiras

Antes de definir essas chaves, a ligação da fig. 5.6-4 estava com a opção Tipo de relacionamento como **Indeterminado**. Após essa definição, devemos trocá-la para **Um-para-muitos**. Voltando ao editor gráfico de ligações (fig. 5.6-3), temos a representação da ligação entre Prateleiras e Objetos. Ao pressionarmos o botão direito do mouse sobre a linha que representa a ligação, temos duas opções: editar as propriedades da ligação ou excluir a ligação. Precisamos excluir essa ligação, cujo tipo de relacionamento está indeterminado, e criar uma nova ligação, que agora utiliza a chave para identificar que no campo que indica o tipo de relacionamento deve surgir a alternativa **Um-para-muitos**, como na fig. 5.6-4. As chaves são apresentadas em negrito no editor de ligações, como mostrado na fig. 5.6-3.

A opção de editar as propriedades da ligação leva, como visto, à tela da fig. 5.6-4. Nessa tela, pode-se ver o "botão" **Tipo de associação** que permite escolher um tipo de ligação. Os tipos de ligação determinam quais linhas das duas tabelas devem ser exibidas como resultados de consultas usando a ligação. Existem quatro possibilidades:

1. Não especificar um tipo de ligação – nesse caso todas as linhas das tabelas são exibidas (correspondendo à junção externa completa, ver 4.4.10).

2. Somente exibir uma linha de uma tabela quando ela tiver (pelo menos) uma linha ligada a ela na outra tabela, e vice-versa (junção interior).

3. Exibir todas as linhas da primeira tabela, mas somente exibir as linhas da segunda tabela que tiverem (pelo menos) uma linha ligada a elas na primeira tabela (junção externa esquerda).

4. Exibir todas as linhas da segunda tabela, mas somente exibir as linhas da primeira

228 Capítulo 5 — Estudo de Caso de Implementação no Microsoft Access 2000

tabela que tiverem (pelo menos) uma linha ligada a elas na segunda tabela (junção externa direita).

Nesse exemplo, o tipo de associação não será especificado.

***Exercício* E5.6-1.** Verifique o que ocorre se os diferentes tipos de ligação forem especificados na fig. 5.6-4. Por que preferimos não especificar o tipo de ligação?

Se alguns dados forem colocados nessas duas tabelas, elas são apresentadas conforme mostrado na fig. 5.6-6. Devido à ligação que existe entre essas tabelas, agora aparece um sinal de "+" diante de Numero-de-prateleira na tabela Prateleiras, que é um atributo-chave.

	Numero-de-objeto	Status	Tipo	Titulo	Editora / Gravadora	Cidade	Ano	CT-Numero-de-prateleira
	1	guardado	livro	Bancos de Dados	Edgard Blucher	Sao Paulo	1986	1
	2	em uso	livro	Knowledge Representation	Thomson	Sao Paulo	2000	1
	3	guardado	CD	Road Scholars	ECM	New York	2000	2
	4	guardado	CD	Appalachian Journey	ECM	New York	2000	2

Record: 5 of 5

	Numero-de-prateleira	Comodo
+	1	sala de jantar
+	2	sala de visitas
+	3	copa
+	4	quarto dos pais
+	5	quarto dos filhos I
+	6	quarto dos filhos II
*	(AutoNumeração)	

Registro: 1 de 6

Fig. 5.6-6 As tabelas ligadas Prateleiras e Objetos

A seleção de uma linha de Prateleiras, que pode ser feita utilizando-se o botão esquerdo do mouse apontado para o sinal de "+" na linha selecionada, apresenta os elementos da tabela Objetos, cujos valores de CT-Numero-de-prateleira correspondem ao valor selecionado de Numero-de-prateleira (fig. 5.6-7).

***Exercício* E5.6-2.** Implemente todas as ligações das tabelas da Minimultiteca (fortemente recomendado).

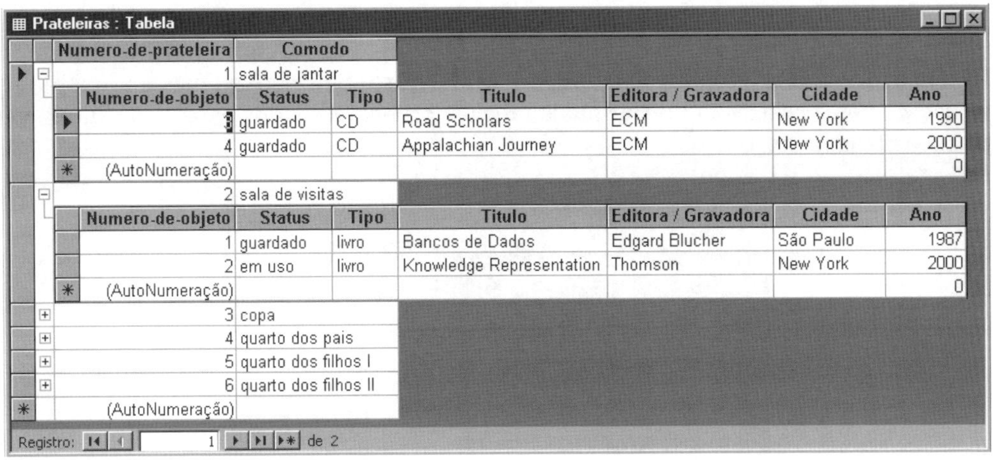

Prateleiras : Tabela							
Numero-de-prateleira		**Comodo**					
	1	sala de jantar					
Numero-de-objeto	**Status**	**Tipo**	**Titulo**	**Editora / Gravadora**	**Cidade**	**Ano**
	3	guardado	CD	Road Scholars	ECM	New York	1990
	4	guardado	CD	Appalachian Journey	ECM	New York	2000
(AutoNumeração)							0
	2	sala de visitas					
Numero-de-objeto	**Status**	**Tipo**	**Titulo**	**Editora / Gravadora**	**Cidade**	**Ano**
	1	guardado	livro	Bancos de Dados	Edgard Blucher	São Paulo	1987
	2	em uso	livro	Knowledge Representation	Thomson	New York	2000
(AutoNumeração)							0
	3	copa					
	4	quarto dos pais					
	5	quarto dos filhos I					
	6	quarto dos filhos II					
(AutoNumeração)							

Registro: |◄ ◄ 1 ► ►| ►* de 2

Fig. 5.6-7 Exibição das linhas ligadas entre Prateleiras e Objetos

5.7 Consultas

O Access admite dois tipos de consultas:

- Seleção: é uma consulta propriamente dita, que permite inspecionar o conteúdo de tabelas do BD ou de tabelas-resultado (ver 4.2) de consultas envolvendo junções de duas ou mais tabelas.

- Ação: é uma consulta que modifica o conteúdo de tabelas do BD. Essa modificação pode ser a exclusão de linhas das tabelas, a inclusão de novas linhas, a modificação do conteúdo de linhas já existentes e a criação de novas tabelas.

O segundo tipo, embora seja chamado de "consulta" dentro do Access, na verdade é a implementação de operações de atualização do BD. Implementar procedimentos de atualização dessa forma pode ser útil para programadores. No presente capítulo, concentrar-nos-emos nas consultas do tipo seleção. A atualização do BD pode ser efetuada diretamente nas tabelas, conforme sugerido na seção 5.5, sem utilizar as consultas tipo ação.

Por exemplo, vamos construir a seguinte consulta, utilizando as tabelas Prateleiras e Objetos: que títulos de objetos estão guardados em cada cômodo?

Considerando a implementação específica da Minimultiteca apresentada nas seções anteriores, podemos "traduzir" nossa consulta como: que duplas podem ser formadas com valores das colunas Título da tabela Objetos e Comodo da tabela Prateleiras, tais que o objeto correspondente a cada título esteja guardado (portanto o valor da coluna Status deve ser "guardado") e a prateleira que lhe cabe fique no cômodo especificado pela linha apropriada da tabela Prateleiras?

Resta detalhar o significado de "linha apropriada da tabela Prateleiras". A linha da tabela Prateleiras apropriada para formar o par com uma linha da tabela Objetos é tal que o valor na coluna Numero-de-prateleira é igual ao valor correspondente na coluna CT-Numero-de-prateleira.

O editor gráfico de consultas é ativado selecionando-se a opção **Consultas** na janela da fig. 5.2-3. Duas alternativas são então apresentadas: **Criar consulta no modo Estrutura** e **Criar consulta usando o assistente**. Selecionando-se a primeira alternativa, nos é solicitado indicar quais tabelas fornecerão dados para a consulta, pela janela exibida na fig. 5.7-1.

Fig. 5.7-1 Seleção de tabelas para construir uma consulta

Nesse caso específico, selecionamos e "adicionamos" as tabelas Objetos e Prateleiras, que são então apresentadas no editor gráfico de consultas. Podemos então selecionar as colunas que queremos apresentar e as restrições de valores que queremos impor (fig. 5.7-2). No caso, selecionamos da tabela Objetos a coluna Título e da tabela Prateleiras a coluna Comodo, sendo que essas duas colunas estão com a opção **Mostrar** assinalada. Selecionamos também da tabela Objetos a coluna Status, para podermos definir para ela um critério – no caso específico, que o seu valor seja "guardado". Essa coluna seleciona as linhas das tabelas a serem exibidas, mas ela própria não deve ser exibida, sendo assim a opção **Mostrar** está desativada para ela.

Essa consulta pode agora ser executada, utilizando-se para isso o comando cujo ícone é um ponto de exclamação e que aparece nesse ponto do uso do Access na barra de ferramentas (2ª linha da tela). O resultado é apresentado na fig. 5.7-3.

A consulta criada utilizando o editor gráfico pode também ser visualizada e editada na forma de uma expressão em SQL. Para visualizar a consulta acima na forma de uma expressão em SQL, ativamos na barra de ferramentas (fig. 5.5-1) a opção **Exibir** e, em seguida, **Modo SQL**. O resultado é a seguinte expressão em SQL (note-se a geração da junção estendida).

```
select Objetos.Titulo, Prateleiras.Comodo from Prateleiras
   inner join Objetos on Prateleiras.[Numero-de-prateleira] =
      Objetos.[CT-Numero-de-prateleira]
         where (((Objetos.Status) like "guardado"));
```

Finalmente, as consultas podem ser gravadas para uso posterior. No caso, gravamos essa consulta com o nome Consulta-exemplo.

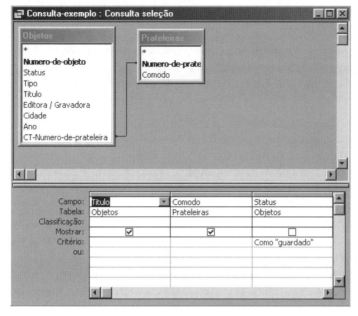

Fig. 5.7-2 Especificação de uma consulta usando o editor gráfico

Titulo	Comodo
Bancos de Dados	sala de visitas
Road Scholars	sala de jantar
Appalachian Journey	sala de jantar

Fig. 5.7-3 Resultado da consulta especificada na fig. 5.7-2

Exercícios

E5.7-1 Elabore novas consultas aos dados da Minimultiteca. Apenas como sugestão, considere as seguintes consultas:

- Uma lista de intérpretes com a indicação do tipo da gravação (erudito ou popular);
- Uma lista de músicas, onde constem somente as músicas de tipo Populares;
- Uma lista de intérpretes de músicas cujos objetos onde elas estão gravadas estejam emprestados para alguém, juntamente com cada pessoa que esteja com a música correspondente.

E5.7-2 Examine os comandos em SQL gerados pelas consultas gráficas.

5.8 Telas para manipular tabelas e consultas

O Access apresenta um recurso muito interessante e versátil de construção de interfaces para consulta e manipulação de BDs. Esse recurso é denominado no sistema de *formulário*. Um formulário é uma tela desenhada pelo usuário, com a qual pode-se exibir, de maneira seletiva, o conteúdo de um BD. Adotamos aqui o nome genérico *tela*, que nos parece mais apropriado.

Os recursos para construir telas no Access são de uma variedade muito grande. O preço que se paga por tanta variedade é que aprender a utilizar esses recursos não é uma tarefa fácil. Felizmente, o Access dispõe de um assistente de apoio à criação de telas, que permite resolver a maioria dos problemas de acesso "amigável" ao conteúdo de um BD.

Uma tela é uma interface para o conteúdo de uma tabela, para o conteúdo de duas ou mais tabelas ligadas ou para o resultado de uma consulta. Como quase todos os GBDs comerciais, o Access possui um sistema muito simples para se desenhar telas, onde podem ser colocados campos de dados, títulos, "botões", etc. sem a necessidade de fazer programas para isso.

Seja por exemplo a tabela Prateleiras. O conteúdo dessa tabela pode ser consultado e/ou atualizado fazendo uso de uma tela especialmente construída. Para isso, voltamos à tela apresentada na fig. 5.2-3 e selecionamos agora a opção de objetos **Formulários.** O resultado dessa opção é a apresentação da tela mostrada na fig. 5.8-1.

A alternativa **Criar formulário no modo Estrutura** permite acesso direto a todos os recursos para construção de telas. A alternativa **Criar formulário usando o assistente** reduz um pouco a gama de recursos apresentados, mas tem a vantagem de guiar o usuário durante a construção de uma tela. Nesta seção é explorada essa segunda alternativa.

A primeira tela do assistente permite selecionar quais dados serão apresentados na tela em construção. Os dados selecionados são provenientes de tabelas e de consultas já executadas anteriormente. Podem ser escolhidas colunas de diferentes tabelas ligadas bem como do resultado de uma consulta previamente gravada. Na tela de exemplo serão selecionadas as duas colunas da tabela Prateleiras: Numero-de-prateleira e Comodo. Para isso, primeiramente é selecionada a tabela Prateleiras da lista de tabelas e consultas do BD, conforme apresentado na fig. 5.8-2.

Fig. 5.8-1 início da construção de uma tela

5.8 Telas para Manipular Tabelas e Consultas

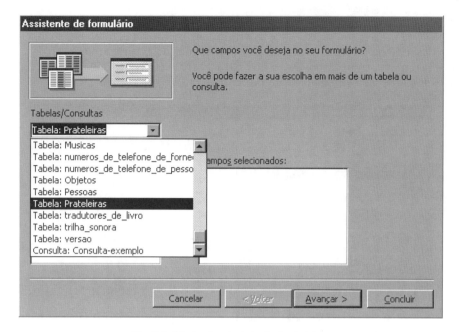

Fig. 5.8-2 Seleção da tabela Prateleiras

Em seguida, dessa tabela são selecionadas as colunas que devem constar da tela construída. Como vimos, essas colunas são denominadas "campos" no Access.

Ao acionar-se a opção **Avançar**, é apresentada a tela da fig. 5.8-3, que apresenta quatro alternativas de desenho de tela: **Coluna**, **Tabela**, **Folha de dados** e **Justificado**. Acompanharemos cada uma dessas alternativas a seguir.

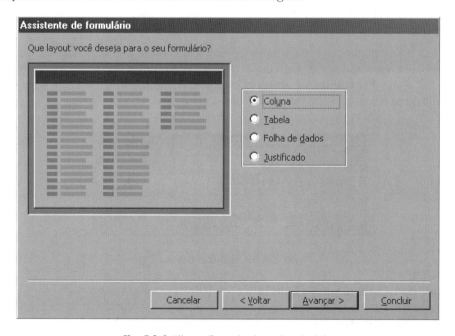

Fig. 5.8-3 Alternativas de desenho de tela

A primeira alternativa é o desenho de tela **Coluna**. Ao acionar-se a opção **Avançar**, é apresentada uma extensa lista de estilos gráficos para a tela em construção. O conteúdo e o desenho básico da tela não se alteram, apenas a textura e molduras dos objetos gráficos variam em cada estilo. Os estilos são apresentados conforme mostra a fig. 5.8-4. Nesse exemplo, é selecionado o estilo **Padrão**.

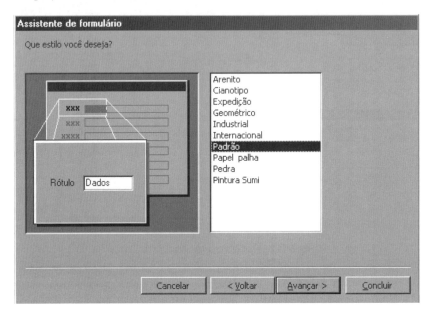

Fig. 5.8-4 Seleção de estilo de tela do tipo **Coluna**

Ao acionar-se a opção **Avançar**, é solicitado ao usuário escolher um nome para a tela construída e concluir o processo. Nesse exemplo, a tela construída recebe o nome **Prateleiras-coluna**.

A tela resultante é apresentada na fig. 5.8-5. Essa tela permite visualizar e editar os dados da tabela Prateleiras, bem como inserir novas linhas na tabela e excluir linhas existentes. A tela **Prateleiras-coluna** passa a ser, portanto, uma interface simples mas elaborada, com o conteúdo da tabela Prateleiras.

Fig. 5.8-5 A tela tipo **Coluna**

A alternativa de desenho **Tabela** da fig. 5.8-3 permite a construção de uma tela com desenho diferente do anteriormente criado, para acesso aos mesmos dados. As mesmas opções de estilo são apresentadas para essa alternativa. O resultado para a tabela Prateleiras é a tela **Prateleiras-tabela**, apresentada na fig. 5.8-6.

5.8 Telas para Manipular Tabelas e Consultas

Fig. 5.8-6 Tela tipo **Tabela**

A alternativa de desenho **Folha de dados** já foi apresentada na fig. 5.5-2. A alternativa **Justificado** é muito parecida com a alternativa **Coluna**. O conteúdo da tabela Prateleiras com essa alternativa de desenho é apresentado na fig. 5.8-7. A tela resultante é denominada **Prateleiras-justificado**.

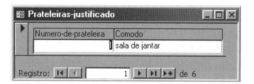

Fig. 5.8-7 Tela tipo **Justificado**

Essas são as possibilidades apresentadas pelo assistente do Access para a criação de telas, no caso de manipulação do conteúdo de uma única tabela. Sejam agora as tabelas Prateleiras e Objetos. Voltando à tela da fig. 5.8-2, selecionamos essas duas tabelas ligadas e todas as suas colunas para apresentação em uma nova tela a ser construída. Como agora temos mais de uma tabela, a tela apresentada em seguida não é mais aquela da fig. 5.8-3, e sim a tela da fig. 5.8-8.

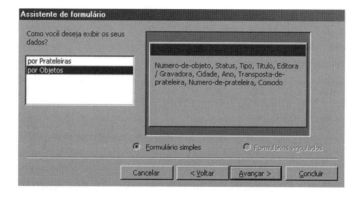

Fig. 5.8-8 Opções para apresentação de dados provenientes de tabelas ligadas

236 CAPÍTULO 5 — ESTUDO DE CASO DE IMPLEMENTAÇÃO NO MICROSOFT ACCESS 2000

Existe uma ligação **1:N** entre Prateleiras e Objetos. Se a exibição dos dados na tela construída for organizada pela tabela Objetos, a única possibilidade é de apresentação utilizando um **Formulário simples**, que é semelhante às telas vistas até aqui. A tela **Objetos-e-Prateleiras**, de tipo **Coluna** e estilo **Padrão**, apresenta o conteúdo da tabela Objetos estendido com os dados da tabela Prateleiras, conforme mostrado na fig. 5.8-9.

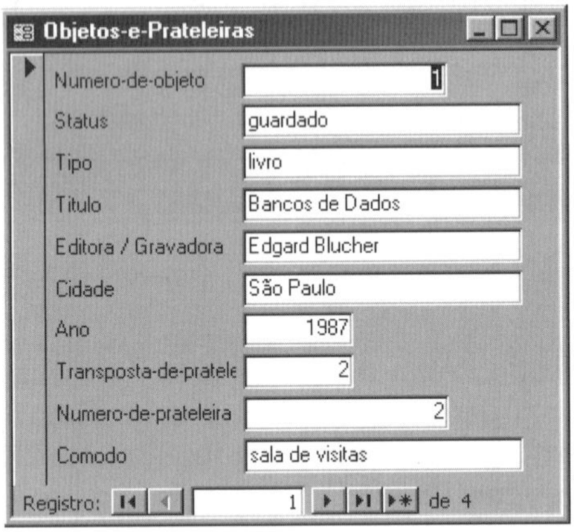

Fig. 5.8-9 Tela com ligação **N:1**

Se a exibição dos dados na tela construída for organizada pela tabela Prateleiras, pode-se ter múltiplas linhas da tabela Objetos ligadas a cada linha da tabela Prateleiras. Nesse caso aparecem duas opções, não mostradas aqui: **Formulário com subformulário(s)** e **Formulários vinculados**.

A alternativa **Formulário com subformulário(s)** produz uma tela onde são exibidos os dados de uma linha da tabela do lado **1** e nela, encaixada, uma subtela com os dados de várias linhas do lado **N**, podendo-se varrer todas as linhas desse lado, ligadas à linha exibida na tela externa. Permite como alternativas de estilo somente **Tabela** e **Folha de dados**. A alternativa **Tabela**, com o estilo **Padrão,** resulta na tela apresentada na fig. 5.8-10. Essa tela, operacionalmente, funciona como duas telas encaixadas, que inclusive recebem nomes separados. Nesse exemplo, a tela Prateleiras-e-Objetos é a tela "mais externa", que permite exibir o conteúdo da tabela Prateleiras. O estilo dessa tela é **Coluna.**

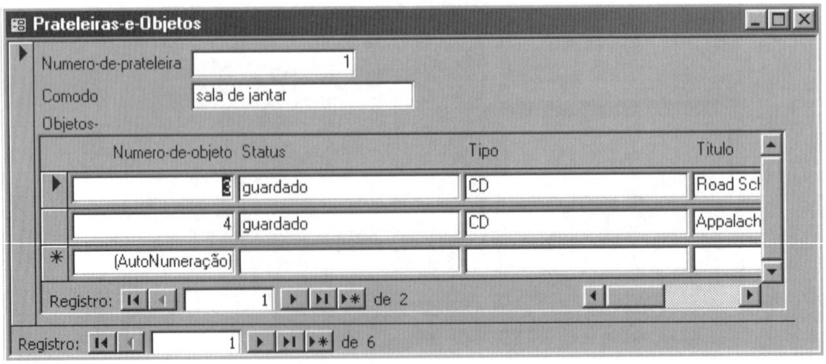

Fig. 5.8-10 Tela com subtela

Para cada linha da tabela Prateleiras é apresentada uma nova tela – essa sim no formato Tabela – cujo conteúdo são as linhas da tabela Objetos ligadas àquela linha (ou seja, os dados referentes aos objetos que são guardados naquela prateleira).

A alternativa **Formulários vinculados** apresenta inicialmente a tela "mais externa" da fig. 5.8-10, com um "botão" que permite a exibição da tela "mais interna" de maneira seletiva. Ao acionar-se esse "botão", a segunda tela é apresentada ou escondida. Na fig. 5.8-11 é apresentada a tela Prateleiras-e-Objetos II, onde pode ser observada a presença do "botão" Objetos-e-Prateleiras II. A tela Prateleiras-e-Objetos II é do tipo **tabela**. Portanto, ela apresenta as linhas da tabela Prateleiras uma por vez. Para cada linha mostrada, caso o "botão" Objetos-e-Prateleiras II seja acionado, é apresentada uma tela separada, cujo conteúdo são as linhas da tabela Objetos ligados àquela linha.

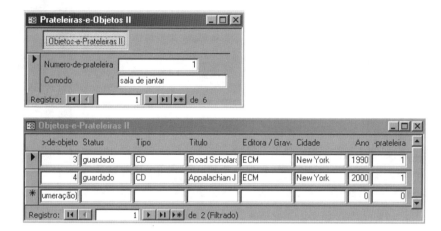

Fig. 5.8-11 Telas vinculadas

Em vez de uma tabela, uma consulta gravada pode servir de base para construir uma tela. O procedimento é idêntico ao visto até aqui, apenas que, em vez das colunas de uma tabela, são escolhidos os dados selecionados na consulta para fazer parte da tabela.

Exercício E5.8. Construa telas para manipular as tabelas e consultas construídas nas seções anteriores. Efetue testes com todas as alternativas de desenho e estilos de telas.

5.9 Relatórios

A situação encontrada no Access para construir relatórios é semelhante à da construção de telas: existe uma gama extensa de possibilidades e recursos para construir relatórios das mais diversas formas. Porém, o aprendizado para explorar todas essas possibilidades e recursos não é trivial. O assistente que acompanha o Access facilita imensamente a construção de relatórios, embora com isso restrinja a gama de alternativas possíveis. Estas são, entretanto, suficientes para a maioria das situações encontradas na prática.

Para ativar o assistente de construção de relatórios, deve-se acionar a opção **Relatórios** das figs. 5.2.-3 e 5.8-1. Não entraremos em detalhes, mostrando apenas na fig. 5.9, um relatório construído utilizando o assistente, exibindo o conteúdo das tabelas Prateleiras e Objetos.

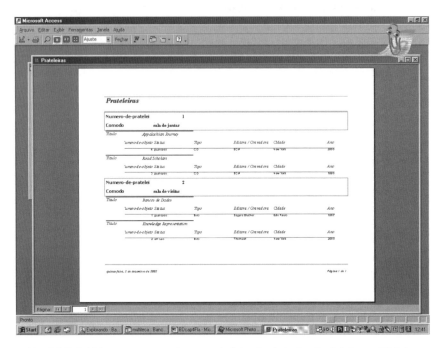

Fig. 5.9 Relatório que apresenta o conteúdo das tabelas Prateleiras e Objetos

5.10 Interação com outros programas e formatos de arquivos

O Access faz parte do conjunto de produtos da Microsoft denominado Office. Esses produtos são integrados e admitem uma interoperabilidade limitada, porém bastante eficaz. Esta seção dedica-se a apresentar alguns aspectos dessa interoperabilidade, bastante úteis e de uso freqüente: a **exportação de dados** do Access para o editor de texto Word, a **exportação de dados** do Access para a planilha eletrônica Excel e a construção de **páginas XML** para que a interação entre o usuário e o BD ocorra fazendo uso de um navegador de Internet, como o Internet Explorer, o Netscape ou o Mozilla.

Uma tabela ou o resultado de uma consulta anteriormente definida podem ser enviados para o Word, de maneira muito simples. A opção da barra de ferramentas **Ferramentas** tem como subopção **Vínculos do Office** (ver a fig. 5.6-1). Essa subopção tem ainda as subopções **Mesclar com o MS Word**, **Publicar com o MS Word** e **Analisar com o MS Excel**. A primeira subopção não será analisada aqui – ela se relaciona com a preparação de uma mala direta, com as linhas de uma tabela ou do resultado de uma consulta inseridas em um campo padrão dentro de um formulário ou uma carta. A segunda subopção (**Publicar com o MS Word**) permite construir uma tabela no Word, cujo conteúdo é igual ao de uma tabela ou consulta efetuada em um BD do Access.

5.10 Interação com Outros Programas e Formatos de Arquivos 239

Por exemplo, seja a tabela Prateleiras. Com essa tabela selecionada, se forem seguidos os passos **Ferramentas/Vínculos do Office/Publicar com o MS Word**, o resultado é a tabela abaixo, como um trecho de documento do Word que pode ser editado ou inserido em um documento maior:

Numero-de-prateleira	Comodo
1	Sala de jantar
2	Sala de visitas
3	Copa
4	Quarto dos pais
5	Quarto dos filhos I
6	Quarto dos filhos II

De maneira semelhante, se forem seguidos os passos **Ferramentas/Vínculos do Office/Analisar com o MS Excel**, o conteúdo da tabela ou resultado de consulta no Access é a planilha da fig. 5.10-1, que pode ser manipulada à vontade utilizando os recursos do Excel.

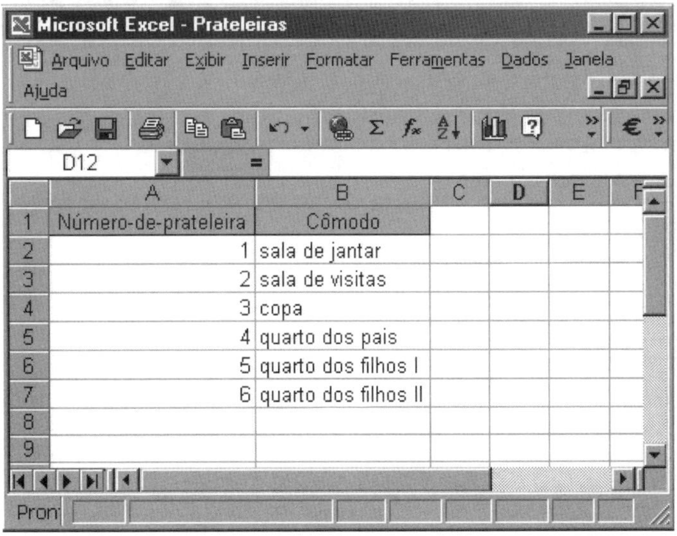

Fig. 5.10-1 Planilha do Excel com o conteúdo idêntico ao da tabela Prateleiras do Access

Um recurso muito interessante e disponível a partir da versão 2000 do Access é a construção de telas no formato XML, com a possibilidade de manipulação direta fazendo uso de um navegador de Internet. Esse recurso é utilizado, acionando-se a opção **Páginas** na tela da fig. 5.2-3.

Assim como ocorre com as telas tradicionais do Access, a gama de recursos para a construção de telas no formato XML é muito extensa. Felizmente, o Access inclui um assistente que permite construir arquivos em XML com muita facilidade. Ele segue um padrão de direcionamento das ações do usuário idêntico ao já apresentado na seção 5.8. Por esse motivo, não detalharemos aqui o processo de construção de telas em formato XML. A fig. 5.10-2 apresenta uma tela no formato XML para manipular a tabela Prateleiras, visualizada utilizando o navegador Internet Explorer. A fig. 5.10-3 apresenta as primeiras linhas do arquivo XML produzido de forma totalmente automatizada pelo Access, visualizado na fig. 5.10-2.

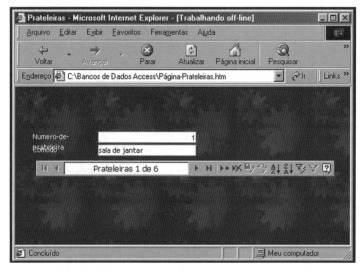

Fig. 5.10-2 Tela no formato XML para a tabela Prateleiras, visualizada pelo Internet Explorer

Fig. 5.10-3 Primeiras linhas do arquivo XML correspondente à tela da fig. 5.10-2

5.11 Recursos adicionais

O Access apresenta diversos recursos adicionais, sequer mencionados no presente capítulo. Conforme observado no início do capítulo, não temos a pretensão de apresentar todos os recursos de um GBD como o Access em um único capítulo de nosso livro. Nossa intenção foi a de expor um elenco mínimo de recursos para permitir a construção e manutenção, com facilidade e sem programação, de um BD totalmente operacional, ilustrando dessa maneira os aspectos mais "práticos" dos temas apresentados até aqui.

Dentre os recursos do Access, cuja apresentação delegamos para textos especializados nesse GBD, destacamos:

- A construção de "macros", ou seja comandos visuais (acionados por comandos gráficos como "botões" e "chaves liga/desliga") para processar consultas e exibir telas.

- A otimização de BDs existentes, incluindo compressão de dados.

- Aspectos de segurança de acesso a dados, como o uso de senhas para acessar o conteúdo de um BD e a criptografia de dados.

- A construção de módulos programados em VBA para estender os recursos do Access.

***Exercício* E5.11.** Utilize o Access para implementar um BD para a Multiteca completa, vista nos capítulos anteriores.

5.12 Referências bibliográficas e histórico

A versão 1.0 do GBD Access da Microsoft apareceu em outubro de 1992, logo seguida pela versão 1.1. A versão 2 teve muitas melhorias, e apareceu em abril de 1994. Ela era executada em máquinas de palavras de 16 bits, sob o sistema operacional Windows 3.1/95. A primeira versão para máquinas com palavras de 32 bits foi o Access 95 (também denominado 7.0), lançado em novembro de 1995, mas que não se tornou popular, devido à grande quantidade de problemas, finalmente resolvidos com o Access 97 (8.0), de janeiro de 1997. O Access 2000 (9.0) introduziu a saída em XML, como visto em 5.10, além de melhorar o sistema para rede e aplicações com usuários múltiplos. A versão Access 2002 (10.0) acompanhou o sistema integrado Office XP. Atualmente, a última versão é o Access 2003 (11.0), com vários dispositivos de conversão de outros bancos de dados. Há notícia de uma nova versão 12.0.

Um breve histórico do Access pode ser encontrado na Internet em [Kawliche 2003]. Em www.emsps.com/oldtools/msaccv.htm há detalhes de todos os componentes e exigências de sistemas para executar todas as versões. Em www.mvps.org/access/ encontram-se muitos artigos sobre o MSAccess e em www.microsoft-accesssolutions.co.uk/general.htm há vários textos sobre como projetar e trabalhar com o MS Access.

O livro de Carlos Mink e Aníbal Júnior [2000] é uma boa referência introdutória em português para o Access 2000.

Capítulo 6

O Modelo Relacional Não-Normalizado

6.1 Introdução

Em 1970, em seu primeiro artigo sobre o modelo relacional de dados, E. F. Codd caracterizou o modelo relacional normalizado (MRN) como sendo aquele em que cada célula de uma tabela relacional contém um valor elementar (que ele chamou de "atômico" – só se for no sentido grego, pois hoje em dia não há fim na subdivisão dos átomos e partículas subatômicas...), isto é, que não pode ser decomposto em subvalores. Essa foi a nossa propriedade P10 da seção 3.2, que caracteriza o MRN. O modelo relacional não-normalizado (MRNN) fere essa restrição, permitindo que uma célula contenha um valor composto ou um conjunto de valores (eventualmente compostos), em um número qualquer de níveis, do mesmo modo dos nossos atributos composto e multivalorado do MER. Quando uma célula de uma coluna de uma tabela pode conter um valor composto, dizemos que a coluna é *composta*, proveniente de um esquema com um atributo composto. Quando uma coluna pode conter uma célula com um conjunto de valores, dizemos que essa coluna é *multivalorada*. No esquema relacional, teremos um *atributo multivalorado* correspondente.

244   CAPÍTULO 6 — O MODELO RELACIONAL NÃO-NORMALIZADO

No fim da seção 3.10, apontamos para um exemplo do absurdo do modelo relacional normalizado (MRN): se um livro tem 3 autores e 5 assuntos, nesse modelo seria necessário representar todos os dados por meio de 9 linhas em 3 tabelas diferentes (1 linha na tabela de livros, 3 na de nomes de autores e 5 na de assuntos). Na representação do MRNN, desaparecem as tabelas de nomes de autores e a de assuntos, representando-se todos esses dados para cada livro em uma única linha na tabela de livros, com as colunas não-normalizadas de nomes de autores (cada célula contém um conjunto de nomes) e de assuntos (cada célula contém um conjunto de assuntos).

Pode surgir a dúvida se com o MRNN tem-se uma maior complexidade lingüística no caso de composição ou conjuntos de valores, isto é, se nesses casos as consultas são mais complicadas que no MRN. Mostraremos que é exatamente o contrário: as consultas envolvendo atributos multivalorados são muito mais simples. Uma outra dúvida que poderia surgir é se a implementação não é necessariamente ineficiente. Para dirimi-la, vamos mostrar como poderia ser feita uma implementação eficiente para um número qualquer de níveis. Para atributos multivalorados, as consultas usando essa implementação ficam muito mais eficientes que na implementação normalizada.

No livro de BD do primeiro autor, ele previa em 1986 que os GBDs relacionais iriam um dia adotar o MRNN. Infelizmente, neste caso ocorreu uma de suas "leis": "Na informática, raramente dá a lógica." (Ver outras de suas leis e aforismos em seu *site*.) Os GBDs relacionais prenderam-se ao MRN de Codd, com honrosas exceções, como o ADABAS, o PICK e o 4th Dimension. Destes, só o primeiro continua sendo bastante usado. Assim mesmo, ele não apresenta um MRNN realmente geral, isto é, com conjuntos de um número qualquer de elementos, e com um número qualquer de níveis e combinação de composições e conjuntos. Por exemplo, ele ainda só permite um conjunto com até 191 elementos, e no máximo 2 níveis – e só no caso de uma coluna multivalorada dentro de uma composta.

É importante reconhecer, como ficará claro no decorrer do capítulo, que o MRNN engloba totalmente o MRN. De fato, é sempre possível implementar as tabelas de um MRN em um MRNN, sem utilizar os recursos adicionais de composição e multivaloração que este oferece.

A normalização somente foi quebrada extensamente com a expansão para modelos orientados a objetos, como foi por exemplo o caso do Oracle. Mas o resultado foi muito complicado, como veremos no cap. 8. Como resultado, a não-normalização é pouco usada. O correto teria sido introduzir a orientação a objetos sobre o MRNN e não sobre o MRN.

Este capítulo é, portanto, mais informativo do que útil no uso diário de GBDs atuais. Ele tem a utilidade de servir de introdução a conceitos que serão abordados no cap. 8, sobre o modelo relacional orientado a objetos, já que muitas das novidades introduzidas nesse modelo o foram para permitir uma implementação mais eficiente de atributos compostos e multivalorados. No entanto, consideramos que estes conceitos são importantes, e temos a esperança de que, um dia, ainda se cairá na realidade e o MRNN substituirá definitivamente o MRN. Neste capítulo damos uma representação em forma de texto para esquemas relacionais não-normalizados, algumas regras gráficas de implementação de um modelo conceitual em um modelo não-normalizado, exemplos de uma possível linguagem para esse modelo, e mostramos como poderia ser uma implementação eficiente.

6.2 Representação de tabelas não-normalizadas

Na representação de um esquema em forma de texto, um atributo multivalorado (que corresponderá a uma coluna de uma tabela em que cada célula pode conter um conjunto de valores) será indicado por meio de um asterisco colocado à direita do nome do atributo. Assim, o esquema relacional de Livros correspondente ao conjunto de entidades da fig. 2.5 seria o seguinte:

Livros (<u>Número-do-livro</u>, Nomes-de-autores*, Título, Editora, Cidade, Ano, Assuntos*)

Note-se que não estamos distinguindo um atributo que assume ou não valores vazios (no último caso indicamos este fato no modelo conceitual com um símbolo ⁺).

Um atributo composto será indicado por meio de parênteses. Por exemplo, podemos modificar o esquema acima para

Livros (<u>Número-do-livro</u>, Nomes-de-autores*, Título, Editora (Nome, Cidade), Ano, Assuntos*)

Para ilustrar uma combinação ou encaixamento entre atributos multivalorados e compostos, vejamos como se poderia representar uma extensão do esquema da tabela da fig. 3.2:

Pessoas (Nome, Sexo, Endereços* (Local (Rua, Número, Complemento), CEP, Cidade, Telefones*))

É possível não se dar um nome a uma composição ou a uma multivaloração, desde que os nomes dos atributos dentro dela sejam distintos dos nomes de outros atributos, caso contrário haveria ambigüidade na referência aos mesmos:

Pessoas (Nome, Sexo, (Local (Rua, Número, Complemento), CEP, Cidade, Telefones*)*)

Note-se que, sem o nome da composição (no caso, Endereços), é impossível fazer referência à totalidade dos valores assumidos por uma composição ou multivaloração. Assim, no caso do penúltimo esquema, Endereços refere-se ao conjunto de todos os endereços completos; no último esquema não é possível fazer referência a essa totalidade.

A representação em forma de diagrama relacional não-normalizado (NN) é a mesma que no MER. Para a fig. 2.5 temos a representação da fig. 6.2-1.

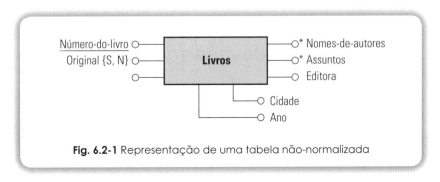

Fig. 6.2-1 Representação de uma tabela não-normalizada

Na fig. 6.2-2 mostramos um modo de representar os valores em uma tabela com atributos multivalorados, correspondente ao esquema Livros visto acima. Cada conjunto de valores é inserido numa "caixa" (em inglês, denominada de "*bucket*", "balde"). Note-se que, dentro de cada caixa, separamos os valores dos conjuntos com vírgula, para que não haja confusão com a mudança de linha de um valor muito grande de um atributo monovalorado (como nos títulos dos livros e nome de editoras).

Livros						
Número-do-livro	Nomes-de-autores*	Título	Editora		Ano	Assuntos*
			Nome	Cidade		
1001	A.C.V.Melo, F.S.C.Silva	Princípios de Linguagens de Programação	Edgard Blücher	São Paulo	2003	Linguagens de progr., Paradigmas de lings., Programas
1002	E.A.Nassu, V.W.Setzer	Bancos de Dados Orientados a Objetos	Edgard Blücher	São Paulo	1999	Bancos de dados, Orientação a Objetos, Análise de sistemas

Fig. 6.2-2 Representação de uma tabela do modelo relacional com atributos multivalorados

Note-se que na fig. 6.2-2, a linha do livro de número 1001 engloba todos os valores multivalorados, isto é, os dois autores, etc. Quando um valor de uma célula multivalorada for um texto que contém vírgula, pode-se englobá-lo entre apóstrofes ou aspas para indicar que se trata de um só valor.

A mesma notação pode ser estendida para atributos compostos multivalorados, e em um número qualquer de níveis: no caso de um atributo multivalorado dentro de um outro multivalorado cada valor do último contém uma caixa com valores do primeiro. Quando um atributo composto for multivalorado (por exemplo, se na fig. 6.2-1 tivesse havido várias edições de um livro em cidades e anos diferentes), uma caixa que engloba vários valores teria que englobar as várias colunas da composição (Nome e Cidade, no caso).

***Exercício* E6.2** Dar exemplos de tabelas correspondentes aos dois esquemas de Pessoas acima.

6.3 *Implementações do modelo conceitual no MRNN*

Nesta seção, não iremos abordar todos os casos vistos no cap. 3. Daremos apenas alguns esquemas de implementação, para ilustrar as possibilidades apresentadas pelo MRNN.

6.3.1 Atributos compostos e multivalorados

Como vimos em 6.2, a implementação é direta, conservando-se os atributos compostos e multivalorados do MER. O mesmo diagrama do MER pode ser usado como diagrama relacional NN, como no exemplo da fig. 6.2-1.

6.3.2 Relacionamento N:N

Além da solução normalizada da fig. 3.11-7, temos a da fig. 6.3-1.

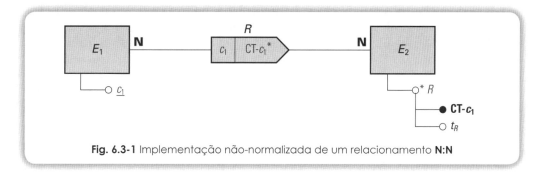

Fig. 6.3-1 Implementação não-normalizada de um relacionamento **N:N**

Observações: **1)** Note-se na fig. 6.3-1 o uso de uma *ligação não-normalizada*, representada pelo asterisco dentro do "foguete". Ele indica que a chave c_1 da tabela E_1 foi transposta para a tabela E_2 em uma coluna multivalorada CT-c_1. **2)** Note-se que o atributo (ou conjunto de atributos) t_R do relacionamento R foi colocado como uma coluna (ou conjunto de colunas) t_R na tabela E_2; ele não recebe o prefixo CT, pois não é coluna transposta de nenhuma outra existente no diagrama. Construímos um atributo multivalorado R em E_2, composto de CT-c_1 e de t_R. **3)** Obviamente, a solução é simétrica, isto é, em lugar de se colocar o par multivalorado (CT-c_1, t_R) em E_2, poder-se-ia ter colocado o par multivalorado (CT-c_2, t_R) em E_1, onde c_2 é a chave de E_2. A escolha de uma das duas soluções deveria basear-se em considerações de eficiência no armazenamento (por exemplo, qual das soluções é mais densa, isto é, tem menos células vazias?) e nas consultas (por exemplo, se a maior parte das consultas usando o relacionamento emprega atributos de E_2 e do relacionamento e, dentre os atributos de A apenas a sua chave, então a solução da fig. 6.3-1 é a mais eficiente, pois requer buscas em uma tabela apenas). **4)** Na solução da fig. 6.3-1, não foi necessário introduzir uma chave em E_2. **5)** Uma totalidade de R dá origem a uma totalidade correspondente na ligação. Por exemplo, uma totalidade (bolinha) no lado direito do losango no MER deve gerar uma totalidade no lado direito do "foguete". **6)** Uma totalidade de E_2 em R no MER na fig. 6.3-1 pode ser eficientemente imposta no MRNN correspondente: basta que cada célula de CT-c_1 não tenha um valor vazio, e seu valor esteja em c_1, o que corresponde a uma pequena extensão do conceito de integridade referencial.

A grande vantagem dessa solução em comparação com a da fig. 3.11-7 é a eliminação da tabela auxiliar. Com isso, ganha-se em espaço e em eficiência nas consultas que percorrem o relacionamento; um exemplo disso foi visto na observação **3**.

A grande desvantagem é uma perda de independência de dados: na fig. 6.3-1, em E_2 não temos apenas seus dados próprios, mas também valores da chave de E_1 e os atributos do relacionamento. Note-se que essa perda de independência não acarreta redundância de dados, a menos da duplicação de valores da chave de E_1, mal que assola todos os modelos relacionais, como vimos em 3.13.

Ao contrário do MRN, em que havia uma única implementação para um relacionamento **N:N**, no MRNN há 3 principais possibilidades, uma normalizada e duas não-normalizadas (ver ainda outra implementação no exercício E6.3.2-3). Com isso, é necessário um estudo mais profundo das aplicações que envolvem um BD em projeto, para que se adote a solução mais eficiente. A imposição de um tal estudo parece-nos, no entanto, benéfica.

Quando a transposição da chave para a coluna multivalorada é clara, isto é, os nomes são bem escolhidos e não há dúvida de qual atributo é proveniente da transposição, pode-se usar um diagrama simplificado, em que o "foguete" indicando uma ligação não-normalizada é substituído por um triângulo, como no caso do MRN (fig. 3.5-5). Dentro do triângulo coloca-se um * para indicar que a transposição (e portanto a ligação) é não-normalizada. Na fig. 6.3-2 damos o MRNN da fig. 6.3-1 usando essa notação.

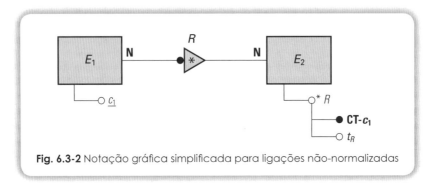

Fig. 6.3-2 Notação gráfica simplificada para ligações não-normalizadas

Na fig. 6.3-3 damos um exemplo de implementação NN para o caso da fig. 3.8-1, empregando a notação gráfica simplificada.

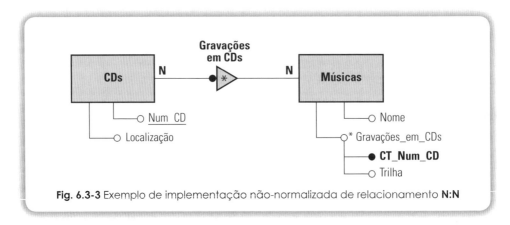

Fig. 6.3-3 Exemplo de implementação não-normalizada de relacionamento **N:N**

6.3 Implementações do Modelo Conceitual no MRNN

Exercícios

E6.3.2-1 Prove que a transposição de uma chave c_A de uma tabela A para uma coluna multivalorada CT-A de uma tabela B implementa um relacionamento **N:N**.

E6.3.2-2 Implemente, usando um diagrama análogo ao da fig. 6.3-1, os fornecimentos de materiais de uma empresa por fornecedores, colocando as condições de preço, quantidade e prazo (isto é, variando-se a quantidade ou o prazo têm-se preços diferentes). Justifique a escolha de uma das duas soluções simétricas.

E6.3.2-3 Existe ainda outra possibilidade de implementação de relacionamentos **N:N**: trata-se de conservar a relação auxiliar da fig. 3.11-7 e colocar uma das duas chaves nela transposta como coluna multivalorada. Como seria necessário implementar os atributos do relacionamento? Quais as vantagens e desvantagens dessa implementação? Mostre como seria essa implementação no caso da fig. 6.3-1.

6.3.3 Relacionamento 1:N

Além da solução normalizada da fig. 3.11-3, o modelo NN dá uma segunda possibilidade: transpor a chave da tabela do lado **N** para a tabela do lado **1** em uma coluna multivalorada.

Exercícios

E6.3.3-1 Desenhe um diagrama NN genérico para essa segunda possibilidade. Sugestão: parta da fig. 6.3-1.

E6.3.3-2 Que observações análogas às da seção anterior poderiam ser feitas neste caso?

E6.3.3-3 Desenhe um diagrama NN com essa solução, para a implementação do exemplo da fig. 3.5-5.

E6.3.3-4 Em que casos é interessante usar essa implementação?

6.3.4 Auto-relacionamento N:N

A não-normalização permite que a tabela auxiliar da fig. 3.11-7 seja eliminada, por meio de uma autoligação não-normalizada. Mostramos essa solução na fig. 6.3-4.

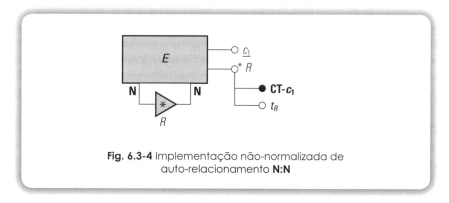

Fig. 6.3-4 Implementação não-normalizada de auto-relacionamento **N:N**

250 CAPÍTULO 6 — O MODELO RELACIONAL NÃO-NORMALIZADO

A redução do número de relações em comparação com o MRN é de 50%, o que é extremamente significante do ponto de vista de eficiência.

Exercícios

E6.3.4-1 Estenda as observações da seção 6.3.2 para este caso.

E6.3.4-2 Desenhe um diagrama NN, usando uma autoligação não-normalizada, para o caso da composição de materiais da fig. 3.11-9.

6.3.5 Outros elementos

Deixamos como exercícios as implementações dos outros elementos do MER, como relacionamentos n-ários e agregações. O caso de especialização/generalização de conjuntos de entidades reduz-se à implementação normalizada, pois nela recai-se em ligações **1:1**. Só quando há um **N** nas ligações é que o MRNN apresenta novas possibilidades de implementação.

6.4 Diagrama do MRNN para o estudo de caso

Na fig. 6.4 damos o diagrama relacional NN para o exemplo da Multiteca da fig. 2.27-1. Compare-se com a solução normalizada da fig. 3.12-1.

Apenas a tabela Livros contém praticamente todos os seus atributos. Na tabela Filmes colocamos, para exemplificar, a implementação não-normalizada (cf. 6.3.2) do relacionamento Participações por meio do atributo multivalorado composto correspondente. Esse relacionamento foi desmembrado em duas ligações, devido à necessidade de implementar-se os atributos transpostos correspondentes; o mesmo se deu com Gravações-de-filmes. Note-se que esse último e Trilhas-sonoras foram projetados como ligações não-normalizadas, sem uma tabela auxiliar. A escolha do sentido das transposições deveu-se a considerações de eficiência do armazenamento e das consultas. Por exemplo, transpor a chave de Fitas-de-vídeo e DVDs para Filmes atende às consultas mais comuns, como "em que fita ou DVD está o filme tal?" Provavelmente, a consulta "que Filmes estão na fita tal" raramente ocorre. Essa solução exige a implementação de mais duas colunas multivaloradas compostas em Filmes, uma para cada meio. Quando uma delas está vazia, isso significa que não há gravação do filme no meio correspondente.

É interessante notar quão mais compacto, isto é, com menos tabelas e ligações, fica o modelo NN em relação ao normalizado da fig. 3.12-1. Quanto mais atributos multivalorados e relacionamentos **N:N** são implementados por ligações NN, mais ganho se tem.

Exercícios

E6.4-1 Justifique as soluções dadas para os relacionamentos **N:N**, para as especializações, etc.

E6.4-2 Complete as chaves de todas as tabelas, os atributos usados para implementar as ligações **N:N** e atributos de interesse para cada uma.

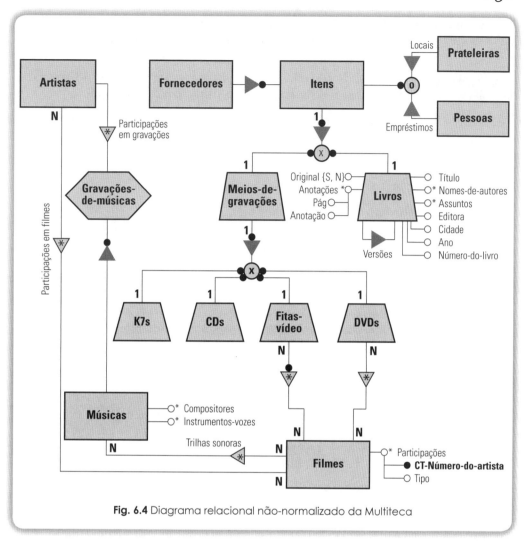

Fig. 6.4 Diagrama relacional não-normalizado da Multiteca

6.5 Linguagens de acesso

Como dissemos na seção 6.1, poder-se-ia imaginar que no MRNN as formulações de acessos seriam mais complicadas do que no MRN, daí a razão de não se empregar o primeiro. O fato é exatamente o contrário: há uma enorme simplificação em muitas consultas, pois a estrutura das tabelas contendo colunas multivaloradas ou das ligações implementando, por exemplo, relacionamentos **N:N** é muito mais simples. Vamos ilustrar esse fato com alguns exemplos. Faremos aqui uma proposta de extensão da linguagem SQL.

Seja uma tabela Livros seguindo o esquema dado em 6.2. A consulta "quais são os títulos dos livros cujos assuntos contêm Violência e Corrupção?" (cf. dados da fig. 4.2-7) seria dada, por exemplo, por

```
select Titulo from Livros
  where ("Cognição", "Percepção") in Assuntos
```

252 CAPÍTULO 6 — O MODELO RELACIONAL NÃO-NORMALIZADO

É interessante notar que a notação de um conjunto de constantes como a empregada nesse exemplo já faz parte da linguagem SQL; quanto à clausula **in**, ver a seção 4.4.12.

Se se tivesse usado o MRN, teríamos, como indicado no fim da seção 3.10, três tabelas: Livros, Nomes-de-autores e Assuntos, e essa consulta poderia ser então

```
select Livros.Titulo from Livros, Assuntos A1, Assuntos A2
  where Livros.Numero_do_livro = A1.CT_Numero_do_livro
    and Livros.Numero_do_livro = A2.CT_Numero_do_livro
    and A1.Assunto = "Cognição"
    and A2.Assunto = "Percepção"
```

ou, usando encaixamento de consultas (ver 4.4.4),

```
select Livros.Titulo from Livros
  where ("Cognição", "Percepção")
    in (select Assunto from Assuntos
        where Livros.Numero_do_livro = Assuntos.CT_Numero_do_livro)
```

Comparando-se a formulação do MRNN, nota-se o quanto ela é mais simples, além de ser a única auto-explicativa. Provavelmente o leitor deve ter refletido um bocado para perceber que as duas consultas no MRN realmente expressam o que se desejou – o quanto teve que refletir no primeiro caso? O processamento será também muito mais eficiente, pois os assuntos de cada livro estão dentro dos dados do mesmo, isto é, com contigüidade física (ver 6.6), e não separados em outra tabela.

É interessante notar que a grande diferença entre essas consultas é que tudo se passa como se no MRNN as junções já estivessem feitas. Na primeira formulação do MRN, foi necessário explicitar as duas junções necessárias para comparar os assuntos de duas linhas da tabela Assuntos, para o mesmo livro.

Se a consulta fosse "quais são os títulos dos livros cujos assuntos são apenas Violência e Corrupção?", na formulação acima para o MRNN bastaria trocar a cláusula **in** pelo símbolo = (estendendo-se o significado do mesmo para igualdade entre conjuntos). Já no MRN, para a consulta sem encaixamento seria necessário usar algum truque, como fazer um agrupamento da tabela de assuntos para cada livro, e usar apenas os livros com contagem de grupo (isto é, de assuntos) igual a 2; com encaixamento, veja-se a mesma consulta em 4.4.5.

Vimos como, nas consultas envolvendo atributos multivalorados, as formulações no MRNN são muito mais simples do que no MRN correspondente. Vejamos o caso de consulta sobre um relacionamento **N:N**. Usando-se o caso da fig. 6.3-3, a consulta "quais são as localizações e os números dos CDs, e o número da trilha de cada um, em que está gravada 'Rhapsody in Blue'?" poderia ser dada por

```
select CDs.Localizacao, CDs.Num_CD, Gravacoes_em_CDs.Trilha
  from CDs, Musicas
  where CDs.Num_CD = Musicas.CT_Num_CD
    and Musicas.Nome = "Rhapsody in Blue"
```

A condição de junção deve ser entendida da seguinte forma: é localizada uma linha de Musicas em que o valor de Nome é "Rhapsody in Blue" e um dos valores de

Gravações_em_CDs.CT_Num_CD é igual ao valor de Num_CD de alguma linha de CDs. Por sua vez, a tabela-resultado é composta pelo valor de Gravações_em_CDs.Trilha que é associado com esse valor de CT_Num_CD, mais o valor de Localização e de Num_CD para aquela linha de CDs. Vê-se, portanto, que um certo valor de um elemento (no caso, CT_Num_CD) de um atributo multivalorado composto (Gravações_em_CDs) determina não só uma linha em que se encontra numa tabela (Musicas), mas também os valores dos outros atributos da composição, ou mesmo valores em níveis mais altos de composições e multivalorações, dos quais o valor do elemento é um componente.

A consulta no MRN teria duas equações de junção em lugar de uma única, sendo portanto mais complexa.

A conceituação de que um atributo multivalorado é um conjunto de dados no sentido matemático é fundamental. Essa é a conceituação do modelo relacional quanto às linhas de uma tabela. Não há razão para não se considerar uma coluna multivalorada como contendo, em cada célula, um conjunto de valores. Um contra-exemplo é o caso do GBD ADABAS: em sua linguagem Natural, as tabelas são consideradas como conjuntos (e os acessos aos valores das colunas são feitos por meio de comandos parecidos com o **select** da SQL, mas mais elementares). No entanto, ao se fazer referência a uma coluna multivalorada, é necessário usar uma tradicional "variável indexada", como na representação matricial das linguagens algorítmicas de programação! Com isso, é necessário especificar-se uma malha de repetição (*loop*), um contador de interação que serve de índice para a variável indexada, testar se ele já varreu todos os valores, etc.

Uma visão que se pode ter de uma coluna multivalorada ou composta é que cada célula representa uma tabela, encaixada em outra. Se for uma coluna composta monovalorada, cada tabela encaixada tem uma só linha. Assim, o modelo não-normalizado pode ser considerado como sendo aquele em que se pode representar tabelas dentro de tabelas. Daí ter-se-o denominado de "modelo relacional com tabelas encaixadas", ou *nested relational model*. Isso sugere uma sintaxe em que há um comando **select** para cada relação encaixada. Um exemplo dessa sintaxe seria o seguinte, para a primeira tabela Pessoas de 6.2:

```
select Telefones from
   (select Enderecos from Pessoas
      where Nome = "Pedro")
```

Perguntas que poderiam surgir são: Como são os resultados de consultas ao MRNN, normalizados ou não-normalizados? Como construir uma tabela não-normalizada? Para isso, pode-se introduzir comandos de normalização e de não-normalização. Por exemplo, para obter linhas não-normalizadas dessa tabela Pessoas, poderia ser usado o comando

```
select unnormalized Nome, Enderecos.Local from Pessoas
```

Com isso, a tabela-resultado será não-normalizada, em que cada linha tem o nome de uma pessoa e os vários locais de seus endereços. Para carregar esses dados numa tabela não-normalizada já criada, por exemplo com esquema

Pessoas_Locais (Nome, Locais* (Rua, Número, Complemento))

poder-se-ia usar um comando **insert** estendendo o visto em 4.4.12 (veja-se também o uso da cláusula **as** em 4.4.9; note-se que os atributos Rua, Número e Complemento são comuns às duas tabelas):

254 · Capítulo 6 — O Modelo Relacional Não-Normalizado

```
insert into Pessoas_locais
  select unnormalized Nome, Endereços.Local as Locais from Pessoas
```

Já a consulta

```
select normalized Nome,Telefones as Telefone from Pessoas
```

fornece uma tabela normalizada em que cada linha tem apenas um nome e um telefone. Se uma pessoa tiver vários telefones (contando-se todos os seus endereços), o seu nome aparecerá em várias linhas.

Suponhamos que se tenha uma tabela Pessoas_Norm, normalizada com todas as colunas de Pessoas:

Pessoas_Norm (Nome, Sexo, Rua, Número, Complemento, CEP, Cidade, Telefone)

Para carregar a tabela Pessoas a partir dela, poder-se-ia dar um comando como

```
insert into Pessoas
  select unnormalized
    Nome,
    Sexo,
    (grouping
      (composed of
          Rua,
          Número,
          Complemento
            as Local),
        CEP,
        Cidade,
        (grouping Telefone on Nome, Local
          as Telefones)) on Nome
      as Endereços
from Pessoas_Norm
```

A cláusula **composed of** criaria uma composição de valores (a partir dos valores de Rua, Número e Complemento), com o nome Local dado pela primeira cláusula **as** (tentamos manter a sintaxe usual da mesma, apesar do uso diferente). A primeira cláusula **grouping** construiria uma tabela Endereços (esse nome é dado pela terceira cláusula **as**) dentro de cada linha da tabela Pessoas, agrupando por nomes iguais, o que é especificado na segunda cláusula **on**. A segunda **grouping** construiria uma tabela Telefones (nome dado pela segunda cláusula **as** dentro de cada linha da subtabela Endereços), agrupando por nomes e locais iguais.

Formalismo matemático: ver F6.5.-1 a 3 para operadores de normalização e de multivaloração.

Voltando-se às consultas iniciais, vê-se que o uso do MRNN simplifica, em geral, as consultas. Essa simplificação é incontestável no caso de atributos multivalorados. Resta mostrarmos que a sua implementação pode ser eficiente.

6.6 Implementação interna de tabelas não-normalizadas

Nesta seção faremos uma proposta de como implementar um modelo interno, isto é, no nível dos *bits* e *bytes* da máquina (cf. 1.3.5 e a fig. 1.2-2), para o MRNN. Temos uma dupla intenção com esta seção: mostrar 1) como poderia ser a estrutura interna de uma tabela do modelo relacional, e a sua implementação; 2) como se pode implementar eficientemente o MRNN. O primeiro motivo deve-se ao fato de não abordarmos, em nenhum outro trecho deste livro, a implementação interna de tabelas do MR. Assim, esta seção dará uma idéia de como isso pode ser feito; aproveitamos para estender a ilustração para o MRNN, mas deve ficar claro que a solução também vale para o MRN, sem as composições e multivalorações.

A solução aqui apresentada foi inspirada no modelo interno do GBD ADABAS e generaliza o mesmo. Ela é baseada na implementação de cada linha por meio de registros de tamanho variável, o que é o caso talvez em todos os GBDs atuais (uma conhecida exceção, usando registros de tamanho fixo, era o dBase, mais tarde Clipper). Ela permite o encaixamento de colunas multivaloradas e compostas em um número qualquer de níveis (o que não é o caso, por exemplo, do ADABAS). Veremos que ela ainda implementa compressão de dados eliminando zeros à esquerda de números e brancos à direita de campos alfanuméricos, suprimindo, além disso, campos com dados vazios.

A estrutura de dados é tal que a localização de um dado em uma tabela é feita pela sua ordem dentro do esquema da tabela, levando-se em conta o nível de composição em que o dado se encontra e se é um elemento dentro de um campo multivalorado. Por exemplo, considerando-se o esquema Pessoas visto em 6.1,

Pessoas (Nome, Sexo, Endereços* (Local (Rua, Número, Complemento), CEP, Cidade, Telefones*))

o campo contendo o valor de Sexo dentro do registro que implementa uma linha da tabela correspondente é o 2° campo de 1° nível do registro. O campo de Endereços (que contém todos os valores completos de todos os endereços) é o 3° campo de 1° nível. Suponhamos que se queira algum campo dentro do segundo valor de Endereços. Nesse caso, o valor de Número é o 2° campo do 3° nível; dentro do 1° campo do 2° nível (Local), dentro do 2° elemento de um campo multivalorado que é o 3° campo do 1° nível (Endereços). Pode-se representar essas especificações por meio de n-plas ordenadas especiais, onde cada elemento indica a ordem dentro do nível e um elemento de um campo multivalorado é representado, entre colchetes, ao lado do elemento correspondente da n-pla. Assim, os três exemplos seriam representados, respectivamente, pelas n-plas (2), (3) e (3[2], 1, 2).

***Exercício* E6.6-1** Como seria representado o 2° telefone do 3° endereço?

A declaração de uma tabela, com seus atributos, estrutura e tipos dos atributos, chaves, restrições de integridade, etc. fica em geral armazenada, de maneira codificada, no dicionário de dados do GBD. Assim, dada uma coluna qualquer, como Complemento na tabela acima, uma varredura no dicionário de dados produz a n-pla correspondente, no caso, (3[ ], 1, 3). Isso permite que o registro com os dados de uma linha seja varrido, procurando-se inicialmente o 3° campo do primeiro nível, entrando-se nesse campo, procurando-se dentro dele o seu 1° campo – no nível 2 –, entrando-se nele, localizando-se um dos elementos dentro do multivalorado, que é o 3° campo do 1° nível.

A representação por meio dessas n-plas ordenadas indica como poderia ser organizado o dicionário de dados que descreve o esquema dessa tabela. Ao lado de cada campo é colocado sua *categoria*: simples – indicando que não é nem multivalorado nem composto (poderia ser o padrão, e portanto poderia ser omitido, mas colocamo-lo para maior clareza), multivalorado ou composto e, em seguida, a especificação da n-pla com os níveis e as ordens. Obviamente, a especificação das n-plas substitui o alinhamento vertical, colocado aqui somente para visualização:

Pessoas **tabela**
    Nome **simples**   (1)
    Sexo **simples**   (2)
    Endereços **multivalorado composto**   (3 [ ])
       Local **composto**   (3 [ ], 1)
          Rua **simples**   (3 [ ], 1, 1)
          Número **simples**   (3 [ ], 1, 2)
          Complemento **simples**   (3 [ ], 1, 3)
       CEP **simples**   (3 [ ], 2)
       Cidade **simples**   (3 [ ], 3)
       Telefones **multivalorado**   (3 [ ], 4 [ ])

Essas são apenas algumas especificações necessárias para um dicionário de dados; faltam várias, como o formato de cada campo (inteiro, decimal, moeda, data, ponto flutuante, texto, etc.), tamanho, se um campo é um índice, se é uma chave, se não pode ser vazio, valor inicial, máscara de edição, etc.

Vejamos como poderia ser a estrutura de dados de um registro. Ela reflete a estrutura de níveis e a ordem dentro de cada nível. Examinemos inicialmente um caso mais simples, com um só nível. A segunda linha da tabela do MRN da fig. 3.2 seria representada por:

```
125Pedro10R. Azul 5096655-88771027/10/1945
```

Cada campo (2, Pedro, etc.) é precedido por um *indicador de tamanho de campo*, dado em número de *bytes*. Assim, da esquerda para a direita, 1 é o indicador de tamanho do primeiro campo, 5 o do segundo, 10 o do terceiro, etc. Suponhamos que se queira saber o telefone de Pedro. Consultado o dicionário de dados, deduz-se que o telefone é o 4° campo de nível 1 (como o exemplo é normalizado, há um só nível). Suponhamos que a linha correspondente tenha sido achada dentro do arquivo contendo essa tabela, e que o endereço de seu *byte* inicial seja E. Então, o registro dessa linha é percorrido, pulando-se os conteúdos dos 3 primeiros campos, usando-se apenas seus tamanhos, até chegar-se ao 4°, da seguinte maneira:

$$E+(1+1)+(1+5)+(2+10)+(1) = E + 21$$

Cada termo entre parênteses corresponde a um dos campos. A primeira parcela de cada termo duplo indica o número de *bytes* ocupado pelo indicador de tamanho do campo (no caso, 1, 1, 2, e 1 – esse último termo reduz-se apenas à primeira parcela, pois ele não deve ser pulado). Chega-se assim ao 22° *byte* do registro, onde começa o telefone de Pedro, e sabe-se que esse campo tem 9 *bytes* (esse 9 foi atingido ao pular-se o 3° campo).

6.6 Implementação Interna de Tabelas Não-Normalizadas

Obviamente, o cálculo seria mais rápido se, em vez de o indicador de tamanho de campo conter esse tamanho, tivesse o tamanho do campo mais o próprio tamanho do indicador. No exemplo, teríamos:

$$E+2+6+12+1 = E+21$$

Nesse caso, cada termo reduzir-se-ia a apenas uma parcela, que representa agora o tamanho total de cada campo. Para permitir que várias linhas sejam representadas em um único bloco do disco, acrescentamos ainda à frente de cada linha um *indicador de tamanho de linha*:

```
44125Pedro10R. Azul 5096655-88771027/10/1945
```

O valor de cada índice da tabela (cf. 3.3, 3.14 e cap. 10) deve apontar para o endereço do bloco; os registros dentro das linhas do bloco são pulados, usando-se o indicador de tamanho de linha, até chegar-se à linha desejada, contendo o valor do índice nos campos correspondentes.

Essa questão de pulos de campos e linhas pode parecer ineficiente, mas deve-se lembrar que isso se passa na unidade central de armazenamento, que é de velocidade da ordem de cerca de um milhão de vezes mais rápida que a de acesso e leitura a um bloco do disco magnético.

Esperamos que o leitor tenha, neste momento, uma grande dúvida: mas como é que se sabe, em uma ou outra representação, qual o tamanho de cada indicador de tamanho? Resolveremos essa questão logo em seguida. Por enquanto, vejamos como essa estrutura pode ser usada na implementação das linhas de uma tabela não-normalizada.

Conservaremos o indicador de tamanho de campo, inclusive para os campos compostos e multivalorados. Ele indica o tamanho de todo o campo, contados todos os seus elementos, cada um com seu indicador de tamanho. Em outras palavras, o indicador de tamanho de um campo composto ou multivalorado indica quantos *bytes* devem ser pulados para se chegar ao próximo campo de mesmo nível. Cada elemento de um campo composto ou multivalorado é representado com seu próprio indicador de tamanho de campo. Além disso, cada campo multivalorado é precedido, depois de seu indicador de tamanho, por um *indicador de número de ocorrências* de valores dentro dele, ou melhor, considerando-se que se está representando um conjunto, por sua cardinalidade. Por exemplo, a primeira linha da tabela da fig. 6.2-2 seria representada da seguinte maneira (por simplicidade, usaremos a primeira representação):

```
1644100126210A.C.V.Melo11F.S.C.Silva39Princípios de Linguagens d
e Programação2614Edgard Blücher9São Paulo4200355320Linguagens d
e progr.20Paradigmas de lings.9Programas
```

Note-se que 26210 representa 26 *bytes* para o campo multivalorado total, 2 ocorrências nesse campo e 10 *bytes* na primeira ocorrência (A.C.V.Melo).

***Exercício* E6.6-2** O que representa o número 4200355320?

Ao atingir-se um campo pulando (ou usando) os anteriores, como é que se sabe de que categoria ele é? Isso é dado pelas especificações de sua entrada no dicionário de dados. Se a categoria aí registrada é de campo simples, há no registro apenas o indicador de tamanho precedendo o campo; se for composto, há o indicador de seu tamanho total, e em seguida vem o indicador de tamanho do primeiro campo; se for multivalorado, há o

258

CAPÍTULO 6 — O MODELO RELACIONAL NÃO-NORMALIZADO

seu indicador de tamanho total, seguido de um indicador de número de ocorrências de valores e, em seguida, vem o indicador de tamanho da primeira ocorrência. Se se tratar de um atributo multivalorado composto, inicialmente vem seu tamanho total, depois o número de ocorrências, depois o tamanho total da primeira composição, depois o tamanho do primeiro elemento dessa composição.

Note-se a eficiência na busca de qualquer campo: se ele for precedido por um campo multivalorado, composto, ou ambos, não importa quantas são suas ocorrências ou quantos campos tem sua composição, ou ambos: o seu indicador de tamanho permite pulá-lo de uma vez, sem passar por seus vários componentes.

Vejamos agora como resolver o problema, apontado acima, de se indicar qual o tamanho dos indicadores de tamanho e de número de ocorrências. Infelizmente, teremos que cair no nível popularmente denominado de "escovação de *bits*". Aqueles indicadores, bem como um indicador de números de campos vazios, que chamaremos simplesmente de *contadores*, serão representados, por uma questão de eficiência, por 1, 2 ou 3 *bytes* (seqüencias de 8 *bits* – "octetos", em português) consecutivos. Quanto maior o tamanho do campo seguinte, ou maior o número de ocorrências de um campo multivalorado, maior será o número de *bytes* empregados nos contadores. Na verdade, a codificação do número de *bytes* do contador poderia ser estendida para mais *bytes*, continuando-se com a mesma regra de formação dada a seguir. Limitar-nos-emos a no máximo três, pois isso é suficiente como ilustração.

Se o *bit* mais à esquerda do contador tiver valor 1, esse contador resume-se a um só *byte*, e os restantes 7 bits desse único *byte* formam o indicador de tamanho do campo que o segue (simples, composto ou multivalorado), ou o número de ocorrências do campo multivalorado seguinte, conforme o caso especificado no dicionário de dados. Esse tamanho (em *bytes*) ou número de ocorrências varia de 1 (representado por 0000000) a 128 (1111111). Certamente com isso abrange-se com muita eficiência (um único *byte*) a maior parte dos campos dos bancos de dados comuns.

Se os dois *bits* mais à esquerda do contador forem 00, isso significa que ele também é composto de um único *byte*. Nesse caso, os 6 *bits* restantes desse único *byte* constituem uma contagem de quantos campos seguintes são vazios. Assim, 00000101 indica que os próximos 6 (000101 + 1) campos são vazios (isto é, têm valores vazios). Portanto, esse contador pode indicar que os próximos 1 (000000) a 64 (111111) campos são vazios. Se, em um caso extremo, a tabela tiver mais de 64 colunas (talvez um projeto mal feito?) e em uma certa linha houver mais de 64 campos consecutivos vazios, coloca-se, em seguida, mais um contador de até 64 vazios, e assim por diante. Assim, estamos representando com muita eficiência, isto é, com um único *byte*, quase a totalidade dos casos de campos vazios consecutivos.

Se os 3 bits mais à esquerda do contador forem 010, isso significa que ele é composto de 2 *bytes*. Os 5 próximos *bits* do primeiro *byte*, mais os 8 *bits* do segundo *byte* formam um indicador de tamanho ou de número de ocorrências com 13 *bits*, de 129 (00000-00000000) a 8320 (11111-11111111). Note-se que, por convenção, começa-se em 129, pois se o tamanho ou número de ocorrências for até 128, basta apenas um *byte*, com *bit* mais à esquerda 1.

Se os 3 *bits* mais à esquerda do contador forem 011, isso significa que ele é composto de 3 bytes. Os 5 próximos *bits* do primeiro *byte*, mais os 8 *bits* do segundo *byte*, mais os 8 *bits* do terceiro *byte* formam um indicador de 21 bits, de 8321 (00000-00000000-

6.6 Implementação Interna de Tabelas Não-Normalizadas

00000000) a 2.105.472 (11111-11111111-11111111). Note-se que, por convenção, começa-se em 8321, pois se o tamanho ou número de ocorrências for até 128, basta apenas um *byte*, com *bit* mais à esquerda 1, e se for de 129 até 8320 bastam apenas 2 *bytes*, com *bits* mais à esquerda 010. A fig. 6.5 mostra a configuração de *bytes* e *bits* dos 4 casos.

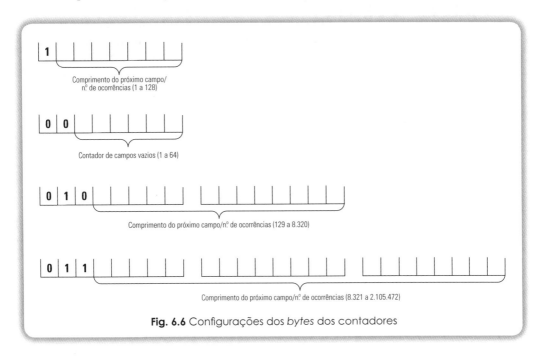

Fig. 6.6 Configurações dos *bytes* dos contadores

***Exercício* E6.6-3** Mostre como seria a configuração de *bits* para o uso de 4 *bytes* e calcule os tamanhos e número de ocorrências daí resultante.

Se o comprimento do próximo campo ultrapassar a fronteira do bloco do disco magnético, que é a menor quantidade de *bytes* transferidos de e para o disco para ou da unidade central de armazenamento (RAM) por uma instrução de entrada/saída em linguagem de máquina, no fim (ou em algum lugar fixo) do bloco deverá constar o endereço do bloco de continuação. Esse endereço é um apontador para o bloco contendo a continuação do registro, e assim por diante. O mesmo se dá no caso de um campo multivalorado, em que nem todas as ocorrências cabem no bloco corrente.

Nessa nossa proposta, os zeros à esquerda dos números e os caracteres brancos à direita de um texto ou campo alfanumérico são automaticamente eliminados, obtendo-se assim uma compressão muito simples de dados.

Note-se que uma grande parte dos campos, senão a grande maioria, tem menos do que 128 *bytes* de comprimento, de modo que nesses casos tem-se uma grande eficiência, devido à perda de apenas um *byte*, à sua frente, indicando seu tamanho. Do mesmo modo, uma contagem de 64 campos vazios consecutivos deve abranger praticamente todos os casos práticos.

Como é gravado o tamanho de cada campo imediatamente antes de seu conteúdo, poder-se-ia abandonar por completo a declaração desse tamanho, na declaração das tabelas do banco de dados no nível computacional (cf. 1.3.4), ao contrário do usual em to-

260   Capítulo 6 — O Modelo Relacional Não-Normalizado

dos os GBDs. De fato, o usuário não deveria importar-se em absoluto com a especificação do tamanho máximo de um atributo. O GBD deveria simplesmente gravar cada dado com o tamanho que tiver. Essa é uma herança ruim de linguagens de programação usuais, em que a declaração do tipo e tamanho de uma variável ou constante é necessária para que o compilador reserve um espaço fixo de armazenamento para ela, e possa deduzir o endereço da variável ou constante seguinte. Em nosso esquema, o endereço de cada campo é deduzido à medida que um registro de uma linha de uma tabela é varrido. Aliás, esse também é o caso nos GBDs atuais, pois usam registros de tamanho variável, para economizar espaço e, com isso, ainda aumentar a velocidade de acesso. No entanto, eles conservaram a declaração do tamanho máximo de cada atributo, algo que provém, como vimos, de necessidades dos computadores e não dos problemas. Admitiríamos como válida a declaração do tamanho máximo somente em um caso: uma restrição de integridade, isto é, o usuário não quer que o campo ultrapasse um certo tamanho, e se o fizer deve ser recusado. Uma outra possível aplicação é a delimitação de um espaço para exibição em todas as telas ou relatórios. Mas esse caso deveria ter uma declaração na especificação de cada tela ou relatório, e não na declaração do atributo para o dicionário de dados.

O leitor poderia objetar que nossa solução exige a varredura de cada registro em busca dos campos necessários, e com isso gasta-se tempo de processamento inutilmente. Como dissemos, os GBDs de hoje em dia usam registros de tamanho variável, de modo que essa varredura já é feita usualmente. Além disso, é necessário reconhecer que o importante é diminuir o espaço de armazenamento em discos magnéticos, para obter-se o máximo possível de dados com o mínimo de acessos, e nosso esquema de compressão vem de encontro a esse objetivo. Mas o mais importante é reconhecer que a varredura de cada registro é feita na unidade central de armazenamento. (Essa unidade é infelizmente denominada usualmente de "memória" – consideramos essa antropormorfização indevida, pois não se sabe exatamente onde está e como funciona a memória humana ou dos animais, ao contrário do caso dos computadores. O primeiro autor conjetura que, a menos de mudança radical nos paradigmas atuais de pesquisa científica, jamais se saberá.) Nessa unidade, a velocidade é de milhares a milhões de vezes mais alta do que a de acesso aos discos magnéticos. De fato, se podemos arriscar uma previsão, a tendência será de esses discos desaparecerem, pois são uma aberração mecânica dentro de um aparelho puramente eletrônico – e sem necessidade de interação direta com o usuário, como é o caso do teclado (que um dia será talvez substituído por entrada de áudio). Eles ainda existem, devido a uma questão de custo: à medida que se desenvolveram unidades de armazenamento de estado sólido mais baratas, eram desenvolvidos discos ainda mais baratos. Mas esse custo de armazenamento em discos magnéticos tenderá a uma estabilização, quando não mais se conseguir comprimir *bits*, devido a restrições de distâncias atômicas. Os pequenos "cartões de armazenamento" (*flash cards*) de grande capacidade já indicam que o fim dos discos magnéticos talvez esteja próximo.

Exercícios

E6.6-4 Uma possível variante do esquema proposto para o armazenamento das linhas das tabelas seria colocar à frente de cada registro de uma linha os endereços de cada campo e os números de ocorrências dos multivalorados. Dê um exemplo de como seria esse esquema de armazenamento, e especifique quais vantagens e desvantagens ele teria em relação ao proposto acima.

E6.6-5 Em geral, os blocos dos discos magnéticos, como definidos pelos sistemas operacionais, são de 8 Kb. Já que o objetivo é trazer para a unidade central de armazenamento

6.7 Formalismos Matemáticos do Cap. 6

(UCA) o maior número de dados a cada transferência do disco, por que não se usam blocos maiores, por exemplo de 32 Kb – já que hoje as UCAs têm grande capacidade?

6.7 Formalismos matemáticos do cap. 6

F6.5-1 Operador de normalização

Queremos um operador que transforme a tabela da fig. 6.2-2 em uma tabela normalizada, isto é, em que apareça apenas um autor por linha na coluna Nome-de-autor (colocamos agora no singular, pois não temos mais vários autores por linha) e apenas um assunto por linha na coluna Assunto (agora também no singular). Denotaremos esse operador por

$$Norm(T, M)$$

indicando que ele monovalora o conjunto multivalorado de colunas M da tabela T.

Como a normalização vai produzir linhas repetidas nos valores fora de M, vamos usar o operador de complementação introduzido em F4.2.7-2 na formalização da operação de divisão. Denotemos por C o complemento de M em T. Por exemplo, na fig. 6.2-2, se T é a tabela Livros completa, tomando M como a coluna Assuntos, então C = {Número-do-livro, Nomes-de-autores, Título, Editora, Ano}. Se $c \in C$ temos

$$g_T(c) = \{m \in M \mid mc \in T \text{ e } c \in C\}$$

No exemplo,

g_{Livros}, (1002, {E.A.Nassu, V.W.Setzer}, Bancos de Dados Orientados a Objetos, Edgard Blücher, São Paulo, 1999) = {Bancos de dados, Orientação a Objetos, Análise de sistemas}

que é o valor do atributo multivalorado Assuntos para a linha do livro de número 1002, isto é, m assume aqueles três valores.

Para definir o operador de normalização, indicamos a concatenação de cada valor desse resultado, isto é, cada valor do atributo multivalorado, com cada valor do restante da linha que o contém:

$$Norm(T, M) = \{mc \mid m \in g_T(c), c \in C, MC = T\}$$

onde indicamos por T o conjunto de colunas da tabela T.

Observe-se que, na aplicação de $Norm$, se M contém um subconjunto de colunas P que é multivalorado (isto é, há encaixamento de multivalorações), cada conjunto de valores de P é considerado como sendo um único valor, como se fosse monovalorado. Esse seria o caso da coluna Endereços, que contém a multivalorada Telefones, na tabela Pessoas da seção 6.2. Uma normalização sistemática deve ir eliminando esses subconjuntos em último lugar, ou seja, de fora para dentro dos encaixamentos. No exemplo, isso significaria começar monovalorando Endereços, e depois Telefones.

Se dois conjuntos disjuntos de colunas M e M' forem multivalorados, a aplicação de $Norm$ primeiro a um e depois a outro resulta no produto cartesiano dos valores de ambos em cada linha da tabela original.

Obviamente, esse operador pode ser aplicado a um conjunto M de colunas monovaloradas, mas nesse caso ele dá como resultado a própria tabela.

262

CAPÍTULO 6 — O MODELO RELACIONAL NÃO-NORMALIZADO

***Exercício* EF6.5-1** Calcule $Norm(Norm(\text{Livros, Assuntos}), \text{Nomes-de-autores})$ para a tabela da fig. 6.2-2 usando sistematicamente a definição acima.

F6.5-2 Operador de multivaloração

Este operador é o reverso do outro, isto é, multivalora uma coluna, como por exemplo a coluna Assunto da tabela Assunto da fig. 4.2-7. O resultado é que a coluna CT-Número-de-livro deixa de ter valores repetidos. Denotaremos esse operador por

$$Mult(T, M)$$

indicando que ele multivalora o conjunto de colunas M da tabela T. Usando $g_T(c)$ e os mesmos conjuntos C e M introduzidos acima, temos

$$Mult(T, M) = \{t \mid \exists c \in C \ (t.C = c \text{ e } t.M = g_T(c)\}$$

onde $t.C$ indica, como sempre, a projeção de t em C. Note-se que C pode conter colunas multivaloradas, e que na aplicação do operador em uma coluna em que não há valores a serem multivalorados, o resultado é a tabela original.

***Exercício* EF6.5-2** Aplique à tabela Assuntos da fig. 4.2-7 o operador $Mult(\text{Assuntos}, \text{Assunto})$ aplicando sistematicamente a definição acima.

F6.5-3 Comutatividade e reversibilidade

Pode-se imaginar que, dada uma tabela, pode-se aplicar o operador $Mult$ sucessivamente, até que não haja mais atributos a serem multivalorados. Infelizmente, existe um problema com esse operador: ele não é comutativo, isto é, dada uma tabela $T(A, B, \ldots)$ nem sempre

$$Mult(Mult\ (T,\ A), B) = Mult(Mult\ (T,\ B), A)$$

De fato, na fig. 6.6-1 mostramos (a) uma tabela $T(A, B, C)$, (b) o resultado de $Mult(T, B)$ e (c) o resultado de $Mult(T, C)$. Tanto no caso (b) quanto no (c) a subseqüente multivaloração nas colunas C e B, respectivamente, não produz alterações nas tabelas – note-se que, em (b), $\{a_1, \{b_1, b_2\}\}$ é diferente de (a_1, b_1) e não podem ser agrupadas; situação análoga ocorre em (c).

T				$Mult_T(B)$				$Mult_T(C)$		
A	**B**	**C**		**A**	**B**	**C**		**A**	**B**	**C**
a_1	b_1	c_1		a_1	$\{b_1, b_2\}$	c_1		a_1	b_1	$\{c_1, c_2\}$
a_1	b_1	c_2		a_1	b_1	c_2		a_1	b_2	c_1
a_1	b_2	c_1								
	(a)				(b)				(c)	

Fig. 6.7-1 O problema da não-comutatividade da multivaloração

Um teorema, devido a Jaeschke e Schek, dá a condição para a comutatividade valer: se A e B são conjuntos de atributos da tabela T e C o conjunto de atributos fora de A e de

6.8 REFERÊNCIAS BIBLIOGRÁFICAS E HISTÓRICO

B, isto é, $C = T - (A \cup B)$, então a comutatividade na multivaloração de A e de B vale, se A for dependente multivalorado de B (ver a seção 9.8).

Uma questão fundamental é a da reversibilidade das operações de normalização e de multivaloração, isto é, depois de normalizar uma tabela em relação a um certo conjunto de colunas, é possível multivalorá-la novamente, obtendo-se a tabela original? E o caso contrário, de se começar com uma multivaloração e depois normalizar o resultado?

Jaeschke e Schek estabeleceram dois teoremas a respeito da reversibilidade:

$$Mult(Norm(T, A) = T \; sse \; Mult(T, A) = T \tag{1}$$

isto é, o somente pode-se garantir que o operador de multivaloração dá um resultado inverso do operador de normalização quando este não produz alteração de uma tabela. Isso pode ocorrer em dois casos: não há multivaloração em relação ao conjunto de colunas A ou todas as multivalorações em relação a A já foram feitas. Um contra-exemplo é dado na fig. 6.6-2. Nesse caso, a origem da não-reversibilidade deve-se ao fato de a coluna B da tabela T da fig. 6.6-2(a) não ter sido totalmente multivalorada, isto é, $Mult(T, B)$ é diferente de T.

O outro teorema é

$$Norm(Mult(T, A) = T \; sse \; Norm(T, A) = T \tag{2}$$

Exercícios

EF6.5-3 Verifique a validade do teorema (1) para a tabela (c) da fig. 6.6-2.

EF6.5-4 Dê um contra-exemplo para o teorema (2).

T			Norm(T, B)			Mult (Norm(T, B), B)		
A	**B**	**C**	**A**	**B**	**C**	**A**	**B**	**C**
a_1	$\{b_1, b_2\}$	c_1	a_1	b_1	c_1	a_1	$\{b_1,b_2,b_3\}$	c_1
a_1	b_3	c_1	a_1	b_2	c_1			
			a_1	b_3	c_1			
(a)			(b)			(c)		

Fig. 6.7-2 O problema da não-reversibilidade de uma normalização

6.8 Referências bibliográficas e histórico

O modelo relacional não-normalizado teve, ao longo do tempo, várias denominações: modelo com relações encaixadas (*nested relations*), modelo relacional com atributos com valor de relações (*relational model with relation-value attributes*), modelo relacional estruturado hierarquicamente (*hierarchical structured relational model*), e finalmente modelo fora da primeira forma normal (*non-first normal form model*). O último nome em inglês deu origem a uma abreviação bastante usada nas referências ao modelo: NF^2. Usamos neste capítulo somente a nossa nomenclatura MRNN, fazendo re-

264 CAPÍTULO 6 — O MODELO RELACIONAL NÃO-NORMALIZADO

ferência ao fato de o modelo não ser normalizado, ou não estar na primeira forma normal conforme a definição desta de Codd de 1970, já em seu primeiro artigo sobre o modelo relacional (ver 9.3) [Codd 1970].

O primeiro artigo que encontramos sobre o MRNN é [Manikouchi 1977]. Ele introduz o MRNN e mostra que, pela definição de terceira forma normal (ver 9.6), as tabelas nessa forma podem ser não-normalizadas. Estende a 4ª forma normal (ver 9.8) para permitir colunas multivaloradas e dá uma dependência funcional (ver 9.5) em conjuntos das partes de um conjunto. A notação NF^2 foi aparentemente introduzida em [Jaeschke 1982], onde se encontra uma extensão da Álgebra Relacional introduzindo os operadores de multivaloração (*nest*) e normalização (*unnest*) vistos em 6.7. É nesse trabalho que se encontram as provas das propriedades e teoremas vistos naquela seção. Além disso, ele estende a operação de junção para colunas multivaloradas e trata de dependências funcionais e multivaloradas para o caso de tabelas NN. [Schek 1982] cobre boa parte de [Jaeschke 1982], entrando em mais detalhes de linguagens de consulta, estendendo SQL com operadores apropriados para colunas multivaloradas. [Macleod, I.A. 1983] introduz o MRNN por meio de um "modelo matricial" ("array model") e trata do problema de linguagens de consulta, estendendo SQL. Extensões de SQL para o MRNN foram também tratadas em [Roth 1987]. [Arisawa 1983] é um trabalho bastante teórico, tratando dos operadores de normalização e de multivaloração. Introduz a noção de relações "irredutíveis", que não podem mais ser multivaloradas sem que sejam antes monovaloradas. Define relações "econômicas" que resultam da aplicação consecutiva da operação de multivaloração nas colunas obtidas em cada permutação de colunas. Mostra que uma relação irredutível pode não ser canônica. Estende a noção de chave, introduzindo a classe das relações "fixas". Dá algoritmos de inserção e eliminação em relações NN. [Abiteboul 1986] apresenta um modelo denominado Verso, que é um MRNN; introduz um formalismo para definir relações NN, chamadas de "formatos". Define as operações comuns de álgebra relacional, mais uma união especial denominada "fusão", são enunciadas propriedades formais em conexão com as relações universais. O operador de multivaloração (denominado de "reestruturação") é definido e provadas suas propriedades. É apresentada uma linguagem usando quantificadores existenciais e são provadas várias propriedades. [Schek 1986] define o MRNN, introduz uma álgebra relacional para esse modelo, inclusive os operadores de normalização e de multivaloração, e faz extensões dos operadores tradicionais. Um outro trabalho sobre extensão da álgebra relacional é [Özsoyoglu 1987b]. [Özsoyoglu 1985] trata do problema de decompor numa relação universal usando dependências multivaloradas em tabelas NN seguindo uma forma normal mais restrita do que 4^aFN (ver 9.8). É apresentado um algoritmo de decomposição e são dadas propriedades das tabelas resultantes, com considerações sobre a preservação das dependências. [Roth 1987] aborda o projeto de tabelas do MRNN e introduz uma forma normal para esse modelo. [Paredaens 1992] analisa a álgebra relacional do MRN em comparação com o MRNN. [Roth 1988] estuda a álgebra e o cálculo estendido para tratar do MRNN. Esse artigo foi comentado em [Tansel 1992], mostrando que não há equivalência entre ambos na extensão feita no artigo anterior. A questão dessa equivalência é também tratada em [Garnett 1992]. O mesmo assunto é tratado em [Mok 1996], que define redundância no MRNN, analisa certas anomalias estruturais nesse modelo e generaliza a teoria da normalização (ver cap. 9). [Dadam 1986] mostra que a simples extensão de GBDs para lidar com objetos complexos (estruturas hierárquicas, listas, etc.) é insatisfatória, e relata a implementação de um GBD baseado no MRNN, abordando aspectos de implementação e da linguagem de consulta. [Özsoyoglu 1987a] apresenta um algoritmo

6.8 REFERÊNCIAS BIBLIOGRÁFICAS E HISTÓRICO

de síntese de tabelas do MRNN (ver 9.11, no caso do MRN) usando um conjunto de dependências multivaloradas (ver 9.8). O uso de bancos de dados temporais por meio do MRNN é tratado em [Tansel 1988, 1989]. [Chen 1991] estende a álgebra relacional para poder lidar com o MRNN em programação em lógica. A arquitetura de máquinas e estruturas de dados para processarem eficientemente o MRNN é discutida em [Deshpande 1988]. O volume [Abiteboul 1989] tem uma série de artigos sobre o MRNN, sobre implementações, linguagens de acesso, etc. O primeiro livro que tratou extensamente do MRNN foi provavelmente [Setzer 1989], cuja primeira edição datou de 1986. O excelente livro [Garcia-Molina 2001] aborda as questões de implementação de GBDs, incluindo representações internas, o que complementa nossa seção 6.6.

Capítulo 7

Bancos de Dados Multidimensionais

7.1 Introdução

Nos últimos anos, um novo modelo computacional tem sido utilizado com boa aceitação para o desenvolvimento de BDs. Esse modelo, que é uma extensão do modelo relacional normalizado, tem sido denominado de Modelo Multidimensional (MM). O MM é interessante em aplicações com quantidades muito grandes de dados, facilitando "navegar" pelos dados para produzir, por exemplo, a consolidação dinâmica de dados e a apresentação de visões selecionadas dessas consolidações. Esse tipo de análise de dados pode ser útil para a gestão de relacionamentos com clientes e consumidores, uma atividade que tem recebido bastante atenção nos meios gerenciais. Freqüentemente, essa atividade de análise de dados tem sido identificada pela sigla OLAP, do inglês Online Analytical Processing.

Apresentamos neste capítulo uma breve revisão dos conceitos essenciais para entender o MM. Nossa apresentação segue em grande parte o que está proposto no excelente texto de Agrawal, Gupta e Sarawagi [1995].

Uma modelagem baseada no MM resulta em um conjunto de tabelas multidimensionais independentes. Para todos os efeitos práticos, podemos nos concentrar em uma única tabela multidimensional para entender os conceitos essenciais dos MMs.

7.2 Tabelas multidimensionais

Uma tabela relacional é representada no plano (como por exemplo em uma folha de papel). Geometricamente é, portanto, bidimensional. As tabelas relacionais utilizadas até aqui nesse livro têm como característica comum o fato de não apresentarem linhas repetidas. A identificação de uma ou mais linhas específicas em uma tabela se dá fornecendo-se os valores esperados em um conjunto de colunas. Artificialmente, podemos nos referir a uma linha específica da tabela (por exemplo, a terceira linha da tabela), mas o fato de um conjunto de valores ocupar uma determinada linha da tabela é, por assim dizer, circunstancial. Rigorosamente, portanto, devemos dizer que as tabelas utilizadas até aqui são unidimensionais, já que a única dimensão significativa é aquela caracterizada pelas n-plas ordenadas de valores para as colunas da tabela.

Para simplificar nossa apresentação, consideremos o exemplo simples descrito a seguir. Uma empresa trabalha com diversos produtos e diversos vendedores. Para poder analisar o desempenho dos vendedores e a aceitação dos produtos, a gerência da empresa solicita que o volume de vendas trimestrais seja armazenado, discriminando-se vendas por produto e por vendedor.

Um diagrama ER para essa situação pode ser como o apresentado na fig. 7.2-1.

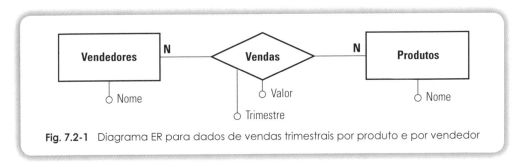

Fig. 7.2-1 Diagrama ER para dados de vendas trimestrais por produto e por vendedor

Um diagrama relacional correspondente a esse diagrama ER pode ser como o apresentado na fig. 7.2-2.

Fig. 7.2-2 Diagrama relacional para dados de vendas trimestrais por produto e por vendedor

7.2 TABELAS MULTIDIMENSIONAIS

Para que o exemplo fique conciso, consideremos que a empresa tem dois produtos – denominados respectivamente X e Y – e dois vendedores, que se chamam João da Silva e Pedro de Alcântara.

Os dados solicitados pela gerência da empresa podem ser obtidos com a seguinte consulta em SQL:

```
select Produtos.Nome, Vendedores.Nome, Vendas.Valor,
        Vendas.Trimestre
    from Vendedores, Produtos, Vendas
        where Produtos.Nome = Vendas.CT-Nome-Produto
            and Vendedores.Nome = Vendas.CT-Nome-Vendedor;
```

Por exemplo, a tabela resultante dessa consulta poderia conter os dados apresentados na fig. 7.2-3, se os dados disponíveis fossem referentes ao ano de 2002.

Produtos.Nome	Vendedores.Nome	Valor	Trimestre
X	João da Silva	200	1/2002
X	João da Silva	250	2/2002
X	João da Silva	50	3/2002
X	João da Silva	100	4/2002
Y	João da Silva	20	1/2002
Y	João da Silva	25	2/2002
Y	João da Silva	5	3/2002
Y	João da Silva	0	4/2002
X	Pedro de Alcântara	250	1/2002
X	Pedro de Alcântara	150	2/2002
X	Pedro de Alcântara	0	3/2002
X	Pedro de Alcântara	200	4/2002
Y	Pedro de Alcântara	10	1/2002
Y	Pedro de Alcântara	30	2/2002
Y	Pedro de Alcântara	0	3/2002
Y	Pedro de Alcântara	5	4/2002

Fig. 7.2-3 Exemplo de resultado da consulta de vendas trimestrais por produto e por vendedor

Todos os dados para efetuar as análises desejadas estão apresentados, porém de uma forma pouco conveniente. Os mesmos dados podem, por exemplo, ser apresentados em uma tabela tridimensional: a primeira dimensão é o nome do vendedor, a segunda dimensão é o nome do produto e a terceira dimensão é o trimestre de ocorrência das vendas. Essa tabela é representada na fig. 7.2-4.

1/2002	X	Y
João da Silva	200	20
Pedro de Alcântara	250	10

Fig. 7.2-4 Uma tabela tridimensional para vendas trimestrais por produto e por vendedor

Como pode ser observado, uma tabela multidimensional consiste na representação de dados como uma função matemática. Nesse exemplo, temos uma função com três parâmetros: dado o nome de um vendedor, um produto e um trimestre, obtemos a quantidade correspondente de vendas. Fica evidente também, com esse exemplo, a dificuldade de visualização de tabelas multidimensionais com mais de duas dimensões: na fig. 7.2-4 não é possível observar como variam as vendas com relação à terceira dimensão (que são os trimestres). Algumas formas de resolver essa dificuldade são apresentadas na próxima seção.

7.3 Operações sobre tabelas multidimensionais

Continuemos com o exemplo da seção anterior, ou seja, uma tabela tridimensional que armazena os dados de vendas por produto, vendedor e trimestre. Como a forma mais cômoda para desenhar uma tabela é a (geometricamente) bidimensional, uma operação desejada para manipular tabelas multidimensionais é a *rotação*, que apresenta os dados segundo duas dimensões selecionadas. As tabelas das figs. 7.3-1 a -3 mostram respectivamente as rotações da tabela da fig. 7.2-4 que exibem as vendas por produto e vendedor, por produto e trimestre e por vendedor e trimestre.

	X	Y
João da Silva	600	50
Pedro de Alcântara	600	45

Fig. 7.3-1 Rotação da tabela tridimensional – vendas por produto e vendedor

7.3 Operações sobre Tabelas Multidimensionais

	X	Y
1/2002	450	30
2/2002	400	55
3/2002	50	5
4/2002	300	5

Fig. 7.3-2 Rotação da tabela tridimensional – vendas por produto e trimestre

	João da Silva	Pedro de Alcântara
1/2002	220	260
2/2002	275	180
3/2002	55	0
4/2002	100	205

Fig. 7.3-3 Rotação da tabela tridimensional – vendas por vendedor e trimestre

É importante enfatizar que as três tabelas apresentadas nas figs. 7.3-1 a 7.3-3 são na realidade resultados de operações efetuadas sobre uma única tabela tridimensional.

Uma segunda operação desejada é a *agregação* de valores de uma dimensão. Por exemplo, a tabela da fig. 7.3-3 pode ser apresentada com os dados trimestrais agregados em semestres. O resultado é a tabela da fig. 7.3-4.

	João da Silva	Pedro de Alcântara
Primeiro semestre	600	50
Segundo semestre	600	45

Fig. 7.3-4 Agregação de dados trimestrais em dados semestrais - vendas por vendedor e semestre

O inverso da agregação é a operação de *separação*. Os dados de vendas por vendedor e semestre da tabela da fig. 7.3-4 podem ser separados em vendas por vendedor e

272 CAPÍTULO 7 — BANCOS DE DADOS MULTIDIMENSIONAIS

trimestre, reconstituindo a tabela da fig. 7.3-3. Evidentemente, a separação só pode ser efetuada se os dados originais da tabela da fig. 7.2-3 tiverem sido preservados. O mesmo ocorre com as rotações: por exemplo, uma vez efetuada a rotação que resulta na tabela da fig. 7.3-1, para que a rotação que produz a tabela da fig. 7.3-2 possa ser efetuada, os dados da tabela da fig. 7.2-3 precisam ainda estar disponíveis.

Os atributos, cujos valores dão nomes às linhas e colunas da tabela, são denominados *dimensões* da tabela multidimensional. O atributo, cujos valores ocorrem em uma coluna da tabela, é denominado *medida* da tabela. Deve ser observado que a escolha de que atributos são dimensões e qual atributo é a medida em uma tabela multidimensional é totalmente arbitrária. Para que essa escolha possa ser modificada, duas operações adicionais são consideradas para as tabelas multidimensionais, que aqui denominamos de *reificação* e *projeção*.

Reificação é a transformação de uma medida em dimensão. Por exemplo, as vendas efetuadas podem ser consideradas como uma dimensão, transformando a tabela tridimensional considerada até aqui em uma tabela tetradimensional. Os valores da medida dessa tabela tetradimensional são booleanos (ou seja, podem assumir os valores **verdadeiro** ou **falso**). Quando os valores das dimensões trimestre, vendedor, produto e vendas forem respectivamente 1/2002, João da Silva, X e 200, a medida assumirá o valor **verdadeiro**. Para os mesmos valores para trimestre, vendedor e produto, mas diferentes valores para vendas, a medida assumirá o valor **falso**.

A *projeção* é o inverso da reificação. Uma dimensão de uma tabela reificada de N dimensões que for projetada se torna a medida de uma tabela de $(N\text{-}1)$ dimensões. Por exemplo, considerando a tabela reificada tetradimensional acima, podemos projetar a dimensão trimestre, construindo assim uma tabela tridimensional. A rotação dessa tabela mostrando os trimestres por vendas e vendedores é mostrada na fig. 7.3-5. Para tornar essa tabela mais concisa, são exibidos apenas os valores relevantes de vendas.

	João da Silva	**Pedro de Alcântara**
0	-	3/2002
55	3/2002	-
100	4/2002	-
180	-	2/2002
205	-	4/2002
220	1/2002	-
260	-	1/2002
275	2/2002	-

Fig. 7.3-5 Trimestres por Vendas e por Vendedor

Outras operações podem ser definidas, como por exemplo junção de duas tabelas multidimensionais. Exemplos de consultas analíticas que podem ser efetuadas sobre uma tabela multidimensional como a apresentada acima são:

- Quais foram os totais de vendas por trimestre durante o ano?
- Qual o produto líder de vendas em cada trimestre?
- Como está evoluindo o desempenho de cada vendedor, trimestre a trimestre?

7.4 Tabelas multidimensionais e SQL

BDs construídos com base em MMs permitem a construção de certas consultas com maior simplicidade, tornando essas consultas acessíveis para usuários interessados em análises dos dados conforme as delineadas na seção anterior. A implementação de um BD construído com base em um MM, entretanto, não requer necessariamente quaisquer conceitos diferentes dos que já foram vistos nesse livro.

No artigo de Agrawal, Gupta e Sarawagi [1995] – que utilizamos como base para construir este capítulo – é apresentado um conjunto completo de operações elementares para tabelas multidimensionais, tal que quaisquer outras operações de interesse podem ser formuladas como composições das operações elementares. Consideremos agora, dada uma tabela multidimensional, a sua reificação. Uma tabela convencional (unidimensional) pode ser construída a partir dessa tabela reificada, em que as colunas são as dimensões da tabela multidimensional e as linhas são formadas pelos valores das dimensões para os quais a medida é **verdadeiro**.

No artigo mencionado acima, é apresentado também como traduzir as operações elementares para uma tabela multidimensional em expressões da SQL para a tabela convencional construída a partir de sua reificação. Isso demonstra que um BD construído com base em um MM pode ser implementado como um BD relacional.

A demonstração de equivalência entre as operações elementares para uma tabela multidimensional é extensa e relativamente complexa. O mesmo ocorre com as expressões em SQL correspondentes para a tabela unidimensional obtida a partir da reificação da tabela multidimensional. Em vez de reproduzirmos aqui essa demonstração, preferimos sugerir ao leitor interessado em aprofundar-se sobre esse assunto que consulte diretamente o artigo citado.

7.5 Referências bibliográficas e histórico

Este capítulo foi preparado utilizando-se boa parte dos resultados encontrados no artigo de Rakesh Agrawal, Ashish Gupta e Sunita Sarawagi [1995]. Recomendamos ao leitor interessado em aprofundar-se sobre o tema de Modelagem Multidimensional de BDs que consulte aquele artigo. Vários GBDs têm recursos para OLAP, como o Analysis Server (AS) do Microsoft SQL Server.

A inclusão de um capítulo tratando de tabelas multidimensionais e MM foi sugerida por nosso amigo Francisco Elias Barguil, um dos diretores da empresa Opus Software Ltda., que utiliza esses recursos com grande sucesso para seus clientes.

Capítulo

Bancos de Dados Orientados a Objetos

8.1 Introdução

A orientação a objetos (OO) foi introduzida nas linguagens de programação para se conseguir uma maior modularização de rotinas, de modo que se pudesse fazer uma "programoteca" com elas e, assim, quando se precisasse de alguma para certo processamento de dados, ela seria simplesmente copiada e introduzida nos programas do sistema desenvolvido. Isso é denominado de *reutilização*.

Quando dissemos "maior modularização", fomos rigorosos: a modularização já existia desde os primórdios da programação dos computadores. Alan Turing (pronunciando-se o u como em português estar-se-á mais próximo da pronúncia em inglês, que não é "tiúrin" e nem "tãrin"), em suas primeiras idéias de como poderia ser um computador, e baseado no modelo que ele tinha desenvolvido em 1936 para finalidades puramente teóricas (resolver um problema em aberto formulado pelo famoso matemático David Hilbert – pronuncia-se "Dávid", pois ele era alemão), a sua Máquina de Turing (uma máquina abstrata – sua unidade de armazenamento é infinita, portanto irrealizável na prática), a qual surpreendentemente tinha apenas um tipo de instrução (um computador de verdade tem centenas delas, como desvios incondicionais e condicionais, soma, multiplicação, manipulação de registradores, entrada, saída, etc.) já imaginava – e

276 CAPÍTULO 8 — BANCOS DE DADOS ORIENTADOS A OBJETOS

tentou construir – aquilo que seria uma máquina do tipo RISC (*reduced instruction set computer*), conceito só implementado muito mais recentemente. Uma máquina dessas tem apenas os circuitos eletrônicos mais básicos. Ela era totalmente baseada no fato de se ter rotinas em forma de trechos de programas que iriam executar as funções necessárias (soma, movimentação de cadeias grandes de caracteres, etc.). Essas rotinas seriam os módulos com os quais a máquina iria ser elevada ao nível das instruções que se espera dos computadores em geral. A primeira linguagem de programação de grande utilização, que erradamente ainda é classificada, como outras linguagens algorítmicas, de "linguagem de alto nível" (errado, pois ainda se adapta demais ao computador, e não aos processamentos de dados que se deseja fazer ou, melhor, aos problemas que se quer resolver; ver exemplos em 8.6), a FORTRAN (de *FORmula TRANslation*), cujo primeiro compilador (isto é, tradutor do programa nela escrito para a linguagem de máquina), foi desenvolvido por J.W. Backus na IBM de 1954 a 57, já contava com recursos de modularização: eram as sub-rotinas e funções. Estas últimas retornam um valor, podendo por isso ser usadas no meio de expressões aritméticas. No entanto, nas sub-rotinas e funções dessa linguagem havia (e ainda há) uma grande limitação: tinham um só nível, isto é, não se podia (e continuou não se podendo, nas suas versões posteriores) declarar uma sub-rotina ou função encaixada dentro de outra delas e, pior ainda, não se podiam declarar dados – como as variáveis, por exemplo – dentro de sub-rotinas e funções. Os dados deviam ser os globais ou os parâmetros passados para elas na sua ativação. A próxima linguagem, COBOL (de *Common Business Oriented Language*), cujo primeiro compilador saiu em 1960, e teve o grande mérito de ser um esforço conjunto de produtores de máquinas e de *software*, e de usuários, continuou com essas restrições. Só também em 1960, na linguagem ALGOL (de *ALGOrithmic Language*), também conhecida como ALGOL60 (uma evolução da inicial de 1958), que se tornou um marco nas estruturas e na sintaxe das linguagens de programação algorítmicas, é que se introduziram rotinas, chamadas de procedimentos (*procedures*), que podiam: 1. conter seus próprios dados; 2. fazer sintaticamente o papel tanto das sub-rotinas como das funções da FORTRAN; 3. ser declaradas dentro de outros procedimentos, "herdando" os dados destes; 4. ser ativadas recursivamente (na maneira mais simples, um procedimento ativando ele próprio); 5. devido à sintaxe e mecanismo de recursão, permitindo que um procedimento ativasse direta ou indiretamente a si próprio, implementar processos matemáticos de indução finita. Além de seus próprios dados, um procedimento podia usar o que se denomina de "dados globais", isto é, dados do programa ou do procedimento dentro do qual o primeiro estava declarado.

É fundamental notar que essa generalidade e a elegante sintaxe da ALGOL foram devidas ao fato de essa linguagem ter sido primordialmente desenvolvida para descrever algoritmos, e não para seus programas serem processados em computadores. Isto é, quando se retirou o computador da mente dos projetistas, o resultado foi um padrão que se impôs para o resto da história da computação. Custou bastante para que ela se tornasse uma linguagem de programação, isto é, para que o primeiro compilador fosse programado. Mas ela até motivou o projeto de computadores comerciais pelo antigo fabricante Burroughs – mais tarde, com a fusão da UNIVAC, tornada UNISYS – que, por trabalharem com uma pilha de ponteiros em registradores rápidos, denominados de *registradores-base*, apontando simultaneamente para os vários locais da unidade de armazenamento onde começavam os dados de cada procedimento encaixado (e cujos dados deviam estar todos disponíveis), processavam os procedimentos encaixados da ALGOL com muita eficiência. Para uma descrição didática do funcionamento e

8.2 Conceitos Básicos da OO

implementação dessas pilhas, veja-se [Setzer 1983, cap. 9]. Infelizmente, esse projeto foi em geral ignorado pelo mercado; as máquinas que se tornaram sucessos comerciais não tinham e não têm essa pilha de registradores-base. Elas empregam uma pilha dos valores de um único registrador-base, usando apenas o topo dela como ponteiro para o início do espaço de variáveis do único procedimento ativo no momento. Isso motivou um fato marcante: já que as máquinas não podiam processar com eficiência procedimentos declarados dentro de procedimentos, em lugar de se mudar as máquinas, mudaram-se as linguagens, para não permitir essa estrutura: essa foi uma das origens da sintaxe de funções da linguagem *C*, inicialmente desenvolvida em 1972 para o minicomputador PDP-11 da Digital Equipment Corporation (DEC) por D. Ritchie, para o desenvolvimento do sistema operacional UNIX. Nela, não se pode declarar uma função (ela não tem o conceito geral de procedimento) dentro de outra: todas as funções têm um só nível léxico. Como diz o primeiro autor deste livro, em lugar de se entortar a máquina para adaptá-la às necessidades do programador de formular um programa mais próximo do problema de processamento de dados que se quer resolver, entortou-se o programador, forçando-o a se adaptar mentalmente à estrutura inadequada da máquina. E ainda há pessoas que acham a linguagem C o máximo... A sua sucessora, C++, orientada a objetos, herdou, como não podia deixar de ser, a estrutura de um só nível de procedimentos no que se refere à extensão destes, isto é, as classes, o que tornou sua sintaxe pior ainda do que a C.

No entanto, mesmo a linguagem ALGOL tinha limitações na modularização dos programas. Uma linguagem baseada na ALGOL, SIMULA, desenvolvida em 1966, foi a primeira a começar a generalizar a noção de procedimentos, introduzindo a noção de *classe*: uma modularização que tornava o procedimento uma unidade básica, comportando-se como se fosse um dado das linguagens anteriores. Os conceitos nela introduzidos foram finalmente generalizados com a introdução dos conceitos de OO.

8.2 Conceitos básicos da OO

Classe. Uma *classe* da OO contém um conjunto de dados, denominados de *variáveis de classe* ou *atributos*, e um conjunto de procedimentos, denominados de *métodos*, formando um todo. Os dados de uma classe são globais a todos os métodos da mesma, isto é, estão disponíveis em todos estes. Os dados de uma classe só podem ser alterados pelos métodos da classe (e de subclasses, no mecanismo de herança, como veremos adiante).

Uma classe funciona como se fosse a generalização do *tipo* das variáveis das linguagens de programação tradicionais. Nessas linguagens uma variável é sempre declarada como pertencendo a um certo tipo, como os tipos número inteiro, booleano, cadeia de caracteres, etc. Conceitualmente, uma dessas variáveis pode ser considerada uma função que leva uma certa área da unidade central de armazenamento a um elemento de um conjunto de valores (o tipo). Já na OO, uma variável de classe é declarada como pertencendo a um tipo básico ou a uma classe (que faz o papel de tipo das linguagens tradicionais). Uma das distinções para as linguagens tradicionais é que uma variável de classe pode ter não só vários dados, mas também *métodos*, isto é, procedimentos que atuam sobre esses dados. Uma segunda distinção é que a declaração de uma variável como pertencendo a uma classe não cria essa variável. Nas linguagens tradicionais mais comuns, a declaração de uma variável faz com que o compilador reserve um espaço para ela durante a execução do programa compilado correspondente. Na OO, é necessário,

278 Capítulo 8 — Bancos de Dados Orientados a Objetos

usar um procedimento específico, chamado *construtor*, para criar, durante a execução, um *objeto* declarado como sendo de uma certa classe. Ele é denominado de *instância* de uma classe. Nessa criação, passa a ser usado um espaço para armazenar os valores das variáveis de classe e, conceitualmente, uma "cópia" dos métodos da classe que pertencerão ao objeto. Na verdade, não ocorre essa cópia, pois por questão de eficiência o código gerado por cada método é único durante o processamento. O que ocorre é que o espaço para os dados necessários à execução do método, como também seus parâmetros, endereço de futuro retorno depois de terminada a sua execução, etc., é que são criados para cada objeto. Portanto, a declaração simplesmente diz a que classe o objeto vai pertencer. É necessário criar objetos de cada classe explicitamente durante o processamento. Durante este último, eles podem ser removidos, deixando de existir. Em geral, deixam também de existir quando se encerra o processamento do programa que criou os objetos.

A primeira linguagem de programação que implementou os conceitos gerais de classes foi a Smalltalk em 1983. Linguagens muito usadas na programação OO são a C++, a ObjectPascal e a Java.

Uma noção muito usada é que os atributos de uma classe estabelecem as estruturas de dados, e seus métodos o "comportamento" da mesma – uma antropomorfização indevida.

Identidade. Os dados de cada ente do mundo real (por exemplo, cada livro da Multiteca) são representados por um objeto do sistema, declarado como pertencendo a uma certa classe, que estabelece sua estrutura de dados e os seus métodos. Cada objeto tem um *identificador de objeto* (*object identifier*, ou *object ID*), que é único para cada objeto, distinguindo-o de objetos da mesma ou de outras classes.

Objetos complexos. Um atributo de um objeto pode ser um outro objeto.

Herança. Quando se declara uma classe *B*, pode-se especificar que ela é uma *subclasse* de outra *A*, sua *superclasse*. Nesse caso, diz-se que *B herda* (novamente, uma antropomorfização indevida) todas as variáveis e métodos que pertencem a *A*. Em outras palavras, esses últimos, declarados na *A*, estão disponíveis para uso em objetos declarados como sendo da classe *B*. Ao contrário, uma subclasse (*B*) pode ter suas próprias variáveis e métodos, que não ficam disponíveis na sua superclasse (*A*). A noção de herança deve ser familiar aos leitores: ela corresponde, na parte de estruturas de dados, isto é, às variáveis, à generalização/especialização vista em 2.17. Tomemos na fig. 2.17-1 cada conjunto de entidades como uma classe da OO. Nesse caso, Meios-de-gravação contém variáveis como o nome do meio, a data de gravação, a data de aquisição, etc. Como classe, ela teria também seus métodos, como por exemplo os de alterar os valores de suas variáveis. As classes subordinadas a ela, K7s, CDs, etc. têm acesso a essas variáveis e a esses métodos: por exemplo o valor do nome de um objeto da classe CD é o valor do atributo Nome do objeto que está na classe Meios-de-gravação, de quem ele é subclasse. Recordemos que, nesse exemplo, cada objeto da classe Meios-de-gravação tem apenas um objeto de uma de suas subclasses (uma associação **1:1**). Mas as classes subordinadas podem ter suas próprias variáveis e métodos, que não ficam disponíveis na classe Meios-de-gravação, como por exemplo o número de trilhas nas classes CDs e DVDs, e um método para exibir esse número de trilhas, que não pode ser usado na classe Meios-de-gravação e nem nas outras subclasses, como K7s, etc.

Há dois tipos de *herança de classes*: *simples* e *múltipla*. Na herança simples, uma classe é subclasse de apenas uma superclasse. As figs. 2.17-1 e -2 mostram heranças

8.2 Conceitos Básicos da OO

simples. Na herança múltipla, uma classe pode ser subclasse de várias superclasses, herdando variáveis e métodos de várias classes. O exemplo da fig. 8.2 foi inspirado em um semelhante do livro sobre BDOO de Nassu e Setzer [1999]. Cada retângulo corresponde a uma classe; na parte superior está o nome da classe e, na inferior, algumas variáveis. Uma terceira parte poderia conter, como se costuma fazer nos diagramas de classes da OO, os nomes dos métodos (ver fig. 8.7). Colocamos as setas apontando das subclasses para as suas superclasses, para mantermos o padrão de diagramas semelhantes, como UML (ver 8.7). Os triângulos que usamos para representar as generalizações/especializações da seção 2.17 também apontam no mesmo sentido, mas agrupam as setas da fig. 8.2 para cada superclasse.

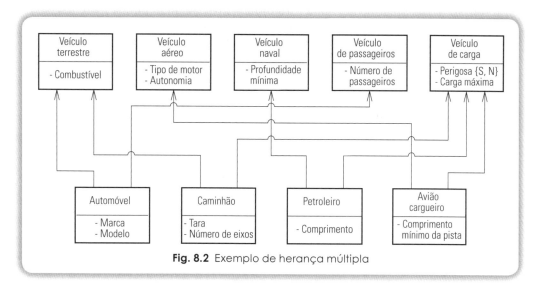

Fig. 8.2 Exemplo de herança múltipla

Polimorfismo e sobrecarga de operadores. Na programação tradicional com linguagens algorítmicas, quando se declara um procedimento em um programa, a sua declaração é única; o número de parâmetros e o tipo de cada um também são fixos. (Há exceções a essa regra. Na linguagem C, é permitido ativar uma função sem se passar os últimos argumentos correspondentes aos parâmetros declarados.) Na OO, dentro de uma classe diferentes métodos podem ser declarados com o mesmo nome, desde que o número de seus parâmetros ou o tipo de algum deles mude (para haver alguma distinção entre cada declaração e cada ativação). No exemplo clássico que se dá para OO, um sistema para desenhar e manipular figuras geométricas, pode haver apenas um método Deslocamento, de uma classe FiguraGeométrica recebendo parâmetros diferentes para deslocar um retângulo (as coordenadas de seu centro e o tamanho dos lados, por exemplo), um círculo (a coordenada do seu centro e o seu raio), uma elipse (coordenadas de seus focos e tamanho de seu eixo maior), etc. Assim, dentro de um programa pode-se ativar o mesmo procedimento Deslocamento, dando os argumentos adequados, provocando com isso a ativação do método correto para provocar o deslocamento da figura desejada. Essa possibilidade de chamar vários métodos diferentes com o mesmo nome é denominado de *polimorfismo*.

Uma situação análoga passa-se com a *sobrecarga* de operadores. Um operador como o de soma, +, pode ser declarado e usado para diferentes argumentos, como soma aritmética, concatenação de cadeias ou de figuras, etc. Esse conceito não é novo, pois desde as primeiras linguagens de programação há sobrecarga dos operadores aritméticos em relação aos números inteiros e em ponto flutuante (indevidamente declarados como "reais"). A linguagem ALGOL 68 já apresentava a possibilidade de se declararem operadores, inclusive estabelecendo sua precedência (isto é, a ordem de execução) em relação aos operadores já existentes.

Mensagens. O que é denominado de "passagem de um argumento" (no lugar de um parâmetro declarado no cabeçalho) na ativação de um procedimento em programação tradicional, é agora entendido como a passagem de uma mensagem de um objeto para outro. Por exemplo, quando um objeto deve modificar o estado de alguma variável de outro objeto, envia uma mensagem a este último, mencionando um método deste e os argumentos que deve usar durante sua execução. Trata-se, assim, de uma simples elevação do nível conceitual com que se deve compreender a ativação de um método.

Encapsulamento. Esse conceito indica a independência dos dados de um objeto em relação a outros objetos, isto é, nenhum método de um objeto pode obter ou alterar diretamente os dados de outro. Para isso, é necessário que o primeiro ative um método do segundo, passando-lhe uma mensagem (no sentido acima).

Em nossa opinião, o encapsulamento é o conceito mais importante da OO, por ser o que estabelece o padrão de modularização e reutilização de módulos. Mas essa não é uma opinião generalizada. Por exemplo, Bancillon [1988] considera como mais importante o conceito de herança.

8.3. Bancos de dados orientados a objetos

Em bancos de dados OO (BDOO), é necessário tratar de um conceito adicional aos vistos na seção anterior:

Persistência. Nas linguagens de programação OO, durante uma execução, ao se eliminar um objeto que foi instanciado, isto é, criado, ele deixa de existir. Ao terminar a execução de um programa, todos os objetos que foram nele instanciados deixam de existir. Com isso os dados, ou seja, os valores dos atributos dos objetos também desaparecem. Se isso fosse aplicado a programas que manipulam BDs, o resultado seria um desastre: os dados de um BD, que serão obviamente implementados como atributos de objetos, devem existir para sempre, a menos que sejam explicitamente alterados ou eliminados do mesmo. Para criarem-se BDOOs, é necessário mudar essa característica, estabelecendo-se que os dados do BD sendo utilizados são persistentes, isto é, não desaparecem.

Vários mecanismos de persistência foram introduzidos na OO para se poder contornar esses enfoques diferentes. A solução mais simples adotada foi a de se estabelecer que a persistência é uma característica de todos os objetos criados em um processamento. Uma outra foi a de se especificar quais objetos devem ser persistentes, isto é, quando eliminados durante ou no fim do processamento, os valores de seus atributos não são perdidos. Essa solução é mais flexível, mas mais complexa.

É interessante notar que nas linguagens de programação tradicionais já não havia persistência nas variáveis locais a um programa ou a um procedimento. Para guardar um valor de uma variável, era necessário armazená-lo em um dispositivo persistente, como as fitas ou discos magnéticos. Conceitualmente, a variável propriamente dita não

8.3 Bancos de Dados Orientados a Objetos

tinha persistência. Foi a linguagem ALGOL que introduziu a noção de persistência, pela declaração de uma variável local a um procedimento como sendo do tipo **own**. Com isso ao encerrar-se o processamento desse procedimento o valor da variável não era perdido: numa próxima ativação desse procedimento durante a mesma execução do programa que o ativou, essa variável continuava a ter o valor anterior. Conceitualmente, quanto à persistência uma variável declarada como sendo do tipo **own** passava a ser como uma variável global ao programa e a todos os procedimentos do mesmo, apesar de sintaticamente só poder ser usada no procedimento que a declarou e nos procedimentos nele encaixados.

Aí já se nota um problema sério de enfoques diferentes da programação OO e dos BDOOs. Mas há um outro ainda: a questão do encapsulamento. Tradicionalmente, os BDs eram encarados como uma *base de dados* (daí o nome empregado em inglês, *database*), sobre a qual qualquer tipo de aplicação poderia ser desenvolvida e executada. Por exemplo, no caso da Multiteca, alguém poderia interessar-se em fazer estatísticas de uso dos vários itens da mesma, podendo então usar exatamente os mesmos dados das outras aplicações. Essa possibilidade de se desenvolverem várias aplicações sobre os mesmos dados consistiu, por sinal, em um enorme avanço sobre aplicações antigas sem BDs, isto é, com arquivos tradicionais. Nesse caso, cada sistema usava seus dados e era muito difícil repartir dados entre diversas aplicações. O encapsulamento vai contra esse enfoque de dados disponíveis para qualquer aplicação, pois não permite que rotinas fora de uma classe tenham acesso aos dados dessa classe. Por consistência, os dados de um BD devem ser armazenados em variáveis de classes, e com isso ficam isolados de outras classes.

No caso de leitura de dados, a solução para o compartilhamento de dados em várias aplicações é simples: ela só deve ser feita pelos métodos associados aos objetos que contêm os dados. Quando há alteração dos dados, se é possível prever qual tipo de alteração será feita, como por exemplo quais colunas de uma tabela relacional serão sempre mudadas, podem-se também implementar métodos para essa finalidade, dentro das classes dos dados. Seria necessário ter uma linguagem de acesso em que fosse possível especificar, na mensagem passada para um objeto, quais colunas deseja-se mudar. Os métodos devem ser suficientemente gerais para receberem uma tal mensagem e procederem às alterações desejadas. Como isso em geral não é permitido, acaba-se por violar o princípio do encapsulamento, isto é, qualquer aplicação pode alterar os dados, como nos BDs convencionais.

A grande motivação para os BDOO foi contornar as limitações do MRN. Como estes só permitem colunas com valores elementares nas tabelas, pensou-se que os BDOO poderiam levantar essas restrições, o que de fato fizeram. Como os valores colocados em cada coluna passam a ser objetos, podem ter qualquer complexidade, como serem compostos, listas, vetores (matrizes unidimensionais), etc. Em geral, cada linha de uma tabela do MR é implementada como um objeto, ao qual está associado seu número de identificador de objeto. Esse número é usado para apontar para o objeto, servindo então, por exemplo, para implementar uma lista de ponteiros para os vários valores de um atributo multivalorado (cada valor sendo considerado como um objeto). Pode também ser usado para apontar para um objeto que implementa uma linha de uma tabela do MR, e com isso podem-se representar ligações **1:N** (um só identificador de objetos) ou **N:N** (um conjunto, lista ou vetor de identificadores de objetos). Essas implementações ficarão claras nos exemplos das duas próximas seções.

Nas duas próximas seções, veremos brevemente dois exemplos de GBDs orientados a objetos (GBDOO). O primeiro, o sistema O_2, consideramos como sendo um BDOO "puro", isto é, ele abandona as estruturas de um BD relacional. O segundo, a extensão do BGD Oracle para orientação a objetos, é uma extensão do MRN para lidar com objetos, e poderia ser denominado do tipo *objeto-relacional* (GBDOR). Nossa intenção não é dar detalhes para o leitor usar ou projetar BDOOs, mas sim ilustrar os seus conceitos e comentá-los.

8.4 Exemplo de GBDOO: O_2

Vejamos como poderia ser implementado no O_2 o relacionamento **1:N** da fig. 2.11-3 representando os livros da Multiteca emprestados a pessoas. Usamos os esquemas representando os conjuntos de entidades Livros e Pessoas vistos em 6.2.

NO GBDOO O_2 a declaração dessas estruturas de dados poderia ser feita da seguinte maneira (usaremos daqui para frente leves simplificações da sintaxe, sem prejuízo das partes essenciais):

```
type data: tuple (ano: integer,
                   mes: integer,
                   dia: integer);

class Livro
   type tuple (Numero_do_livro: integer,
               Nomes_de_autores: set (string),
               Titulo: string,
               Editora: string,
               Cidade: string,
               Ano: integer,
               Assuntos: set (string),
               Emprestimo: tuple (Emprestado_a:      Pessoa,
                                  Data_emprestimo: data,
                                  Data_devolucao:  data);

class Pessoa
   type tuple (Numero_da_pessoa: integer,
               Nome:      string,
               Sexo:      string,
               Endereco: tuple (Local tuple (Rua:         string,
                                             Numero:      integer,
                                             Complemento: string),
                                CEP:      integer,
                                Cidade: string,
               Telefones: set (integer));
```

Note-se que precedemos as classes com a declaração do tipo data, usado para as datas de empréstimo e de devolução. Colocamos os nomes das classes no singular, pois elas não funcionam como uma tabela relacional. Cada uma dessas classes estabelece o tipo de um elemento do BD, e corresponde ao esquema de uma tabela. Durante o processamento, devem ser criados objetos de cada uma das duas classes representadas, e esses objetos é que constituem o correspondente às linhas das tabelas relacionais. Cada classe

8.4 Exemplo de GBDOO: O_2

determina, portanto, o correspondente a uma tabela do modelo relacional.

Um atributo composto é declarado com a cláusula **tuple**, como em Endereco de Pessoa. A cláusula **set** declara um elemento da classe (ou melhor, de um objeto com sua estrutura) como sendo um conjunto, e foi usada para declarar os atributos multivalorados. O relacionamento Empréstimos da fig. 2.11-3 foi implementado como o atributo Emprestimo de Livro: ele é composto de um elemento de Pessoa e do atributo do relacionamento, Data_ emprestimo. Como foi declarado, o sistema certamente coloca no atributo Emprestado_ a um identificador de um objeto da classe Pessoa. Portanto, as ligações que implementam os relacionamentos conceituais não são mais do tipo lógico no sentido do modelo relacional, isto é, implementadas por transposição de chaves. Um identificador de objeto funciona como um ponteiro virtual, com a característica especial de que, depois de ser associado a um objeto na criação deste, ele nunca muda. Dessa maneira, esse GBD não pode ser considerado como uma extensão do modelo relacional. No entanto, a implementação do relacionamento Empréstimos lembra bem a solução relacional, como vista na fig. 3.5-3. Ela poderia também ter sido feita com uma classe auxiliar (ver exercício 8.3-1).

Para ilustrar uma herança, suponhamos que se queira guardar no BD dados adicionais de amigos íntimos, além dos já existentes nos objetos da classe Pessoa. Nesse caso, poderíamos declarar:

```
class Amigo
    inherits Pessoa
    type tuple (Data_nascimento: data,
                Endereco_e_mail: string)
    method Idade: integer;
```

Há várias restrições para que uma herança seja válida, mas não as descreveremos aqui. O O_2 permite herança múltipla.

Aproveitamos esse exemplo para ilustrar a declaração do cabeçalho de um método Idade, um procedimento para calcular a idade a partir da data do nascimento e da data atual. Ele deve ser especificado posteriormente, podendo ser o seguinte na linguagem CO_2, uma extensão da linguagem C usada para se especificar o processamento de objetos do O_2. Note-se que é usada a notação -> para a projeção, em lugar de um ponto como em SQL; **self**, comum em linguagens OO, refere-se ao objeto sendo processado pelo método; || é o operador lógico **ou** e && o operador **e**; = (infeliz herança, na C, da velha FORTRAN) indica atribuição de valor a uma variável e == a igualdade lógica (infeliz conseqüência da infelicidade anterior); o alinhamento vertical dos comandos segue um método do primeiro autor, que usa uma única regra: dois comandos que devem ser processados em seqüência devem começar na mesma vertical.

```
method body Idade: integer in class Amigo is public
    {int id;       /* idade calculada */
    data dat_at; /* data atual */
    dat_at = today(); /* supõe-se a existência da função today
                          que retorna a data atual na estrutura
                          (ano, mês, dia) */
    /* número de anos */
    id = dat_at->ano - self->Data_nascimento->ano;
    /* verifica se deve ajustar o número de anos: se ainda não
       chegou o mês de aniversário, ou se está no mês de aniver-
       sário mas o dia é anterior, deve diminuir 1 na idade */
```

```
if ((dat_at->mes < self->Data_nascimento->mes) ||
   ((dat_at->mes == self->Data_nascimento->mes)
        && (dat_at->dia < self->Data_nascimento->dia))
   --id /* ajusta a idade diminuindo 1 */;
return (id);}
```

Nesse caso, o método Idade não recebe argumentos na sua ativação, pois na sua declaração não constam parâmetros. A cláusula **is public** especifica que esse método pode ser ativado fora da classe a que pertence, isto, é, fora de Amigo.

O encapsulamento impõe que os atributos dos objetos não são visíveis fora deles, a menos que sejam declarados como públicos. Por isso, para calcular a idade usa-se um método que pertence à classe (Amigo) do objeto. Para que algum atributo de um objeto possa ser usado fora dele, quebrando o encapsulamento, usa-se a cláusula **public**. Por exemplo, se queremos que apenas o número de cada pessoa e seu nome possam ser lidos por métodos de outras classes, adicionamos à declaração da classe Pessoa o seguinte:

public read Numero_da_pessoa, Nome

Nesse caso, esses dois atributos podem apenas ser lidos. A leitura dos valores dos outros atributos deve ser feita pela ativação de métodos dessa classe. Se quisermos outorgar a possibilidade de leitura e gravação, por exemplo da data de devolução de um livro, adicionamos à classe Livro o seguinte:

public write Data_devolucao

A questão de persistência dos dados foi resolvida no O_2 com uma declaração específica. Se quisermos tornar os dados de livros e pessoas persistentes, podemos declarar:

add name Livros: **set** (Livro);
add name Pessoas: **set** (Pessoa);

Note-se que não se está com isso criando classes e nem objetos, mas os conjuntos de dados Livros e Pessoas que conterão objetos das classes Livro e Pessoa, respectivamente. Do ponto de vista do modelo relacional, é como se se estivesse declarando as duas tabelas correspondentes. Os nomes assim declarados passam a ser globais e podem ser usados em quaisquer métodos. Para inserir um objeto em Livros pode-se dar os seguintes comandos (não colocamos todos os atributos, pois a intenção é só ilustrar a possibilidade):

```
run body
   {Livro novolivro; /* declara novo livro
                     como sendo da classe Livro */
   novolivro = new Livro; /* coloca em novo livro
                          um novo objeto da classe livro */
   /* atribui a novolivro os dados de um novo livro */
   novolivro = tuple (Numero_do_livro: 24,
                     Nomes_dos_autores:
                           set ( 'Pedro' ,
                                 'Sérgio' ),
                     Titulo:  'Manual de emissão de vistos' );
```

8.5 Exemplo de GBDOR: Oracle

```
Livros += novolivro /* inclui no conjunto
                     persistente Livros */ }
```

O_2 contém uma linguagem de consulta, que é uma extensão da SQL. Para saber o número e nome de quem o emprestou, bem como a data do empréstimo de um livro dado e seu título, pode-se dar o seguinte comando:

```
select tuple (num: li.Numero_do_livro,
       dados_do_empr: select tuple (nom: em.Emprestado__a.Nome,
                                     dat: em.Data_emprestimo)
                      from em in emp))
   from li in Livros, emp in li.Emprestimo
   where li.Titulo = 'Manual de emissão de vistos'
```

Note-se que para se obter um valor de um atributo de um objeto complexo, no caso uma n-pla (representando dados de empréstimo), que faz parte de um objeto (representando um livro), é necessário fazer um **select** encaixado. Infelizmente aparentemente há a necessidade de declarar uma porção de variáveis que assumem valores de conjuntos ou de seus elementos. Assim, emp assume valores de Emprestimo, e em esses mesmos valores.

Exercícios

E8.3-1 Em lugar dos dados do empréstimo de um livro a ser implementado em O_2 como acima, isto é, um objeto (da classe Pessoa) dentro de outro da classe Livro, mostre como seria a declaração como uma classe separada, contendo pares de objetos Pessoa e Livro.

E8.3-2 Como seria uma consulta na extensão da SQL do O_2 para obter os autores do livro de título 'Quem corre em Brasília?'?

8.5 *Exemplo de GBDOR: Oracle*

Como dissemos em 8.3, o Oracle, atualmente o GBD de grande porte com maior uso, é hoje em dia um sistema gerenciador de bancos de dados objeto-relacional que resultou de uma extensão do MRN para abranger as características da OO e para se poder implementar estruturas não-normalizadas. Portanto, um enfoque diferente do O_2, cujo projeto foi totalmente inspirado nos conceitos de OO.

Estruturas não-normalizadas e implementação de relacionamentos sem as ligações lógicas por transposição de chaves usuais do MR são obtidas no Oracle por meio da declaração dos chamados *tipos complexos*. A linguagem SQL, usada para declarar as tabelas, foi estendida para se poder declarar esses tipos, que são de duas categorias: tipos de objetos (*object types*), estruturas de dados estendendo os tipos básicos da SQL; e tipos de estruturas (*collection types*), que declaram tabelas encaixadas em outras (*nested tables*) ou matrizes (*arrays*) unidimensionais.

Vejamos em seguida como ficariam os exemplos da seção anterior. Note-se que a declaração **as object** é do primeiro tipo, e **as table of** é do segundo. A declaração **ref** introduz uma ligação **N:1** de uma tabela para outra, em lugar da tradicional trans-

286 Capítulo 8 — Bancos de Dados Orientados a Objetos

posição de chave do MR. Supomos que o leitor conheça os fundamentos da linguagem SQL, como expostos na seção 4.4. Daremos mais explicações depois do exemplo.

```
create type tipo_Local as object (Rua            varchar2(25),
                                   Numero         number(4),
                                   Complemento    char(4));

create type tipo_Endereco as object (Local tipo_Local,
                                     CEP      number(8),
                                     Cidade   varchar2(20));

create type tipo_Telefone as object (Codigo_area number(4),
                                     Numero        number(8));

create type tipo_tab_Telefones as table of tipo_Telefone;

create type tipo_Pessoa as object
                (Numero_da_pessoa number(5),
                 Nome                   varchar2(20),
                 Sexo                   char(1),
                 Endereco               tipo_Endereco,
                 Telefones              tipo_tab_Telefones)
        not final;

create table Pessoas of tipo_Pessoa
        nested table Telefones store as tab_Telefones;

create type tipo_Amigo under tipo_Pessoa
                (Data_nascimento         date,
                 Endereco_e_mail         varchar2(30),
                 member function Idade return number);

create table Amigos of tipo_Amigo
        nested table Telefones store as tab_Amigos_telefones;

create type tipo_tab_Nomes as varray(5) of varchar2(20);

create type tipo_tab_Assuntos as table of varchar2(10);

create type tipo_Emprestado_a as object
                (Pessoa_que_emprestou ref tipo_Pessoa,
                 Data_emprestimo date,
                 Data_devolucao  date);

create type tipo_Livro as object
                (Numero_do_livro  number(5),
                 Nomes_de_autores tipo_tab_Nomes,
                 Titulo                varchar2(20),
                 Editora               varchar2(15),
                 Cidade                varchar2(10),
                 Ano                   number(4),
                 Assuntos              tipo_tab_Assuntos,
                 Emprestimo            tipo_Emprestado_a);
```

8.5 Exemplo de GBDOR: Oracle

```
create table Livros of tipo_Livro
      nested table Assuntos store as tab_Assuntos;
```

Vejamos como poderia ser o método citado em Amigo. Usaremos a linguagem PL/SQL, uma linguagem de desenvolvimento do Oracle, que é derivada da Pascal (um ponto favorável a ela!):

```
create or replace type body tipo_Amigo as
   member function Idade return number is id integer;
      /* Ano, mês e dia atuais*/
      /* A função sysdate retorna a data atual e a to_char
         extrai ano, mês e dia usando as máscaras 'yyyy', 'mm',
         'dd'; as declarações já contêm o valor inicial */
      ano_at integer:= to_number(to_char(sysdate, 'yyyy'));
      mes_at integer:= to_number(to_char(sysdate, 'mm'));
      dia_at integer:= to_number(to_char(sysdate, 'dd'));
      /* ano, mês e dia do nascimento */
      ano_nasc integer:= to_number(to_char(self.Data_nascimento,
                                           'yyyy'));
      mes_nasc integer:= to_number(to_char(self.Data_nascimento,
                                           'mm'));
      dia_nasc integer:= to_number(to_char(self.Data_nascimento,
                                           'dd'));
   begin
         id := ano_at - ano_nasc;
         if mes_at < mes_nasc or (mes_at = mes_nasc
                                  and dia_at < dia_nasc)
            then id := id - 1; end if;
         return id;
      end;
end; /* encerra todas as declarações */
```

Uma declaração do tipo **create type** não cria nenhum objeto ou tabela; é como a declaração de um tipo em linguagens de programação que têm essa característica, como Pascal, C, Java, etc. e equivale à declaração de uma classe na OO. Por meio desse comando, pode-se declarar um tipo que será usado na declaração de um atributo composto (como no caso de tipo_ Local, tipo_ Endereco, tipo_ Telefone, tipo_ Pessoa, etc.).

A cláusula **as table of** permite que se declare uma classe à qual pertencerão tabelas relacionais, podendo ser usada como tipo de uma coluna de outra tabela, criando-se com isso tabelas encaixadas. Dessa maneira podem-se implementar atributos multi-valorados. Nesse caso, é necessário incluir nas tabelas que conterão a tabela encaixada a cláusula **nested table** como em Telefones e Assuntos, que são encaixados dentro de Pessoas e de Livros, respectivamente. Com isso, criam-se tabelas separadas, daí a necessidade de declarar seu nome, tab_ Telefones e tab_ Assuntos respectivamente, que podem ser consultadas como tabelas independentes, podendo-se usar nelas um número qualquer de elementos, e podendo declarar-se tudo o que vale para tabelas, como índices, restrições de integridade, etc.

A implementação de atributos multivalorados pode também ser feita de outra maneira, usando-se o tipo **varray** (abreviatura de *variable array*), que constrói uma estrutura de dados em forma de matriz de uma dimensão (isto é, um vetor), dando-se o número máximo de elementos. Esse foi o caso de Nomes_de_autores (em tipo_Livro), que é do tipo tipo_tab_Nomes, declarado como **varray**, com um máximo de 5 valores (o número máximo de elementos assim declarado pode ser aumentado posteriormente, durante o processamento, por meio de um comando em SQL). Contrariamente a uma **nested table**, os valores de um **varray** são armazenados dentro das linhas da tabela a que ele pertence (no caso, Livros), se o tamanho total do vetor não ultrapassar 4.000 *bytes*, aumentando assim a eficiência de processamento. No entanto, nesse caso a coluna tem que ser tratada como elementar, não se tendo acesso aos valores individuais como em uma **nested table**, não se podendo declarar um índice para essa coluna, etc. Para se alterar um valor de um **varray**, é necessário obter o atributo como um todo, com seus valores, alterar valor desejado (há uma função específica para isso na linguagem PL/SQL) e depois regravar todos os valores. Note-se que a implementação interna que sugerimos para atributos multivalorados em 6.6 tem os valores dentro das linhas que os contêm, não havia restrições significativas de número de elementos, uso como índices, etc., e o acesso era muito mais simples.

Exemplificamos a herança de um tipo que herda atributos (e métodos) de outro tipo, com o exemplo de tipo_Amigo, que é um subtipo de tipo_Pessoa. Para que se possa declarar o primeiro, é necessário especificar que tipo_Pessoa pode ter subtipos, o que é feito com a cláusula **not final** (a sua ausência implica no padrão contrário **final**). Observe-se que foi necessário declarar uma **nested table** especial para Amigos, tab_Amigos_telefones, já que a **nested table** Telefones tem a sua própria, tab_Telefones; de fato, a herança é de tipos, e não de tabelas.

Ilustramos a declaração de um método, Idade, dentro de tipo_Amigo; no Oracle ele é denominado de **member function** e o seu código (**body**) foi indicado mais adiante. A cláusula **create or replace** foi usada em lugar da **create**, pois assim durante os testes não foi necessário eliminar com o comando **drop** cada declaração para substituí-la pela seguinte modificada. Uma das razões para usarem-se métodos nos tipos, em lugar de rotinas independentes, é a de que eles ficam no servidor de dados do GBD, acelerando o uso do BD. Como em linguagens OO, a cláusula **self** indica o objeto sendo processado (ver o exemplo da função correspondente no O_2).

A ligação com **ref** sempre refere-se a um tipo, e não a uma linha de uma tabela. Esse é o caso de Emprestimo de tipo_Emprestado_a. Ela faz referência a um tipo, tipo_Pessoa. O que se passa é que o valor de Emprestimo é um identificador de objeto (é interessante notar que o manual da versão do Oracle 8*i* indica que ele é implementado com 16 *bytes*); poderia ter sido implementado como a chave transposta. O identificador de objeto acaba apontando para um objeto do tipo tipo_Pessoa, que poderia estar em qualquer tabela. No caso, esse objeto estará na tabela Pessoas, implementando a associação de um livro com os dados de quem o emprestou. Assim, cada linha de uma tabela de um tipo objeto comporta-se no Oracle como um objeto da OO.

No nosso exemplo, Assuntos e Nomes_de_autores têm uma só coluna, de tipo **varchar2** (tipo caractere com tamanho variável até o máximo especificado), mas em lugar desse tipo poder-se-ia ter colocado um tipo de objeto estruturado, criando-se assim uma tabela encaixada com várias colunas, do mesmo modo que Telefones de

8.5 Exemplo de GBDOR: Oracle

`tipo_Telefone` em `tab_Telefones`. Nesse último caso, isso corresponde a um atributo composto multivalorado.

O próprio nome de um tipo pode ser usado como se fosse a função de construtor de objetos, o que é denominado nas linguagens de programação de *casting* (como se se forçasse um tipo). Por exemplo, para inserir uma pessoa com seus dados, inclusive vários telefones, pode-se usar:

```
insert into Pessoas values(
  tipo_Pessoa (24, 'Johnnie Walker', 'M',
               tipo_Endereco (tipo_Local
                              ('Rua Palacete',155, 'AP47'),
                               70100000, 'Brasília'),
               tipo_tab_Telefones (tipo_Telefone (61,12345678),
                                   tipo_Telefone (61,23456789))));
```

Se uma pessoa não tem telefones, usa-se `Telefone()`.

Para se especificar acessos usando as tabelas encaixadas, podem-se dar comandos como no exemplo abaixo, onde inserimos 2 telefones na linha de uma certa pessoa (note-se que aparentemente não é necessário fazer um *casting* quando o tipo pode ser deduzido da coluna, no caso `Telefones`):

```
insert into table (select p.Telefones from Pessoas p
               where p.Nome = 'Johnnie Walker')
         values (62, 23456999);
```

Para mudar um dado de uma tabela encaixada, como por exemplo mudar um código de área errado de um número de telefone, podemos fazer:

```
update table (select p.telefones from pessoas p
               where p.nome = 'Johnnie Walker') e
         set e.codigo_area = 61
         where e.codigo_area = 62 and e.numero = 23456999;
```

Para eliminar todos os telefones de uma certa pessoa com DDD 61:

```
delete from table (select p.Telefones from Pessoas p
               where p.Nome = 'Johnnie Walker') t
       where t.Codigo _ area = 61;
```

Para compor uma linha com as linhas de uma tabela encaixada:

```
select p.Numero _ da _ pessoa, p.Nome, t.*
       from Pessoas p, table (p.Telefones) t
       where p.Nome = 'Johnnie Walker';
```

Para inserir um amigo na tabela amigos:

```
insert into Amigos values(
  tipo_Amigo (24, 'Johnnie Walker', 'M',
              tipo_Endereco (tipo_Local ('Rua Abc ',
                                         ","),
                             70100000, 'Brasília'),
```

290 CAPÍTULO 8 — BANCOS DE DADOS ORIENTADOS A OBJETOS

```
tipo_tab_Telefones (tipo_Telefone (61,55545678),
                    tipo_Telefone (61,44456789)),
        '11-JUN-74', 'Pedro@bebidas.com .br'));
```

Para utilizar o método que fornece a idade:

select a.nome, a.endereco.cidade, a.idade() **from** Amigos a;

Não encontramos referência ao problema de persistência nos manuais usados do Oracle. Talvez isso se deva ao fato de objetos só existirem como linhas de tabelas relacionais, que no caso são sempre persistentes.

Agradecemos imensamente a Adriano Marcandali (amarcand@terra.com.br), que tem um grande interesse na orientação a objetos do Oracle, pela verificação dos exemplos desta seção, bem como por valiosas sugestões. Ele testou e corrigiu todas as declarações e comandos usando a versão 9*i* do Oracle. Esperamos que a edição final (alinhamentos, mudanças de linha, etc.) não tenha introduzido erros espúrios.

Exercícios

E8.5-1 Como seria a declaração em Oracle usando objetos, do trecho do diagrama da fig. 3.12-1 envolvendo a representação de músicas, filmes, trilhas sonoras e compositores? Use uma tabela auxiliar para as trilhas sonoras, como na fig. 3.12-1.

E8.5-2 Modifique o exercício anterior implementando as trilhas sonoras dentro da tabela de filmes.

E8.5-3 Formule em SQL do Oracle, usando os modelos dos dois exercícios anteriores, as consultas "Quais são os compositores da música 'A *marvada* da pinga'?", "Quais são os filmes com trilhas sonoras compostas por Johnnie Walker?"

8.6. Considerações sobre os BDOO

Como dissemos em 8.2, a grande motivação para a introdução da OO nos BD foi levantar a restrição do MRN de que cada coluna deve ser elementar. No entanto, o MRNN já faz isso, sem a introdução da complexidade da OO. Assim, o natural seria simplesmente estender o MRNN para tratar dos conceitos da OO. Uma extensão da linguagem SQL deveria ter sido feita para o modelo não-normalizado e depois para a OO.

Nas seções anteriores, vimos alguns exemplos de GBDs implementando BDOOs. Como se pode ver, a linguagem de acesso é razoavelmente complexa; no caso do Oracle, essa complexidade é claramente derivada do fato de se ter simplesmente estendido a linguagem SQL, que foi projetada para o MRN, para poder declarar e manipular estruturas complexas. Talvez as complexidades conceitual, de declaração e lingüística sejam um dos motivos principais do raro uso que o mercado tem feito da orientação a objetos do Oracle. Isso é uma pena, pois deixa-se de usar as possibilidades de encapsulamento da OO, de modularização, de herança (especialização/generalização) e de atributos compostos e multivalorados.

Se a OO tivesse sido implementada não tendo em mente um MRN, mas sim um MRNN, certamente o resultado teria sido muito mais simples, tanto do ponto de vista de declaração do BD, como da linguagem de acesso, como mostramos no cap. 6. Assim, comparem-se as declarações nos casos do O_2 e do Oracle com a sugestão de declaração

8.6 Considerações Sobre os BDOO

vista em 6.6, e com a extensão da SQL que propusemos em 6.5. Verifica-se que uma boa parte da complexidade das declarações e das consultas vistas para esses dois gerenciadores teria uma enorme simplificação, se o ponto de partida fosse o MRNN. Sobre este, dever-se-ia então implementar a noção de classe, a fim de obter a flexibilidade, modularização e encapsulamento da OO.

É curioso que não foi somente a OO que não seguiu o que se poderia esperar na evolução dos GBDs relacionais. Isso também aconteceu com as denominadas "linguagens de 4ª geração" (L4G), mencionadas brevemente em 4.4.17. Essas linguagens são voltadas para BDs, com todos os comandos de acesso a eles, e ainda comandos para geração de relatórios e integração com sistemas de desenho de telas. Um GBD que tinha uma linguagem com todas essas características foi o ZIM (ver 2.26) que, infelizmente, não vingou no mercado (o qual, em geral, prima pela ignorância conceitual). Em nossa opinião, as linguagens de programação OO (LOO) praticamente eliminaram a evolução e o uso das L4G. Isso representou um enorme regresso na facilidade de programação para BDs. Além da modularização e a conseqüente maior facilidade de reutilização de rotinas já programadas, as LOO continuaram o mesmo caminho das linguagens de programação algorítmicas, que não são voltadas para os problemas, e sim para o computador. Cada módulo programado em uma LOO continua tendo que ser programado em uma linguagem algorítmica de nível muito baixo (apesar de ser erroneamente chamada de "linguagem de alto nível", como já chamamos a atenção em 8.1). Daremos dois exemplos desse baixo nível. Um é a inexistência do tipo "moeda" (tipo decimal com duas casas depois da vírgula ou ponto, e máscaras de exibição ou impressão apropriadas, isto é, com um símbolo como R$, etc.), que não faz parte dos tipos básicos desde FORTRAN até Java, passando por COBOL, ALGOL, Pascal, C, etc. Afinal, quase todos os programas do mundo lidam em alguma parte com valores em moeda. Não é à toa que tanto as planilhas eletrônicas como o MS Excel ou GBDs realmente voltados para o usuário final, como o Access (ver 5.7), contêm esse tipo. O outro exemplo do baixo nível das linguagens de programação algorítmicas é a necessidade de se usarem malhas de repetição (*loops*). Ora, o ser humano não emprega usualmente um enfoque de repetição, e sim de visão de conjuntos de coisas e entes do mundo real ou de dados. Por exemplo, em uma empresa pode-se chegar a um funcionário e pedir-lhe o favor de mover todas as cadeiras de uma sala para outra. Se esse funcionário fosse um computador, seria necessário numerar todas as cadeiras, escrever em um papel o número 1, chamar o funcionário e dizer-lhe: "Zé, pegue este papel, vá até a outra sala e procure a cadeira com o número escrito nele. Se não achar, venha avisar que já terminou. Se achar, traga a cadeira para esta sala, some 1 no número do papel, e vá até a outra sala repetindo o processo" (aparentemente, esse exemplo é devido a E. Marussi).

A linguagem SQL lida com conjuntos de dados (ver a propriedade P_2 de 4.4.17). Na verdade, qualquer comando **select** dessa linguagem pode ser encarado como uma definição de um conjunto. No entanto, isso só vale quando os seus comandos são dados interativamente. Se forem imersos em uma linguagem algorítmica, como visto em 4.4.16, a visão passa a ser da obtenção e processamento de uma linha ou concatenação de linhas (por meio de junções) de cada vez, por meio do dispositivo do cursor.

A possibilidade de elevação de nível das linguagens de programação, independentemente da OO, foi demonstrada com alguns sistemas denominados de "geradores de aplicações". Dada uma especificação de realmente alto nível de um problema, eles geram um programa em alguma linguagem de programação. Talvez o mais geral deles tenha sido o antigo sistema nacional LDT, posteriormente denominado de Versatile, desenvolvido por E. Marussi; S.Nagayama, orientado pelo primeiro autor, implementou o I-M-E, um sistema inspirado no LDT, e que está bem documentado em sua dissertação de mestrado. Novamente, o correto teria sido incluir nos geradores de aplicações os conceitos da OO, e não voltar atrás estendendo as linguagens algorítmicas, resultando C++, Object Pascal (pelo menos esta tem uma sintaxe mais "decente") e Java.

8.7 Projeto OO vs. análise de dados

Se for examinado qualquer texto que cubra o que é denominado de *projeto orientado a objetos*, verificar-se-á que um dos resultados fundamentais é o *diagrama de classes*. No entanto, pode-se observar que um diagrama de classes nada mais é do que um diagrama de dados. Neste livro, apresentamos um diagrama de dados para o modelo relacional (ver cap. 3). Na fig. 3.5-5 temos o diagrama relacional para os dados de pessoas, livros e a implementação do relacionamento de empréstimos. Vejamos como isso é representado em um diagrama de classes. Usando o grafismo empregado em [Bertino 1993], o diagrama seria o da fig. 8.7.

No diagrama da fig. 8.7, cada retângulo representa uma classe, e é dividido em três partes contendo, de cima para baixo, o nome da classe, os seus atributos e os seus métodos, respectivamente. A rigor, o nome de uma classe, como vimos nas duas seções anteriores, deveria estar no singular, mas como faz o papel de uma tabela do modelo relacional, colocamo-lo no plural. Abreviamos os nomes dos atributos exemplificados nas duas seções anteriores para caber nos retângulos. Exemplificamos apenas um método, em Amigos – o mesmo que usamos como exemplo nas duas seções anteriores. As setas finas indicam uma ligação **1:N**, com o lado **1** na cabeça da seta, o que é o contrário de nossa notação para o diagrama relacional, onde indicava o sentido da transposição de uma chave (ver, p. ex., a fig. 3.8). No modelo OO, essa ligação não é mais lógica no sentido do MR, cf. 3.5, isto é, feita com transposição de valores de chaves, mas por meio de identificadores de objetos, que funcionam praticamente como ponteiros virtuais, o que combina com a notação das setas. Note-se que os atributos que correspondem a ligações não têm tipo. A seta grossa indica uma subclasse. No caso, Amigos é uma subclasse de Pessoas, funcionando como uma especialização dessa última (compare-se com 2.17 e 3.11.12). É interessante observar como foi usada a mesma notação de atributos multivalorados deste livro, um asterisco ao lado de um atributo, introduzido pelo primeiro autor em 1985 em seu antigo livro de BD. Observe-se que cada valor de um atributo multivalorado aponta para um só elemento da classe a que ele se liga. Daí a seta apontar para essa última.

Examinando-se o tipo de diagrama da fig. 8.7, vê-se que ele foi desenvolvido tendo em mente um MRN. Assim, ele presta-se bastante bem para uma modelagem de atributos multivalorados no Oracle com declarações do tipo **nested table** como visto na seção anterior. Já no caso de implementação desse tipo de atributo com **varray**, a sua classe não corresponde a uma tabela independente, quebrando-se a visão de que cada classe corresponde a uma tabela. Já no caso do O_2, os atributos multivalorados podem ser declarados como conjuntos (**set**) de tipos elementares ou complexos (tipo **tuple**), como vimos em 8.3, não correspondendo a classes independentes. Estas são usadas na implementação de ligações.

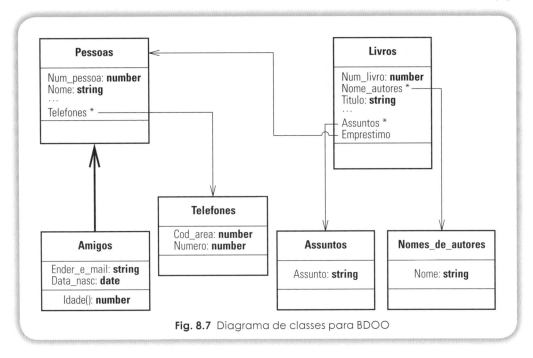

Fig. 8.7 Diagrama de classes para BDOO

O diagrama mais usado na modelagem OO emprega a UML, *Unified Modelling Language*. Essa linguagem gráfica contém muitos elementos, que ficam claros quando se conhecem os conceitos do modelo relacional como apresentados no cap. 3. É interessante notar que, mesmo não se tratando de um projeto de BD, a estrutura básica de um diagrama em UML são as classes, que correspondem às estruturas de dados de um BD. A elas são agregados os métodos, mas estes são colocados nas classes já existentes. Assim, uma modelagem OO tem como objetivo central uma modelagem de dados. Infelizmente, ela não é conceitual, pois é simplesmente uma etapa intermediária para a programação das classes em uma linguagem OO. Em nossa opinião, isso foi um retrocesso. Abandonou-se a modelagem conceitual, pulando-se uma etapa como a ilustrada neste livro pelo MER. Parece-nos que isso foi devido ao fato de se ter assumido que a modelagem por classes estava em um nível conceitual, mas esse não é o caso, como fica claro na fig. 8.7. Assim, houve um retrocesso duplo devido à adoção da OO: eliminaram-se as linguagens de 4ª geração, voltando-se às linguagens algorítmicas acrescidas de classes, e eliminou-se a modelagem conceitual. É possível fazer uma análise conceitual de dados, tendo como objetivo chegar-se a um modelo OO; um exemplo disso encontra-se em (Nassu 1999).

8.8 Referências bibliográficas e histórico

Para um histórico da vida e das conquistas teóricas e técnicas de Alan Turing, incluindo sua participação na decifração de códigos da máquina criptográfica nazista Enigma, o que foi decisivo para a vitória aliada da 2ª Guerra Mundial, e os inícios da construção dos computadores modernos, veja-se o excelente e fascinante livro de Alan Hodges [2000].

Para uma história das linguagens de programação, veja-se [Bergin 1996].

294   Capítulo 8 — Bancos de Dados Orientados a Objetos

A linguagem SIMULA, precursora da OO quanto ao conceito de classe, foi desenvolvida por O.J. Dahl e K. Nygaard [Dahl 1966]. A primeira linguagem orientada a objetos, Smalltalk, foi desenvolvida por A. Goldberg [1983]. O livro de G. Booch [1991] tem uma introdução à orientação a objetos, ao projeto orientado a objetos e introduções a Smalltalk, ObjectPascal e C++ com aplicações. Um bom livro sobre C++, com aplicações, é o de V. Votre e L.E.P. Fernandes [1997]. O livro de A.I. Granero e J.O. Siqueira [1995] apresenta C++ e como usá-lo no sistema operacional Windows.

Um texto básico sobre UML é o de G. Booch *et al.* [1999] que a popularizou. Para UML específica para BD, com uma aplicação hospitalar desenvolvida em detalhe, veja-se (Naiburg 2001).

Sobre BDOO veja-se [Nassu 1999] e [Bertino 1993]. Um livro que tem um capítulo sobre esse assunto é o de Elmasri e Navathe [2002]. Todos esses descrevem o O_2. Sobre o modelo objeto-relacional, veja-se por exemplo [Ramakrishnan 2002].

O O_2 foi um projeto francês que foi iniciado em 1988 [Deux 1990, Lécluse 1990] e que se tornou comercial em 1991.

A OO foi incorporada no Oracle a partir da versão 8.1; em versões anteriores ela era opcional. Para a confecção da seção 8.5, empregamos os manuais Oracle [1999] impresso e Oracle [2004] na Internet. [Ramalho 2005] dá uma introdução detalhada à versão 10g do Oracle. Infelizmente ele não traz a declaração e códigos OO. É interessante notar que nele não há a conceituação que permeia todo nosso livro.

Sobre o gerador de aplicações LDT desenvolvido por E. Marussi, veja-se [Setzer 1988]; sobre o gerador I-M-E, que estende vários conceitos do LDT, desenvolvido pelo primeiro autor deste livro e por S. Nagayama, e sua implementação, veja-se a dissertação deste [Nagayama 1991].

A proposta de análise conceitual de dados voltada para OO, que está em [Nassu 1999], encontra-se em detalhe na dissertação de mestrado [Duro 1998], orientada pelo primeiro autor.

Capítulo 9

Projeto Ascendente de Tabelas Relacionais e as Formas Normais

9.1 Introdução

O projeto de bancos de dados partindo de um modelo conceitual, como mostrado nos capítulos 1 a 3 e 6 deste livro, é um projeto *descendente*: parte-se de exame do mundo real, e constroem-se modelos de nível de abstração cada vez mais baixo, passando-se pelo modelo conceitual (MER) até chegar-se ao modelo computacional, como mostrado na fig. 1.3, entrando-se eventualmente até em níveis internos, como no caso de considerações sobre o tipo de índice a ser escolhido (como veremos no cap. 10). Neste capítulo, introduzimos duas técnicas de projeto *ascendente*. Na primeira, exposta em detalhe, parte-se de arquivos ou de formas já existentes de armazenamento ou de representação dos dados, como dados manuais e relatórios desejados, para se chegar a um modelo computacional relacional satisfatório. Na segunda, faz-se uma síntese de tabelas a partir de um formalismo matemático que expressa a dependência de um dado em relação a outro. Em ambos os casos, a partir do modelo computacional poder-se-ia obter o modelo conceitual de dados, completando-se o processo ascendente. Essa técnica é também conhecida pelo nome de "Engenharia Reversa". Deve ser ressaltado que o "eixo de subida" dessa estratégia ascendente (dos relatórios e dados armazenados para o modelo relacional) é diferente do "eixo de descida" da estratégia descendente apresentada anteriormente (do "mundo real" para o modelo relacional). Assim, diferentemente do que os nomes poderiam erroneamente sugerir, uma estratégia não é o inverso da outra, em nenhum sentido. Como veremos, um bom projeto descendente deve levar aos mesmos ou melhores resultados do que um projeto ascendente, e deve ser preferido pela sua maior simplicidade e pela característica de, partindo do geral para o particular, não perder o ponto de vista global do problema, que o banco de dados procura resolver. Veremos que, por outro lado, os conceitos envolvidos no projeto ascendente podem ser usados para validar um modelo conceitual desenvolvido em um projeto descendente. Nesse caso, o conteúdo deste capítulo poderia deixar de ser considerado como simples curiosidade, passando a ter aplicação prática.

A primeira técnica consiste em ajuntar em uma só tabela todos os dados utilizados, formando o que se denomina de *tabela universal* (relação universal). Em seguida, aplica-se uma técnica para decompor essa e as tabelas derivadas, em um processo de *normalização*. O conceito de normalização no modelo relacional foi proposto originalmente por E. F. Codd em 1970, no artigo em que ele apresentou o modelo relacional. Nesse artigo, ele afirmou que as tabelas deveriam ser *normalizadas*, como vimos na seção 3.2, levando ao MRN. Isso implica em que os valores representados em cada coluna devem ser elementares, isto é, não podem ser nem compostos e nem multivalorados (conjuntos de valores), conforme a propriedade P10 da seção 3.2. Em um artigo de 1972, Codd redefiniu essa noção de tabela normalizada, chamando-a de tabela em "primeira forma normal", e apresentou duas outras formas normais, que implicavam em um projeto melhor do banco de dados. A área teve desenvolvimentos, com a introdução posterior de mais três formas normais principais, sempre no sentido de melhorar o projeto de um MRN. Veja-se essa evolução e suas referências bibliográficas no histórico do fim do capítulo.

Infelizmente, as formas normais são baseadas em conceitos matemáticos. No entanto, deixaremos apenas os mais fundamentais no texto, separando os mais elaborados na seção de formalismos matemáticos. Para diminuir o impacto dos conceitos matemáticos, faremos uma apresentação didática das formas normais usando um problema prático de projeto de tabelas a partir de dados conhecidos em forma de uma tabela universal, no caso, um relatório. São apresentados os conceitos estritamente necessários para resolver esse problema prático, à medida que esses conceitos mostram-se relevantes.

9.2 Um problema prático

O problema prático considerado trata de construir um BD para uma empresa, a partir dos dados de suas notas fiscais. Esse problema permite a ilustração da decomposição da tabela universal gerando tabelas até a terceira forma normal.

Na fig. 9.2, está representada uma nota fiscal, como emitida por uma loja de materiais de construção que existia na época (1985). Uma cópia autêntica era o caso apresentado no capítulo correspondente do antigo livro de bancos de dados do primeiro autor. As colunas e campos são exatamente os da nota fiscal emitida naquela época, apenas com alguns eliminados e alguns títulos expandidos para evitarem-se abreviaturas, e com a abreviatura CPF mudada para a atual CNPJ. Para os saudosistas, conservamos os valores originais, em moeda da época. Os dados do cliente foram mudados para os de um dos personagens, cujos dados já apareceram em capítulos anteriores deste livro.

9.3 Primeira Forma Normal

Romano S.A. Materiais para Construções						
Código	Quantidade	Unidade	Descrição	Cód	Preço Unitário	Preço Total
20.0333	10,0	PC	Joelho soldável 3/4x90	2	346	3.460
20.0308	5,0	PC	Tê soldável 3/4	2	244	2.210
20.0338	1,0	PC	Luva soldável 3/4x1/2	2	1948	1.948

					Total da Nota	7.618

Vendedor	Pedido	Condição de Pagamento		Peso Líquido	
0110	344686	Cheque a ser compensado		0,54	

Destinatário	Endereço		CEP	Município
Pedro	Rua Azul, 50		01234-567	São Paulo (SP)

Data de emissão	CNPJ/CPF destinatário	Número da NF	ICMS	Data da retirada
08/08/85	123.456.789-00	657626	1.295	08/08/85

Fig. 9.2 Exemplo de nota fiscal

O significado dos campos da nota fiscal da fig. 9.2 são claros, a partir de seu nome, a menos de Cód, que deve ser o código do tipo do material. Note-se que os dados de "destinatário" referem-se aos do cliente, pessoa física ou jurídica, que efetuou a compra constante da nota.

O objetivo é representar os dados contidos nessa nota fiscal em um banco de dados relacional normalizado, de uma forma que maximize a independência de dados e elimine redundâncias indesejáveis, permitindo não só a emissão dessas notas, mas passando a ser uma fonte de consultas a todos os dados nelas constantes. Por exemplo, deseja-se completar nas notas fiscais futuras todos os dados do cliente a partir de seu CPF ou CNPJ, os dados próprios dos materiais a partir de seu código, etc. A representação do esquema de uma tabela contendo essas notas pode ser a seguinte:

NF_1 ((Código, Quantidade, Unidade, Descrição, Cód, Preço-unitário, Preço-total)*, Total-da-nota, Vendedor, Pedido, Condição-de-pagamento, Peso-líquido, Destinatário, Endereço, CEP, Município, Data-de-emissão, CNPJ-CPF-destinatário, Número-da-NF, ICMS, Data-de-entrega)

Nesse esquema, empregamos para as 7 primeiras colunas a representação de um atributo composto multivalorado (cf. 2.5), que representa dados dos itens (materiais) comprados.

9.3 *Primeira forma normal*

Segundo a nomenclatura introduzida por Codd em 1970, uma tabela como a da fig. 9.2, contendo uma ou mais colunas compostas ou multivaloradas, é denominada de *não-normalizada* — daí termos usado a nomenclatura de Modelo Relacional Não-normalizado (MRNN) para esse tipo de tabelas (ver o cap. 6). No Modelo Relacional Normalizado

298 Capítulo 9 — Projeto Ascendente de Tabelas Relacionais e as Formas Normais

(MRN), as tabelas são todas normalizadas, isto é, cada coluna de cada tabela é elementar, composta de um único valor em cada linha. Como vimos em 9.1, elas foram posteriormente denominadas por ele de tabelas em *Primeira Forma Normal*, abreviada por 1FN. Portanto, dizer que uma tabela está normalizada, segue o MRN ou está em 1FN é a mesma coisa. A tabela da fig. 9.2, por ter um atributo composto e ainda multivalorado, não está em 1FN.

Segundo Codd, as vantagens das tabelas em 1FN são as seguintes (depois da primeira frase colocamos nossas objeções às mesmas):

1. As estruturas internas de representação são mais simples. No entanto, serão menos eficientes quanto ao espaço ocupado e quanto ao tempo de acesso.

2. A estrutura de representação resultante tem a forma de uma matriz bidimensional, o que traz vantagens para o seu armazenamento. Supomos que isso seja conseqüência de o endereço de um elemento de uma matriz poder ser calculado por meio dos índices (não confundir com os índices do modelo relacional) que caracterizam a sua posição na matriz – isso pressupõe uma representação de tamanho fixo para cada valor de cada coluna e para cada linha. O que hoje em dia não é o caso em praticamente nenhum GBD relacional, devido à ineficiência no espaço ocupado.

3. A comunicação de dados entre sistemas que utilizem representações internas distintas é facilitada, pelos seguintes motivos:

   3.1 Não há a necessidade de uso de apontadores. Codd deve ter imaginado que as colunas não elementares deveriam ser representadas como tabelas à parte. Em 6.6 mostramos que isso não é verdade. Além disso, a compressão de dados feita hoje em todos os GBDs em geral usa apontadores dentro de cada linha, apontadores para continuações de uma linha em blocos do disco magnético, etc.

   3.2 Não há a necessidade de localizar linhas utilizando métodos de espalhamento (*hashing*). Essas vantagens foram apresentadas por Codd em 1970. Naquela época não eram conhecidas as árvores-B, nem os métodos de espalhamento extensíveis, como estudaremos no cap. 10.

   3.3 Não há a necessidade de manutenção de listas invertidas. Todos os GBDs atuais mantêm listas invertidas para os índices, como veremos no cap. 10. Em 10.6 veremos que elas aplicam-se perfeitamente às relações não normalizadas.

   3.4 Os nomes das colunas podem ser simplificados, pois não há a necessidade de construir "nomes compostos". Desde a linguagem COBOL, cujo primeiro compilador apareceu em 1960, mais tarde com linguagens de programação com estruturas de dados compostas, como Pascal e C, o uso de GBDs relacionais em que o nome de uma coluna pode ser precedido pelo nome de sua tabela – por exemplo, Livros.Titulo –, e a disseminação de linguagens orientadas a objetos, popularizou-se o uso de nomes compostos, tornando essa vantagem irrelevante.

   D. Maier justificou em seu livro o uso da primeira forma normal com dois casos:

1. O primeiro caso diz respeito a colunas compostas; por exemplo, a coluna Endereço poderia ser composta por Local e Cidade; a adição de CEP poderia induzir à impressão de que CEP depende de Local e Cidade, quando na realidade depende exclusivamente de Local. Ou seja, a colocação de Local e Cidade em uma coluna composta

9.3 Primeira Forma Normal

tornaria esses dois itens de certa maneira indissociáveis. Esse caso é simples de resolver: se a dependência de CEP em relação apenas a Local precisa ser evidenciada, pode-se agrupar Local e CEP em mais uma composição, formando um encaixamento de colunas compostas que pode ser caracterizado graficamente conforme a fig. 9.3-1.

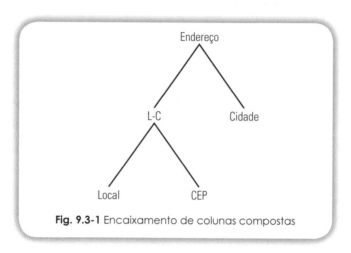

Fig. 9.3-1 Encaixamento de colunas compostas

2. O segundo caso considerado por Maier é a ambigüidade que pode ocorrer na referência a um valor de uma coluna multivalorada conjuntamente com um valor de uma coluna monovalorada. Por exemplo, considerando a nota fiscal da fig. 9.2 e o comando abaixo (usamos a sintaxe da SQL, cf. 4.4.12),

```
update NF₁
   set Numero-da-NF = 657627
      where Numero-da-NF = 657626 and Codigo = '20.0333'
```

não fica claro se o que se deseja é alterar o valor de Número-da-NF, influenciando todas os outros dados daquela nota fiscal, ou retirar os dados referentes ao item correspondente ao Código (de material) de valor 20.0333 da nota fiscal e colocá-lo em uma outra nota fiscal. Nesse caso, a falha está em não se ter enriquecido a linguagem de manipulação de dados, de forma a eliminar esse tipo de ambigüidade pela definição do significado de cada operação.

A 1FN é aceita como vantajosa e como passo preliminar no processo de normalização das relações, que necessariamente antecede as outras formas normais, na maioria dos textos sobre BDs relacionais. Curiosamente, essa posição é muito pouco discutida nos textos analisados. Na seção 9.10, veremos como a primeira forma normal pode ser *desvantajosa*, e como a segunda e a terceira formas normais não dependem dela. Entretanto, como muitos GBDs relacionais só trabalham com relações em primeira forma normal, é apresentado a seguir o processo de normalização que leva o esquema relacional NF_1 à primeira forma normal.

A maneira mais simples e imediata de passar uma tabela não normalizada para a 1FN é repetir os dados das colunas elementares diante dos valores das colunas não elementares. O resultado dessa transformação sobre o esquema relacional NF_1 é o NF_2 seguinte:

300 Capítulo 9 — Projeto Ascendente de Tabelas Relacionais e as Formas Normais

NF_2 (Código, Quantidade, Unidade, Descrição, Cód, Preço-unitário, Preço-total, Total-da-nota, Vendedor, Pedido, Condição-de-pagamento, Peso-líquido, Destinatário, Endereço, CEP, Município, Data-de-emissão, CNPJ-CPF-destinatário, Número-da-NF, ICMS, Data-de-entrega)

Na fig. 9.2-2, apresentamos uma parte dessa tabela, pois ela toda não cabe horizontalmente na página.

NF_2											
Código	Quantidade	Unidade	Descrição	Cód.	Preço Unitário	Preço Total	Total da Nota	...	Número da NF	ICMS	Data da retirada
20.0333	10,0	PC	Joelho soldável 3/4x90	2	346	3.460	7.618	...	657626	1.295	08/08/85
20.0308	5,0	PC	Tê soldável 3/4	2	244	2.210	7.618	...	657626	1.295	08/08/85
20.0338	1,0	PC	Luva soldável 3/4x1/2	2	1948	1.948	7.618	...	657626	1.295	08/08/85

Fig. 9.3-2 Tabela normalizada para as notas fiscais

Formalmente, o que ocorre na notação do esquema é a simples eliminação das multivalorações e dos parênteses internos, como se pode ver pela comparação com o esquema de NF_1 de 9.2. Na prática, a não-normalização é substituída pela redundância dos dados das colunas elementares, no caso, os dados das notas fiscais fora dos itens de compra (materiais) de cada uma, que são repetidos para cada conjunto de valores da coluna multivalorada (isto é, para todos os materiais de uma nota fiscal).

Codd propôs em seu artigo de 1970, introduzindo o modelo relacional, um procedimento diferente para converter uma tabela não-normalizada para a primeira forma normal, que é a decomposição da tabela não-normalizada em:

1. Uma tabela para as colunas elementares;

2. Uma tabela para cada coluna composta ou multivalorada, contendo a chave da tabela original e os dados da coluna composta ou multivalorada.

Esse procedimento é mais complexo que o primeiro, pois exige o conhecimento da chave da tabela original e muito cuidado na decomposição. Adicionalmente, ele produz tabelas pouco naturais, que resultam do método de decomposição a ser visto em 9.5, mas não refletem a natureza do ente do mundo real representado pela tabela sendo decomposta. No caso da fig. 9.3-2, temos apenas uma nota fiscal por inteiro, e não uma picada em duas partes, como seria o caso extraindo-se o atributo composto multivalorado (7 primeiras colunas) e construindo-se com ele uma tabela à parte. Como veremos, a técnica apresentada a seguir, levando a tabelas com formas normais cada vez mais restritivas, conduz às mesmas tabelas que o método proposto por Codd para passar uma tabela para a 1FN.

9.4 Dependências Funcionais

Uma desvantagem de nosso procedimento de passagem para a 1FN é que, se houver duas colunas multivaloradas, o que não foi o caso da NF_1, onde havia uma única, se bem que composta, é necessário fazer o produto cartesiano dos valores das duas, isto é, produzir todas as combinações de seus valores. Caso contrário poder-se-ia perder alguma associação entre os dados. Na prática, trabalha-se apenas com os esquemas das tabelas, sem representar os dados destas, de modo que essa desvantagem desaparece.

O nosso procedimento gera uma tabela com o que ficou conhecido como "anomalias de Codd": dificuldades operacionais para inserir, atualizar e eliminar dados, surgidas devido às redundâncias e dependências entre as colunas da tabela. Assim, para atualizar-se o endereço de um cliente na tabela NF_2, seria necessário mudar todas as linhas em que esse cliente ocorre, isto é, uma única mudança de um dado implica em mudança de várias linhas de uma ou mais tabelas. As Formas Normais de Codd dão um processo de se detectar matematicamente algumas dessas redundâncias existentes em uma tabela. Usando-se certas propriedades dos dados pode-se estabelecer um processo de decomposição de tabelas para obterem-se sistematicamente, a partir de uma tabela com redundâncias, tabelas onde estas não ocorrem.

9.4 Dependências funcionais

As formas normais subseqüentes requerem o conceito matemático de *dependência funcional* (DF), introduzido também por Codd.

Def. 9.4 Dada uma tabela T, um conjunto de colunas B de T é *dependente funcional* (que também abreviaremos por DF; o contexto indica qual das duas expressões deve ser usada no lugar da sigla) de um conjunto de colunas A de R, *sse* para cada valor v_A de A, em todas as linhas de T em que ocorrer v_A, ocorrer sempre um mesmo valor v_B de B. Ver F9.4-1 para uma formalização dessa definição.

Note-se que essa definição vale também para um conjunto unitário, isto é, A e/ou B podem reduzir-se a apenas uma coluna. Por exemplo, nas tabelas NF_1 e NF_2 (figs. 9.2 e 9.3-2) Unidade (de medida de um material, como m, kg, peça, etc.) é DF de Código (do material), isto é, dado um certo código de material, a unidade desse material é sempre a mesma em todas as linhas onde aparece aquele código. No outro sentido, dizemos que na tabela NF_1 a coluna Código *determina* a coluna Unidade.

Quando uma coluna ou conjunto de colunas B é DF de uma coluna ou conjunto de colunas A, escrevemos $A \rightarrow B$. Portanto, no exemplo acima, Código $\rightarrow$ Unidade.

A denominação "dependente funcional" é sugestiva em termos matemáticos: tudo se passa como se houvesse uma função que leva valores da coluna A à coluna B. Uma DF é no fundo uma restrição de integridade que se aplica a colunas de uma tabela relacional: especifica-se que essas colunas devem satisfazer as condições de constituírem uma função matemática.

Exercício E9.4-1 Encontre, na fig. 9.1, outros exemplos de colunas funcionalmente dependentes.

Quando uma coluna ou conjunto de colunas B *não é* funcionalmente dependente de uma coluna ou conjunto de colunas A, dizemos que B não é DF de A e escrevemos $A \nrightarrow B$. Na fig. 9.1, por exemplo, temos que Cód $\nrightarrow$ Quantidade. Pode-se também dizer que A *não determina* B.

302 Capítulo 9 — Projeto Ascendente de Tabelas Relacionais e as Formas Normais

Apenas para apresentar pelo menos um exemplo de cada caso com conjuntos de colunas, temos também nas tabelas das figs. 9.2 e 9.3-2 que {Código, Quantidade} → Preço-total. No entanto, considerando-se os esquemas das tabelas NF_1 e NF_2, isto é, para um conjunto de notas fiscais, isso não é válido, pois o preço unitário pode variar no tempo. Teríamos, nessa condição, {Código, Unidade} ↛ Preço-Unitário.

Exercícios

E9.4-2 Encontre, na fig. 9.3-2, outros exemplos de colunas que não sejam funcionalmente dependentes.

E9.4-3 Qual coluna da tabela NF_2 pode ser adicionada no lado esquerdo de {Código, Quantidade}→ Preço-total para que essa DF seja válida para todas as notas fiscais?

As DFs do modelo relacional geraram toda uma teoria matemática, que inclui uma axiomática (ver F9.4-2 a -4). Esta última baseia-se em certas propriedades das DFs, como algumas vistas a seguir, e que, a partir da definição de DF, podem ser provadas válidas para quaisquer colunas de qualquer tabela. Elas podem ser então tomadas como axiomas; juntamente com algumas DFs que se deseja impor a alguma tabela, outras DFs podem então ser derivadas por simples manipulação simbólica, como se fossem teoremas da teoria. Além disso, fazem parte da teoria das DFs algoritmos para gerar todas as dependências funcionais possíveis, dado um esquema relacional e um conjunto básico de dependências que devem valer para ele, a obtenção de um conjunto mínimo de dependências a partir do qual se podem gerar todas as dependências possíveis para os esquemas das tabelas de um BD relacional, etc. Daremos aqui algumas das propriedades mais simples, para que o usuário compreenda melhor o formalismo da definição. Algumas serão úteis no que se segue.

Um caso trivial de dependência funcional ocorre quando, usando a terminologia acima, o conjunto B for um subconjunto de A. Por exemplo, {Código, Quantidade} → Quantidade. Isso é óbvio, pois dado um certo valor de Quantidade, nenhum valor de Código ajuntado ao primeiro muda o valor do primeiro. Formalmente, para quaisquer conjuntos de colunas A e B em qualquer tabela, $AB \rightarrow A$, onde AB indica a união dos conjuntos de colunas A e B ($A \cup B$).

É fácil de se ver que, em qualquer tabela, para quaisquer conjuntos de colunas A, B e $C, A \rightarrow A$ (reflexividade); além disso, se $A \rightarrow B$ e $B \rightarrow C$, então $A \rightarrow C$ (transitividade). Por exemplo, nas figs. 9.2 e 9.3-2, Número da NF → CNPJ/CPF destinatário e CNPJ/CPF destinatário → Destinatário (estamos supondo que se associe sempre um só nome de comprador a cada CNPJ/CPF). Obviamente, Número da NF → Destinatário, pois cada nota tem apenas um destinatário; usando a transitividade das DFs, cada nota tem um só CNPJ/CPF destinatário e cada CNPJ/CPF destinatário é de um só destinatário.

Formalismo matemático: ver F9.4-1 a -5.

Finalmente, note-se que qualquer coluna de uma tabela é DF de cada uma das chaves dessa tabela. De fato, em uma tabela, cada valor de uma de suas chaves (que pode ser composta, isto é, ser formada por um conjunto com mais de uma coluna, cf. 3.3), ocorre apenas em uma linha. Assim, cada valor da chave determina todos os valores de todas as outras colunas. Para ilustrar esse fato, e preparando o que se segue, vamos mudar a ordem das colunas de NF_2, agrupando as que formam a sua chave, dando origem a NF_3, que contém exatamente os mesmos dados que NF_2:

9.5 Segunda Forma Normal

NF$_3$ (<u>Número-da-NF, Código,</u> Quantidade, Unidade, Descrição, Cód, Preço-unitário, Preço-total, Total-da-nota, Vend, Ped, Condição-de-pagamento, Peso-líquido, Destinatário, Endereço, CEP, Município, Data-de-emissão, CNPJ/CPF-destinatário, ICMS, Data-de-entrega)

É fácil ver que realmente a chave de NF$_3$ é o conjunto de atributos {Número-da-NF, Código}, indicando uma chave composta. (Lembremos que Código contém os códigos dos materiais, que por hipótese não mudam nunca.) De fato, cada linha dessa tabela refere-se a um único material de uma nota fiscal. Assim, somente o número de uma nota fiscal poderia localizar várias linhas, cada uma correspondendo a um material dessa nota. Somente o código de um material localizaria também várias linhas, correspondendo às várias notas fiscais onde esse material ocorre. No entanto, dado um valor para essa chave composta, ele determina uma única linha de NF$_3$, e portanto o valor de cada coluna dessa tabela. É interessante notar que, como já mencionado, o valor unitário de um certo material pode mudar com o tempo, devido a promoções, inflação, etc., de modo que ele não é DF do código do material. Mas em cada material de uma nota fiscal o valor unitário de cada material ocorre apenas uma vez nessa nota, isto é, um uma só linha de NF$_3$, de modo que a chave composta continua válida.

9.5 *Segunda forma normal*

Se uma tabela tem uma chave composta, ela pode ter certo tipo de redundância, isto é, repetição desnecessária de dados, evitada se ela está em segunda forma normal (2FN). É justamente esse o caso da NF$_3$ da seção anterior, que contém certas redundâncias. De fato, se uma nota fiscal contiver vários materiais, todos os dados dessa nota fiscal fora dos dados dos materiais estarão repetidos nas linhas referentes a esses materiais. Esse seria o caso do nome do destinatário, seu endereço, o valor total da nota, etc. Por outro lado, se um dado material ocorrer em várias notas fiscais, todos os dados desse material estarão repetidos, como sua descrição, preço unitário, etc.

Dada uma tabela relacional qualquer, esse tipo de redundâncias pode ser detectado formalmente, examinando-se a tabela e empregando-se as dependências funcionais. No caso da NF$_3$, que deve conter os dados de todas ou muitas notas fiscais, deduz-se que os dados de uma certa nota fiscal, fora dos dados dos materiais nela contidos, são dependentes funcionais apenas do número dessa nota, isto é, de Número-da-NF, pois cada nota tem um único preço total da nota (Total-da-nota), um único código de vendedor (Vend), um único nome do comprador (Destinátário), etc. Por outro lado, os dados de um certo material são dependentes funcionais apenas da parte Código da chave composta, como por exemplo a sua unidade (Unidade), a sua descrição (Descrição), etc.

Def. 9.5 Se em uma tabela um atributo é DF de apenas *parte* da chave composta, ele é denominado *dependente funcional parcial* da chave composta. Pode-se também definir que um conjunto de atributos B é DF parcial de um conjunto de atributos A *sse*, retirando-se de A algum de seus atributos, B continuar DF de A. Ver F9.5 para uma formalização desta definição.

Por exemplo, {Número da NF, Código} $\rightarrow$ Unidade; no entanto, essa é uma DF parcial, pois retirando-se dele Número da NF ainda tem-se Código $\rightarrow$ Unidade.

304   Capítulo 9 — Projeto Ascendente de Tabelas Relacionais e as Formas Normais

Examinando-se a NF_3, pode-se observar que algumas de suas colunas não são dependentes parciais da chave composta. Esse é o caso, por exemplo, da quantidade (Quantidade) de certo material comprado em uma certa nota fiscal. De fato, dado um material, a quantidade comprada do mesmo pode variar de nota para nota. No entanto, como cada material aparece uma única vez em cada nota fiscal, o valor de Quantidade é único para um certo material de uma dada nota, isto é, é DF da chave completa de NF_3. Dizemos, nesse caso, que Quantidade é *dependente funcional total* da chave composta, isto é, não depende funcionalmente de apenas parte da chave. Temos, então, na notação apresentada,

{Número-da-NF, Código} $\rightarrow$ Quantidade

mas

Número-da-NF $\nrightarrow$ Quantidade

e

Código $\nrightarrow$ Quantidade

Formalismo matemático: *ver* F9.5.

Exercícios

E9.5-1 Ache todos os dependentes funcionais completos e parciais de NF_3, supondo que os dados próprios de cada material não variem nunca.

E9.5-2 Suponha que o preço unitário de um material possa variar com o tempo. Nesse caso, ele é DF parcial ou total em relação à chave composta de NF_3?

Quando em uma tabela há uma dependência funcional parcial de qualquer coluna em relação a uma parte de uma chave, ocorrem redundâncias, como é o caso da NF_3. Do ponto de vista conceitual, essa tabela contém três conjuntos de dados: os próprios de cada material, de cada nota fiscal fora dos materiais e de cada material dentro de cada nota fiscal. Assim, ela mistura numa só tabela dados que se referem a entes de categorias diferentes do mundo real – daí a redundância de dados! Afinal, os dados próprios de um certo material, como sua descrição e unidade, não têm nada a ver com as notas onde ele ocorre. Da mesma maneira, o destinatário de uma nota não tem nada a ver com os dados próprios dos materiais dessa nota. Materiais, destinatários e notas fiscais são entes independentes no mundo real. É admirável que esse fato possa ser deduzido de propriedades matemáticas de uma tabela, isto é, de suas dependências funcionais: se uma tabela não estiver na 2FN, como é o caso da NF_3, há esse tipo de mistura de dados.

Def. 9.5-1 (Codd) Uma tabela relacional está na 2FN *sse* estiver em 1FN e qualquer atributo fora das chaves for DF total em relação a cada chave.

Colocamos o nome de E.Codd no início dessa definição, pois, como veremos em 9.10, a exigência de que uma tabela esteja em 1FN pode ser levantada, no caso de se ter tabelas no modelo relacional não-normalizado.

Se uma certa tabela tiver somente chaves unitárias, isto é, elementares, com uma única coluna, ela estará *trivialmente* na 2FN, pois aí não se aplica a dependência funcional parcial de alguma coluna em relação à parte de uma chave.

Para justificar que uma tabela deve estar na 2FN, Codd não usou a argumentação de que nela há mistura de dados de vários entes, pois aparentemente ele não se preocupou

9.5 Segunda Forma Normal

com o modelo conceitual ou com o mundo real. A justificativa que ele deu foi o fato de a 2FN eliminar as seguintes anomalias, denominadas de "anomalias de Codd":

1. Anomalia de atualização: se uma tabela não estiver na 2FN, a alteração de um valor de uma coluna parcialmente dependente de uma chave requer a busca em toda a tabela e a atualização equivalente para todas as ocorrências daquele valor, para evitar o surgimento de inconsistências. Por exemplo, na NF_3 a mudança da descrição de um certo material obriga à alteração de todas as linhas onde ele ocorre: a alteração de um único dado impõe eventual alteração de muitos dados em uma tabela.

2. Anomalia de inserção: a inserção de uma nova linha em uma tabela que não estiver na 2FN pode requerer a verificação dos dados das linhas já existentes, para garantir que a nova linha é consistente com as anteriores. Por exemplo, a inserção dos dados de uma nova nota fiscal na NF_3 obriga à verificação dos dados de todos os materiais constantes da nova fiscal, comparando-se com os dados dos mesmos materiais já existentes nessa tabela.

3. Anomalia de eliminação: se se deseja eliminar todos os dados de uma coluna parcialmente dependente de uma parte p de uma chave, para certo valor dessa chave, é necessário remover todas as linhas onde ocorre o mesmo valor de p. Se um valor de p ocorre em uma só linha, a remoção desta elimina os dados que dependem desse valor de p. Por exemplo, se se deseja eliminar do BD os dados de um certo material, é necessário eliminar todas as linhas desse material em NF_3.

Observando-se o que dissemos acima, podemos ver que essas anomalias são na verdade simples decorrências da redundância de dados introduzida em uma tabela pelas dependências parciais em relação a uma chave, ou, pensando em um nível de abstração mais alto, são decorrências da mistura, em uma só tabela, de dados de dois ou mais entes de categorias distintas no mundo real. A eliminação dessas anomalias deve-se ao desaparecimento das dependências parciais.

A partir de uma tabela que não está na 2FN, pode-se decompô-la por meio de projeções (ver 4.2.1) em tabelas na 2FN, sem que se perca nenhum dado. No caso da NF_3, o resultado dessa decomposição seriam as tabelas

Itens (<u>Número-da-NF, Código</u>, Quantidade, Preço-total)

Materiais (<u>Código</u>, Unidade, Descrição, Cód, Preço-unitário)

NF_4 (<u>Número-da-NF</u>, Total-da-nota, Vend, Ped, Condição-de-pagamento, Peso-líquido, Destinatário, Endereço, CEP, Município, Data-de-emissão, CNPJ/CPF-destinatário, ICMS, Data-de-entrega)

As duas últimas estão trivialmente na 2FN. Como a quantidade comprada e o preço total de cada item (material) da nota são dependentes funcionais totais da chave, isto é, dependem tanto do número da nota quando do código do item da nota, a primeira também está na 2FN (supomos que Preço-unitário não varie).

Para se saber se houve perda de dados, basta ver se é possível recompor exatamente a tabela original NF_3, isto é, se não houver nem perda nem introdução de dados, a partir das três dela derivadas. Para isso, basta fazer uma junção natural (ver 4.2.6) das três tabelas.

306 Capítulo 9 – Projeto Ascendente de Tabelas Relacionais e as Formas Normais

***Exercício* E9.5-3** Verifique com alguns exemplos (use apenas alguns atributos das três tabelas, fora das chaves) que a junção natural dessas três tabelas dá como resultado exatamente a NF_3.

A obtenção formal dessas três tabelas a partir da NF_3 seguiu o processo denominado de decomposição sem perdas.

Def. 9.5-2 Dada uma tabela T, uma *decomposição sem perdas* da mesma deriva por projeção de T tabelas $T_1, T_2, ..., T_n$ tais que $T_1 \bowtie T_2 \bowtie ... \bowtie T_n = T$.

Dada uma tabela $T(A, B, C)$, onde A, B e C são conjuntos de colunas, a sua projeção nas tabelas $T_1(A, B)$ e $T_2(A, C)$ é uma decomposição sem perdas, se A for chave de T_1 ou de T_2. Intuitivamente, pode-se compreender que uma tal decomposição é sem perdas, pois a junção natural das duas tabelas obtidas não acrescenta nenhum novo dado resultante da junção. Isso ocorre pois se A é uma chave, cada um de seus valores determina um só valor das colunas que são dependentes funcionais dela. Ao contrário, se A não for chave nem de T_1 nem de T_2, então a junção torna-se um produto cartesiano (ver 4.2.7), aparecendo combinações novas de dados de B e de C, inexistentes em T. Quando A é chave de T_1, por exemplo, o produto cartesiano de T_1 com T_2 reduz-se à junção, isto é, a substituição, em cada linha de T_2, do valor da chave A por ele e pelos dados das outras colunas da linha correspondente de T_1. Formalmente, o processo de decomposição é justificado pela propriedade do axioma A4 de F9.4-2.

Exercícios

E9.5-4 Mostre em dois passos o processo de decomposição sem perdas de NF_3 que gerou as tabelas Itens, Materiais e NF_4, indicando em cada um quais são os conjuntos de atributos A, B e C do parágrafo anterior.

E9.5-5 Construa uma tabela T abstrata, com algumas linhas, com o esquema $T(A, B, C)$ em que A, B e C são elementares, e faça a sua decomposição em $T_1(A, B)$ e $T_2(A, C)$, de modo que A não seja chave nem em T_1 nem em T_2. Faça a junção natural de T_1 e T_2 e verifique que o resultado é diferente de T, isto é, tratou-se de uma decomposição com perdas. Nesse caso, A pode ser chave de T?

O leitor poderia estranhar que no exercício E9.5-5 dissemos que se falou de decomposição "com perdas", já que na junção aparecem dados a mais, e não a menos. "Perdas" pode ser interpretado aí como tendo-se perdido o dado de quais valores de B e C estavam combinados em T. Esse dado foi perdido, ao fazer-se a junção de T_1 e T_2, pois apareceram novas combinações antes inexistentes.

Dada uma tabela T que não está na 2FN, a decomposição deve ser feita da seguinte maneira. Supondo-se que o seu esquema seja $T(\underline{A, B}, C, D)$, onde A, B, C, e D são conjuntos de atributos, tal que $A \nrightarrow C$, $B \nrightarrow C$ (o que indica a dependência total de C em relação à chave) e $A \rightarrow D$ (note-se esta dependência parcial em relação à chave), a tabela T deve ser projetada nas tabelas $T_1(\underline{A, B}, C)$ e $T_2(\underline{A}, D)$. Por construção, essa decomposição é sem perdas (por quê?) e as duas tabelas resultantes estarão na 2FN (por quê?).

E9.5-6 Verifique que a obtenção das tabelas Itens, Materiais e NF_4, seguiu essa técnica de decomposição.

A obtenção das tabelas Itens, Materiais e NF_4 não elimina todas as redundâncias de dados. De fato, na tabela NF_4 existe a redundância dos dados dos destinatários: se um comprador fizer duas compras independentes, terá duas notas fiscais e seus dados

9.6 Terceira forma normal

próprios, como seu endereço, estarão repetidos em duas linhas de NF_4. No entanto, essa tabela está na 2FN. Precisamos de mais uma forma normal para constatar que NF_4 não a satisfaz, levando assim a uma última decomposição sem perdas e a eliminação dessa última redundância de dados do exemplo.

Observando-se a tabela NF_4, verifica-se que nela existem transitividades de dependências funcionais, como definidas em 9.4. Por exemplo,

Número da NF $\rightarrow$ CNPJ/CPF destinatário

e

CNPJ/CPF destinatário $\rightarrow$ Destinatário

portanto

Número da NF $\rightarrow$ Destinatário

Ora, CNPJ/CPF destinatário não é uma chave alternativa de NF_4, pois um comprador pode ter feito várias compras, com várias notas fiscais, em que seu CNPJ ou CPF é repetido em todas. Nesse caso, temos o que denominaremos de *dependência funcional transitiva* (DFT), que é distinta de transitividade de dependências funcionais. Formalmente,

Def. 9.6-1 Dada uma tabela com esquema $T(\underline{A}, B, C)$ onde A, B, e C são conjuntos de atributos e C não pertence a nenhuma chave, existe uma DFT quando, $A \rightarrow B$ (o que sempre ocorre, pois A é a chave), $B \not\rightarrow A$ e $B \rightarrow C$.

Note-se que, se $B \rightarrow A$, então B também seria uma chave, daí a exigência de $B \not\rightarrow A$.

A redundância de dados em NF_4 ocorre, pois nessa tabela há mistura de dados de dois entes distintos do mundo real: os dados das notas fiscais e os dos compradores. Como no caso da 2FN, mas de natureza distinta desta, essa mistura de dados pode ser deduzida formalmente, examinando-se uma tabela e deduzindo-se suas dependências funcionais. Agora, em lugar de detectarem-se dependências parciais em relação a uma chave, detectam-se DFTs.

Def. 9.6-2 (Codd) Uma tabela relacional T está em *terceira forma normal* (3FN) *sse* estiver em 1FN e não houver nenhuma DFT em T.

Novamente, pusemos o nome de Codd nessa definição, pois, como mostraremos em 9.10, a restrição de T estar em 1FN pode ser levantada.

Uma tabela seguindo um esquema relacional apenas com dois atributos elementares está trivialmente na 3FN, pois não há transitividade possível.

Como no caso da 2FN, Codd justificou a adoção da 3FN devido às seguintes "anomalias":

1. Anomalia de atualização: a alteração de um único dado em uma tabela que não está na 3FN pode exigir a alteração de várias linhas da tabela. Por exemplo, para alterar o endereço de um certo destinatário na NF_4, é preciso alterar os endereços em todas as linhas onde ocorre esse destinatário.

308 CAPÍTULO 9 – PROJETO ASCENDENTE DE TABELAS RELACIONAIS E AS FORMAS NORMAIS

2. Anomalia de inserção: para inserir um novo dado numa coluna com dependência transitiva, é preciso introduzir uma nova linha na tabela, com dados eventualmente fictícios nas colunas, das quais a primeira é dependente transitiva. Por exemplo, para fazer o simples cadastramento de um novo cliente, é preciso introduzir uma nova linha na tabela NF_4, apesar de esse novo cliente não ter feito ainda nenhuma compra. Por outro lado, ao inserir uma nova nota fiscal, é preciso conferir se os dados do cliente estão consistentes com os dados para o mesmo cliente nas notas emitidas anteriormente.

3. Anomalia de eliminação: a eliminação da única linha onde ocorrem dados dependentes transitivos elimina esses dados do BD. Por exemplo, se for removida a nota fiscal da única compra de um cliente, os dados desse cliente são perdidos.

Como no caso da 2FN, essas anomalias são simplesmente decorrência da redundância de dados, devido à representação, em uma só tabela, de dados de entes do mundo real de categorias diversas.

Detectado o fato de uma tabela T não estar na 3FN, e portanto ter redundâncias, ela deve ser eliminada do BD, sendo substituída por outras na 3FN. Para isso, usa-se o processo de decomposição por projeções que segue a seguinte técnica. Se o seu esquema é $T(\underline{A}, B, C)$, onde A, B e C são conjuntos de atributos, e $B \rightarrow C$, mas $B \nrightarrow A$ (condição essencial para haver uma DFT!), T deve ser projetada em $T_1(\underline{A}, B)$ e $T_2(\underline{B}, C)$. Por construção, essa decomposição é sem perdas (por quê?) e as duas tabelas resultantes estarão na 3FN (por quê?).

Aplicando-se essa técnica à NF_4, obtemos as tabelas na 3FN

NF_5 (<u>Número-da-NF</u>, Total-da-nota, Vend, Ped, Condição-de-pagamento, Peso-líquido, Data-de-emissão, CNPJ/CPF-destinatário, Número-da-NF, ICMS, Data-de-entrega)

Clientes (<u>CNPJ/CPF-destinatário</u>, Destinatário, Endereço, CEP, Município)

Há uma outra possível decomposição da tabela $T(\underline{A}, B, C)$ descrita logo acima, que não está na 3FN. Pode-se decompô-la em $T'_1(\underline{A}, B)$ e $T'_2(\underline{A}, C)$. No entanto, a primeira decomposição é a que deve ser feita, pois nessa segunda técnica perde-se o fato de que $B \rightarrow C$, tendo-se usado a dependência funcional *indireta* $A \rightarrow C$, pois ela é na verdade derivada de $B \rightarrow C$ por transitividade.

Exercício E9.6-1 Faça a decomposição de NF_3, usando essa segunda técnica, e mostre que o resultado não é satisfatório.

Uma tabela que está na 3FN está necessariamente na 2FN: isso é demonstrado formalmente em F9.6. Assim, uma técnica de projeto ascendente seria deduzir as dependências funcionais de uma tabela e, verificando-se que ela não está na 3FN, fazer-se sua decomposição sem perdas em tabelas na 3FN, usando a técnica indicada, sem se passar pelo passo explícito de derivar tabelas na 2FN. Note-se que, se uma tabela T tem esquema $T(\underline{A,B}, C, D)$, onde A, B, C, e D são conjuntos de atributos, e tal que $A \nrightarrow C, B \nrightarrow C$, e $A \rightarrow D$, existe a seguinte DFT: $(A, B) \rightarrow A, A \nrightarrow (A, B)$ (pois senão a chave seria A, ver 3.3, condição 4) e $A \rightarrow D$.

Exercício E9.6-2 Mostre todas as razões de NF_2 não estar na 3FN e faça a sua decomposição, usando a primeira técnica acima, derivando as tabelas NF_4, Itens, Materiais e Clientes.

9.7 FORMA NORMAL DE BOYCE-CODD

309

Recordemos o que foi visto até aqui em termos de projeto. Partimos de uma coleção de dados já usados pela empresa, representados pelas suas notas fiscais emitidas (fig. 9.2), apresentando-a como uma tabela não-normalizada (NF_1) universal, isto é, com todos os dados. Passamos essa tabela para a 1FN, simplesmente repetindo os dados normalizados para cada ocorrência dos não-normalizados ou, em termos dos esquemas das tabelas, simplesmente eliminando os parênteses indicativos de atributos multivalorados ou compostos. No caso, obtivemos NF_2. Examinamos essa tabela, e reconhecemos dependências parciais em relação à chave. Fizemos uma decomposição sem perdas de NF_2, obtendo as tabelas na 2FN NF_3, Itens e Materiais. Examinando NF_3, detectamos uma dependência funcional transitiva. Decompondo NF_3, obtivemos as tabelas NF_4 e Clientes que, juntamente com as já derivadas Itens e Materiais, compõem o BD desejado, todo na 3FN e sem redundâncias. O exercício E9.6-2 dá uma outra possibilidade: partindo-se de NF_2, eliminam-se todas as DFTs ao se derivar as mesmas tabelas que foram obtidas passando-se pela 2FN.

Nessa técnica de projeto, examinam-se os dados das tabelas resultantes a fim de deduzir as dependências funcionais. Uma outra possibilidade seria examinar o mundo real e deduzir as DFs a partir dele. Por exemplo, como sabemos que não há dois materiais com códigos iguais, obviamente todos os atributos dos materiais, como Unidade, Descrição, etc. são DFs de Código. O mesmo se passa com os dados dos clientes em relação ao seu CNPJ ou CPF. A partir das DFs, e trabalhando-se apenas com os esquemas, deduzimos os esquemas do BD final na 3FN. O processo não é tão simples quanto parece, pois pode haver casos particulares. Existem algoritmos para isso (ver 9.13).

No exemplo que demos, partimos apenas das notas fiscais. Em um projeto completo, devem-se utilizar todas as fontes possíveis que contenham os dados empregados, como arquivos de um sistema já existente, fichários, relatórios, planilhas, etc. Uma técnica que foi proposta consiste na construção da tabela universal, mencionada em 9.1, contendo todos os atributos possíveis. A partir dela e das DFs (deduzidas a partir dela ou a partir de exame do mundo real), passa-se à sua decomposição, a fim de atingir a forma normal desejada para todas as tabelas resultantes.

9.7 *Forma normal de Boyce-Codd*

A forma normal de Boyce-Codd foi proposta para eliminar anomalias decorrentes de uma situação pouco comum de ocorrer. Se uma tabela tiver duas ou mais chaves compostas por mais de uma coluna, as quais contêm colunas em comum, surgem anomalias. Por exemplo, suponhamos uma situação em que não há dois materiais com a mesma descrição. Nesse caso, a tabela NF_2 tem duas chaves alternativas superpostas, uma composta por Código e Número-da-NF e a outra por Número-da-NF e Descrição. Para simplificar, explicitamos apenas algumas colunas de NF_2:

NF'_2 (<u>Código, Número-da-NF</u>, Descrição, Quantidade, Unidade, Preço-total)

Essa tabela está na 3FN. Entretanto, se for considerada a chave (Código, Número-da-NF), surge uma dependência parcial de Descrição com Código, o que leva à repetição da descrição de um material que aparece em várias notas fiscais. O problema é que as formulações da segunda e da terceira formas normais previam apenas as dependências parciais entre colunas fora das chaves. Como Descrição pertence a uma chave, essa coluna não entra nas verificações. A forma normal de Boyce-Codd (FNBC) elimina esse problema.

Def. 9.7 Uma tabela T está na FNBC *sse* ela estiver na 1FN e, se um conjunto qualquer de colunas A pertencente a T determinar funcionalmente uma coluna B de T fora de A, então qualquer outra coluna C de T fora de A também deve ser funcionalmente dependente de A.

NF$'_2$ não está na FNBC pois Código $\rightarrow$ Descrição, mas Código $\nrightarrow$ Quantidade.

Note-se que nesta forma normal não é necessário partir de chaves, e sim de DFs. Obviamente, A contém uma chave de T. Toda tabela que está na FNBC está na 3FN, pois ela não permite qualquer DFT.

Uma decomposição sem perdas de NF$'_2$ geraria as seguintes tabelas em FNBC:

Materiais (<u>Código</u>, <u>Descrição</u>, Unidade)
NF$'_3$ (<u>Código, Número-da-NF</u>, Quantidade, Preço-total)

Note-se que Materiais tem duas chaves alternativas.

9.8 Quarta forma normal

Para apresentar a 4FN, consideremos a mesma empresa da nota fiscal da fig. 9.2, e suponhamos que ela receba materiais produzidos por diferentes fabricantes, e entregues por diversos distribuidores. Deseja-se especificar qual distribuidor distribui qual material fabricado por qual fabricante. Para simplificar, vamos aqui considerar apenas as colunas que envolvem esses dados. O esquema dessa tabela seria, por exemplo,

Fornecimentos (Material, Fabricante, Distribuidor)

onde as colunas Material, Fabricante e Distribuidor contêm as chaves dos materiais, dos fabricantes e dos distribuidores, respectivamente. Note-se que apenas a composição de todas as colunas dessa tabela é uma chave. Além disso, talvez seja útil entender conceitualmente o que ela representa: a implementação relacional do relacionamento conceitual triplo (ver 2.14) entre materiais, fabricantes e distribuidores. Outras tabelas deveriam conter os dados próprios dos materiais (como Materiais de 9.5), dos fabricantes e dos distribuidores, implementando os conjuntos de entidades correspondentes.

Façamos agora uma suposição de um caso particular: cada distribuidor fornece todas as fabricações de cada material que distribui ou, vice-versa, cada fabricante fornece cada material que ele produz para todas as distribuidoras desse material. Por exemplo, se as chaves de alguns fabricantes forem F1, F2, F3 e F4 e as de alguns distribuidores forem D1, D2 e D3, um trecho de uma tabela com essa suposição poderia ser o da fig. 9.8-1.

Seguindo a suposição drástica dada, nota-se a construção particular dessa tabela: para cada valor de material (por exemplo, 20.0333) cada valor da coluna Distribuidor combina nas várias linhas com todos os valores de Fabricante daquele material, e vice-versa. Suponhamos que essa particularidade seja válida também para os materiais não representados na fig. 9.8-1. Note-se que a representação de todas as combinações de todos os fabricantes com todos os distribuidores de cada material corresponde ao produto cartesiano dos valores dos dois primeiros para cada material. Daí o número de linhas

9.8 Quarta Forma Normal

para cada material ser o produto do número de fabricantes pelo número de distribuidores do mesmo. Por isso, tem-se naquela tabela $3 \times 2 = 6$ e $2 \times 2 = 4$ linhas para cada um dos materiais representados.

Fornecimentos		
Material	Fabricante	Distribuidor
20.0333	F1	D1
20.0333	F1	D2
20.0333	F2	D1
20.0333	F2	D2
20.0333	F3	D1
20.0333	F3	D2
20.0308	F1	D2
20.0308	F1	D3
20.0308	F4	D2
20.0308	F4	D3
...	...	...

Fig. 9.8-1 Tabela com uma combinação particular de valores

Essa tabela está em FNBC, pois não há dependência funcional de nenhuma coluna em relação a alguma outra. No entanto, ela contém muitas redundâncias: cada fabricante e cada distribuidor aparecem 2 e 3 vezes para o material 20.0333 quando o correto seria uma única vez, já que, como especificado, cada distribuidor distribui cada material produzido por todos os seus fabricantes. (Nesse caso, não é necessário representar Fornecimentos, mas estamos aqui interessados apenas em um recurso didático.) R. Fagin propôs uma nova forma normal, a 4FN, para detectar a existência dessas redundâncias. Ela baseia-se no conceito de "dependência multivalorada" (DM).

Def. 9.8-1 Seja uma tabela $T(A, B, C)$, onde A, B e C são conjuntos de colunas (no exemplo, Código, Fabricante e Distribuidor). Se para cada valor de A (por exemplo, 20.0333 de Material) cada valor de B (Fabricante) que ocorre com aquele valor de A é combinado com cada valor de C (Distribuidor) que ocorre com aquele valor de A, dizemos que B é *dependente multivalorado* de A, o mesmo ocorrendo com C. Ver F9.8-1 para a definição original, mais formal.

Denotaremos que B é dependente multivalorado (que também abreviaremos por DM) de A por A $\to^*$ B (na literatura, em geral usa-se o símbolo $\twoheadrightarrow$). Pode-se também dizer que *A determina multivaloradamente B*. Portanto, na tabela da fig. 9.8-1, tem-se Material $\to^*$ Fabricante e Material $\to^*$ Distribuidor.

Na verdade, não é necessário especificar as duas DMs: é possível provar que, em uma tabela $T(A, B, C)$, onde A, B e C são conjuntos de colunas, se A $\to^*$ B necessariamente A $\to^*$ C. Isso pode ser facilmente compreendido, notando-se a simetria da definição (é só trocar B por C). Ver F9.8-2 para a base da teoria axiomática das DMs e F9.8-3 para a sua combinação com a teoria axiomática das DFs.

312 Capítulo 9 — Projeto Ascendente de Tabelas Relacionais e as Formas Normais

Note-se que a dependência funcional é um caso particular da DM, em que há um único valor de B ou de C para cada valor de A. Nesse caso, o produto cartesiano dá o número de valores diferentes da outra coluna para cada valor de A. Por exemplo, na tabela de fornecimentos, se houvesse apenas um distribuidor para cada material, haveria tantas linhas para cada material quanto fosse o número de fabricantes do mesmo. Nesse caso, como há um só distribuidor para cada material, teríamos $Material \rightarrow Distribuidor$; ainda continua valendo $Material \rightarrow^* Fabricante$. E ainda continua havendo redundâncias (por quê?).

Agora, podemos definir a 4FN, que evita esses casos particulares.

Def. 9.8-2 (R. Fagin) Uma tabela T está na 4FN *sse* a existência de uma DM $A \rightarrow^* B$, onde B é um conjunto de colunas de T não vazio e que não está contido no conjunto de colunas A de T, e a existência de colunas de T que não pertençam nem a A nem a B implica em $A \rightarrow C$ para qualquer coluna C de R. Ou seja, A contém uma chave de T.

A partir dessa definição, pode-se provar que qualquer tabela que esteja em 4FN está na FNBC (ver F9.8-4). Note-se que nessa definição, tomando-se C como B (pois C é um conjunto qualquer de colunas fora de A), deve-se obrigatoriamente ter $A \rightarrow B$, isto é, a DM reduz-se a uma DF simples. Com isso podemos formular a 4FN da seguinte maneira: uma tabela está na 4FN, se e somente se ela estiver na forma normal de Boyce-Codd e qualquer DM é uma dependência funcional.

Uma tabela que contém apenas duas colunas está trivialmente em 4FN.

A tabela da fig. 9.8-1 evidentemente não está na 4FN, pois nela só existem DMs. Se, entretanto, aquela tabela for decomposta em

Fabricações (Material, Fabricante)

Distribuições (Material, Distribuidor)

então as tabelas obtidas estão na 4FN. As figs. 9.8-2 e 9.8-3 mostram as tabelas resultantes. Note-se que, nessas duas tabelas, a chave é o conjunto das duas colunas de cada uma. Essa decomposição é sem perdas: a junção natural das duas deve ser feita segundo a coluna comum, isto é, Material, e o resultado dessa junção é o produto cartesiano das outras colunas para cada valor de Material (por quê?), obtendo-se exatamente a tabela da fig. 9.8-1.

Fabricações	
Material	**Fabricante**
20030	F1
20030	F2
20030	F3
10025	F1
10025	F4
...	...

Fig. 9.8-2 Tabela com os fabricantes

9.9. FORMA NORMAL DE PROJEÇÃO-JUNÇÃO

Distribuições	
Material	**Distribuidor**
20030	D1
20030	D2
10025	D2
10025	D3
...	...

Fig. 9.8-3 Tabela com os distribuidores

Do ponto de vista conceitual, tem-se na verdade dois relacionamentos binários, implementados pelas tabelas Fabricações e Fornecimentos, e não um ternário. Este seria correto, se existissem apenas algumas triplas para cada material, e não todas as combinações de fabricantes e distribuidores para cada material. Uma representação ainda melhor seria, no modelo conceitual, a correspondente a uma agregação de materiais e fabricantes (ver 2.15), relacionada com distribuidores.

Exercícios

E9.8-1 Por que no modelo conceitual uma agregação entre os conjuntos de entidades materiais e fabricantes, relacionada com o de distribuidores, é um modelo melhor para esses dados? Mostre como seriam as tabelas correspondentes no MRN e compare com as várias versões vistas acima.

E9.8-2 Seja uma tabela não-normalizada Livros (<u>Número-do-livro</u>, Nomes-de-autores*, Título, Editora, Cidade, Ano, Assuntos*), onde Nomes-de-autores e Assuntos são, obviamente, multivalorados, pois um livro pode ter vários autores e assuntos. Passe-a para a 1FN, fazendo o produto cartesiano das colunas com valores multivalorados para cada livro. Verifique as várias formas normais, e vá decompondo-as sem perdas até atingir tabelas em 4FN.

9.9 *Forma normal de projeção-junção*

A *forma normal de projeção-junção* (FNPJ), também conhecida por quinta forma normal (5FN), aplica-se a casos muito particulares, por isso seremos breves em sua descrição, apresentando os conceitos intuitivamente, por meio de exemplos. Vamos supor que haja uma tabela Fornecimentos particular, com os dados da fig. 9.9-1

Examinando-se essa tabela, verifica-se que não há nela nenhuma DF. De fato, M1, F1 e D1 estão, cada um, associados a dois valores de cada uma das outras duas colunas, respectivamente. Também não há nenhuma DM, pois M1 tem 2 fabricantes e 2 distribuidores, mas ocorre em apenas 3 e não em 4 linhas; o mesmo aplica-se a F1 e a D1 em relação às outras 2 colunas, respectivamente (note-se como construímos essa tabela de modo a haver apenas três repetições de M1, de F1 e D1, evitando assim a DM). Portanto, ela está em 4FN. No entanto, ela apresenta redundâncias: M1 está associado duas vezes

314 CAPÍTULO 9 — PROJETO ASCENDENTE DE TABELAS RELACIONAIS E AS FORMAS NORMAIS

a F1, F1 duas vezes a D1, etc. e pode ser decomposta, de uma maneira particular: em três tabelas, projeções de cada par de colunas de Fornecimentos, mostradas na Fig. 9.9-2

Fornecimentos		
Material	Fabricante	Distribuidor
M1	F1	D1
M1	F1	D2
M1	F2	D1
M2	F1	D1

Fig. 9.9-1 Tabela com uma combinação muito particular de valores

Materiais-Fabricantes	
Material	Fabricante
M1	F1
M1	F2
M2	F1

(a)

Materiais-Distribuidores	
Material	Distribuidor
M1	D1
M1	D2
M2	D1

(b)

Fabricantes-Distribuidores	
Fabricante	Distribuidor
F1	D1
F1	D2
F2	D1

(c)

Fig. 9.9-2 Decomposição da tabela da fig. 9.9-1

Essa decomposição é sem perdas. De fato, fazendo-se a junção natural das duas primeiras, (a) e (b), obtemos a tabela da fig. 9.9-3. Note-se que ela tem uma linha a mais em relação à tabela original da fig. 9.9-1, pois para M1 foram feitas todas as combinações de F1 e F2 com D1 e D2. Assim, a partir dessas duas não se reconstrói a original. Em seguida, fazendo-se a junção dessa tabela da fig. 9.9-3 com a terceira (c) da fig. 9.9-2, obtém-se, agora sim, a tabela original. É muito importante o leitor conscientizar-se do que se passa nessa última junção. Ela é feita com a igualdade dos valores nas colunas Fabricante e Distribuidor, que são comuns às duas tabelas. Como não existe na tabela (c) da fig. 9.9-2 uma linha com F2 e D2, a linha com a tripla (M1, F2, D2) da tabela da fig. 9.9-3 é eliminada na junção (veja-se cuidadosamente a definição de junção em 4.2.4).

Fornecimentos		
Material	Fabricante	Distribuidor
M1	F1	D1
M1	F1	D2
M1	F2	D1
M1	F2	D2
M2	F1	D1

Fig. 9.9-3 Junção das tabelas (a) e (b) da fig. 9.9-2

9.10 Eliminação da 1FN

Temos, então, um caso muito particular de uma tabela ternária que pode ser decomposta sem perdas em três binárias. Quando isso ocorre, a primeira não está na FNPJ. Note-se que nas tabelas da fig. 9.9-2 não se tem mais as redundâncias que ocorriam na tabela original da fig. 9.9-1, apesar do aumento no número total de linhas.

Talvez seja interessante observar como essa decomposição sem perdas pode ser entendida conceitualmente. Imaginando que Fornecimentos da fig. 9.9-1 seja a implementação de um conjunto de relacionamentos triplo do MER (ver 2.14), a possibilidade de fazer a decomposição nas três tabelas da fig. 9.9-2 significa um caso muito raro de um tal relacionamento ternário, que pode (e deve) ser substituído por três relacionamentos binários, envolvendo os três conjuntos de entidades do primeiro, dois a dois. De modo geral, um relacionamento ternário não é equivalente a três binários.

Exercícios

E9.9-1 Desenhe o diagrama de entidades e relacionamentos correspondente aos casos de um relacionamento triplo equivalente a três duplos.

E9.9-2 Verifique que a introdução da linha (M2, F2, D2) faz com a tabela da fig. 9.9-1 fique em FNPJ.

O exercício E9.9-1 mostra como uma tabela não estar em FNPJ é um caso extremamente particular – e difícil de ser detectado.

Nosso exemplo foi de uma tabela ternária. Na verdade, a FNPJ aplica-se a uma tabela com um número qualquer de colunas. Sempre que for possível, decompô-la sem perdas em n tabelas, com n maior do que 2, e de uma maneira não trivial, como por exemplo evitando-se que uma das tabelas resultantes seja igual à original, evitando-se decomposições envolvendo apenas DFs, etc., tem-se uma tabela que não está em FNPJ. Para formalizar as definições, teríamos que generalizar o conceito de decomposição sem perdas, definir o que vem a ser uma dependência de projeção-junção, e a FNPJ em relação a essa dependência. No entanto, o que foi exposto até aqui é suficiente para dar uma idéia do que vêm a ser esses conceitos.

9.10 Eliminação da 1FN

Como vimos, ao definir a 2FN e a 3FN, Codd exigiu que as tabelas estivessem na 1FN. No entanto, podem-se perfeitamente aplicar as noções das duas primeiras a uma tabela que não está em 1FN, no que denominamos *formas normais estendidas*. Obviamente, as chaves de uma tal tabela devem ser elementares (monovaloradas). Nesse caso, cada conjunto de valores em qualquer coluna multivalorada pode ser considerado como se fosse um único valor, isto é, onde se testava a igualdade de valores elementares deve ser agora testada a igualdade de conjuntos no sentido matemático.

Por exemplo, a tabela Livros do exercício 9.8 está na 3FN estendida, supondo (por quê?) que a cidade da editora não seja DF do seu nome, isto é, livros de alguma editora podem ser editados em cidades diferentes. Dado o número de um livro, obviamente só há um conjunto de autores e um de assuntos para o mesmo. Temos aí um caso de uma dependência funcional estendida. Isto é, uma coluna multivalorada (como Assuntos) pode ser DF de um conjunto de colunas elementares, o que pode ser denotado por $A \rightarrow B^*$ (Número-do-livro $\rightarrow$ Assuntos*). O contrário também faz sentido, isto é, $A^* \rightarrow B$, onde A

316 Capítulo 9 – Projeto Ascendente de Tabelas Relacionais e as Formas Normais

é um único atributo multivalorado. Cada conjunto de seus valores que aparece em uma linha da tabela determina um único valor de B. Do mesmo modo, pode-se considerar $A^* \to B^*$. Tanto A como B podem ser conjuntos de atributos; se um destes for multivalorado, tem-se um conjunto de conjuntos. Assumindo-se o conceito de dependência funcional estendida, a 2FN e a 3FN podem ser aplicadas às tabelas não-normalizadas.

Nesse caso, a 4FN perde o sentido. Ela só faz sentido em tabelas normalizadas, que ocorrem em grande parte provenientes da normalização de atributos conceituais multivalorados. No MRNN, devem-se conservar as multivalorações, pois, como vimos no cap. 6, aquele modelo é muito mais simples e eficiente do que o MRN.

9.11 Síntese de tabelas e comparação entre os métodos

Como vimos no fim da seção 9.6, o método de projetar um BD relacional empregando as formas normais consiste em se construir uma tabela universal (ver também 9.1), como a NF_2, contendo todos os atributos de interesse. Verificar as DFs e DMs e, a partir delas, decompor sucessivamente aquela tabela até se chegar à forma normal desejada para todas as tabelas resultantes do processo. As DFs podem ser deduzidas examinando-se as tabelas (e esperando-se que todas as DFs estejam representadas pelos dados), ou usando-se o conhecimento que se tem do mundo real para deduzi-las. Essa última possibilidade sugere um outro método, chamado de *síntese de tabelas* (ou "síntese de relações"). Ele consiste em se coletar todas as DFs e DMs possíveis, examinando-se o mundo real pensando nos dados que o descrevem. Derivar as DFs e DMs que podem ser deduzidas a partir dessas usando regras básicas (que podem ser consideradas como axiomas da teoria das DFs e DMs – ver F9.4-2, F9.8-2 e -3. Um exemplo é o da transitividade descrita em 9.4, isto é, se se concluiu que $A \to B$ e que $B \to C$, daí deduz-se que $A \to C$).

Coletadas e derivadas todas as DFs e DMs possíveis existe um algoritmo de *síntese de tabelas* que permite construir tabelas na 4FN que contêm todos os dados envolvidos nas DFs, e que as satisfazem. Vamos dar aqui uma pequena amostra de como esse processo pode ser feito. Sabendo-se o que são os materiais vendidos pela loja da fig. 9.2, e quais de seus dados são usados, e desejando-se projetar um BD envolvendo todos os dados referentes às vendas, conclui-se que

Código → (Unidade, Descrição, Cód, Preço-unitário)

Isso leva à construção da tabela

Materiais (<u>Código</u>, Unidade, Descrição, Cód, Preço-unitário)

No caso de se ter $A \to B$, $B \to C$, $C \to A$ e $A \to D$, a tabela resultante deve ter três chaves alternativas,

T ($\underline{A}$, $\underline{B}$, $\underline{C}$, D)

e assim por diante.

O método de síntese de tabelas é, sob certos pontos de vista, mais prático do que o de decomposição sucessiva de tabelas. Um dos problemas desse último método é que o exame de arquivos, fichários e relatórios existentes pode levar ao não-reconhecimento

9.11 Síntese de Tabelas e Comparação Entre os Métodos

de que um certo atributo, que aparece em duas fontes distintas com nomes diferentes, é o mesmo. Por exemplo, poder-se-ia ter um relatório com um campo com título Cliente e outro relatório (nossa nota fiscal) com o campo Destinatário. Somente um exame do mundo real pode levar à conclusão de que ambos são idênticos. Já que se examina o mundo real, é melhor partir para a síntese de tabelas a partir das DFs deduzidas de um exame daquele mundo.

Mas, já que falamos em mundo real, deve surgir a pergunta: qual a diferença entre o resultado de um projeto ascendente (por decomposições ou por síntese) e um descendente, partindo da construção de um modelo conceitual (MER), como visto nos caps. 2 e 3 deste livro? Vamos fazer o projeto dos dados das notas fiscais usando o MER. Logo reconhecemos que se lida com notas fiscais, com materiais que são os itens das notas, e com clientes que compram os materiais. O resultado é o MER da fig. 9.11-1, onde não representamos os atributos, pois são desnecessários nessa fase do projeto.

Usando-se as regras de conversão do MER para o MRN (ver cap. 3), obtém-se o diagrama relacional da fig. 9.11-2. Comparando-se esse diagrama relacional com as tabelas NF_5, Materiais, Itens e Clientes deduzidas dos processos de decomposição das seções 9.2 a 9.6, vemos que o resultado é absolutamente idêntico.

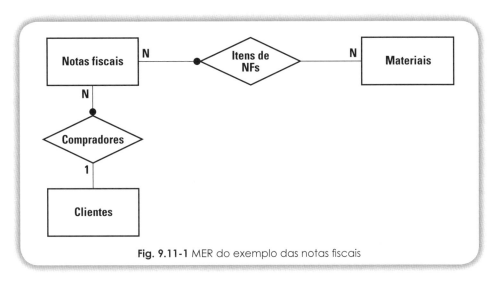

Fig. 9.11-1 MER do exemplo das notas fiscais

Um projeto bem feito que inicia com uma modelagem conceitual deve levar a tabelas na 3FN, pois no mundo real os entes não se misturam, e uma análise cuidadosa deve levar a categorias de entes também sem misturas de uma com outra. Como vimos, aparecem redundâncias em uma tabela quando nela misturam-se dados de entes de categorias diferentes no mundo real, como por exemplo materiais, clientes e notas fiscais (caso da NF_2 vista em 9.2). Um projeto conceitual reconhece que esses três entes são de categorias diferentes, constrói um conjunto de entidades para cada um, reconhece as associações entre entes e estabelece os relacionamentos correspondentes entre as várias entidades, e passa à conversão do MER para o MRN ou o MRNN.

No entanto, um projeto conceitual pode ser mal feito. A teoria das formas normais pode, então, servir para *validar* um projeto descendente. Partindo-se do modelo conceitual, derivam-se as tabelas do MRN ou do MRNN e, em seguida, testam-se as tabelas para verificar se elas satisfazem as formas normais desejadas. Em caso positivo, conclui-se que o projeto conceitual e a conversão para o modelo relacional foram bem feitos.

É importante notar que a teoria das formas normais tem uma restrição muito grande: cada forma normal aplica-se somente a uma tabela. Não existem formas normais intertabelas. Assim, a verificação das formas normais não previne a existência de redundâncias de dados em tabelas diferentes. Esse seria o caso de se ter, em nosso exemplo, duas tabelas para os clientes, ou duas para os materiais, etc., contendo todas as colunas iguais ou parte delas. Isso reforça ainda mais nossa insistência nas vantagens de um projeto descendente.

Um projeto ascendente pode levar a um MER. Essa técnica é chamada impropriamente de "engenharia reversa" (impropriamente, pois a engenharia devia lidar sempre com materiais físicos, mas aqui trata-se de dados abstratos). Ela é muito importante, quando é necessário reestruturar um DB. A partir do MER, que deve ser validado por meio de exame do mundo real, pode-se então fazer um projeto descendente das tabelas do novo DB.

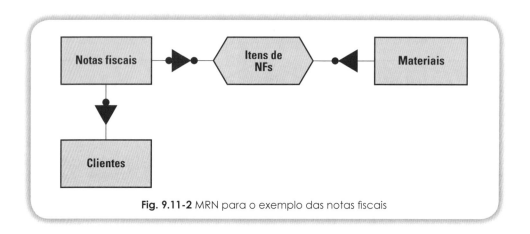

Fig. 9.11-2 MRN para o exemplo das notas fiscais

9.12 Formalismos matemáticos do cap. 9

F9.4-1 Dependência funcional. Seja uma tabela $T(U)$ com $X, Y \subseteq U$ e as n-plas (linhas) $t_1, t_2 \in T$. $X \to Y$ sse $t_1(X) = t_2(X) \Rightarrow$ (implica logicamente em) $t_1(Y) = t_2(Y)$.

F9.4-2 Teoria axiomática das DFs. As propriedades seguintes das DFs podem ser tomadas como axiomas de inferência de uma teoria simbólica axiomática, em que $X \to Y$ deve ser entendido como "é verdade que $X \to Y$". Seja o esquema relacional $R(U)$ e $X, Y, Z, V \subseteq U$. Para qualquer tabela que segue R tem-se, denotando-se $X \cup Y$ por XY:

A1. Reflexividade: $X \to X$.
A2. Incrementação (expansão à esquerda): $X \to Y \Rightarrow XZ \to Y$.
A3. Aditividade: $X \to Y$ e $X \to Z \Rightarrow X \to YZ$.
A4. Projetividade (contração à direita): $X \to YZ \Rightarrow X \to Y$.
A5. Transitividade: $X \to Y$ e $Y \to Z \Rightarrow X \to Z$.
A6. Pseudotransitividade: $X \to Y$ e $YV \to Z \Rightarrow XV \to Z$.

9.12 FORMALISMOS MATEMÁTICOS DO CAP. 9

É interessante entender que essas propriedades podem todas ser provadas a partir da definição de DF. Tomadas como regras de inferência, e combinadas com certas DFs que se aplicam a um certo esquema relacional, pode-se derivar todas as DFs que se aplicam a esse esquema por meio de pura manipulação simbólica, sem que se importe mais com o significado de DF.

F9.4-3 Prova de A3. Damos aqui um exemplo de prova de um dos axiomas a partir da definição de DF. Das hipóteses, tem-se

$$t_1(X) = t_2(X) \Rightarrow t_1(Y) = t_2(Y) \text{ e } t_1(X) = t_2(X) \Rightarrow t_1(Z) = t_2(Z)$$

Como na lógica $A \Rightarrow B$ e $A \Rightarrow C$ então $A \Rightarrow B$ **e** C, tem-se

$$t_1(X) = t_2(X) \Rightarrow t_1(Y) = t_2(Y) \text{ e } t_1(Z) = t_2(Z) \Rightarrow t_1(YZ) = t_2(YZ)$$

Exercícios

EF9.4-1 Prove A3 por absurdo. Sugestão: suponha uma tabela r que satisfaça R de F9.4-2 e as hipóteses com a formulação de que para qualquer n-pla $t \in r$, $t(X)$ ter um certo valor implica em que cada um de $t(Y)$ e $t(Z)$ têm um único valor; suponha a seguir que para essa t, $t(YZ)$ tem dois valores e mostre a contradição com as hipóteses.

EF9.4-2 Prove os outros axiomas.

F9.4-4 Conjunto minimal de axiomas. A partir dos axiomas A1, A2 e A6 podem ser derivados todos os outros.

De fato, A5 é um caso especial de A6, em que V é tomado como um subconjunto vazio de atributos. Vamos provar que A3 segue de A1 e A6. Dada $X \to Y$ e o fato de que de A1 tem-se $YZ \to YZ$, aplica-se A6 (tomando-se no axioma o V como Z e o Z como YZ) para obter $XZ \to YZ$. Dado $X \to Z$, aplica-se novamente A6 (tomando-se Y como Z e V como X, notando que $XX = X$) para obter $X \to YZ$.

Para provar A4, suponha-se que $X \to YZ$. Por A1, $Y \to Y$; aplicando-se A2 (tomando-se Y como XZ) tem-se $YXZ \to Y$ ou $YZX \to Y$. Aplicando-se A6 (tomando-se Y como YZ e V como X) obtém-se $XX \to Y$ ou $X \to Y$.

Portanto, A1, A2 e A6 são um subconjunto *completo* de axiomas em relação a A1 a A6. Eles também são *independentes*, isto é, nenhum dos três pode ser provado a partir dos outros dois. É possível provar que de A1 a A6 podem-se derivar todas as DFs implicadas por um certo conjunto D de DFs, isto é, se $D \Rightarrow X \to Y$ então, usando-se os axiomas, pode-se sempre derivar $X \to Y$. Portanto, A1 a A6 (ou A1, A2 e A6) formam um conjunto completo de axiomas para a teoria das DFs.

Exercício EF9.4-3 Prove que $X \to Y \Rightarrow XZ \to YZ$

O início da teoria axiomática de DFs deveu-se a W.W.Armstrong, que formulou um outro conjunto de axiomas minimal, contendo o resultado do exercício EF9.4-3, A1 e A5. Esses três são denominados *Axiomas de Armstrong*. Pode-se provar também que eles são independentes e deles podem-se derivar A2 a A4 e A6.

F9.5 Definição de DF parcial e total. Dados os conjuntos de atributos A, B e C de uma tabela T, C é *DF parcial* de $\{A, B\}$ sse $A \to C$ e $B \nrightarrow C$. C é *DF total* de $\{A, B\}$ sse $A \nrightarrow C$ e $B \nrightarrow C$.

F9.6 Prova de que uma tabela na 3FN também está na 2FN. Seja uma tabela na 3FN

320 Capítulo 9 — Projeto Ascendente de Tabelas Relacionais e as Formas Normais

$T(\underline{A, B}, C)$ que, por absurdo, não está na 2FN. Se ela não está na 2FN, deve haver uma dependência parcial em relação à chave, que necessariamente será $A \to C$ ou $B \to C$. Sem perda de generalidade, suponhamos que seja $A \to C$. Nesse caso, temos: $\{A, B\} \to A, A \not\to \{A, B\}$ – pois senão A é que seria a chave, e não $\{A, B\}$ – e $A \to C$, o que caracteriza uma DFT, e portanto T não está na 3FN, o que contraria a hipótese. Portanto, T deve estar na 2FN.

F9.8-1 (R. Fagin) Definição de DM. Seja uma tabela T de esquema $T(A, B, C)$ onde A, B e C são conjuntos de atributos. Se, sempre que ocorrerem linhas com valores (a, b, c) e (a, b', c'), também ocorrerem as linhas (a, b, c') e (a, b', c), então B e C são dependentes multivalorados de A.

Essa elegante definição engloba um número qualquer de diferentes valores de B e de C, para um mesmo valor de A, bastando para isso aplicá-la consecutivamente a todos os diferentes pares de valores b e b', e c e c' (inclusive o caso $b = b'$ ou e $c = c'$). Note-se que, com isso, nas linhas com um certo valor a de A devem ocorrer todas as combinações dos valores b e b' com os c e c', que ocorrem em B e em C respectivamente. Isto é, deve ocorrer o produto cartesiano dos valores de B e de C para as linhas com a em A. Daí termos usado na seção 9.8 as noções alternativas – que consideramos mais intuitivas – de todas as combinações de valores e do produto cartesiano.

F9.8-2 Axiomas de inferência para as DMs. Os primeiros três axiomas M1 a M3 para as DMs são exatamente os mesmos dos A1 a A3 vistos em F9.4-2, trocando-se $\to$ por $\to^*$. Vejamos os outros, considerando o mesmo esquema relacional $R(U)$:

M4. Projetividade. $X \to^* Y$ e $X \to^* Z \Rightarrow X \to^* Y \supset Z$.

M5. Transitividade. $X \to^* Y$ e $Y \to^* Z \Rightarrow X \to^* Z - Y$.

M6. Pseudotransitividade. $X \to^* Y$ e $YX \to^* Z \Rightarrow XV \to^* Z - YV$.

M7. Complementação. $X \to Y$ e $Z = U - XY \Rightarrow X \to^* Z$.

Pode-se provar que M1 a M7 são completos para conjuntos de DMs.

F9.8-3 Axiomas de inferência envolvendo DFs e DMs

F1. Replicação (de DF para MD). $X \to Y \Rightarrow X \to^* Y$.
F2. Coalescência. $X \to^* Y$ e $Z \to V, V \subseteq Y$ e $Y \cap Z = \phi \Rightarrow X \to V$.

Pode-se provar que A1 a A6, M1 a M7, e F1 e F2 são completos para conjuntos de DFs e DMs. Note-se que a partir de um conjunto só com MDs não se consegue inferir nenhuma DF que não seja trivial, isto é, que não seja da forma $X \to Y$ onde $Y \subseteq X$.

***Exercício* EF9.8-1** Construa algumas tabelas simples com algumas DFs e DMs para verificar a validade dos axiomas acima.

F9.8-4 Prova de que, se uma tabela $T(U)$ está em 4FN, também está em FNBC. Suponha por absurdo que T não está em FNBC. Então existem $C, X \subseteq U$ e $A \in U$ tal que C é uma chave de $T, A \notin CX$, e $C \to X, X \not\to C$ e $X \to A$. Como $X \to A \Rightarrow X \to^* A$. Temos, assim, uma DM. Resta mostrar que ela não é trivial (ver a def. 9.8-2). Como X não é uma chave de T, pois $X \not\to C, A \notin X$, e deve haver algum atributo de C que não está em X e assim $XA \neq U$, conclui-se que a MD $X \to^* A$ indica que T não está na 4FN, o que contradiz a hipótese.

9.13 Referências bibliográficas e histórico

Codd formulou a 1FN em seu primeiro artigo sobre o modelo relacional [Codd 1970]. A 2FN e a 3FNs apareceram em [Codd 1972a]. Um pouco mais tarde, ele aperfeiçoou a terceira forma normal, apresentando o que ficou conhecido como a forma normal de Boyce-Codd [Codd 1974]. A 4FN foi proposta por R. Fagin [1977], e finalmente a quinta forma normal, denominada de Forma Normal de Projeção-Junção, foi proposta também por R. Fagin [1979a]. Uma introdução didática às formas normais é [Kent 1983].

A teoria axiomática das DFs foi inicialmente apresentada por W.W. Armstrong [1974]. A das DMs é devida a C.R. Beeri, R. Fagin e J.H. Howard [1977]. Para uma abordagem matemática profunda das teorias das formas normais e das DFs e DMs, veja-se o excelente livro de D. Maier [1983], que inclui os algoritmos de síntese de tabelas a partir de DFs. Abordagens mais simples e didáticas podem ser vistas em [Ullman 1997, Silberschatz 1999, Elmasri 2002 e Ramakrishnan 2002].

O algoritmo de síntese de tabelas a partir de um conjunto de dependências funcionais foi introduzido por P. Bernstein [1976]; ele pode ser encontrado em detalhes em [Maier 1983]. [Smith 1985] apresenta um processo gráfico de síntese.

A introdução das formas normais a partir do problema prático das notas fiscais foi extraída de [Setzer 1989], onde se encontra cópia da nota fiscal original.

O processo de "engenharia reversa" é descrito em detalhe no excelente livro de Carlos Alberto Heuser [2001].

Capítulo 10

Implementação de Índices

10.1 Introdução

Na seção 3.3 introduzimos a noção de índice: uma coluna ou composição de colunas de uma tabela do modelo relacional que, assim declarados, permitem uma busca eficiente nas linhas da tabela, a partir de um valor da coluna ou da composição de valores para cada elemento da composição de colunas. Vamos considerar e exemplificar daqui por diante apenas o caso simplificado de índices consistindo em uma única coluna. O caso de composição de colunas é uma extensão elementar, sem nenhuma mudança nos conceitos a serem aqui apresentados.

Em 3.3 caracterizamos o que seria uma busca ineficiente: aquela em que o tempo de busca de uma linha usando-se o valor de um índice seria proporcional ao tamanho da tabela. Isto é, à medida que a tabela cresce, o tempo de busca cresce na mesma proporção. É a *busca linear* (essa palavra "linear" provém da forma de reta que dá um gráfico cartesiano onde se colocam, nas ordenadas, o tempo de busca, e nas abscissas o tamanho do arquivo). Nesse caso, não há necessidade de estruturar o arquivo que contém a tabela de uma maneira especial: uma simples varredura seqüencial de todas as linhas, até encontrar-se aquela na qual o valor do índice é o procurado, resulta exatamente nesse tempo linear. Essa é a busca mais eficiente,

324 CAPÍTULO 10 — IMPLEMENTAÇÃO DE ÍNDICES

se é necessário varrer praticamente todas as linhas de uma tabela relacional (isto é, uma tabela do BD relacional – vamos usar essa nomenclatura para distingui-la de outras tabelas que aparecerão neste capítulo).

A busca mais eficiente de todas é aquela em que o tempo de busca é constante com o tamanho da tabela, isto é, independe deste. Na seção 10.4 mostraremos, apenas como ilustração, que existem estruturações da tabela relacional e algoritmos de busca com essa eficiência, permitindo inclusive variação do tamanho da tabela: são os métodos de *espalhamento*.

Uma situação intermediária é dada por uma categoria que exige a criação de um *arquivo de índices* com estrutura de dados em forma de "árvore". Nela, o tempo de busca de uma linha de uma tabela, dado um valor de um índice, é proporcional ao logaritmo do tamanho da tabela. O método mais usado para organizar índices é a *árvore-B*, que tem essa propriedade logarítmica. A tabela seguinte dá uma idéia de como o logaritmo do tamanho N de uma tabela aumenta pouco com a variação do último; vamos utilizar o logaritmo binário (na base 2):

N	$\log_2 N$
1024	10
2048	11
4096	12
8192	13

Vê-se que, dobrando-se o tamanho da tabela (e isso vale para qualquer tamanho), o tempo de busca aumenta em apenas uma unidade de proporcionalidade. Por exemplo, se o tamanho for 2048 e o tempo de busca for de 22 ms (milissegundos), dobrando-se o tamanho para 4096, haverá aumento de apenas 2 ms na busca. Se o logaritmo fosse na base 10, multiplicando-se o tamanho por 10 haveria incremento de apenas uma unidade de proporcionalidade. Veremos que, dependendo do tamanho assumido pelos valores do índice, consegue-se usar arquivos de índices organizados em árvores-B com logaritmos com base na ordem de centenas.

Por motivos didáticos, iniciaremos o capítulo com outro tipo de estrutura de arquivos de índices em forma especial de "árvore", as *árvores binárias*, para em seguida abordarmos os fundamentos das árvores-B. Em seguida ilustraremos alguns métodos de espalhamento e, finalmente, a organização de índices em forma de *mapas de bits*. Vários GBDs permitem a escolha de várias maneiras de se estruturar uma tabela relacional e seus índices, a fim de se obter uma busca mais eficiente. Somente uma compreensão básica dessas estruturas e seus algoritmos permite que se faça uma escolha criteriosa da estrutura ideal de um índice para o BD funcionar com maior eficiência — o que dependerá das aplicações para as quais ele será usado. Este capítulo tem, também, a finalidade de satisfazer a curiosidade de leitores que gostariam de saber mais sobre as estruturas internas de BDs. Ele complementa o que foi visto em 6.6 na implementação de tabelas relacionais não-normalizadas.

10.2 Organização de índices em árvores binárias

Vejamos uma possibilidade de organizar arquivos de índices em forma de *árvores binárias de busca*, que denominaremos também de *árvores binárias de dados*. Não abordaremos outros graus, como o ternário, quaternário, etc., pois suas extensões serão vistas na seção 10.3, sobre árvores-B.

O arquivo de índices é organizado como uma seqüência de *nós*. Cada nó tem a estrutura dada na fig. 10.2-1.

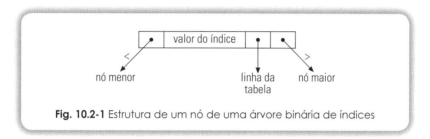

Fig. 10.2-1 Estrutura de um nó de uma árvore binária de índices

Em um nó tem-se 4 campos, da esquerda para a direita:

1) Um ponteiro para o (isto é, um endereço do) nó onde se encontra um valor do índice *menor* do que o valor que está no próprio nó. Todos os nós atingidos a partir do nó apontado têm valores menores do que o do próprio nó.

2) Um valor do índice.

3) Um ponteiro para a linha da tabela relacional onde o índice tem o valor que está no nó. Na verdade, esse ponteiro é o endereço de um bloco do disco, onde se encontra a linha apontada. O bloco deve ser trazido para a unidade central de armazenamento (comumente chamada de "memória", o que consideramos uma antropomorfização indevida), onde ele é varrido até chegar-se à linha com o valor procurado.

4) Um ponteiro para o nó que contém um valor do índice *maior* do que o valor que está no próprio nó. Todos os nós atingidos a partir desse ponteiro têm valores maiores do que o do próprio nó.

Um *bloco* do disco magnético é definido pelo sistema operacional como a unidade de transferência de dados. É uma parte de uma trilha do disco que é transferida para a, ou da unidade central de armazenamento em uma só instrução de linguagem de máquina. Não é possível, em geral, transferir-se menos dados do que os de um bloco.

Nos exemplos seguintes, omitiremos o 3º campo, com o ponteiro para uma linha da tabela relacional, pois ele é sempre usado do mesmo modo: localizando-se o nó com o valor desejado, por meio desse ponteiro chega-se ao bloco onde está a linha da tabela relacional. Uma varredura seqüencial desse bloco leva à linha desejada. Como vimos na seção 6.6, na frente de cada linha da tabela pode haver um ponteiro para o endereço da próxima linha dentro do bloco, acelerando essa varredura.

Seja a árvore de busca binária da fig. 10.2-2, onde usamos valores de texto para o índice (nomes com três letras) para simplificar e permitir referência aos nós.

Suponhamos que a "árvore" já esteja construída. Uma busca se dá percorrendo-se os nós. Tendo-se atingido um certo nó N, se o valor procurado é "menor" do que o do nó, em algum sentido que se der à comparação entre valores do índice (no caso, a ordem é a alfabética crescente), toma-se o nó apontado pelo apontador esquerdo ("nó menor", na fig. 10.2-1) como o novo nó atual e repete-se o procedimento. Se o valor procurado é "maior" do que o valor do índice, toma-se o ponteiro direito ("nó maior"). Por exemplo, deseja-se localizar a linha de uma tabela de pessoas, onde se encontra o valor Ivo – talvez procurem-se os dados da pessoa de nome Ivo; nesse caso, a coluna Nome seria um índice, e a fig. 10.2-2 poderia ser a estutura do arquivo de índice para essa coluna. Começa-se no primeiro nó acima, o de valor Ina. Comparando-se Ivo com Ina, nota-se que o primeiro valor é alfabeticamente "maior" do que o segundo. Toma-se então o ponteiro da direita, chegando-se ao nó com Mao. Como Ivo é "menor" do que Mao, toma-se agora o ponteiro da esquerda, chegando-se ao nó desejado, com valor Ivo. Usa-se então o ponteiro para a linha da tabela de pessoas que está no nó com Ivo (implícito, na fig. 10.2-2), chegando-se aos dados desejados.

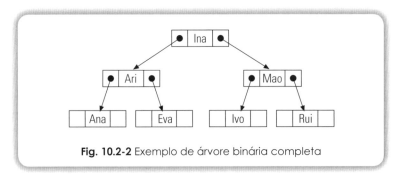

Fig. 10.2-2 Exemplo de árvore binária completa

Vejamos algumas definições. Pode-se imaginar essa estrutura de dados como sendo semelhante a uma árvore natural plana, mas de cabeça para baixo (isso não é de estranhar – o pessoal de computação parece mesmo andar de cabeça virada...). O nó mais em cima é denominado "*raiz*" da "árvore", no caso o que contém Ina. (Pedimos desculpas ao leitor pelo rigor, mas esses nomes originários da natureza, aplicados a algo totalmente abstrato, e que não tem nada de natural, obriga-nos a colocá-los entre aspas, para distingui-los do uso comum dos mesmos.) Os nós mais embaixo são as "*folhas*" da "árvore" e caracterizam-se por não apontarem para nenhum nó da "árvore". Pode-se considerar nesse caso que os ponteiros são vazios. Representamos esse fato deixando vazias as casinhas dos ponteiros. Cada nó tem até dois nós "*filhos*", isto é, tem até *dois* apontadores para nós. Aliás, isso é que caracteriza uma *árvore binária*, isto é, cada nó pode ter até dois "filhos". Assim, os nós com valores Ana e Eva são "filhos" do nó com Ari. Os nós "folhas" não têm "filhos" (e os seus ponteiros são vazios). Cada nó N tem um *único* "*pai*", isto é, um nó com um ponteiro para N; por exemplo, o nó com Ivo tem como "pai" o nó com Mao. A "raiz" (com Ina) é o *único* nó sem "pai". Em outras palavras, não há nó "solto" que pertença a uma "árvore", a não ser que ela se reduza somente à "raiz". Tecnicamente, diz-se então que uma árvore de dados é uma estrutura *conexa*. Cada nó que é "pai", isto é, não é um nó "folha", por exemplo o nó com Ari pode ter um "*filho*" *esquerdo* (no caso, Ana) e um "*filho*" *direito* (Eva), que são nós "*irmãos*". O *nível* de um nó é dado pelo número de nós percorridos seguindo-se os ponteiros desde a "raiz" até o nó em questão, inclusive. No exemplo, o nó com Mao tem nível 2 e o com Eva tem

10.2 Organização de Índices em Árvores Binárias

nível 3. Todos os nós de um mesmo nível constituem um certo *nível* da árvore de dados. A *altura* de uma árvore de dados é o nível de um nó de maior nível.

Dada uma árvore binária, pode-se considerar que os dois apontadores de um nó para seus "filhos" apontam na verdade cada um para uma *subárvore*. Assim, o nó "raiz" da fig. 10.2-2 aponta para as subárvores de "raízes" com valores Ari e Mao. Observe-se que, dado um nó, o ponteiro para o "filho" à esquerda aponta para uma subárvore em que todos os nós têm valor do índice menor do que o daquele nó. O ponteiro para o "filho" direito aponta para uma subárvore somente com valores maiores do que o daquele nó.

Formalismo matemático: ver F10.2 (definição recursiva de árvore binária).

A construção dessa "árvore" é feita da seguinte maneira, supondo que ela seja construída à medida que as linhas são inseridas na tabela de pessoas. Inicialmente, começa-se com uma *árvore vazia*, isto é, sem nenhum nó. Suponhamos que a primeira linha a ser inserida é a que contém os dados de Ina. O valor do índice, "Ina", é copiado da coluna do índice nessa linha, e inserido na "árvore", tornando-se o único nó da mesma, uma "raiz" sem "filhos". A linha seguinte a ser inserida na tabela pode ser (por que não "deve ser"?) a com dados de Mao. O valor Mao do índice é copiado da linha, e inserido na "árvore". Para isso, compara-se o valor Mao com o valor da "raiz", Ina. Como Mao é "maior" (isto é, vem alfabeticamente depois) do que Ina, abre-se um novo nó para o primeiro, e colocado como "filho" direito de Ina. Em seguida, pode vir a linha de Ivo. Comparando-se Ivo com Ina, toma-se o ponteiro direito, chegando-se no nó com Mao, que já existe na "árvore". Ivo é "menor" do que Mao, portanto tenta-se seguir à esquerda. Mas o ponteiro esquerdo de Mao está vazio; isso significa que deve ser criado um nó que conterá Ivo, "filho" esquerdo de Mao, como na fig. 10.2-2. O leitor deveria completar a "árvore" supondo a seguinte seqüência de entrada das linhas seguintes: Ari, Ana, Rui e Eva. O resultado deverá ser o da fig. 10.2-2.

***Exercício* E10.2-1** Construa uma árvore binária de busca a partir dos dados, pela seqüência, Ina, Ari, Eva, Mao, Ana, Rui, Ivo. Compare com a da fig. 10.2-2.

Comparando-se a "árvore" da fig. 10.2-2 com a construída no exercício E10.2-1, vê-se que são idênticas. Se a seqüência de entrada fosse Ari, Ina, Eva, Mao, Ana, Rui, Ivo, a "árvore" resultante seria totalmente diferente, como na fig. 10.2-3.

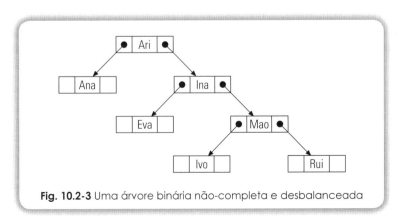

Fig. 10.2-3 Uma árvore binária não-completa e desbalanceada

Em primeiro lugar, é fundamental observar-se que essa "árvore" é diferente da anterior. Os dados são exatamente os mesmos, mas a ordem de entrada dos dados é diferente, e isso pode produzir uma outra estrutura. Além disso, nota-se que ela tem um nível a mais de nós. Existem nós "folhas" com número de nível diferente do número de nível de outros nós "folhas" (o de Ivo tem nível 4, o de Ana nível 2) — isso caracteriza a "árvore" como *não-balanceada*. Numa árvore *balanceada*, o número de nós percorridos desde a raiz até qualquer folha é sempre o mesmo. Uma conseqüência do desbalanceamento da "árvore" da fig. 10.2-3 é que a busca de algumas "folhas" demora mais do que outras, e mais do que na árvore balanceada da fig. 10.2-2. Além disso, pode acontecer de a "árvore" ter altura maior do que uma balanceada: a busca de Ivo requer agora o percurso de 4 nós (a altura dessa "árvore"). Finalmente, a "árvore" da fig. 10.2-3 não é completa. Uma "árvore" é *completa* se é balanceada e todos os nós não-folhas têm exatamente dois filhos. Já a "árvore" da fig. 10.2-2 é completa. Dada uma "árvore" completa, uma outra não-balanceada com os mesmos dados tem necessariamente altura maior do que a primeira.

Um dos dois maiores desbalanceamentos possíveis com os dados do exemplo seria conseguido construindo-se a "árvore" com uma seqüência alfabética dos dados de entrada, no caso, Ana, Ari, Eva, Ina, Ivo, Mao, Rui, como na fig. 10.2-4. Nesse caso, todos os nós têm um só "filho", o da direita. A "árvore" reduz-se a uma lista simplesmente ligada (isto é, com um só ponteiro em cada nó) e a busca reduz-se a uma busca linear.

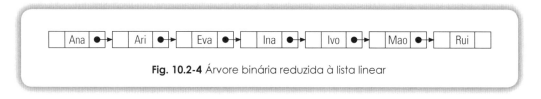

Fig. 10.2-4 Árvore binária reduzida à lista linear

***Exercício* E10.2-2** Construa a outra possível árvore binária reduzida a uma lista simplesmente ligada, com os mesmos dados da fig. 10.2-4. Sugestão: use outra seqüência de entrada. Qual a propriedade dessa seqüência?

Uma árvore binária completa tem, em cada nível, um número de nós que é o dobro do nível anterior (por quê?), e sempre uma potência de 2 ($1 = 2^0$, $2 = 2^1$, $4 = 2^2$, $8 = 2^3$, etc.). Essa árvore tem necessariamente 1, ou 3, ou 7, ou 15, etc. nós, isto é, sempre uma potência de dois (2, 4, 8, 16, etc.) menos 1. Essa potência é exatamente a altura da "árvore". Assim, se a altura de uma árvore binária completa é h, o seu número total de nós n é

$$n = 2^h - 1$$

Na fig. 10.2-2, $h = 3$, e portanto $n = 7$.

Calculemos o custo de uma busca em uma árvore binária completa com n dados, isto é, nós. Vamos considerar como medida do custo o número máximo de comparações que pode resultar em uma busca. Tomemos inicialmente o caso de árvores completas. O custo de busca é então dado pela altura da "árvore", pois as comparações se sucedem desde a "raiz" até uma "folha". Dada uma árvore binária completa com n nós, com $n \geq 1$, temos então, a partir da fórmula acima,

10.2 Organização de Índices em Árvores Binárias

$$n - 1 = 2^h$$
$$\log_2 (n - 1) = \log_2 (2^h)$$
$$\log_2 (n - 1) = h \log_2 2 = h$$
$$h = \log_2 (n - 1)$$

Portanto, a altura da "árvore", e o número máximo de comparações, será $\log_2 (n - 1)$. Com isso atingimos a situação descrita na introdução. Note-se que, se a busca é linear, o número máximo de comparações será n. É interessante notar que o número médio de comparações é $n/2$, no caso linear, e

$$\log_2 (n - 1) - 1 = h - 1$$

no caso de árvore binária completa para n grande. Não é difícil entender esse resultado: é só notar que, a cada novo nível adicionado a uma dessas "árvores", praticamente dobra o número total de nós (e é tanto mais próximo do dobro exato quanto maior o n). Assim, varrendo-se a "árvore" até o penúltimo nível (a dos "pais" das "folhas"), varre-se praticamente a metade dos dados.

Tudo isso vale também para árvores binárias balanceadas, mas não completas. Nesse caso, as fórmulas devem ser mudadas para se tomar o menor número natural que engloba h. Assim, para $n = 12$, isto é, adicionando-se mais um nível à "árvore" da fig. 10.2-2, com 5 folhas, tem-se

$$h = \log_2 (n - 1) = \log_2 (12 - 1) = \log_2 11 = 3{,}459$$

Deve-se, então tomar $h = 4$. A fórmula geral, para qualquer n deve ser, então,

$$h = \lceil \log_2 (n - 1) \rceil$$

onde $\lceil x \rceil$ indica o menor número natural que contém x.

Uma das vantagens das árvores binárias de busca balanceadas, além da velocidade, é que permitem o que se denomina *busca por intervalo* (*range search*). Esse seria o caso, por exemplo, de se desejar buscar, nos exemplos acima, todos os nomes de pessoas entre as letras D e J, o que deve resultar em Eva, Ina e Ivo. Para fazer-se uma tal busca, busca-se o valor D até achá-lo ou achar-se o primeiro maior do que ele (Eva). Depois disso, deve-se percorrer a "árvore" seguindo os nós em ordem alfabética pelo valor, até atingir um nome que, alfabeticamente, venha depois de J. Para isso, usa-se um algoritmo denominado de busca em *pré-ordem*: estando-se em um nó (o nó atual), não se usa o valor do índice que está nele, passando-se ao seu "filho" esquerdo, repetindo o processo. Não havendo esse "filho", ou seu valor de índice já tendo sido usado, usa-se o valor do índice do próprio nó, e em seguida passa-se ao "filho" à direita dele, repetindo-se o processo. Não havendo nem o "filho" à esquerda, nem o à direita, ou ambos já tendo seus valores obtidos, passa-se ao pai do nó atual. No caso da fig. 10.2-3, a busca em pré-ordem iniciando na "raiz" fornece os valores Ana, Ari, Eva, Ina, Ivo, Mao e Rui, nessa ordem.

Para obterem-se valores ordenados em ordem decrescente, pode-se aplicar o algoritmo de busca em *pós-ordem*: ele é idêntico ao de pré-ordem, trocando-se apenas na descrição deste os "filhos" esquerdos pelos direitos e vice-versa.

***Exercício* E10.2-3** Percorra as árvores de dados da fig. 10.2-2 em pré-ordem e pós-ordem, para verificar que são obtidos os valores em ordem alfabética crescente e decrescente, respectivamente.

330 — CAPÍTULO 10 — IMPLEMENTAÇÃO DE ÍNDICES

Um outro caso comum de busca por intervalo é o de se achar todos os valores maiores ou menores do que um determinado valor, por exemplo o nome das pessoas cujo nome vem alfabeticamente depois de Ina. Para isso, localiza-se Ina e segue-se daí para frente a partir do "filho" direito de Ina (que aponta para a subárvore com todos os valores maiores do que Ina) em pré-ordem até não haver mais nós a serem visitados.

Para construir um algoritmo de busca em pré-ordem, pode-se implementar uma estrutura de pilha, onde são guardados os ponteiros para o último nó que vai sendo passado em cada nível; com isso pode-se facilmente voltar ao "pai" de qualquer nó.

O que acontece se o índice não é uma chave, isto é, se há valores repetidos do índice em linhas diferentes? Uma solução é inserir todos os valores repetidos na "árvore", cada um em um nó diferente, com seu ponteiro para uma das linhas onde ocorre aquele valor. Nesse caso, quando se encontra na "árvore" um nó com o valor procurado, deve-se ainda consultar seus "filhos" para ver se há outra linha com o mesmo valor. Uma outra solução é fazer uma lista ligada entre as linhas de mesmo valor do índice, isto é, cada uma aponta para a próxima.

É importante observar que a construção de um índice para uma tabela relacional usando uma árvore binária corresponde a ordenar as linhas segundo valores crescentes desse índice. Uma consulta como "obtenha as linhas onde o valor do índice é maior ou igual ao de seu menor valor", é processada localizando-se o menor valor do índice, e simplesmente seguindo a "árvore" em pré-ordem, obtendo-se assim todas as linhas em ordem crescente do valor daquele índice. Isso torna supérflua, nesse caso, a cláusula order by da SQL. O uso adequado de um índice, como em **... where** Nome >= 'Ina' satisfaz essa consulta.

Resta resolver o problema de balancear uma árvore binária. Se os seus valores são inseridos aleatoriamente, como acontece em geral nos BDs em aplicações normais, ou – desastre total – são inseridos em ordem crescente ou decrescente de valor, o balanceamento sai muito caro: a cada inserção de um novo dado, pode ser preciso durante as inserções transferir os valores de um nó para outro, e muitas vezes até mudar a estrutura da "árvore" para balanceá-la (experimente balancear uma "árvore" construída a partir da seqüência que resultou a fig. 10.2-3. Note que a inserção de Eva já produz a primeira alteração nos dados da "árvore" pronta até esse momento). Devido a isso, foi desenvolvida a árvore binária *AVL (AVL tree)*, em que se relaxa um pouco a condição de balanceamento: em lugar de se exigir que todas as "folhas" tenham o mesmo nível, permite-se que haja diferença de até um nível entre elas. Mas assim mesmo, o custo de inserção continua grande, além de se ter perdido um pouco do balanceamento, isto é, a estrutura da "árvore" não é a ideal. Para resolver esse problema, foi introduzida a árvore-B, que acabou impondo-se como estrutura de índices.

Antes de deixarmos esta seção, aproveitaremos para introduzir um conceito muito importante. Uma *lista invertida (inverted file)* é uma seqüência de endereços de blocos ou registros do disco, usada para se fazer acesso a esses blocos ou registros. A cada endereço é associado um valor de um campo do registro por ele apontado. As árvores binárias de busca são listas invertidas, em que os valores associados são os valores dos índices, organizados como árvores binárias de dados.

10.3 As árvores-B

As árvores-B são listas invertidas em que os valores dos índices são organizados em forma de árvores de dados balanceadas n-árias, isto é, cada nó aponta para um número de nós maior do que 2. Como veremos, esse número pode variar de nó para nó e, dependendo do tamanho dos valores do índice, pode chegar a centenas. Para evitar o problema de ter que mudar com freqüência a estrutura da "árvore", ou transferir valores de um nó para outro nas inserções, a fim de manter o balanceamento, Bayer e McCreight tiveram em 1970 uma idéia simples e genial, que publicaram em um famoso artigo de 1972: simplesmente não preencher um nó com todos os valores possíveis do índice, mantendo assim um espaço para inserções. Quando há eliminações de valores, o espaço assim deixado pode ser reaproveitado, eventualmente sem alterações na estrutura da "árvore". Com isso, o número de alterações nessa estrutura, isto é, a disposição dos nós, diminui enormemente. Descreveremos inicialmente a estrutura da árvore-B original de Bayer e McCreight, para depois mencionar algumas variantes vantajosas.

É importante reconhecer que o "B" do nome "árvore-B" não vem de "binária". Alguns dizem que é devido a "*balanced tree*"; as más línguas dizem que vem de Bayer.

A regra básica de construção de uma árvore-B é muito simples: se ela tiver *grau* $m+1$, isto é, cada nó pode apontar para $m+1$ "filhos", então haverá no máximo m valores do índice em cada nó, e no mínimo $m/2$ valores (toma-se m par para a metade ser um inteiro), com exceção da raiz, que pode ter menos do que $m/2$ "filhos". Assim, a menos da raiz, cada nó tem sempre ocupada no mínimo a metade de seu espaço. Note-se o caso particular da árvore binária, isto é, de grau 2: cada nó tem 2 "filhos", portanto $m+1 = 2$, de modo que $m = 1$, isto é, havia um valor do índice em cada nó.

Na fig. 10.3-1 damos a estrutura geral de um nó com k valores do índice, onde p_j indica o j-ésimo ponteiro para um nó, i_j o j-ésimo valor do índice no nó, e b_j o j-ésimo ponteiro para a linha (na verdade, para o bloco onde está a linha) em que se encontra o valor i_j na coluna ou composição de colunas do índice. Deixamos o campo mais à direita maior e vazio, para indicar que no nó ainda cabem eventualmente mais valores do índice e seus ponteiros.

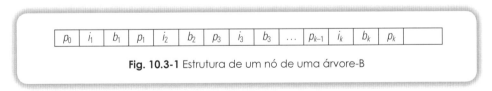

Fig. 10.3-1 Estrutura de um nó de uma árvore-B

Para deixar essa representação mais clara, damos na fig. 10.3-2 um exemplo de uma árvore-B quinária, isto é, de grau 5, em que cada nó pode ter no máximo 4 valores do índice e 5 "filhos". Os ponteiros para os blocos do disco onde estão as linhas da tabela, correspondentes aos b_j da fig. 10.3-1, apontam para um quadradinho, e vêm em seguida ao campo com o valor do índice. Como antes, mostramos que alguns nós ainda têm uma parte que poderia ser ocupada deixando o último campo maior e vazio. Nas folhas, não indicamos os campos p_j com ponteiros para outros nós da árvore-B, pois eles são vazios.

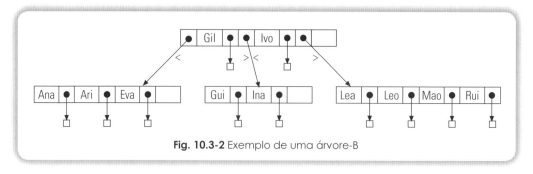

Fig. 10.3-2 Exemplo de uma árvore-B

O ponteiro que precede o campo com Gil, correspondente ao p_0 da fig. 10.3-1, aponta para uma subárvore (no caso, reduzida a um só nó) onde todos os valores são menores do que Gil, como acontecia com as árvores binárias. Isso foi indicado pelo sinal < colocado ao lado do ponteiro correspondente. O valor Gil corresponde ao i_1, e o ponteiro seguinte ao campo com Gil corresponde ao b_1 da fig. 10.3-1, e aponta para o bloco do disco, onde se encontra a linha da tabela relacional que contém o valor Gil. O próximo campo, correspondente a p_1, contém um ponteiro para uma subárvore onde todos os valores são maiores do que Gil e menores do que Ivo (sinais > e <), e assim por diante. Note-se que todos os nós fora da raiz têm no máximo 4 valores do índice e no mínimo 2; a raiz tem 2, mas poderia ter apenas 1. Observe-se ainda que, dentro de cada nó, os valores do índice estão ordenados.

Nos nós não-folhas, cada valor do índice é denominado de *separador* dos valores das subárvores à esquerda e à direita desse valor. No exemplo, Gil é separador das subárvores, cujas "raízes" contêm Ana e Gui.

As seguintes propriedades caracterizam uma árvore-B de grau $m + 1$ para um certo índice de uma tabela relacional:

P₁ Cada nó da árvore ocupa um bloco do disco magnético.

P₂ Cada nó, fora da raiz, tem no máximo m e no mínimo $m/2$ valores de tamanho fixo do índice.

P₃ A raiz pode ter de 1 a m valores de tamanho fixo do índice.

P₄ Em cada nó, os índices estão ordenados em ordem crescente de valor.

P₅ A cada valor do índice em um nó está associado um ponteiro para um bloco do disco, onde se encontra a linha da tabela relacional em que ocorre esse valor na coluna ou composição de colunas desse índice.

P₆ Qualquer nó que não seja "folha", contendo k índices, tem ponteiros para $k+1$ nós "filhos".

P₇ Todos os nós "folhas" estão no mesmo nível, isto é, a árvore é balanceada.

P₈ Nos nós fora das "folhas", cada valor v do índice tem dois ponteiros a ele associados: um aponta para a raiz de uma subárvore, onde todos os valores são menores do que v, e outro para uma subárvore com valores maiores do que v.

A busca de um determinado valor i do índice é feita como nas árvore binárias, com a diferença que nestas havia apenas um valor do índice por nó. Como naquelas, nas árvores-B começa-se a busca pela "raiz". Estando-se em um nó qualquer, procura-se o valor

10.3 AS ÁRVORES-B

de i dentro desse nó. Se encontrado, segue-se o apontador para o bloco do disco, procurando-se aí a linha com o valor i desse índice. Se não encontrado, chega-se, na busca dentro do nó, até o primeiro valor i' que seja maior do que i. Toma-se então o ponteiro imediatamente *anterior* a i', seguindo-se para o nó "filho", ou melhor, para a "raiz" da subárvore correspondente. Esse seria o caso, por exemplo, de buscar-se o valor Ina na árvore da fig. 10.3-2. Começando-se na "raiz", atinge-se Ivo, que é o primeiro (por coincidência, o único nesse nó) valor maior do que Ina. O ponteiro antes de Ivo leva ao segundo nó do 2.º nível, que começa com o valor Gui. Percorrendo-se esse nó, chega-se a Ina. Se no percurso de um nó verifica-se que o valor i é maior do que o último valor do índice presente no nó, segue-se o ponteiro para um nó que está imediatamente depois do último valor, ou melhor, para a "raiz" da subárvore à direita do separador i (p_k da fig. 10.3-1). Isso ocorreria, por exemplo, na busca de Leo. Começando na "raiz", como Leo é maior do que o último valor desse nó, Ivo, continua-se no nó apontado pelo ponteiro para o nó que começa com Lea. Uma busca nesse nó encontra o valor procurado Leo. Obviamente, esse esquema vale para qualquer grau de árvore, com qualquer número de níveis.

A inserção de um novo valor do índice é precedida por uma busca, localizando-se o nó "folha" onde esse valor deveria estar. Várias situações podem ocorrer:

1) Se há lugar nesse nó "folha", o valor é introduzido no mesmo, com um apontador para a linha correspondente na tabela relacional. Esse seria o caso, por exemplo, da introdução do valor Edu, que é inserido entre Ari e Eva no nó que começa com Ana na fig. 10.3-2.

2) Se o nó "folha" onde deve ser inserido o novo valor está *completo*, isto é, o número de valores é m para uma árvore de grau $m + 1$, como no caso de se tentar inserir Oto no nó que começa com Lea na fig. 10.3-2 (nesse caso, m é 4, e já há 4 valores no nó), há duas estratégias a serem consideradas.

2') Pode-se inserir um novo nó "folha", isto é, há no máximo m nós "folhas". Nesse caso, insere-se esse nó, como um "irmão" direto do nó completo, fazendo-se uma *subdivisão* dos valores do nó completo, entre este último e o novo nó. Um dos valores do nó completo, incluindo o novo valor sendo inserido, é introduzido no "pai" do nó completo. Esse valor é justamente o mediano em uma lista ordenada contendo os m valores do nó completo, mais o novo valor sendo introduzido. Por exemplo, na introdução de Oto no nó que começa com Lea, tem-se a lista [Lea, Leo, Mao, Oto, Rui]; o valor mediano é Mao, portanto Mao "sobe" para o nó "pai" do que começa com Lea, e Oto e Rui vão para novo "irmão" desse nó, obtendo-se a situação da fig. 10.3-3.

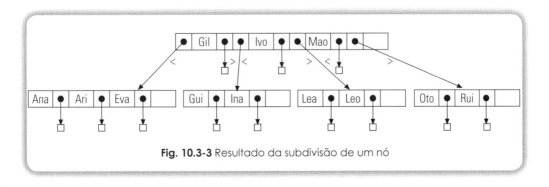

Fig. 10.3-3 Resultado da subdivisão de um nó

Note-se que, se o nó "pai" do que está sendo subdividido também está completo, ele deverá ser subdividido, o que não aconteceu no exemplo. No pior caso, a subdivisão propaga-se até a "raiz". Se esta está completa, será subdividida, com a criação de uma nova raiz com apenas um valor do índice. Nesse caso, a altura da "árvore" foi incrementada de 1. Essa é a única situação em que a árvore aumenta de altura.

2") Uma outra solução para a inserção de um novo valor em um nó completo seria fazer um *deslocamento* de alguns valores do índice desse nó para um nó "irmão" que não esteja completo. Na situação da fig. 10.3-2, e desejando-se inserir Oto no nó que começa com Lea, pode-se verificar que o seu "irmão" vizinho esquerdo (o que começa com Gui) não está completo. Pode-se então deslocar o menor valor da lista do nó completo incluindo o novo valor, no caso Lea, para o seu "pai", e o valor deste para o "irmão" esquerdo. O resultado é o apresentado na fig. 10.3-4.

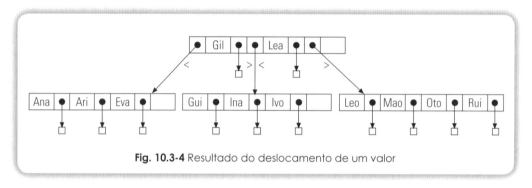

Fig. 10.3-4 Resultado do deslocamento de um valor

A técnica que se emprega é compor uma lista com todos os valores dos dois nós "irmãos", mais o valor do separador dos dois no seu nó "pai", mais o valor a ser inserido, e distribuir essa lista com o valor mediano da mesma no nó "pai", de modo que um dos dois "irmãos" fique no máximo com um valor a mais do que o outro.

Deslocamentos devem, a rigor, somente ser feitos se houver propagação de subdivisões até o nó "raiz" e este estiver completo. Nesse caso, se se fizesse uma subdivisão haveria incremento na altura da "árvore", aumentando o tempo de busca. Assim, é preferível fazer-se mais de um deslocamento quando, por exemplo, um nó "irmão" vizinho seguinte (anterior) de um nó "folha" completo também está completo, mas o "irmão" vizinho seguinte (anterior) deste não está. A razão disso é que se deve tentar conservar o menor número de níveis possível, para acelerar a busca. Somente quando a árvore está completa, isto é, todos os seus nós estão completos, deve-se aumentar um nível. Para isso, subdivide-se a "raiz", criando-se um "pai" para ela, usando a mesma técnica de 2". No entanto, deslocamentos são caros, pois exigem o acesso a pelo menos três nós. Assim, idealmente só se devem fazer deslocamentos se a inserção provocar o aumento do número de níveis da árvore, pois fazendo-se uma subdivisão e criando-se um novo nó, abre-se espaço para futuras inserções sem deslocamentos e alteração na estrutura da árvore-B. Note-se que uma subdivisão cria um novo nó, que deve ser gravado no disco. O deslocamento exige a leitura de mais um nó. Seria necessário entrar em detalhes do gerenciamento de arquivos e do esquema de paginação ("memória virtual") do sistema operacional para decidir-se qual estratégia seria mais eficiente. Em princípio, uma subdivisão, se possível, é preferível, pois abre espaço para mais inserções sem necessidade de mudança na estrutura de nós da "árvore".

10.3 As Árvores-B

Note-se que qualquer subdivisão, inclusive da "raiz", preserva a propriedade P_2: como se está subdividindo um nó completo, isto é, com m valores do índice, os dois nós que resultam (um o próprio antigo, o outro um novo nó) recebem $m/2$ valores. Observe-se ainda que, por simplicidade, o nosso exemplo tem apenas dois níveis; todas as considerações feitas valem para mais níveis. É importante recordar que as inserções sempre se dão nas "folhas". Nós superiores às "folhas" só recebem um valor a mais se houver alguma subdivisão de um seu "filho". Isso não significa necessariamente que haverá uma alteração em um nó "pai" do que recebeu o valor a mais (isto é, no "avô" do que foi subdividido).

Na literatura em inglês, a subdivisão é usualmente denominada de *split* ("divisão", "separação") e o deslocamento é denominado de *overflow* ("sobrecarga").

Exercício E10.3-1 Construa uma árvore-B quinária a partir da seqüência de valores [10, 5, 12, 14, 2, 8, 9, 23, 22, 17, 28, 25, 24, 16, 20, 30, 1, 6, 4, 11, 18, 19, 26, 27, 21, 13, 7, 3, 29, 15]. Use a regra de criar um novo nível somente se a árvore-B estiver completa. Sugestão: acostume-se a desenhar os nós sem os ponteiros. A posição deles já pode indicar quem é "filho" de quem.

A eliminação é o contrário da inserção, com a diferença de que ela pode se dar em qualquer nó, e não só nas folhas. Se um nó fora da "raiz" ficar com menos do que $m/2$ valores, devem-se fazer deslocamentos para preenchê-lo. Não podendo haver deslocamentos, deve-se fazer a "junção" de dois nós "irmãos" vizinhos. A idéia é sempre deixar espaço para futuras inserções, sem que estas impliquem em aumento no número de níveis da "árvore".

Exercício E10.3-2 Faça alterações consecutivas na árvore-B do exercício E10.3-1 para a seguinte seqüência de eliminações: [22, 11, 10, 24, 26, 9, 25, 12, 27, 13, 1, 6, 2, 3].

Lembrando-se que cada nó é armazenado em um bloco do disco magnético, qualquer estratégia adotada deveria ter como objetivo diminuir o número de acessos a diferentes blocos. Para se fazer um deslocamento, é necessário fazer o acesso a pelo menos 3 blocos. Idem, para uma subdivisão. No entanto, deve-se levar em conta que os blocos lidos no percurso de uma árvore-B tendem a ficar simultaneamente na unidade central de armazenamento, pois nesta sempre ficam as páginas (blocos de entrada/saída e usados na "memória virtual") de acesso mais recente. Isso significa que a estratégia adotada – subdivisão/junção ou deslocamento – depende da aplicação: se só há inserções, a estratégia deve ser uma (talvez priorizando as subdivisões). Se durante um certo tempo houver um equilíbrio entre inserções e eliminações, a estratégia deve ser outra (e certamente a que menos mexe na estrutura da árvore). Se durante um certo tempo houver mais eliminações do que inserções, deve ainda ser outra. Estatísticas poderiam ajudar a mudar dinamicamente a estratégia adotada.

O tempo de busca em uma árvore-B é devido praticamente ao número de blocos lidos do disco, já que o processamento de cada bloco é desprezível, comparado com o de transferência do mesmo, pois passa-se a processar dados que estão na unidade central de armazenamento. O percurso para se chegar a um certo valor do índice representado na árvore é o da "raiz" até no máximo as "folhas", isto é, a altura da "árvore", analogamente à árvore binária estudada na seção anterior. Em termos do número total de valores armazenados na "árvore", a diferença é que agora não se está lidando com um logaritmo na base 2, e sim na base $m+1$, o grau da árvore-B. Vamos fazer uma conta aproximada como exemplo. Suponhamos que o valor do índice tenha 10 *bytes*, e cada ponteiro tenha 4 *bytes* (em geral tem menos, pois esses ponteiros podem ser relativos a uma base, o início do arquivo). Temos então 18 *bytes* por valor do índice (a menos do primeiro de cada nó). Isso significa que para um tamanho de bloco de 8 Kb, isto é, 8.192 *bytes*, cabem praticamente 455 valores do índice e os ponteiros a eles associados. Isso significa que o logaritmo será no máximo de base 455, e no mínimo a metade, 227! Usando essa metade, inclusive na raiz , com dois níveis da "'árvore", isto é, dois acessos no máximo ao disco, encontramos 51.983 valores do índice (227 em cada uma das 228 "folhas" e 227 na "raiz"). Com 3 acessos (3 níveis), 11.852.351! (De onde surgiu esse último número?) Na verdade, deve-se ainda contar com mais um acesso, ao se seguir o ponteiro para o bloco onde está a linha da tabela relacional procurada. No entanto, deve-se em geral contar com um acesso a menos, pois se o índice é muito usado, o bloco da raiz tende a permanecer na unidade central de armazenamento, devido aos algoritmos comumente usados no gerenciamento da "memória virtual" (os últimos blocos usados permanecem nessa unidade).

Além do acesso relativamente rápido, as árvores-B apresentam ainda uma vantagem enorme: uma eficiente busca por intervalo (*range search*), como descrito em 10.2. De fato, os valores estão sempre ordenados em ordem crescente, de modo que localizar um valor e depois seguir os próximos em ordem crescente é feito de maneira muito eficiente. Pode-se considerar que uma árvore-B com valores de um índice de uma tabela relacional ordena as linhas dessa tabela segundo os valores do índice – as linhas podem ser obtidas em ordem crescente do índice, fazendo uma busca em pré-ordem da "árvore" do índice.

Este não é um tratado sobre árvores-B (ver nas referências a indicação de um tal tratado, no vernáculo), mas cremos que é importante mencionar duas variações das árvores-B, e ainda modificações que podem ser feitas no original de Bayer e McCreight, que vimos descrevendo até aqui.

A primeira variação é a denominada às vezes de *árvore-B**. Nela, os ponteiros para as linhas da tabela relacional onde ocorre o índice são colocados apenas nas folhas. Com isso, ganha-se o espaço dos ponteiros para essas linhas nos nós não-folhas, mas é necessário repetir os valores do índice das folhas que ocorrem nos nós não-folhas. A fig. 10.3-5 mostra a árvore-B* correspondente à da fig. 10.3-3; note-se que Gil, Ivo e Mao estão duplicados.

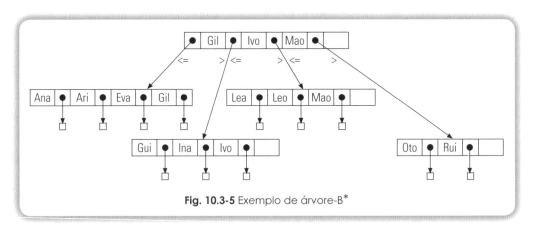

Fig. 10.3-5 Exemplo de árvore-B*

No cálculo que fizemos para um exemplo de um bloco de 8 Kb, valores do índice de 10 *bytes* e ponteiros de 4 *bytes*, teremos agora 585 valores por nó. Na verdade, os pontei-

10.3 As Árvores-B

337

ros para os nós podem ser bem menores (por exemplo, com 2 *bytes*) do que os ponteiros para os blocos com as linhas da tabela relacional, pois o arquivo de índice é certamente muito menor do que aquele em que está a tabela. Assim, é possível usar um valor de m para os nós não-folhas e outro para os "folhas". Note-se que, comparando com a árvore-B, a árvore-B* exige um percurso maior (o que significa mais blocos do disco a serem lidos) no caso de valores que, na primeira, encontram-se nos nós não-folhas. Mas para graus muito grandes da árvore-B* esse não é um caso freqüente. Tomando nosso exemplo, na árvore-B de 3 níveis temos no mínimo $228 \times 228 \times 227$ valores do índice nas "folhas", isto é, 11.800.368 valores. Na "raiz" e nos nós do 2º nível temos $227 + 228 \times 227 = 51.983$ valores. Portanto, a probabilidade de se estar procurando um valor do índice fora das folhas é de 0,44%. Por outro lado, o aumento do grau dos nós não-folhas no caso da árvore-B* diminui em muitos casos a altura da árvore, o que compensa de longe qualquer pequeno aumento no número de acessos, devido à necessidade de se atingir sempre uma "folha". Por causa disso, na árvore-B* o número de nós percorrido desde a raiz em qualquer acesso é sempre constante, o que é uma vantagem no cálculo do custo de uma busca ou experiências de comparação entre buscas. Deve-se ainda considerar que, em um sistema de "memória virtual", as páginas de acesso mais freqüente tendem a permanecer na unidade central de armazenamento. O uso freqüente de uma determinada árvore-B tenderá a fazer com que sua raiz permaneça residente naquela unidade, diminuindo em 1 o número de acessos ao disco durante as buscas.

Finalmente, um outro tipo que tem sido muito usado, por exemplo no sistema de gerenciamento de arquivos VSAM da IBM, e no GBD Oracle, é o da *árvore-B$^+$*. Ela pode ser considerada uma variação da árvore-B*, em que se colocam nas folhas as próprias linhas da tabela relacional, no lugar dos ponteiros para blocos do disco onde se encontram essas linhas. Com isso há uma drástica redução no grau de cada nó "folha". No entanto, tem-se a vantagem de que, dentro de cada "folha", as linhas estão ordenadas segundo os valores do índice. Além disso, o gerenciador de arquivos deve tentar colocar, no disco, nós irmãos o mais próximos possível. Esses dois aspectos aceleram muitíssimo a busca por intervalos como, por exemplo, obter-se todas as linhas onde o índice tem um valor maior do que um valor dado. Obviamente, no caso da árvore-B$^+$ o grau de cada nó não-folha será em geral muitíssimo maior do que o grau dos nós "folhas".

Uma característica fundamental de um índice organizado como uma árvore-B$^+$ é que ele é único por tabela relacional, isto é, não é possível ter dois ou mais índices diferentes com essa organização em uma mesma tabela, já que as linhas da mesma estão distribuídas nos blocos do disco segundo os valores e a estrutura de um dos índices. Com isso surge a noção de *índice primário*, que é um índice único, cujos valores determinam uma certa organização do arquivo. Cada outro índice é um *índice secundário*. Obviamente, se o índice primário produz uma certa organização no arquivo onde está a tabela sendo por ele indexada, nenhum índice pode mais organizá-la segundo seus valores.

Se um índice primário é implementado usando-se uma árvore-B$^+$, um índice secundário pode ser implementado usando-se uma árvore-B ou B*, com duas possibilidades: com ponteiros normais para os blocos do disco, com foi visto, ou, em lugar de cada um desses ponteiros, coloca-se o valor do índice primário. A segunda solução foi a adotada no sistema VSAM da IBM. Com isso, há uma desvantagem: qualquer consulta a um índice secundário exige busca em duas "árvores": inicialmente a do índice secundário, obtendo-se o valor do índice primário, e em seguida uma busca na "árvore" do índice primário.

A vantagem de se usar valores do índice primário em lugar de ponteiros para as linhas é a maior independência física dos dados. De fato, mudando-se, por exemplo, uma linha de um bloco do disco magnético para outro bloco, não é necessário alterar nenhuma "árvore" de índice secundário. É suficiente fazer a alteração do ponteiro para o bloco na "árvore" do índice primário.

Uma organização de um índice primário como árvore-B ou -B* permite que os índices secundários usem também esses tipos de "árvores", isto é, a mesma organização pode ser usada em todos os índices dos dois tipos de uma mesma tabela. Achado um valor na "árvore", deve-se seguir o seu ponteiro para o bloco, ou atinge-se o bloco onde está a linha procurada da tabela. Com isso, buscas aleatórias no valor de um índice primário ou secundário têm o mesmo custo (desde que as "árvores" tenham a mesma altura). Já as buscas por intervalos de valores do índice primário são mais eficientes, pois as linhas da tabela devem ser obtidas segundo os valores consecutivos do índice, mas elas já estão ordenadas segundo esses valores, tendo valores consecutivos dentro de cada bloco. Note-se que uma ordenação dentro de um bloco não dá nenhuma vantagem significativa no tempo de processamento, pois cada bloco é varrido na velocidade de acesso da unidade central de armazenamento. O essencial é que linhas que devem ser buscadas consecutivamente já estão no mesmo bloco, o que diminui o número de acessos ao disco.

Vejamos duas variantes das "árvores" vistas, para ilustrar como se podem elaborá-las a fim de aumentar a sua eficiência. A primeira variante aplica-se às árvores-B⁺ e B* e é muito simples: Trata-se de fazer uma lista simplesmente ou duplamente ligada dos nós-folhas vizinhos, a fim de percorrê-los sem precisar passar pelos nós de outros níveis. Isso é ilustrado, no caso simplesmente ligado, na árvore-B* da fig. 10.3-6 (omitimos os valores dos índices, pois não são essenciais para se compreender essa estrutura).

Essa estrutura fornece um acesso muito eficiente em buscas por intervalo do valor do índice, pois, localizado um nó com um valor imediatamente menor do que o menor valor do intervalo, os valores seguintes são obtidos percorrendo-se a lista ligada. Para se atingir um nó "folha" seguinte, não é mais necessário voltar ao "pai" do atual e lá obter o ponteiro para o nó "irmão" (próximo "filho" do mesmo "pai") ou "primo" mais próximo (primeiro "filho" do próximo "irmão" do "pai"): basta seguir o ponteiro para o próximo da lista. Com isso, diminui-se o número de acessos ao disco ao mínimo possível; a busca, a menos do primeiro nó, requer no máximo um acesso ao disco por linha procurada da tabela relacional (por que "no máximo"?).

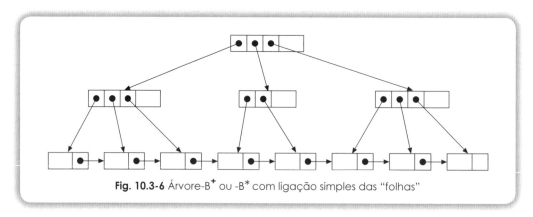

Fig. 10.3-6 Árvore-B⁺ ou -B* com ligação simples das "folhas"

10.3 AS ÁRVORES-B

O ponteiro de um nó "folha" para outro poderia estar no sentido inverso, dependendo de como se deseja percorrer as folhas – no caso, na ordem descendente dos valores do índice. Uma lista duplamente ligada permite tanto buscas eficientes ascendentes como descendentes.

A existência de dois graus diferentes no caso das árvore-B$^+$ ou -B*, isto é, um grau para os nós "folhas" e outro para os não-folhas, sugere tornar-se o grau completamente variável, de nó para nó. É o que acontece quando se faz uma compressão de cada valor do índice. A mais simples é o *truncamento*, isto é, a eliminação de zeros à esquerda da parte inteira de números e brancos à direita de dados alfanuméricos. Nesse caso, cada valor deve ser precedido de seu tamanho, como por exemplo na técnica descrita na seção 6.5. Uma outra possibilidade é inserir um marcador no fim do valor, o que pode ser mais econômico em espaço, mas é mais ineficiente em tempo de processamento, pois exige a varredura de todos os caracteres de todos os campos. Usualmente, os ponteiros têm tamanho fixo e não necessitam de tamanho ou marcador. Uma outra técnica, denominada *prefixação*, válida também para as árvore-B$^+$ e -B*, aplica-se aos índices com valores alfanuméricos, resultando nas "árvores" denominadas *prefixadas*. Trata-se de substituir nos nós não-folhas esses valores do índice por valores quaisquer com o mínimo tamanho possível, mas que ainda permitam o percurso correto da "árvore". A fig. 10.3-7 mostra o exemplo da fig. 10.3-5 agora em uma árvore-B* prefixada. Infelizmente, a "árvore" original tinha apenas 2 níveis, de modo que nesse exemplo somente a "raiz" pode ser efetivamente prefixada. Usamos como estratégia para formação de um prefixo p (por exemplo, Gu) o menor número de letras do primeiro valor do índice em cada nó-folha f (no caso, o que contém Gui) que possibilite uma busca correta, isto é, p deve ser menor do que aquele valor e maior ou igual ao último valor (Gil) do nó "irmão" à esquerda (o que começa com Ana) do nó f. Assim, no exemplo, Gil ≤ Gu < Gui.

***Exercício* E10.3-3** Insira na árvore-B* da fig. 10.3-7 os seguintes valores, nessa ordem, mantendo a prefixação: Ada, Wun, Lia, Ema, Bia, Lin, Edu, Teo, Kai, Mao, Eda, Mia e Ida.

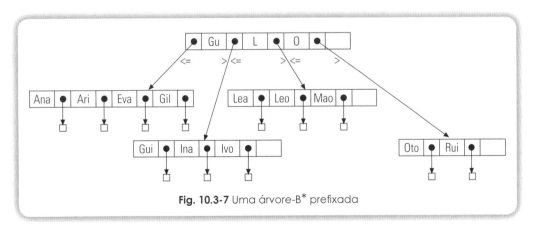

Fig. 10.3-7 Uma árvore-B* prefixada

A compressão e a prefixação de valores do índice ilustram o caso de "árvores" em que não se pode prever quantos valores do índice cabem em cada nó, isto é, tem-se um número variável de valores do índice por nó. Assim, o grau $m+1$ para uma tal "árvore" não faz mais sentido. Em lugar de se ter no mínimo $m/2$ valores por nó, agora pode-se usar o critério de que cada nó tenha no mínimo metade de seu *espaço* ocupado.

Há ainda muitas outras variantes das árvores-B (daqui para frente, "árvore-B" será usada genericamente para indicar qualquer tipo), por exemplo a de não eliminar um valor de um índice se a linha correspondente na tabela relacional for eliminada, o que se denomina de *adiamento* de eliminação basta eliminar o ponteiro para a linha da tabela relacional, isto é, colocar um ponteiro vazio em seu lugar. Dessa forma, pode-se reaproveitar o valor do índice e a estrutura da "árvore", se esse valor for inserido novamente. Quando um nó fica completo e é necessário inserir nele algum novo valor do índice, pode-se reaproveitar o espaço de um valor ao qual corresponde um ponteiro vazio para a linha da tabela. Não abordaremos outras variantes, pois não é o escopo deste livro.

Um aspecto fundamental é o espaço perdido por se deixar parte (no máximo, a metade) de cada nó eventualmente vazia. O *fator de ocupação* de uma árvore-B foi definido como a divisão do número de valores do índice armazenados na "árvore" pelo número total de valores que poderiam ser armazenados nessa "árvore". Obviamente, por construção, o fator de ocupação deve ser pelo menos de 50%. Pode-se provar que, em inserções aleatórias, ele é, em média, $\ln 2 \cong 69{,}31\%$.

O conhecimento de árvores-B pode ser muito útil para otimizar a eficiência do BD. Por exemplo, deve ter ficado claro por que recomendamos na seção 3.14 que não se empregue um número muito grande de índices em cada tabela relacional: para inserir uma nova linha na tabela, é necessário percorrer todas as "árvores" de todos os índices da tabela até achar-se o local onde o valor do índice para a nova linha deve ser inserido. Um aspecto fundamental que fica claro com aquele conhecimento é que se deve usar índices com o menor tamanho possível, para aumentar o grau das árvores-B. No entanto, essa regra pode ser relaxada, se o processador de árvores-B faz compressão dos índices por truncamento ou prefixação.

Infelizmente, os gerenciadores de arquivos que empregam árvores-B não permitem que se escolha o tipo da mesma (B, B* ou B$^+$). Por exemplo, uma aplicação em que não se fazem buscas ordenadas pelo índice primário de uma tabela apresenta desvantagens, se a implementação for com uma árvore-B$^+$.

Obviamente, as árvores-B podem ser usadas com qualquer arquivo. Usamo-las aqui como implementação de índices de tabelas relacionais simplesmente por ser esse o tópico computacional deste livro.

Finalmente, é importante observar-se que os índices introduzem uma dependência interna (usualmente chamada de "física") no modelo relacional. De fato, mudando-se o bloco em que está armazenada uma linha de alguma tabela, é necessário alterar os ponteiros de todos os índices da tabela, que apontam para aquela linha. Assim, a propalada independência física do modelo relacional deixa de existir, quando se usam índices.

10.4 Métodos de espalhamento

Nesta seção ilustraremos maneiras de se organizarem tabelas relacionais usando-se métodos de *espalhamento* (em inglês, *hashing* – *hash* significa neste caso "picar"). Um método de espalhamento muito conhecido é o que usa uma *tabela de espalhamento* (*hash table*), onde existe uma parte de tamanho fixo denominada de *área primária*, para a qual é aplicado o resultado de uma *função de espalhamento*, h, usada para cal-

10.4 Métodos de Espalhamento

cular-se o endereço da entrada desejada. Assim, se i é o valor do índice, $h(i)$ fornece o endereço da linha na área primária da tabela de espalhamento. Como essa parte da tabela de espalhamento tem em geral tamanho fixo, é necessário usar uma outra, de tamanho variável, a *área de colisão*, que é uma lista ligada, contendo os valores do índice que não puderam ser colocados na parte primária. O início de cada cadeia de colisões está sempre na tabela primária.

Na fig. 10.4-1 mostramos uma tabela de espalhamento; colocamos apenas os valores do índice i e não a linha completa da tabela relacional onde ele ocorre. Separamos a área primária da de colisão por simplicidade; em geral a segunda é contígua à primeira. A primeira coluna da área primária, com contornos tracejados, não faz parte da tabela, tendo sido colocada simplesmente para mostrar em que linhas se chega pelo cálculo da função de espalhamento. A função usada nesse exemplo, por simplicidade, é a $h(i) = i$ mod 10, isto é, dado um valor i do índice, localiza-se a entrada correspondente na parte primária da tabela de espalhamento, que tem 10 linhas, tomando-se o resto da divisão de i por 10, isto é, simplesmente o seu algarismo das unidades. Na verdade, para achar-se o endereço da linha procurada, o valor de $h(i)$ deve ser multiplicado pelo tamanho de cada linha, e o resultado somado ao endereço da base dessa tabela, isto é, do início da primeira linha. Nessa figura, supomos a seguinte seqüência de entrada: 99, 20, 12, 73, 36, 12, 43, 08, 57, 31, 85, 65, 17, 45, 88 e 07. Para cada um desses valores, é calculada a função de espalhamento, resultando a seqüência 9, 0, 2, 3, etc. Para cada nova linha a ser inserida na tabela relacional, calcula-se o valor do seu endereço, verificando-se a linha com a entrada correspondente na tabela primária. Se a coluna i desta linha estiver vazia, insere-se esse valor nessa coluna. Se a coluna estiver preenchida, diz-se que há uma *colisão* (esse nome provém do fato de dois ou mais valores do índice deverem ocupar a mesma linha da tabela primária), e se insere o valor do índice na primeira entrada vazia da área de colisão. Na coluna Colisão é inserido um ponteiro para a linha, onde foi introduzido aquele valor.

Quando não há colisão para um certo valor do índice, o acesso é feito a uma única linha. Havendo colisão é necessário percorrer a lista simplesmente ligada determinada pelos ponteiros que começam no elemento localizado na parte primária. Nesse caso, o acesso passa a ser linear nessa lista. Por exemplo, a busca de 07 dá $h(07) = 7$; na linha dessa posição encontra-se o valor 57; como este é diferente de 07, o ponteiro ao lado de 57 é percorrido, indo-se para a área de colisão e atingindo-se o valor 17; como este também não é igual a 07, percorre-se seu ponteiro, atingindo-se o valor procurado 07.

Na prática, as linhas de uma tabela relacional estão agrupadas em blocos do disco, e a função de espalhamento, aplicada a um valor do índice, resulta no endereço do bloco onde está aquela linha na área primária. Todas as linhas de um bloco têm o mesmo valor da função de espalhamento. Os apontadores das colunas de colisão apontam também para blocos do disco. É como se, na tabela da fig. 10.4-1, cada linha da tabela de espalhamento contivesse várias linhas da tabela relacional — na verdade, quantas couberem em um bloco do disco —, todas com o mesmo valor da função de espalhamento. Isso produz uma diminuição no tamanho da área de colisão. Por exemplo, se em cada bloco do disco coubessem 3 linhas da tabela relacional, na fig. 10.4-1 não ocorreria nenhuma colisão. A tabela relacional fica distribuída no arquivo do disco, de forma a seguir a função de espalhamento. Obviamente, isso exige que apenas um índice por tabela relacional use essa técnica de espalhamento.

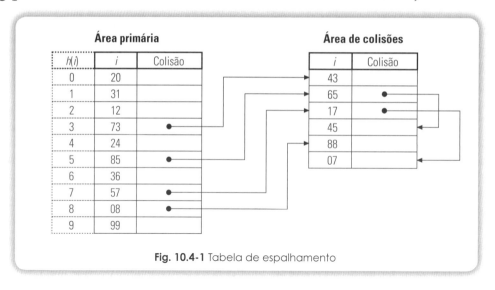

Fig. 10.4-1 Tabela de espalhamento

Cada ponteiro de uma cadeia de colisão implica, em geral, na necessidade de leitura de um novo bloco. Assim, o ideal seria usar-se uma função de espalhamento que não produzisse colisões. Sabendo-se o número de linhas que serão armazenadas na tabela relacional, pode-se reservar cerca de 20% a mais de linhas na área primária (contando várias linhas relacionais para uma linha da tabela de espalhamento), e escolher uma função de espalhamento que torne o resultado da sua aplicação o mais aleatório possível nos valores esperados para o índice, garantindo assim muito poucas colisões. Esse espaço a mais da área primária sugere uma variante: eliminar-se a área separada de colisão, e colocarem-se as linhas de colisão dentro da própria área primária. Com isso, elimina-se a coluna com os ponteiros de colisão. Uma função especial determina univocamente o endereço onde está a próxima colisão, resultando nas técnicas denominadas de *open addressing*. A mais simples dessas funções, denominada de *teste linear* (*linear probing*), é a que, na inserção, testa circularmente as linhas seguintes àquela em que houve a colisão até encontrar uma livre, onde é inserida a linha que originou a colisão. Essa técnica é bastante atraente para o caso de espalhamento em disco, pois quanto mais agrupadas as linhas de colisão, melhor – haverá menos necessidade de fazer acesso a blocos diferentes do disco. Há outras funções, como a de se aplicar a função de espalhamento sobre o endereço encontrado mais o quadrado do valor do índice, denominada de *teste quadrático* (*quadratic probing*). Um problema que pode ocorrer é o de se fazer uma busca circular em apenas parte das linhas. Pode-se provar que, se a função de espalhamento é da forma $i \bmod p$, onde p é um número primo (e é o número de linhas da tabela de espalhamento), então no teste quadrático no máximo metade da tabela será sempre visitada em cada busca. Daí o uso comum de funções de espalhamento com p primo. Uma outra categoria de funções de espalhamento usadas é a que emprega uma combinação de operação de *ou exclusivo* em partes consecutivas do valor do índice.

Exercício E10.4-1 Represente uma tabela de espalhamento para os valores de índice da fig. 10.4-1, usando teste quadrático para as colisões, com um tamanho da tabela de 19 linhas (por que escolhemos esse tamanho?), com uma linha por bloco do disco.

O grande problema dessas técnicas é que a parte primária deve ser fixa, pois depende da função de espalhamento. Se começar a haver muitas colisões, será necessário

10.4 Métodos de Espalhamento

aumentar o tamanho da parte primária. Isso significa usar uma outra função de espalhamento, e o desastre de recalcular os novos valores da função e realocar todas as linhas da tabela relacional.

Uma das maneiras de diminuir esse desastre é fazer um *espalhamento indireto*. Nele, a tabela de espalhamento contém, das linhas da tabela relacional, apenas a coluna com os valores do índice. É adicionada uma outra coluna com ponteiros para os blocos onde estão as linhas correspondentes da tabela relacional com esses valores. Com isso, tem-se uma lista invertida. A tabela de espalhamento torna-se muito mais compacta do que a tabela relacional, cabendo, por bloco do disco, muitíssimo mais linhas da primeira do que da segunda. Haverá pelo menos 2 acessos ao disco para cada valor do índice: a leitura da tabela de espalhamento, seguida da leitura do bloco com a linha relacional correspondente. Se houver muitos acessos freqüentes usando esse índice, a tendência, devido à paginação da "memória virtual", produzida pelo sistema operacional, será que os poucos blocos com a tabela de espalhamento permanecerão na unidade central de armazenamento, reduzindo o número de acessos ao disco a um por linha da tabela relacional (a menos de necessidade de acesso a blocos contendo colisões). Uma das grandes vantagens do espalhamento indireto é poder-se ter vários índices organizados com essa estrutura.

No espalhamento direto, como as linhas da tabela relacional ficam ordenadas segundo a função de espalhamento, não é possível fazer buscas eficientes por intervalos do valor do índice. Além disso, somente um índice por tabela pode ser usado com espalhamento. Já no espalhamento indireto, este independe da organização das linhas da tabela relacional, e vários índices podem ser construídos sobre uma mesma tabela relacional.

Uma outra solução é usar um algoritmo que permita que a parte primária seja extensível, e se possível eliminar as colisões, resultando em métodos de *espalhamento extensível (extendible hashing)*. Isso é obtido, usando-se uma coleção de funções de espalhamento, e não uma só como vimos até agora. Aproveitando nossas considerações sobre espalhamento indireto, vamos mostrar uma técnica de espalhamento extensível indireto, isto é, que usa ponteiros para as linhas da tabela relacional, o *espalhamento dinâmico (dynamic hashing)*. Nele, constrói-se uma árvore binária de dados que segue as seqüências de *bits* dos valores do índice, da esquerda para a direita. Na fig. 10.4-2 damos um exemplo de uma dessas estruturas. Os ponteiros para os nós da árvore são representados por bolinhas, e os ponteiros para os blocos do disco, por meio de quadradinhos. Cada "folha" da "árvore" contém um ponteiro para um bloco do disco onde se encontram as linhas da tabela relacional, cabendo no exemplo até 4 linhas dessa tabela por bloco. Cada "folha" representa um valor do índice, cujos *bits* mais à esquerda coincidem com os formados no percurso da "raiz" até o nó anterior à "folha". Em cada bloco, a primeira coluna contém os valores do índice; o restante da linha foi omitido e é representado por reticências.

Na fig. 10.4-2, pode-se observar que representamos 3 blocos do disco, de endereços e_1, e_2 e e_3 com 2, 3 e 4 linhas da tabela relacional, respectivamente. Linhas ausentes são representadas como vazias. O 3° bloco está completo, isto é, não cabe nele nem mais uma linha. A busca de uma linha da tabela relacional com um determinado valor do índice é feita com o seguinte algoritmo.

1) Começa-se com o primeiro *bit* mais à esquerda do valor do índice, e na "raiz" da árvore, considerada como tendo nível 1.

2) Suponha-se que se esteja examinando o n-ésimo *bit* mais à esquerda do valor procurado do índice; por construção, atingiu-se um nó do nível n.

3) Se esse nó não for uma "folha", e o n-ésimo *bit* for 0, deve-se tomar o nó que é o "filho" à esquerda; se for 1, deve-se tomar o nó que é o "filho" à direita; em ambos os casos deve-se ainda incrementar n, e voltar para o passo 2.

3') Se esse nó for uma "folha", deve-se copiar o bloco do disco apontado no nó "folha" para a unidade central de armazenamento; nesse nó, deve-se percorrer seqüencialmente as linhas da tabela relacional até encontrar a que tem o valor procurado para o índice.

Por exemplo, busca-se a linha com valor do índice 01000. Começa-se na raiz; como o primeiro *bit* à esquerda é 0, toma-se o ponteiro esquerdo para o nó do 2º nível; estando-se nesse nó, examina-se o 2º *bit* mais às esquerda, que é 1. Toma-se então o ponteiro para a direita, atingindo-se a folha que aponta para o bloco de endereço e_2. Transfere-se esse bloco para a unidade central de armazenamento, onde ele é varrido, encontrando-se a 1ª linha com o valor procurado.

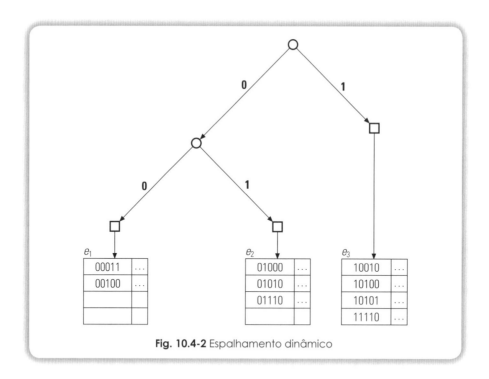

Fig. 10.4-2 Espalhamento dinâmico

Suponhamos que se queira inserir uma linha da tabela relacional com valor do índice 10111. A busca atinge o bloco completo (mais à direita na fig. 10.4-2), onde não cabe mais nenhuma linha, e que portanto fica com sobrecarga. Nesse caso, ele é subdividido em 2, criam-se mais 2 nós-folhas na "árvore", abre-se mais um bloco do disco, cujo endereço chamaremos de e_4, e subdividem-se as linhas do bloco com sobrecarga (contando-se também a linha que está sendo inserida), de acordo com os valores do índice, resultando a situação da fig. 10.4-3 (colocamos os rótulos n_i nos nós da "árvore" para uso posterior).

10.4 Métodos de Espalhamento

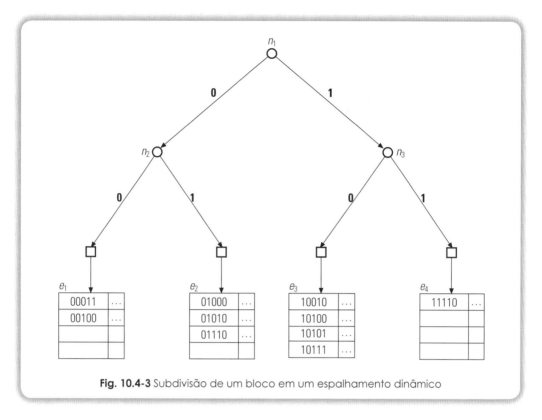

Fig. 10.4-3 Subdivisão de um bloco em um espalhamento dinâmico

Note-se que, antes da subdivisão, a função de espalhamento era a seguinte: $h(00...) = e_1$, $h(01...) = e_2$, $h(1...) = e_3$. Depois da subdivisão, temos outra função: $h(00...) = e_1$, $h(01...) = e_2$, $h(10...) = e_3$, $h(11...) = e_4$. Esse é um exemplo de que agora, em lugar de uma única função de espalhamento, temos uma coleção delas, dependendo da expansão e contração da tabela relacional. Evidentemente, só uma deve ser aplicada.

Nas eliminações, pode-se eliminar blocos que se tornem vazios. Em geral é melhor simplesmente deixá-los vazios, mantendo uma contagem dos mesmos. Periodicamente, dependendo de quantos estão vazios, os arquivos das tabelas relacionais podem ser compactados, eliminando-se os blocos vazios, o que pode ser feito em horários de pouco uso do sistema. Para isso, basta bloquear a "árvore" original para inserções e eliminações, varrer todos os blocos com as linhas da tabela relacional, e ir montando uma nova "árvore" com esses valores. Quando esta estiver pronta, chaveia-se o endereço da "árvore" para a nova versão, e elimina-se a original.

Há uma maneira extremamente simples de se representar internamente essa "árvore" de espalhamento, baseada no fato de que cada nó não-folha da "árvore" tem obrigatoriamente os dois filhos: adotam-se endereços de tamanho fixo para os nós da árvore, que supomos, na fig. 10.4-3, sejam os endereços n_i nela representados, e para os endereços e_i para os blocos da tabela relacional. Esses endereços n_i podem ser bem pequenos: para blocos de 8 Kb, supondo-se que toda a "árvore" esteja em um só bloco, cada um deles pode ser representado por 14 *bits* mais um *bit* de controle e um inútil (ou usado para endereços de 15 *bits*), dando os 16 *bits* de 2 *bytes*. Já os e_i, para os blocos do disco, devem ser grandes, por exemplo, com 31 *bits*, podendo ser menores se relativos a uma base do

346   Capítulo 10 — Implementação de Índices

arquivo, se este é contíguo. A estrutura da "arvore" da fig. 10.4-3 seria então dada pela seqüência de pares

$$(0n_2, 0n_3) (1e_1, 1e_2) (1e_3, 1e_4)$$

onde cada par representa um nó, e o elemento da esquerda (direita) de cada par corresponde a um filho à esquerda (direita). Os elementos iniciando com 0 representam apontadores (endereços em *bytes*) para nós da "árvore", apontando para o primeiro elemento de um par, e iniciando com 1 os apontadores para blocos do disco onde estão as linhas da tabela relacional. No exemplo, n_2 aponta para o início do segundo par, isto é, para $1e_1$, e n_3 aponta para $1e_3$. Note-se que um elemento da forma $0n_2$ contém 16 *bits*, e um da forma $1e_i$ contém 32 *bits*, de modo que é sempre possível atingir-se o segundo elemento de um par, pois o tamanho do primeiro é conhecido.

***Exercício* E10.4-2** Represente graficamente uma "árvore" de espalhamento dinâmico com 3 níveis, desbalanceada, e mostre como seria a sua representação interna.

Quando o índice assume valores tais que todos eles têm os primeiros m bits mais à esquerda com valor 0 (caso de valores numéricos inteiros) ou 1, inicia-se o primeiro nível ("raiz") da "árvore" de espalhamento no *bit* $m + 1$.

O espalhamento dinâmico tem uma grande vantagem em relação a outros métodos de espalhamento: com ele pode-se fazer consultas por intervalos. De fato, uma busca em pré-ordem fornece as "folhas" em ordem binária crescente.

A desvantagem desse método é o espaço ocupado pela "árvore" de espalhamento. No entanto, levando-se em conta que ela é binária e tem exatamente o mesmo número de "folhas" que o de blocos do disco que contém a tabela relacional indexada, pode-se facilmente deduzir que, no pior caso, isto é, uma árvore completa com N "folhas", haverá $2N$-1 nós na árvore, isto é, ela cresce linearmente com o tamanho da tabela relacional por ela indexada, o que é bastante bom. Além disso, o fator de proporcionalidade é bem pequeno, como mostramos na representação interna acima. Existem métodos de espalhamento que resultam em um único acesso ao disco para cada valor do índice. No entanto, eles são desastrosos em relação ao espaço ocupado pela própria tabela.

***Exercício* E10.4-3** Deduza qual o número mínimo de nós que pode ter uma "árvore" de espalhamento com N "folhas".

10.5 Mapas de bits

Uma última maneira de organizar índices é o *mapa de bits* (*bitmap* – uma denominação melhor seria "matriz booleana", mas vamos conservar o jargão da área). Ele pode ser aplicado quando um índice tiver muito poucos valores diferentes relativamente ao número de linhas da tabela relacional e o GBD fixa a ordem das linhas da tabela assim indexada. Isso permite construir-se uma tabela bidimensional de *bits*, em que cada coluna corresponde a um valor do índice, e cada linha a uma linha da tabela relacional. Se para uma certa coluna, isto é, um certo valor do índice, uma linha tem um valor 0, aquele valor do índice não ocorre na linha correspondente da tabela relacional; se for 1, ele ocorre. Na fig. 10.5 mostramos o exemplo de um mapa de *bits* para os valores da coluna Sexo da tabela Pessoas, colocando à esquerda de cada linha o nome de uma pessoa, indicando a que linha da tabela relacional refere-se a linha do mapa de *bits*. Esse nome poderia ser o valor de um índice primário organizado em forma de árvore-B ou de espalhamento, que seria usado na localização da linha correspondente da tabela relacional.

Nome	Sexo = M	Sexo = F
Ina	0	1
Ivo	1	0
Mao	1	0
Ana	0	1

Figura 10.5 Exemplo de mapa de bits

Como os mapas de *bits* não alteram a organização das tabelas relacionais que eles indexam, vários deles podem ser usados em uma só tabela. Os mapas de *bits* são obviamente muito compactos, pois apenas os *bits* são armazenados, e podem acelerar enormemente os processamentos de consultas em que a condição de busca (cláusula **where** em SQL, por exemplo **... where Sexo = 'F'**) envolve colunas com essa organização de índices. De fato, para testar se uma certa linha da tabela relacional satisfaz uma determinada condição em uma coluna indexada por mapa de *bits*, basta examinar esse mapa, que é extremamente compacto, e não a linha propriamente dita. Com isso, é possível testar um número muitíssimo maior de linhas com um só acesso ao disco para trazer uma parte ou todo o mapa de *bits*. Uma combinação de condições de igualdade, com conectivos **and** e **or**, sobre colunas indexadas por mapas de *bits*, pode ser executada por meio de operações de lógica booleana diretamente sobre colunas dos mapas de *bits*. O resultado (valores 1) indicará quais linhas que satisfazem as condições devem ser posteriormente buscadas do disco.

Os mapas de *bits* podem também ser usados como listas invertidas, colocando-se na primeira coluna da matriz os endereços dos blocos onde estão as linhas da tabela relacional.

10.6 Comparação entre as várias organizações de índices

Alguns GBDs permitem que se organize uma tabela relacional usando um dos índices com método de espalhamento (por aí já se pode deduzir que eles não empregam espalhamento indireto); os outros índices devem usar árvores-B ou B*. É preciso conhecer as vantagens e desvantagens de um método em relação a outro para se fazer uma escolha criteriosa.

Em geral, os métodos de espalhamento exigem bem menos acessos ao disco para cada busca, e são mais eficientes quando predominam as buscas por *igualdade*, isto é, quando se procuram linhas da tabela relacional para certos valores dados do índice. No entanto, a menos do espalhamento dinâmico, eles não preservam a ordem dos valores do índice. Uma busca por intervalo exigiria a busca explícita de todos os valores possíveis que o índice pode assumir nesse intervalo, isto é, o cálculo da função de espalhamento para cada um desses valores. Esse seria o caso da função exemplificada na fig. 10.4-1. Em muitas aplicações, isso pode ser inviável, como por exemplo num intervalo de valores de moeda. Assim, é necessário conhecer qual o método de espalhamento usado, a fim de não se produzir um desastre na busca por intervalo. Por exemplo, lendo-se o manual da versão $8i$ do GBD Oracle (no qual basearemos todas as afirmações seguintes sobre esse GBD), deduz-se que ele provavelmente usa um espalhamento quadrático (dado um número N de diferentes valores assumidos pelo índice, ele reserva espaço baseado no próximo número primo maior do que N). Aparentemente, ele usa área de colisão em separado. O usuário pode definir sua própria função de espalhamento, por meio de uma expressão, por exemplo

```
MOD ((Telefone + Endereco.Local.Numero), 211)
```

onde 211 (se não for número primo, é tomado o próximo primo) será o número de entradas da tabela de espalhamento que o sistema deverá usar. O usuário também pode especificar que o próprio valor do índice deve ser usado como a função de espalhamento, como se fosse uma variável indexada de uma linguagem de programação. Como se lê que a função de espalhamento determina a organização das linhas da tabela relacional dentro dos blocos do disco, pode-se concluir que se trata de um espalhamento direto, e que deve existir apenas um único índice (que pode ser uma composição de colunas) com essa organização por tabela.

Uma leitura das seções daquele manual que descrevem os índices em forma de "árvore" permite deduzir que eles são armazenados em estruturas de árvores-B$^+$ (isto é, não são nem B nem B*), com as "folhas" duplamente ligadas, com compressão por agrupamento de prefixos iguais apenas nas "folhas", e com compressão por truncamento nos nós não-folhas. Além disso, é interessante notar que, em índices secundários, o Oracle permite que se inclua um *palpite físico* (*physical guess*) ao lado do valor da chave primária nas folhas de tabelas de pouca volatilidade, isto é, que quase não mudam. Isso permite um acesso rápido por valores dos índices secundários, sem a necessidade de passar pela árvore-B do índice primário.

Um identificador de linha desse GBD nunca muda enquanto a linha existir, e pode ser obtido pelo usuário em comandos em SQL por meio da pseudocoluna ROWID, como em

select ROWID from Pessoas **where** Nome = "Pedro"

Como se podem posteriormente usar os resultados dessa consulta em outras, o que dá a maior eficiência possível no acesso à linhas de uma tabela (no máximo um único acesso ao disco por linha), o ROWID inclui o número da linha dentro do bloco do disco onde ela está. Ele pode ser reutilizado se uma linha for eliminada de uma tabela, e outra inserida posteriormente, de modo que seu uso explícito deve ser restrito às tabelas estritamente não-voláteis. O ROWID tem 64 *bits* e todas as suas partes são contagens, como o número do arquivo onde se encontra o bloco e o número da linha dentro do bloco, ou endereços relativos a alguma base do arquivo. Nos índices secundários das tabelas, é usado um *identificador lógico* (*logical rowid*), baseado no valor da chave primária para apontar para as linhas, e não um *identificador físico* como o descrito. Isso se deve à estrutura da árvore-B$^+$ que, como vimos, coloca as linhas dentro das folhas e, em inserções e eliminações, pode mudá-las de bloco.

10.8 Referências Bibliográficas e Histórico

O Oracle ainda permite a declaração de índices como tabelas de espalhamento, como mencionado, e ainda como mapas de bits. Pode-se deduzir que uma tabela relacional não pode ao mesmo tempo ter um índice por espalhamento e por árvore-B. Uma tabela relacional pode ainda não ter nenhum índice. Nesse caso, qualquer consulta a ela resulta numa busca linear.

É interessante observar que o uso de índices não altera absolutamente nada nas estruturas de tabelas não-normalizadas do MRNN. No entanto, como uma tabela não-normalizada pode ter linhas muito grandes, a implementação com árvores-B$^+$ não é eficiente, sendo preferível o uso das B e B*. Colunas multivaloradas podem ser indexadas exatamente como as monovaloradas, que foram as vistas nas seções acima. A única diferença é que uma linha de uma tabela relacional é apontada no MRN apenas por um valor de um índice. No MRNN, uma coluna multivalorada indexada pode ser apontada por vários valores do índice – mas isso não altera em nada as estruturas dos índices.

Observe-se como o que expusemos sobre os índices pode ajudar a compreender a descrição de características internas do GBD e levar a um projeto mais eficiente do BD. Essa eficiência depende diretamente das aplicações que serão feitas sobre o BD. Vê-se assim que é uma utopia a idéia de que um BD é uma base para quaisquer aplicações que serão desenvolvidas, e pode ser projetado independentemente destas. Como é preciso levar em conta essas organizações físicas dos índices para uma utilização eficiente, a independência física do Modelo Relacional é, em boa parte, uma ilusão.

10.7 Formalismos matemáticos do cap. 10

F10.2-1 Uma árvore binária de busca é um só nó com um valor, ou um nó r, "raiz" da "árvore", contendo: 1) um ponteiro para uma árvore binária de busca com nós com valores menores do que o de r; 2) um valor; 3) um ponteiro para uma árvore binária de busca com nós com valores maiores do que o de r.

Exercícios

EF10.2-1 Estenda essa definição para abarcar também as árvores vazias.

EF10.2-2 Prove a fórmula $n = 2^h - 1$ que dá o número total de nós n de uma árvore binária completa de altura h. Sugestão: use indução finita sobre a altura, e o fato de que cada nível tem o dobro do número de nós do nível anterior.

10.8 Referências bibliográficas e histórico

Sobre árvores binárias e outras estruturas de busca, veja-se [Knuth 1973]. As árvores-B foram introduzidas por R.Bayer e E. McCreight no clássico artigo [Bayer 1972]. Uma resenha completa e detalhada sobre árvores-B até 1992 pode ser encontrada em [Zisman 1993], onde há uma extensa bibliografia comentada. Sobre controle de concorrência em árvores-B, veja-se [Setzer 1994], onde também há uma resenha. A pesquisa em espalhamento extensível começou com [Larson 1978], que introduziu o método de espalhamento dinâmico descrito na seção 10.4. O nome "espalhamento extensível" apareceu em [Fagin 1979], que introduziu uma variação do método de Larson. Resenha sobre métodos de espalhamento extensível pode ser encontrada em [Soares 1988, Enbody 1988]. Um livro dedicado a métodos de acesso a arquivos é [Santos 2001]; muitos livros sobre bancos de dados cobrem esses métodos brevemente, como [Silberschatz 1999, Elmasri 2002, Ramakrishnan 2002]. Um livro dedicado aos aspectos da implementação de BDs é o excelente [Garcia-Molina 2001], onde há um extenso capítulo sobre índices, inclusive um tópico não abordado aqui, os índices multidimensionais. Em [Ziviani 2004], um livro excepcional, encontram-se algoritmos de busca usando espalhamento e árvores-B.

Capítulo 11

Uso de Bancos de Dados pela Internet

11.1 Introdução

Neste capítulo daremos uma breve introdução ao uso de BDs por meio da Internet. Para isso, iniciamos com os conceitos básicos do que vem a ser essa rede, e mostramos como programas são ativados a partir de um computador da rede e executados em outro computador. Esse aspecto é essencial para se compreender como ativar programas que irão manipular um BD instalado em um computador da rede, e como os resultados de uma consulta são enviados ao computador, onde ela foi originada. Exemplificaremos um desses programas de acesso a um BD e como ele é ativado; a linguagem de programação usada foi a JSP, baseada na Java. Em seguida, mencionamos uma pesquisa de Edgard Pevidor de Miranda, um orientado do primeiro autor, que está desenvolvendo um sistema onde um usuário pode especificar acessos a BDs, sem que seja necessário fazer programas. Ele foi o autor dos exemplos aqui mostrados.

11.2 Conceitos básicos sobre a Internet

A Internet pode ser definida como uma rede global de redes locais de computadores e conjuntos de arquivos e de programas distribuídos por essas redes, de modo que cada computador, que chamaremos de *nó* de uma rede, possa ter acesso aos arquivos e programas dos outros. Cada arquivo ou programa disponível dentro da Internet é denominado de *página* desta. No caso de programas, um nó pode ativar a execução de um programa dentro de outro nó ou copiá-lo para execução local (recurso usado por propagadores de virus de computador). A Internet é caracterizada pelo uso de dois protocolos especiais de codificação dos dados que nela trafegam, denominados de TCP (*Transmission Control Protocol*) e de IP (*Internet Protocol*), para a subdivisão dos dados em partes ("pacotes"). Esses protocolos são referidos em geral conjuntamente como TCP/IP. O TCP permite o estabelecimento de uma conexão virtual entre dois nós, a entrega dos pacotes do nó que os envia para o nó que os recebe e garante a ordem dos pacotes. O IP trabalha apenas com os pacotes e funciona como se fosse um correio, permitindo que a entrega seja feita corretamente, por exemplo provocando o reenvio de um pacote, no caso de ele não ser entregue corretamente. Dá-se o nome de *socket* a um conjunto de rotinas instaladas em um nó, que provêm acesso ao TCP/IP. A transferência de dados não é feita de forma contínua, mas sempre por meio da sua subdivisão em pacotes. O TCP/IP usa um endereço numérico padrão de cada nó, denominado *endereço IP*, composto de 4 partes, que é inserido dentro de cada pacote possibilitando a sua entrega ao destino desejado. Por exemplo, o endereço IP de um dos computadores da rede local do Instituto de Matemática e Estatística da USP, conectado diretamente à Internet, servindo portanto de uma "porta" de entrada e saída, é 143.107.45.34. No momento de digitar este texto, o primeiro autor está conectado à Internet por meio de um provedor de banda larga, tendo o seu nó recebido o IP 200.185.149.66. Já numa outra conexão recebeu o endereço IP 200.185.150.37. Cada pacote contém um cabeçalho com o endereço do computador de destino, tamanho do pacote, número de ordem do pacote, dígitos verificadores da consistência dos dados do pacote, etc. O número de ordem permite que os dados sejam recompostos a partir das partes. Em geral, o endereço IP não é empregado, e sim um nome simbólico associado a ele, denominado de URL, de *uniform resource location*. Nós especiais denominados de DNS (*domain name servers*) convertem uma parte inicial de uma URL no endereço de um nó, que é a entrada para uma rede local. Por exemplo, a URL www.ime.usp.br é sempre convertida pelos DNSs para o endereço 143.107.45.34. Parte de uma URL de um arquivo é um nome que se dá ao nó, e outra parte aos diretórios e arquivo onde se encontra. A rede local encarrega-se de usar a segunda parte para localizar uma página daquela rede. Por exemplo, http://www.ime.usp.br/~vwsetzer/jokes/leis.html é a URL de uma página de nome leis.html contendo texto (o que é especificado pela extensão html, como veremos adiante), dentro do diretório jokes na área ~vwsetzer de arquivos da rede local ime.usp.br (essa parte ~vwsetzer é automaticamente convertida para um diretório da rede local, funcionando como abreviatura para um longo caminho de diretórios).

Na verdade, uma URL pode não ser o endereço de uma página com dados ou com programa, mas indicar ao computador de destino que ele deve montar uma página da Internet, denominada nesse caso de *página dinâmica*. A URL pode conter argumentos para a montagem dessa página, como por exemplo na seguinte URL montada pelo sistema de busca Google:

http://www.google.com.br/search?q=%22tabelas:+organizacao+e+pesquisa%22&hl=en&lr=&ie=UTF-8&start=10&sa=N

Existe uma linguagem básica para formatação de textos, denominada HTML (*Hypertext markup language*), largamente empregada na Internet, e reconhecida por qualquer programa navegador. Um texto nessa linguagem contém marcas que indicam, por exemplo, o início e o fim de um trecho que deve ser exibido em itálico. Assim, o trecho em HTML

```
<i> Trecho em itálico. </i>
```

produz a exibição de *Trecho em itálico.* Note-se que, em geral, existe uma marca inicial com a forma <...> e uma final </...>.

Existem editores de HTML, como por exemplo o Netscape Composer (que faz parte do sistema Netscape), o MS Word (quando se salva um arquivo com formato html ou sua abreviação, htm), o MS Front Page, o Dreamweaver, etc. Nesses editores, o usuário digita um texto normalmente, e as marcas vão sendo inseridas automaticamente numa versão em HTML, que é normalmente invisível. Por exemplo, se o usuário produz uma mudança de linha, o editor gera a marca <p>, indicando um novo parágrafo. Assim, é muito fácil produzir um texto em HTML, para ser exibido por meio de um navegador como o Mozilla, o Netscape ou o Internet Explorer, inclusive contendo tabelas e imagens.

Um tipo especial de texto em HTML é o denominado *formulário* (*form*), que pode fazer parte de uma página. Em um formulário, pode-se inserir campos que o usuário deve preencher, bem como "botões" virtuais que, se acionados, produzem o envio desses campos como parâmetros para um computador, cuja URL é especificada implicitamente dentro do formulário, e que denominaremos de *servidor* do formulário. O computador do usuário que preenche o formulário será aqui denominado de *cliente*. Um programa dentro do servidor deve extrair os valores dos parâmetros enviados pelo cliente e executar alguma ação com eles. Uma das ações pode ser o envio de uma nova página para o usuário que preencheu o formulário, com dados referentes a alguma solicitação digitada em um campo do formulário – é isso que vai permitir o acesso aos BDs. Essas ações são feitas por meio de programas executados no servidor. Aí reside um dos grandes problemas da Internet: a necessidade de se fazer programas que tratam dos formulários. Mas essa não é a única dificuldade que leva à confecção de programas: para se usar bancos de dados por meio da Internet, também é necessário elaborar programas. Em geral, um acesso a um banco de dados é feito a partir de dados fornecidos pelo usuário do cliente preenchendo um formulário. Por exemplo, o usuário pode fornecer em um campo de um formulário um texto com o título de um livro, enviá-lo com o acionamento de um "botão" virtual de envio, e o servidor usar esse texto para fazer uma consulta a uma tabela relacional com os dados dos livros, enviando ao usuário uma página em HTML com os dados obtidos como resultado da consulta.

11.3 *Exemplo de um programa de acesso a um BD*

A fig. 11.3-1 mostra uma tela onde é exibido pelo navegador Netscape um formulário para inclusão de dados em um BD de usuários de um sistema.

Na segunda linha da tela exibida na fig. 11.3-1, tem-se a URL com o endereço da página onde se encontra o arquivo em HTML; no caso, não se trata de página da Internet, e sim do computador local. O endereço http://localhost:8080/simples/incluir.html especifica que se trata do computador local do usuário, como estabelecido pelo programa Jakarta

Tomcat, que é um servidor de páginas da Internet e que foi instalado no computador em que foi feita a implementação dos exemplos aqui expostos. Quando ele está ativo em um computador local L, qualquer computador da rede pode fazer acesso aos arquivos de L, devendo-se para isso preceder as URLs com o nome ou o endereço IP de L.

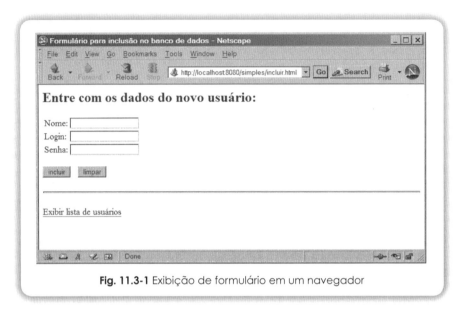

Fig. 11.3-1 Exibição de formulário em um navegador

Nessa figura vê-se a exibição do formulário, iniciando com 3 campos com rótulos Nome:, Login: e Senha:, onde o usuário pode digitar textos. Vêem-se ainda dois botões virtuais, de nomes "incluir" e "limpar". Se o usuário acionar o primeiro, os dados são enviados ao servidor; se acionar o segundo, aquilo que foi digitado será apagado. Finalmente, abaixo da linha divisória encontra-se o texto "Exibir lista de usuários" que contém um vínculo com uma URL de um programa em JSP (de *Java server pages*), que é uma linguagem do tipo *script*, onde se podem colocar comandos em Java junto com comandos em HTML. Um programa em JSP é sempre executado em um servidor, nunca num cliente – no nosso caso, onde estará o GBD e o BD, ao qual se quer fazer acesso. O Jakarta Tomcat compila esse código gerando um programa em Java. Na primeira vez que uma página com código em JSP é ativada, esse código é compilado e o código gerado em Java é guardado e executado. Na próxima vez, somente o código guardado é executado, mesmo que se encerre a sessão de uso anterior.

O código HTML do formulário da fig. 11.3-1 está na fig. 11.3-2. Inserimos vários comentários para facilitar a compreensão; eles são delimitados pelas marcas <!-- e -->. <h2> especifica um parágrafo de título no texto a ser exibido pelo navegador; á a letra "a" com acento agudo. form especifica o início de um formulário, no caso com 2 parâmetros: action dá o nome de um programa (gravar.jsp) que será executado quando for acionado o botão virtual gerado pelo comando <input type="submit" value="incluir"> que, no caso, exibe o "botão" com o texto "incluir". Note-se que gravar.jsp é de fato uma URL. No caso, como o arquivo com esse código em HTML encontra-se no mesmo servidor e no mesmo diretório em que se encontra o programa gravar.jsp, o endereço desse último não foi precedido por nenhuma especificação adicional de página ou de diretório, mas poderia estar em qualquer computador da rede, sendo nele executado.

11.3 Exemplo de um Programa de Acesso a um DB

O comando `<a href ... >` no fim do código insere um vínculo. Por isso "Exibir lista de usuários" está grifada na fig. 11.3-1. Um tal vínculo, se ativado pelo usuário do navegador, provoca a exibição da página ou a execução de um programa, cuja URL está logo após o `href`. No caso, trata-se do programa `listar.jsp`, o que é indicado pela extensão `jsp`.

Por questões de alinhamento, os campos com os rótulos Nome:, Login: e Senha: foram colocados dentro de uma tabela (`table`) sem borda (`border=0`). Ela tem 3 linhas, cada uma indicada pela marca `<tr>`, com uma só coluna cada uma (`<td>`), o que define cada célula da tabela. Dentro das duas primeiras células, foi colocado um comando do tipo `input type="text"`, o que produz no navegador a exibição de um espaço para digitação de texto. A especificação `name` dentro de `input` dá o nome (como por exemplo `login`) do argumento que será passado para o programa que será executado ao se encerrar o formulário, no caso `gravar.jsp` como vimos acima. Na terceira célula, a cláusula `type="password"` especifica que o valor digitado não deve aparecer na tela (aparece, por exemplo, um asterisco no lugar de cada letra). `maxlength` dá o número máximo de caracteres que o usuário poderá digitar, ao usar essa página no navegador.

```
<html> <!-- início do código em html -->
<head> <!-- início do cabeçalho -->
 <title>Formul&aacute;rio para inclus&atilde;o no banco de dados</title>
</head>

<body> <!-- início do corpo com texto, figuras, vínculos, etc. -->
<h2>Entre com os dados do novo usu&aacute;rio:</h2> <!-- título -->
<form action="gravar.jsp" method="POST"> <!-- início do formulário -->
 <table border=0> <!-- início de tabela sem borda -->
 <tr><td>Nome:</td><td><input type="text" name="nome" maxlength=64>
 </td></tr> <!-- tr indica nova linha e td nova coluna -->
 <tr><td>Login:</td><td><input type="text" name="login" maxlength=8>
 </td></tr>
 <tr><td>Senha:</td><td><input type="password" name="senha"
 maxlength=8>
 </td></tr>
 </table>
 <p></p> <!-- linha em branco -->
 <input type="submit" value="incluir"> <!-- botão para encerrar e enviar os dados -->
   <!-- espaço entre os dois botões -->
 <input type="reset" value="limpar"> <!-- botão para limpar -->
</form>
<p></p>
<hr></hr> <!-- linha horizontal -->
<p></p>
<a href="listar.jsp">Exibir lista de usu&aacute;rios</a> <!-- vínculo para o
 programa listar.jsp -->
</body>
</html>
```

Fig. 11.3-2 Formulário em HTML

Na fig. 11.3-3 está o programa `gravar.jsp` que insere no BD os dados digitados pelo usuário usando a tela gerada pelo formulário da fig. 11.3-2. Ele começa com a importação de classes (no sentido da orientação a objetos) do pacote JDBC (Java database connectors), que faz uma interface entre a Java e um GBD. No caso, foi usado o GBD MySQL, que é um *software* livre.

356 CAPÍTULO 11 — USO DE BANCO DE DADOS PELA INTERNET

```
<%@ page import="java.sql.Connection" %> <!-- Importação de classes do JDBC -->
<%@ page import="java.sql.Statement" %>
<%@ page import="java.sql.SQLException" %>
<%@ page import="java.sql.DriverManager" %>
<html>
<head><title>Inclus&atilde;o no banco de dados</title></head>
<body>
<% // Indica que começa código em Java
 boolean incluiu = false; // Indicador de inclusão com sucesso no BD
 int codigoErro = 0;
 // o comando try tenta executar um bloco de comandos, e se der exceção ela pode
 // ser tratada
 try
 { // Abre a conexão com o banco de dados MySQL usando JDBC
 Class.forName("com.mysql.jdbc.Driver").newInstance();
 Connection con = DriverManager.getConnection(
 "jdbc:mysql://localhost/simples?user=edgard&password=senha");
 if (con != null)
 {// Conseguiu completar a conexão; grava no BD os argumentos recebidos
 // Cria um objeto do tipo statement para executar comandos da SQL
 Statement stmt = con.createStatement();
 if (stmt != null)
 // Conseguiu criar o objeto; executa o comando em SQL
 {stmt.executeUpdate("insert into Cadastro(nome, login, senha) values ('" +
 request.getParameter("nome").trim() + "','" +
 request.getParameter("login").trim() + "','" +
 request.getParameter("senha").trim() + "')");
 incluiu = true; // Indica que não houve erro na inclusão
 stmt.close(); } // Fecha o objeto com o comando
 // Fim do if da execução do comando para o MySQL
 con.close();} // Fecha a conexão - Fim do if
 } catch (SQLException e) // Executa se houver condição de exceção (erro) do MySQL
 // Declara 'e' como objeto do tipo exceção
 {codigoErro = e.getErrorCode(); } // Obtém o código do erro
 catch (Exception e) { } // Colocado para exibição automática de mensagem
 // se houver exceção fora do MySQL
 if (incluiu) // Houve inclusão com sucesso
 {
%> <!-- indica que terminou o código em Java e começa em html -->
<h2>Registro inclu&iacute;do com sucesso.</h2> <!-- Mensagem a ser exibida -->
<% // Recomeça código em Java
response.sendRedirect("listar.jsp");} // Interrompe a execução da rotina e
 // faz o navegador solicitar a execução de
 // listar.jsp, exibindo o seu resultado
 else {
%>
<h2>Erro: registro n&atilde;o foi incluido</h2>
C&oacute;digo de erro: <%= codigoErro %><br> <!-- Exibe o código do erro -->
<%
if (codigoErro == 1062) // É um erro de duplicidade de chave?
 {
%>
J&aacute; existe usu&aacute;rio com o login
<%= request.getParameter("login").trim() %> <!-- Exibe a cadeia
que contém o parâmetro de nome login -->
 .
<% } // Fim do último if
 } // Fim do else
%>
<p><hr><p>
<a href="listar.jsp">Exibir lista de usu&aacute;rios</a>
</body>
</html>
```

Fig. 11.3-3 Código em JSP para a rotina `gravar.jsp`

11.5 Referências Bibliográficas e Histórico   *357*

O programa e o formulário das figs. 11.3-2 e -3 foram escritos, processados e testados por Edgard Pevidor de Miranda, a quem agradecemos imensamente a colaboração. Não daremos aqui detalhes de como foi feita a programação de `gravar.jsp` da fig. 11.3-3, já que a nossa intenção é apenas mostrar a necessidade de se fazer um programa para o acesso ao BD. Colocamos muitos comentários, que devem auxiliar a compreensão desse programa aos leitores familiarizados com linguagens de programação, em especial as orientadas a objetos. O programa `listar.jsp` também foi testado. Em http://www.pevidor.com ele pode ser obtido diretamente.

11.4 Um sistema para evitar a programação de acesso a BD pela Internet

Ao tempo do término da redação deste livro (agosto de 2004), Edgard P. de Miranda está em meio ao desenvolvimento de um sistema que permitirá o uso de um GBD pela Internet, sem programação. No estágio atual, o seu sistema permite que o usuário digite em formulário especial um comando em linguagem que é uma extensão da SQL, dando ao usuário uma visão no nível do modelo de entidades e relacionamentos. Comandos estendidos de seleção, inserção, atualização e eliminação da SQL estão disponíveis. A declaração de um BD é feita em XML, que é uma extensão da HTML. As diferenças fundamentais entre as duas é que a segunda é simplesmente uma linguagem de formatação de textos, tabelas, imagens e vínculos, com marcas fixas. A primeira, além disso, permite que se estruture o código incluindo marcas variáveis, que são definidas em uma outra página, denominada de DTD (*document type declaration*). Com isso, podem-se criar marcas que têm a ver com o conteúdo do documento, como por exemplo uma marca assinalando os nomes de autores de um livro, outra a data da publicação, etc. A mudança de uma DTD provoca mudança na exibição de todas as páginas que fazem referência a ela, sendo muito comum a anotação da versão da DTD. Programas podem varrer uma página em XML, extraindo os vários campos a partir de suas marcas.

11.5 Referências bibliográficas e histórico

A primeira rede de computadores remotos foi a ARPANET; em 1969 havia 4 deles interligados em várias universidades americanas. Em 1972, foi feita a primeira demonstração pública dessa rede, que na época já tinha crescido muito. A Internet introduziu a idéia de que o acesso devia ser livre, isto é, o usuário especifica um nó da rede e os dados são automaticamente trocados entre ele e esse nó. Antes disso, a conexão não era virtual, mas feita por meio de chaveamento de circuitos, como num sistema telefônico. A idéia de um protocolo virtual, que deu origem ao TCP/IP, foi introduzida por Robert Kahn, logo depois daquela demonstração pública. Foi formado um grupo de estudos internacional para se criar uma rede internacional. Em 1983, houve a conversão do protocolo da ARPANET para o TCP/IP, e em 1985 a Internet estava já bem estabelecida como rede global de computadores. Em 1993, foi fundada a Internet Society. Em 1995, o Federal Networking Council (FNC) dos EUA oficializou o termo Internet, em um relatório que mencionava explicitamente que os protocolos a serem usados na rede global deveriam ser o TCP e o IP. O *site* www.isoc.org/internet/history/ contém excelentes artigos sobre a história do desenvolvimento das várias redes e da Internet.

358   Capítulo 11 — Uso de Banco de Dados Pela Internet

Existem vários artigos na Internet explicando os protocolos TCP/IP, as linguagens HTML, XML, etc. Como eles são dinâmicos e, de vez em quando, aparecem novos artigos, não daremos aqui as URLs de alguns deles; o leitor pode encontrá-los usando um sistema de busca como o Google (www.google.com) dando como chave de busca, por exemplo, TCP/IP, "Hypertext Markup Language", etc. Sobre a história da Internet, além do *site* citado acima, pode-se fazer uma busca com a chave "history of the internet".

Use http://jakarta.apache.org/tomcat para obter o servidor de Internet Jakarta Tomcat. Para que ele funcione, é necessário ter o compilador Java (J2SE, Java 2 Standard Edition) instalado. Ele pode ser obtido em http://java.sun.com. Depois de carregar e instalar esse compilador, é necessário configurar uma "variável de ambiente" JAVA_HOME do sistema operacional (Windows, Linux, etc.) com o nome do diretório, onde se encontra o compilador Java. No Windows XP, siga os passos

Start - MyComputer (com o botão direito) - Properties - Advanced - Environment Variables

Adicionar no usuário ou na máquina: Variable name: JAVA_HOME e em Variable value: C:\<nome do diretório onde está o compilador Java>.

O GBD MySQL pode ser obtido em http://www.mysql.org, onde também encontra-se o pacote JDBC de rotinas em Java para fazer a interface de Java com o MySQL, permitindo que, de um programa em Java, possa-se usar os comandos do MySQL, por exemplo na linguagem SQL.

Vários livros modernos sobre BD contêm capítulos sobre o uso de BD com a Internet, como [Ramakrishnam 2002, Elmasri 2002].

Referências

Abiteboul, S. e N. Bidoit [1984]. Non first normal form relations to represent hierarchically organized data, *Proceedings of the 3rd ACM SIGACT-SIGMOD symposium on principles of database systems.* New York: ACM Press, pp. 191-200.

Abiteboul, S. e N. Bidoit [1986]. Non first normal form relations: an algebra allowing data restructuring. *Journal of Computer and System Sciences*, v.33 n.3, p.361-393, Dec. 1986. O original deste artigo, de 1984, encontra-se em ftp://ftp.inria.fr/INRIA/publication/publi-pdf/RR/RR-0347.pdf.

Abiteboul, S., P.C. Fischer e H.-J. Schek (eds.) [1989]. *Nested Relations and Complex Objects in Databases.* Lecture Notes in Computer Science, Vol. 361. New York: Springer Verlag.

Abrial, J.R. [1974]. Data semantics. In J.W. Klimbie e K. Koffeman (eds.), *Data Base Management.* Amsterdam: North Holland, pp. 1-60.

Agrawial, R., A. Gupta, e S. Serawagi, [1995]. *Modeling Multidimensional Databases.* IBM *Research Report*, IBM Almadem Research Center, setembro de 1995 e 13th *Int'l Conf. on Data Engineering*, Birmingham, Inglaterra, abril, 1997.

ANSI/X3/SPARC Study Group on Data Base Management Systems [1975]. *ACM Sigmod Bulletin* 7 (2).

Arisawa, H., K. Moriya e T. Miura [1983]. Operations and the properties on non-first-normal-form relational databases. *Proceedings of the 9th International Conference on Very Large Data Bases.* San Francisco: Morgan Kaufmann, pp.197-204

Armstrong, W. W. [1974 Dependency structures of database relationships. *Proceedings of the 1974 IFIP Congress.* Amsterdam: North-Holland, pp. 580-583.

Astrahan, M.M. et al. [1976]. System R: a relational approach to data base management. *ACM Trans. Database Systems* 1 (2) June 1976, pp. 97-137.

Atzeni, P. e P. P.-S. Chen [1982] Completeness of E-R query languages. In P. Chen, *Entity-Relationaship Approach to Information Modelling and Analysis.* Amsterdam: North-Holland, pp. 111-124.

Bancillon, F. [1988]. Object-oriented database systems. *Proc. of the ACM Symposium on Principles of Database Systems*, Austin, May 1988.

Bancillon, F. e Ramakrishnam [1986]. An amateur's introduction to recursive query-processing strategies. In Zaniolo, C. (ed.), *Proceedings of the 1986 ACM SIGMOD International Conference on Management of Data*, pp. 16-52.

Bayer, R e E. McCreight [1972]. Organization and maintenance of large ordered indexes. *Acta Informatica* 1, pp. 172-189.

Beeri, C, R. Fagin, J. H. Howard [1977]. A complete axiomatization for functional and multivalued dependencies. *Proceedings of the ACM SIGMOD International Conference of Management of Data 1977.* New York: ACM Press, pp. 47-61

Bergin, T.J. and R.G. Gibson, eds [1996]. *History of Programming Languages-II.* New York: ACM Press.

Bernstein, P. [1976]. Synthesizing third normal form relations from functional dependencies". *ACM Trans. on Database Systems* 1 (4), Dec. 1976, pp. 277-298.

Bertino, E. e L. Martino [1993]. *Object-Oriented Database Systems.* Woldingham: Addison-Wesley.

Booch, G., J.Rumbaugh e I. Jacobson [1999]. *The Unified Modeling Language User Guide.* Reading: Addison-Wesley.

Borkin, S.A. [1980] – *Data models: a semantic approach for database systems.* Cambridge: The MIT Press.

Ceri, S. (ed.) [1985]. *Methodology and Tools for Database Design.* Amsterdam: North Holland.

Chamberlin, D.D. e R.F. Boyce [1974]. SEQUEL: a structured English query language. *Proc. of the ACM SIGMOD Workshop on Data Description, Access and Control,* pp. 249-264.

Chamberlin, D.D. *et al.* [1976]. SEQUEL 2: a unified approach to data definition, manipulation and control. *IBM Journal of Research and Development* 20 (6), Nov. 1976, pp. 560-575.

Chen, P. P-S. [1976]. The Entity-relationship model – toward a unified view of data. *ACM Trans. Database Systems*, 1 (1), Jan. 1976, pp. 9-36.

Childs, D. [1968]. Feasibility of a set theoretic data structure – a general structure based on a reconstituted definition of relation. *Proc. of the 1968 IFIP Congress*, pp. 162-172.

Codd, E.F. [1970]. A relational model of data for large shared data banks. *Comm. ACM* 13 (6), June 1970, pp. 377-387.

Codd, E.F. [1971]. A data base sublanguage founded in the relational calculus. *Proc. 1971 ACM SIGFIDET Workshop on data description, access and control.* New York: ACM PRESS, pp. 35-68.

Codd, E.F. [1972a]. Further normalization of the data base relational model. In [Rustin 1972], pp. 33-64.

Codd, E.F. [1972b]. Relational completeness of the data base relational model. In [Rustin 1972], pp. 65-98.

Codd, E. F. [1974] Recent investigations in Relational Database Systems. *Proceedings of the IFIP Congress 1974.*

Codd, E.F. [1979]. Extending the database relational model to capture more meaning. *ACM Trans. Database Systems* 4 (4), Dec. 1979, pp. 397-434.

Codd, E.F. [1990]. *The Relational Model for Database Management Version 2.* Reading: Addison-Wesley.

REFERÊNCIAS

Coelho, I.H. [1989]. *Métodos de Hashing Dinâmico*. Dissertação de Mestrado. São Paulo: Dept. de Ciência da Computação, Instituto de Matemática e Estatística da Universidade de São Paulo.

Curtice, R.M. e P.E. Jones [1982]. *Logical Data Base Design*. New York: Van Nostrand Reinhold.

Dahl, O.J. e K. Nygaard [1966]. SIMULA – an ALGOL-based simulation language. *Comm. of the ACM*, 9 (9), Sept. 1966, pp. 671-677.

Date, C.J. [1992]. Don't encode information into primary keys! In C.J.Date e H. Darwen (eds.), *Relational Database Writings 1989-1991*. Reading: Addison-Wesley.

Date, C.J. [2004]. *Introdução a Sistemas de Bancos de Dados* – 8ª ed., trad. D. Vieira. Rio de Janeiro: Ed. Campus

Dadam, K. *et al.* A DBMS prototype to support extended NF2 relations: an integrated view on flat tables and hierarchies. *Proceedings of the 1986 ACM SIGMOD international conference on Management of data*. New York: ACM Press, pp. 356-367.

Dadam, K. *et al.* A DBMS prototype to support extended NF^2 relations: an integrated view on flat tables and hierarchies. *Proceedings of the 1986 ACM SIGMOD international conference on Management of data*. New York: ACM Press, pp. 356-367.

Deshpande, A. e D.V. Gucht [1988]. An implementation for nested relational databases. *Proceedings of the Fourteenth International Conference on Very Large Data Bases*, pp.76-87. San Francisco: Morgan Kaufmann.

Deux, O [1991]. The O_2 system. *Comm. of the ACM* 34 (10), Oct. 1991), pp. 34-48.

Deux, O. *et al.* [1990]. "The Story of O_2". *IEEE Trans. on Knowledge and Data Engineering*, 2 (1), 91-108.

Dumpala, S.R. e K. Arora [1983]. Schema translation using the Entity-Relationship approach. In C. Davis *et al.* (eds.), *Entity-Relationship Approach to Software Engineering*. Amsterdam: North Holland, pp. 337-356.

Duro, M.A.S. [1998] *Análise e Programação Orientadas a Entidade-Objeto*. Dissertação de Mestrado. São Paulo: Universidade Mackenzie.

Elmasri, R. e G. Wiederhold [1982]. GORDAS: a formal, high-level query language for the Entity-relationship model. In P.P. Chen, *Proceedings of the international conference on the entity-relationship approach*. Amsterdam: North Holland, pp. 49-72.

Elmasri, R. e S.B. Navathe [2002]. *Sistemas de Bancos de Dados – Ferramentas e Aplicações*. 3ª ed. Rio de Janeiro: LTC – Livros Técnicos e Científicos.

Enbody, R.J. e H.C. Du [1988]. Dynamic Hashing Schemes. *ACM Computing Surveys* 20 (2), pp. 85-113.

Fagin, R. [1979a]. Normal forms and relational database operators. In P. Bernstein (ed.), *Proc. ACM SIGMOD Intl. Conf. on Management of Data*. New York: ACM Press, pp. 153-160. .

Fagin, R., J. Nievergelt, N. Pippenger e H.R. Strong [1979b]. Extendible hashing - a fast access method for dynamic files. *ACM Trans. Database Systems* 4 (3), Sept. 1979, pp. 315-344.

Forthergill-Brown, A. [1990]. *Como Desenvolver Aplicações com o SGBD ZIM*. Trad. E. Cecassi. Campinas: People Computação Ltda.

362

Fagin, R. [1977]. Multivalued dependencies and a new normal form for relational databases. *ACM Trans. Database Syst.* 2(3), Sept. 1977, pp. 262-278.

Furtado, A.L. e C.S.Santos [1979]. *Organização de Bancos de Dados.* R. de Janeiro: Ed. Campus.

Garcia-Molina, H, J.D.Ullman e J. Widom [2001]. *Implementação de Sistemas de Bancos de Dados.* Rio de Janeiro: Ed. Campus.

Garnett, L. e Tansel, A.U. [1992]. Equivalence of the relational algebra and calculus languages for nested relations. *Journal of Computers and Mathematics with Applications* 23 (10), 1992, pp. 3-25.

Goldberg, A. e D. Robson [1983] *Smalltalk-80: the Language and its Implementation.* Reading: Addison-Wesley.

Granero, A.F. e J.O. Siqueira [1995]. *Programação Orientada para Objeto* em C++ no Ambiente Winidows. São Paulo: Atlas.

Hammer, M. e D. McLeod [1981]. Database description with SDM: a semantic database model. *ACM Trans. on Database Systems* 6 (3), Sept. 1981, pp. 351-386.

Held, G.D., M.R. Stonebraker e E. Wong [1975]. INGRES – a relational data base system. Proc. AFIPS National Computer Conference 1975, Vol. 44. Montvalle: AFIPS Press, pp. 409-416.

Heuser, C.A. [2001]. *Projeto de Bancos de Dados*, 4ª ed. Porto Alegre: Instituto de Informática da UFRGS e Ed. Sagra Luzzato.

Hodges, A. [2000]. *Alan Turing – the Enigma.* New York: Walker.

Hull, R. e R. King [1987]. Semantic database modeling: survey, applications and research issues. *ACM Computing Surveys* 19 (3), Sept. 1987, pp. 201-260.

Jaeschke, G. e H.J. Schek [1982]. Remarks on the algebra of non first normal form relations. *Proceedings of the 1st ACM SIGACT-SIGMOD symposium on principles of database systems* (PODS). New York: ACM PRESS, pp. 124-138.

Kauffman, J., B. Matsik e K. Spencer. *Beginning SQL Programming.* Chicago: Wrox Press.

Kawliche, D.J. [2003]. A short history of MS Access. In The Web and Database Survival Guide, www.standardreporting.net/solutions/.

Kent, W. *Data and Reality* [1978]. Amsterdam: North Holland.

Kent, W. [1983]. A simple guide to five normal forms in relational database theory. *Comm. ACM* 26 (2), Feb. 1983, pp. 120-125.

Knuth, D. E. [1973]. *The Art of Computer Programming: Sorting and Searching, Vol. 3.* Reading: Addison-Wesley.

Langefors, B. [1977]. Information Systems Theory. *Information Systems*, Vol. 2, pp. 207-219.

Larson, P. Å. [1978] Dynamic Hashing. *BIT* 18 (2), pp. 184-201.

Lécluse, C., P. Richard e F. Velez [1990]. O_2, an Object-Oriented Data Model. In F. Bancillon e P. Buneman (eds.), *Advances in Database Programming Languages*. Reading: Addison-Wesley, pp. 43-65

REFERÊNCIAS

Leifert, S. [1980] *Un Langage de Spécification des Systèmes d'Information*. Tese de doutorado. Nancy: Centre de Recherches en Informatique. Université de Nancy 1.

Macleod, I.A. [1983]. A model for integrated information systems. *Proceedings of the 9th International Conference on Very Large Data Bases*. San Francisco: Morgan Kaufmann, pp. 280-289

Maier, D [1983]. *The Theory of Relational Databases*. Rockville: Computer Science Press.

Makinouchi, A. [1977]. A consideration on normal form of not-necessarily-normalized relation in the relational data model. *Proc. 3rd Intl. Conf. on Very Large Databases*, pp. 447-453

Manilla, H. e K.-J. Räihä [1992]. *The design of relational databases*. Reading: Addison-Wesley.

McJones, P. (ed.) [1997]. The 1995 SQL Reunion: People, Projects, and Politics. www.mcjones.org/System_R/SQL_Reunion_95/

Mink, C. e A. Júnior, [2000]. *Microsoft Access 2000*. São Paulo: Makron Books.

Mok, W.Y., Y.-K. Ng e D.W. Embley. A normal form for precisely characterizing redundancy in nested relations. *ACM Trans. on Database Systems* 21, (1), March 1996, pp. 77 – 106.

Moraes Neto, A. [1982]. *Uma linguagem de consulta para o modelo ER e sua completude*. Dissertação de mestrado. São Paulo: Instituto de Matemática e Estatística da Universidade de São Paulo.

Nagayama, S. [1991]. *Tabelas de Decisão e a Implementação do Gerador I-M-E*. Dissertação de mestrado. São Paulo: Dept. de Ciência da Computação, Instituto de Matemática e Estatística da Universidade de São Paulo.

Naiburg, E.J. e , R.A. Maksimchuck [2001]. *UML for Database Design*. Boston: Addison-Wesley.

Nassu, E. e V.W. Setzer [1999]. *Bancos de Dados Orientados a Objetos*. São Paulo: Ed. Edgard Blücher.

Ng, P. [1981]. Further analysis of the entity-relationship approach to database design. *IEEE Trans. on Software Engineering* 7 (1), Jan. 1981, pp. 85-99

Olle, J.W., M.G. Sol e A.A. Verrij-Stuart (eds.) [1982]. *Information Systems Design Methodologies: a Comparative Review*. Amsterdam: North Holland.

Oracle [1999]. *Application Developer's Guide – Object-Relational Features*. Release 2 (8.1.6), part No. A76976-01, December 1999.

Oracle [2004]. *Oracle Database Application Developer's Guide – Fundamentals* 10g. Release 1 (10.1), part No. B10795-01. Disponível em http://download-west.oracle.com/docs/cd/B13789_01/appdev.101/b10795/toc.htm

Özsoyoglu, Z.M. e L.-Y. Yuan [1985]. A normal form for nested relations. Proceedings of the fourth ACM SIGACT-SIGMOD symposium on Principles of database systems. New York: ACM Press, pp. 251 – 260.

Özsoyoglu, Z.M. e L.-Y. Yuan [1987a]. A new normal form for nested relations. *ACM Trans. on Database Systems* 12 (1), March 1987, pp. 111-136.

Özsoyoglu, G., Z.M. Özsoyoðlu e V. Matos [1987b]. Extending relational algebra and relational calculus with set-valued attributes and aggregate functions. *ACM Trans. on Database Systems* 12 (4), Dec. 1987, pp. 566-592.

Paredaens, J. e D. Van Gucht [1992]. Converting nested algebra expressions into flat algebra expressions. *ACM Transactions on Database Systems* 17 (1), March 1992, pp. 65-93.

Ramakrishnan, R. e J. Gehrke [2002]. *Database Management Systems.* 3rd ed. USA: McGraw Hill.

Ramalho, J.A. [2005]. *Oracle 10g.* São Paulo: Pioneira Thomson Learning.

Rossopoulos, N. e J. Mylopoulos [1975]. Using semantic networks for data base management. D.S. Kerr (ed.) *Proc. 1st Int. Conf. on Very Large Data Bases.* New York: ACM Press, pp. 144-172.

Roth, M.A. e H.F. Korth [1987]. The design of ¬1NF relational databases into nested normal form. *Proceedings of the 1987 ACM SIGMOD international conference on management of data.* New York: ACM Press, pp. 143-159.

Roth, M.A., H.F. Korth e D.S. Batory [1987]. SQL/NF: a query language for ¬1NF relational databases. *Information Systems* 12 (1), Jan. 1987, pp. 99-114,

Roth, M.A., H.F. Korth e A. Silberschatz [1988]. Extended algebra and calculus for nested relational databases. *ACM Trans. on Database Systems* 13 (4), Dec. 1988, pp. 389-417.

Rustin, R. (ed.) [1972]. *Data base systems* (originalmente *Courant Computer Science Symposia 6, Database Systems*). E. Cliffs: Prentice-Hall.

Santos, C.S., E.J. Neuhold e A.L. Furtado [1980]. A data type approach to the entity-relationship model. In P.P.-S. Chen (ed.), *Entity-relationship Approach to Information Modeling and Analysis.* Amsterdam: North-Holland, pp. 175-119.

Santos, C.S. e P.A. Azeredo [2001]. *Tabelas: Organização e Pesquisa.* Série de Livros Didáticos, Porto Alegre: Instituto de Informática da UFRGS e Editora Sagra Luzzato.

Schek, H.-J. e P. Pistor [1982]. Data structures for an integrated data base management and information retrieval system. *Proceedings of the Eigth International Conference on Very Large Data Bases,* San Francisco: Morgan Kaufmann, pp. 197-207.

Schek, H.-J e M. H. Scholl (1986). The relational model with relation-valued attributes. *Information Systems* 11 (2), p.137-147.

Schiel, U. [1984]. *Ein Semantisches Datenmodell für konzeptuelle Schemata und ihre Abbildung auf interne relationale Schemata.* Tese de doutorado. Stuttgart: Institut für Informatik der Universität Stuttgart.

Setzer, V.W. e R. Lapyda [1981]. Design of data models for the ADABAS system using the Entity-Relationship approach. In Chen, P. P.-S. (ed.), *Proceedings of the Second International Conference on Entity-Relationship Approach.* Eslsevier Science, pp. 99-107.

Setzer, V.W. e I.S.H. Melo [1983]. *A Construção de um Compilador.* Rio de Janeiro: Ed. Campus.

REFERÊNCIAS

Setzer, V.W. e E. Marussi [1988]. *LDT – um Gerador Universal de Aplicações para Processamento de Dados*. Relatório Técnico RT-MAC-8806. São Paulo: Instituto de Matemática e Estatística da Universidade de São Paulo.

Setzer, V. W [1989]. *Bancos de Dados: Conceitos, Modelos, Gerenciadores, Projeto Lógico, Projeto Físico*. 3ª ed. São Paulo: Ed. Edgard Blücher.

Setzer, V. W [1989a]. Autorelacionamentos de grau variável. *4º Simpósio Brasileiro de Bancos de Dados*. Rio de Janeiro: Sociedade Brasileira de Computação, pp. 110-118.

Setzer, V.W. e A. Zisman [1994]. New concurrency control algorithms for accessing and compacting B-Trees. J.B. Bocca, M. Jarke e C. Zaniolo (Eds.), *20th International Conference on Very Large Data Bases*. San Francisco: Morgan Kaufmann, , pp. 238-248.

Setzer, V.W [2002]. Dado, informação, conhecimento e competência. In V.W.Setzer, *Meios Eletrônicos e Educação: uma Visão Alternativa*. 2ª ed. São Paulo: Ed. Escrituras, série Ensaios Transversais No. 10, pp. 239-275. Disponível no *site* do primeiro autor.

Setzer, V.W. [2002a]. "I.A. - Inteligência Artificial ou Imbecilidade Automatizada? As máquinas podem pensar e sentir?" Disponível em www.ime.usp.br/~vwsetzer.

Shoshani, A. [1978]. CABLE: A language based on the entity-relationship model. *Technical report*. Berkeley: Lawrence Berkeley Laboratory, Computer Science and Applied Mathematics Department.

Silberschatz A., H.F. Korth e S. Sudarshan [1999]. *Sistema de Bancos de Dados* (3ª ed.). São Paulo: Pearson Education do Brasil.

Smith, J.M. e D.C.P. Smith [1977]. Database abstractions: aggregation and generalization. *ACM Trans. on Database Systems* 2 (2), June 1977, pp. 105-133.

Smith, J.M. e D.C.P. Smith [1977a]. Database abstractions: aggregation. *Comm. ACM* 20 (6), June 1977, pp. 405-413.

Smith, H.C. [1985]. Database design: composing fully normalized tables from a rigorous dependency diagram. *Comm. ACM* 28 (8), Aug. 1985, pp. 826-838.

Steiner, R [2000]. *A Filosofia da Liberdade*. São Paulo: Ed. Antroposófica.

Soares, I.C. [1988]. *Métodos de Hashing Externo*. Dissertação de mestrado. São Paulo: Instituto de Matemática e Estatística da Universidade de São Paulo.

Stonebraker, M.R. (ed.) [1986]. *The INGRES Papers*. Reading: Addison Wesley.

Stonebraker, M.R., F. Wong, P. Kreps e G. Held [1976] The design and implementation of INGRES. *ACM Trans. Database Systems* 1 (3), Sept. 1976, pp. 189-222.

Stonebraker, M.R. e G. Kemnitz [1991]. The Postgres next generation dabatase management system. *Comm. ACM* 34 (10), October 1991, pp. 79-92.

Stonebraker, M.R. e L.A. Rowe [1986]. The design of Postgres. C. Zaniolo (ed.). *Proceedings of 1986 International SIGMOD Conference on Management of Data*. New York: ACM Press, pp. 340-355.

Sundgren, B. [1975]. *Theory of Data Bases*. New York: Mason/Charter.

Takaoka, H. [1983]. *Um Modelo Conceitual para Bancos de Dados Estatísticos*. Tese de doutorado. São Paulo: Faculdade de Economia e Administração da Univers. de S.P.

Tansel, A.U. [1988]. Non first normal form temporal relational model. *IEEE Data Engineering Bulletin*, ll (4), Dec. 1988, pp. 46-52.

Tansel, A.U. e L. Garnett [1989]. Nested historical relations. *Proceedings of the 1989 ACM SIGMOD International Conference on Management of Data*. New York: ACM Press, pp. 284-293.

Tansel, A.U. e L. Garnett [1992]. On Roth, Korth, and Silberschatz's extended algebra and calculus for nested relational databases. *ACM Trans. on Database Systems*, 17 (2), June 1992, pp. 374 – 383.

Teorey, T.J. e J.P. Fry [1982]. *Design of Database Structures*. E. Cliffs: Prentice-Hall.

Teorey, T.J., D. Yang e J.P. Fry [1986]. A logical design methodology for relational databases using the extended Entity-Relationship model. *ACM Computing Surveys* 18 (2), June 1986, pp. 197-222.

Thomsen, E [2002]. *OLAP – Construindo Sistemas de Informações Multidimensionais*. Trad. D. Vieira. Rio de Janeiro: Ed. Campus.

Tsichritzis, D.C. e A. Klug, eds. [1978]. *The ANSI/X3/SPARC Framework*. Montvalle: AFIPS Press.

Tsichritzis, D.C. e F.M. Lochowski [1982]. *Data Models*. Englewood Cliffs: Prentice Hall.

Ullman, J.D. e J. Widom [1997]. *A First Course in Database Systems*. Upper Saddle River: Prentice Hall.

Votre, V. e L.E.P. Fernandes [1977]. *C++ Explicado e Aplicado*. São Paulo: Zero Hora Engenharia de Software.

Webre, N. [1982]. An extended entity-relationship model and its use on a defense project. In P.P.-S. Chen (ed.), *Entity-relationship Approach to Information Modeling and Analysis*. Amsterdam: North-Holland, pp. 175-195.

Wiener, N. [1964]. *God and Golem, Inc.* Cambridge: The MIT Press.

Wong, E. e R. Katz [1980]. Logical design and schema conversion for relational and DBTG databases. In Chen, P. (ed.), *Entity-Relationship Approach to Systems Analysis and Design*, Amsterdam: North-Holland, pp. 311-322.

Woods, W.A. [1975] What's in a link? Foundations for semantic networks. In D.G. Bobrow e A.M. Collins (eds.), *Representation and Understanding*. New York: Academic Press, pp. 35-82.

Zajonc, A. *Catching the light: the Entwined History of Light and Mind*. New York: Oxford University Press, 1993.

Zanthe Information Inc. (ed.) [1985]. *Zim User Guide 1.0*. Toronto: Zanthe Inf. Inc.

Zisman, A. [1993]. *A Árvore-B e uma Proposta de Implementação*. Dissertação de Mestrado. São Paulo: Depto. de Ciência da Computação, Instituto de Matemática e Estatística da Universidade de São Paulo.

Ziviani, N. [2004]. *Projeto de Algoritmos com Implementações em Pascal e C.* 2.ª Ed. São Paulo: Pioneira Thomson Learning.

Índice Remissivo

Símbolos e Abreviaturas

Nesta seção encontram-se apenas as abreviaturas introduzidas neste livro, e não as usuais, como SQL; veja-se a expressão não abreviada no índice. Em **negrito** estão as seções principais que abordam os conceitos.

BD (banco de dados); pl. BDs – 1.1

BDOO (banco de dados orientado a objetos) – 8.3

BDR (banco[s] de dados relacional[is]) – 3.1

c:c (multiplicidade de relacionamento) – **2.9**, F2.9.5

c:N (multiplicidade de relacionamento) – **2.9**, F2.9.5

CT (prefixo de nome de coluna transposta) – 3.5

DF (dependente[cia] funcional) – 9.4

DFT (dependência funcional transitiva) – 9.6

DM (dependência multivalorada) – 9.8

ER (entidades e relacionamentos) – 2

FNBC (forma normal de Boyce-Codd) – 9.7

FNPJ (forma normal de projeção-junção) – 9.9

GBD (sistema gerenciador de bancos de dados); pl. GBDs – 1.3.4

GBDOO (GBD orientado a objetos) – 3.16, **8.2**, 8.3

GBDOOR (GBD objeto-relacional) – 8.3, **8.5**

LDD (linguagem de descrição de dados); pl. LDDs – 1.3.4

LMD (linguagem de manipulação de dados) – 1.3.4

LOO (linguagem de programação OO) – 8.6

L4G (linguagem de 4ª geração) – 8.6

MER (modelo de entidades e relacionamentos) – 2.1, 2.8, 3.1, 9.11

MR (modelo relacional de dados) – 1.3.4, **3**

MRN (modelo relacional normalizado) – 1.3.4, 2.29, **3**, 6.1, 8.6, 9.3

MRNN (modelo relacional não-normalizado) – 1.3.4, 3.1, **6**, 8.6, 9.3

NN (não-normalizado) – 6.2

n-pla ("ênopla") – **1.3.3**, **2.4**, 2.26
  5-pla: 2.4

N:N (multiplicidade de relacionamento) – **2.9**, 2.11, 2.13
  Atributo de relacionamento – 2.11

N:N:N (multiplicidade de relacionamento) – 2.14

o (em diagramas ER, especialização inclusiva) – 2.17

OLAP (*Online analytical processing*) – 7.1

OO (orientação a objetos) – 1.3.3, 3.1, 3.2, 3.5, **8**

sse (se e somente se) – F2.9

x (em diagramas ER, especialização exclusiva) – 2.17

1FN (primeira forma normal) – **9.3**, 9.4-9.7, 9.10

1:N
  como multiplicidade de relacionamento – **2.9**, F2.9.1, 2.11, 2.13
  como multiplicidade de uma ligação entre duas tabelas – 4.4.13
  em atributo de relacionamento – 2.11

1:N:N (multiplicidade de relacionamento) – 2.14

1:1 (multiplicidade de relacionamento) – **2.9**, F2.9.2, 2.15

1:1:N (multiplicidade de relacionamento) – 2.14

1:1:1 (multiplicidade de relacionamento) – 2.14

2FN (segunda forma normal) – **9.5**, 9.6

3FN (terceira forma normal) – **9.6**, F9.6

4FN (quarta forma normal) – **9.8**, 9.10

5FN (quinta forma normal) – 9.9

* (*asterisco*)
  (em diagramas ER, atributo multivalorado) – 2.5
  (em SQL, linhas completas) – **4.4.1**, 4.4.2, 4.4.6

368 ÍNDICE REMISSIVO

(em esquemas do MRNN, atributo multivalorado) – 6.2

(em colunas de tabelas NN

+ (sinal de *mais* nos diagramas ER, atributo
multivalorado não-vazio) – 2.6

^ (*circunflexo* nos diagramas ER, atributo
monovalorado não-vazio) – 2.6

->

(na álgebra relacional, operador de renomeação de colunas e nomeação de
tabelas) – 4.2.5

(no O_2, operador de projeção) – 8.4

=> ($\geq$, em SQL) – 4.4.2

<> (diferente de, em SQL) – 4.4.4

$\Rightarrow$ (implicação lógica) – **F2.7**, F2.9.4, F2.18,
2.24, F9.4-1

$\neg$ (negação lógica) – F4.4.5-3

$\supseteq$ (contenção) – 4.2.5

(inclusão própria) – 4.2.5

$\exists$ (quantificador existencial) – **F4.3**, F4.4.5-2,
F4.4.5-3

$\forall$ (quantificador universal) – **F4.4.5-1**,
F4.4.5-3

ϕ (conjunto vazio) - F2.17

% (operador para cadeias, em SQL) – 4.4.8

_ (grifo, operador para cadeias, em SQL)
– 4.4.8

$\lceil x \rceil$ (menor número natural que contém x)
– 10.2

$\bowtie$ (operador de junção natural) – 4.2.6, 9.5

$\rightarrow$ (dependência funcional) – 9.5

$\not\rightarrow$ (não há dependência funcional) – 9.5

$\rightarrow^*$ (dependência multivalorada) – 9.8, F9.8-1

$\twoheadrightarrow$ (dependência multivalorada) – 9.8, F9.8-1

Conceitos

(Os comandos e cláusulas de linguagens aparecem sempre com fonte **Courier**, em negrito.)

Access, MS (GBD da Microsoft) – 1.3.4, 3.1,
5.1, 8.6

ADABAS – 3.3, 3.16, 6.1, 6.6

ACM (Association for Computing Machinnery)
– 3.16

add (SQL) – 4.4.13

Adiamento de eliminação (árvores-B) – 10.3

Adjetivo indicando atributo (MER) – 2.20

Adiamento de eliminação (árvores-B) – 10.3

Advérbio indicando atributo de relacionamento (MER) – 2.20

Agregação

de conjuntos de entidades (MER) – **2.15**,
9.8

de auto-relacionamentos (MER) – 2.16

Decomposição de relacionamento com
– 2.29.7

em tabelas multidimensionais – 7.3

função de, (SQL) – 4.4.6

Agrupamento (SQL) – 4.4.6

Álgebra relacional – 4.2

Operações

Complementação relativa – 4.2.7

Divisão – **4.2.7**, F4.2.7-2

Interseção – 4.2.7

Junção – **4.2.4**, F4.2.4, 4.2.5

Pertinência – 4.2.5

Produto cartesiano – **4.2.7**, F4.2.7-1,
9.5

Projeção – 4.2.1

Restrição – **4.2.2**, F4.2.2

Seleção – 4.2.3

União – 4.2.7

ALGOL – **8.1**, 8.6

ALGOL 68 – 8.2

Alinhamento vertical de comandos – 4.4.16

all (SQL) – 4.4.5

alter (SQL) – 4.4.13

table – 4.4.13

Alternativa, representação de composição
– 2.16

Alteração de dados em um BD – 4.1

Análise

de dados- 8.7

de requisitos – 1.3.2

de sistemas – 1.3

OO (orientada a objetos) – 1.3.3, **8.7**

"Analistês" – 1.3.4

and (SQL) – **4.4.2**, 4.4.3, 4.4.6

na busca em mapas de *bits* – 10.5

Anomalias de Codd – 9.5, 9.6

Apontador (ou "ponteiro") – **10.2**-.4

Aplicações – 1.5.2

ÍNDICE REMISSIVO

ARPANET – 11.5

Arquivo – 3.2
   de índices – 10.1

Árvore
   AVL – 10.2
   balanceada – **10.2**-.3
   binária de busca (ou de dados) – 10.2
   -B, B$^+$ e B* – 3.16, 9.3, **10.3**
   completa – 10.2
   de composições – 2.13
   de dados – 2.4
      Altura de uma – 10.2
      Nível de uma – 10.2
   Folha de uma – 10.2
   Não-balanceada – 10.2
   Nível de uma – 10.2
   Raiz de uma – 10.2
   sub – 10.2
   vazia – 10.2

as (SQL) – 4.4.13; (extensão da SQL) 6.5

Associação (entre entes do mundo real)
   – **1.3.1**, 1.3.2, 2.8, 2.20
   ativa – **2.13**, F2.13.3
   indireta – 2.13

Atômico, valor – 6.1

Atributo – 2.17
   composto – **2.4**, 2.5, 2.12, 2.17, 9.1
      determinante – 2.7
      multivalorado – **2.5**, 8.5, 9.1
   determinante – **2.7**, 3.3
   de conjunto de entidades – 2.3
   de entidade – 2.3, F2.3
   de esquema relacional – 3.2
   de relacionamento – 2.11
   denso – 2.10
   determinante – **2.7**, F2.7
      composto – **2.7**, 2.5
   elementar – **2.3**, 2.4, 2.5
   -folha – **2.3**, 2.7
   global – **2.18**, F2.18, 3.16
      implementação no MRN – 3.11.13
   monovalorado – 2.5, 2.6, 2.10
      não-vazio – 2.6
   multivalorado – 2.5, 2.6, 2.10, 2.17, 2.21,
      6.1, 9.2, F2.7
      determinante 2.7
      em Oracle – 8.5
      em O_2 – 8.4

   implementação no MRN – **3.10**, 3.11.3
   não-vazio 2.6
   Representação de, no MRNN – 6.2
   vazio – 2.6
não-vazio – 2.6
notação (com ponto) – 2.5, 2.7
na OO – 8.2
ou conjunto de entidades, o que modelar
   – 2.20
público (da OO) – 8.4
-raiz – 2.4, 2.7
transposto – 3.5
usado em classificação de entidades – 2.17
vazio – 2.6
   desconhecido – 2.6
   inexistente – 2.6
Valor de – **2.2**, 2.5
Valor elementar de – 6.1
Valor atômico de – 6.1

Atualização de dados em SQL – 4.4.12

Autoligação – 3.9
   consulta a, em SQL – 4.4

Auto-relacionamento – **2.13**, 2.16
   agregação de – 2.16
   a partir de especializações – 2.17
   Composição como – 2.13
   de grau variável – 2.14
   direto – F2.13.3
   indireto – 2.13
   Papéis de – 2.13
   1:N, implementação no MRN – 3.11.8
   N:N, implementação no
      MRN – 3.11.7
      MRNN – 6.3.4

avg (SQL) – 4.4.6

AVL tree – 10.2

Axioma – 9.4, 9.5, F9.4-2

bit – 6.5
   "Escovação de" – 6.5

bitmap – 10.5

bit, bit varying (SQL) – 4.4.13

Banco de dados – **1.1**, 1.2.2

Base de dados – 1.1, **8.3**

Bloco (de disco magnético) – **6.5**, 6.6, 10.2-.4

Burroughs – 8.1

Busca
   linear – 3.3, **10.1**
   em pré-ordem – 10.2

370 ÍNDICE REMISSIVO

por intervalo – **10.2**-.3
B-árvores – 1.4
Byte – 6.5
C (linguagem de programação) – 2.4, 2.6,
    F2.3, 3.2, 4.4.17, 8.1, 8.6
C++ – 8.1
Caché (GBD) – 3.16
Cadeias
    de "bits" e "bytes" – 1.3.5
    de caracteres, comparação com (SQL)
       – 4.4.8
Cálculo
    de predicados – **F.2.9**, 2.14
    proposicional – 4.4.3
    relacional – 4.1, **4.3**
Campo (de um registro) – 3.2, 6.5
    composto – 6.5
    multivalorado – 6.5
    simples – 6.5
    vazio – 6.5
Cardinalidade
    de um conjunto – 2.29.1
    de uma tabela – F4.2.4
Carga de GBDRs em *software* livre – 3.16, 11.5
Cartões de armazenamento – 6.6
cascade (SQL) – **4.4.12** , 4.4.13
Casting – 8.5
Categoria de
    entes – **1.3.3**, 2.17
    campos – 6.5
Célula (de uma tabela do MR) – 3.2
char, **character** (SQL) – 4.4.13
char varying, **character varying** (SQL)
    – 4.4.13
Chave – 2.7, **3.3**, 9.4-.7
    alternativa – 3.3
    composta – **3.3**, 9.4, 9.5
    "estrangeira" – **3.5**, 3.11.11
    falante – 3.13
    primária – 3.3
       em SQL – 4.4.13
    projeto de – 3.13
    substituta – 3.11.10
check (SQL) – 4.4.15
class.(O_2) – 8.4
Classe (da OO) – 1.3.3, 2.10, 3.2, 3.5, **8.2**
    Instância de – 8.2
Classificação de entidades por meio de um
    atributo – 2.17

Clipper (GDB) – 6.1
Cláusula (de um comando em SQL) – 4.4.1
COBOL – **2.4**, 2.6, 2.26, 4.4, 8.6,
Coluna (de uma tabela do MR) – 3.2
    auxiliar (para implementar ligações) – 3.5
    composta – **6.1**, 9.3
    densa – 3.6
    multivalorada – 6.1
    não-densa – 3.6
    transposta – 3.5
Comando (SQL) – 4.4.1
    Alinhamento vertical – 4.4.16
Compatibilidade de união (de duas tabelas)
    – 4.2.5
Competência – 1.2.4
Complementação relativa (álgebra relacional)
    – 4.2.7
composed of (extensão da SQL) – 6.5
Composição
    como auto-relacionamento – 2.13
    de alternativas – 2.16
    de similares – 2.16
Compressão de dados
    por prefixação – 10.3
    por truncamento – 10.3
Conceito – 1.3.3
    de contínuo – 1.3.3
    de infinito – 1.3.3
Conceitual – V. modelo conceitual
Condição
    de junção (de duas tabelas) – 4.2.4
       em SQL – 4.4.3
       externa em SQL – 4.4.10
    de seleção (álgebra relacional) – 4.2.3
Conexa, estrutura – 10.2
Conhecimento – 1.2.3
Conjunto
    das partes de um conjunto – F2.5
    de constantes em SQL – 4.4.5
    de duplas, Relacionamento como – 2.8
    de entidades – 2.2,
       auxiliar (para decomposição de rela-
          cionamento) – 2.29.1
       especializado – 2.17
       generalizado – 2.17
       Implementação no MRN – 3.4
       Nome de, como substantivo – 2.2
    de subentidades – 2.17
    de valores de atributos – 2.3

ÍNDICE REMISSIVO

de relacionamentos – ver relacionamento
em SQL – 4.4.7
minimal de axiomas de DFs– F9.4-4
Particionamento de um – 2.17
Consulta
a um BD – 4.1
Access – 5.7
expressa formalmente – F2.26
no MER – 2.16
constraint (SQL) – 4.4.13
Contador – 6.5
Contenção de uma tabela em outra – 4.2.5
Conversão do MER para o MRN – 3.11
  (Ver também "Implementação no MRN")
count (SQL) – 4.4.6
CO_2, (linguagem do O_2) – 8.4
create (SQL)
  assertion – 4.4.15
  domain – 4.4.13
  schema – 4.4.13
  table – 3.2, **4.4**
  view – 4.4.11
cross (linguagem Datatrieve) – 4.2.4
cursor (SQL imersa) – 4.4.16
Custo de busca – 10.2
Dado – **1.2.1**, 1.3.3
  Comportamento de – 2.21, 2.22
  computacional – 1.3.4
  estruturado – 1.3.3
  histórico – 2.12
  Processamento de – 1.2.2
  relacionado – 3.2
  Tratamento de – 1.3, **1.3.3**, 1.3.4, 1.3.5, 1.4,
date (SQL) – 3.2, **4.4.13**
dBase – **3.2**, 6.1
DBTG (Database Task Group) – 2.4
DB2 (GBD da IBM) – 3.1, 3.2, 4.4.16
dec , **decimal** (SQL) – 4.4.13
Decomposição de relacionamento – 2.29
Decomposição de tabelas
  com perdas – 9.5
  sem perdas – 9.5
default (SQL) – 4.4.13
delete (SQL) – 4.4.12
Dependente(cia) funcional – 9.4, 9.10
  conjunto minimal de axiomas de – F9.4-4
  indireto(a) – 9.6
  multivalorada – 9.8, F9.8-1 a -3

parcial – 9.5
total – 9.5
transitiva – 9.6, 9.7
Database – 8.3
Deslocamento de valores de um nó (árvore-B)
  – 10.3
Determina (um conjunto de colunas a outro)
  – 9.4
  Multivaloradamente – 9.8
Diagrama
  de classes – 8.7
  ER – 2.18
  relacional – **3.5**, 3.8, 3.11
Dicionário de dados – 4.4.11, 4.4.17, 6.6
Discos magnéticos – **6.5**, 10.1-.4
distinct (SQL) – **4.4.1**, 4.4.2, 4.4.6
Divisão (álgebra relacional) – **4.2.7**, F4.2.7-2,
  4.4.5
DNS – 11.2
Domínio – 3.2
double precision (SQL) – 4.4.13
Dreamweaver – 11.2
drop (SQL)
  view – 4.4.11
  drop default (SQL) – 4.4.13
  drop table (SQL) – 4.4.13
DSL-Alpha (linguagem do cálculo relacional)
  – F4.3
Duplas (ordenadas) – 2.8
Dynamic hashing – 10.4
e (conectivo lógico)
  na álgebra relacional – 4.2.3
Eficiência computacional – 1.3.4, 1.3.5, 2.12,
  2.16
Elementar, valor – **3.2**, 6.1
Eliminação de dados – 4.1
Elo – 3.16
Encapsulamento (na OO) – 1.3.3, **8.2**, 8.6
  e bancos de dados – 8.3
Encaixamento de atributos (no MRNN) – 6.2
Endereço na Internet – 11.2
Engenharia reversa – 3.16, **9.11**
Ente – **1.3.1**, 1.3.2, 2.2, 2.3, 2.8
  Categoria de – 2.17
  Subcategoria de – 2.17
Entidade – 2.2,
  Relacionamento de entidades – 2.9
Entity – 2.2
Espalhamento – 9.3, **10.4**

Especialização (de um conjunto de entidades) – 2.17

    disjunta – 2.17

    exclusiva – 2.17

    implementação no

        MRN – 3.11.12

        MRNN – 6.3.5

    inclusiva – 2.17

    parcial – 2.17

    total – 2.17

Esquema relacional (ou esquema) – 3.2

Estudo de caso – V. Multiteca

Estruturas de dados – 1.3.3

    conexas – 10.2

Excel, MS – 8.6

exec (SQL) – 4.4.16

except (SQL) – 4.4.7

exists (SQL) – 4.4.5

Extendible hashing – 10.4

Extensível, espalhamento – 10.4

fetch (SQL imersa) – 4.4.16

Fator de ocupação (árvores-B) – 10.3

Field – 3.2

File – 3.2

Flash card – 6.5

float (SQL) – 4.4.13

Foreign key – **3.5**, 3.11.11

foreign key (SQL) – **4.4.13**, 4.4.14

Forma com encaixamento (SQL) – 4.4.4

Forma normal de

    Boyce-Codd – 9.7

    Projeção-junção – 9.9

Formalismo matemático – 1.3.3

FORTRAN (linguagem de programação) – 2.4, 2.6, 8.1, 8.4, 8.6

from (SQL) 4.4.1

full outer join (SQL) – 4.4.10

Formas normais – 9

Formulário (em HTML) – 11.3

Função – 2.5

    Atributo como – F2.3

    biunívoca – F2.7

    de agregação (SQL) – 4.4.6

    de espalhamento (*hashing*) – 10.4

    multivalente – F2.5

        Atributo multivalorado como – F2.5

        Generalização (de um conjunto de entidades) – **2.17**, 8.2

    Totalidade de – 2.17

Gerenciador de bancos de dados (GBD)

    Carga de, em *software* livre – 3.16

    DB-2 – 3.16

    em redes – 3.1

    hierárquico – 3.1

    INGRES – 3.16

    Oracle – 3.1, 4.4.15, 4.4.16, **8.5**, 8.7, 10.3

    relacional – 2.4, 3.1

    SQL/DS – 3.16

    System R – 3.16

get (DSL-Alpha) – 4.3

Google – 11.2

Grau

    de um relacionamento – 2.14

    de uma tabela – 3.2

    de uma árvore-B – 10.3

group by (SQL) – 4.4.6

grouping (extensão da SQL) – 6.5

Hashing – 9.3, **10.4**

having (SQL) – 4.4.6

Herança (na OO) – 8.2

    múltipla – 8.2

        no O_2 – 8.4

    simples – 8.2

Hexágono (símbolo gráfico)

no MER – 2.29.1

no MRN – 3.8

Host language – **4.4**, 4.4.16

Históricos de dados – 2.12

HTML – **11.2**, 11.5

Identificador de objeto – 8.2

Imersão (de SQL em outra linguagem) – 4.4.16

Implementação

    explícita e implícita

        de relacionamento

            1:1– 3.11.5

            1:N– 3.11.4

        de auto-relacionamento **1:N** – 3.11.8

Implementação, no MRN, de

    atributos

        compostos – 3.11.2

        multivalorados – 3.11.3

        conjunto de entidades – 3.4

        conjunto de relacionamentos

        com agregação 3.11.10

        explícita ou implícita – 3.11.4

        múltiplos – 3.11.9

        1:1 – 3.11.5

ÍNDICE REMISSIVO

1:N – **3.5**, 3.11.4
N:N – **3.8**, 3.11.6
generalização/especialização – 3.11.12
relacionamento generalizado – 3.11.11
Implementação, no MRNN, de
    auto-relacionamento **N:N** – 6.3.4
    atributos
        compostos – **6.2**, 6.3.1
        multivalorados –**6.2**, 6.3.1
    conjunto de relacionamentos
        1:N – 6.3.3
        N:N – 6.3.2
    especialização/generalização – 6.3.5
Implicação lógica ($\Rightarrow$) – **F2.7**, F2.9.4
in (SQL) – **4.4.4**, 4.4.12
Inclusão de uma tabela em outra, teste de
    – 4.2.5
Independência de dados – **2.2**, 2.3, 2.11, 3.11.4
Indicador de tamanho de
    campo – 6.5
    linha – 6.5
    número de ocorrências – 6.5
Índice – 1.4, **3.3**, 4.4.2, 4.4.3
    Arquivo de – 10.1
    composto – 3.3
    Implementação de
        com árvores-B, B^+ e B^* – 10.3
        com espalhamento (*hashing*) – 10.4
        com mapa de *bits* (*bitmap*) – 10.5
    primário – 10.3
    Projeto de – 3.14
    secundário – 10.3
Informação – 1.2.2
inherits (O_2) – 8.4
inner join (SQL) – 4.4.10
Inserção de dados em um BD – 4.2
Inserção linhas em uma tabela – **4.2**, 4.2.5
    em SQL – 4.4.12
insert into
    (SQL) – 4.4.12
    Extensão de, para o MRNN – 6.5
Instância de classe (da OO) – 8.2
int, **integer** (SQL) – 4.4.13
Integridade referencial – **3.5**, 6.3.2
    em SQL – 4.4.13
Internet
    Histórico da – 11.5
intersect (SQL) – 4.4.7

Interface de SQL com outras linguagens
    – 4.4.16
Interseção (álgebra relacional) – 4.2.7
interval (SQL) – 4.4.13
into (SQL imersa) – 4.4.16
IP – 11.2
Inverted file – 10.2
is null (SQL) – 4.4.8
Item de busca – 1.4
Jakarta Tomcat – **11.3**, 11.5
Java – **8.2**, 8.6, 11.5
JDBC – **11.3**, 11.5
Join – 4.2.4
JSP – 11.1, **11.3**
Junção
    consultas envolvendo, em SQL – **4.4.3**,
        4.4.4
    de duas tabelas (álgebra relacional)
        – **4.2.4**, 9.5, 9.9
    explícita (SQL) – 4.4.4
    externa (SQL) – 4.4.10
    natural – **4.2.6**, 9.5, 9.9
left outer join (SQL) – 4.4.10
LDT (gerador de aplicações) – 8.6
Ligação
    Declaração de, 4.4.17
    entre linhas de tabelas do MRN – 3.5
    entre tabelas – 3.5
        Consultas envolvendo – 4.2.4
        em Access – 5.6
    entre classes da OO – 8.73
    explícita entre tabelas – **3.11.4**, 3.11.8,
        3.11.11
    física entre arquivos – 3.5
    generalizada – 3.11.11
    implícita entre tabelas – **3.11.4**, , 3.11.8,
        3.11.11
    lógica entre tabelas – **3.5**, 8.3, 8.7
    não-normalizada – 6.3.2
    relacional sem relacionamento – 3.7
    sem multiplicidade – **3.5**, 3.11
    1:1 entre duas tabelas – **3.6**, 3.11.4
    1:N entre
        duas tabelas – **3.5**, 3.9
        do MRNN – 6.3.3
        duas classes da OO – 8.6
    N:N – **3.8**, 3.11.6, 6.3.4
like (SQL) – 4.4.8
Linear probing (espalhamento) – 10.4

374

Linguagem
algorítmica F4.3, 8.1, 8.6
de acessos a um
GBD – 4.1
MRN – 4
MRNN – 6.5
de programação de "alto nível" – **4.4.17**, 8.1, 8.6
de Descrição de Dados (LDD) – 1.3.4
de descrição do MER – 2.25
de Manipulação de Dados (LMD) – 1.3.4
de 4ª geração – **4.4.17**, 8.6
hospedeira – 4.4, **4.4.16**
Exemplo de, com SQL – 4.4.16
SQL – ver SQL
Linha (de uma tabela do MR) – 3.2
Lista
de tabelas e de variáveis-linha (SQL) – 4.4
de projeção (SQL) – 4.4.1
invertida – **10.2**-.5
Loop – 8.6
Malha de repetição (*loop*) – 8.6
Mapa de *bits* – 10.5
Máquina de Turing – 8.1
Máscara de edição – 8.6
max (SQL) – 4.4.6
"Memória" (de computador) – 6.5, **6.6**
Mensagem (na OO) – 8.2
Metadados – 1.3.3
Método (da OO) – 8.2
no O_2 – 8.4
method (em O_2) – 8.4
min (SQL) – 4.4.6
Minimultiteca – 5.3
Modelagem de dados – 2.29, 8.7
Modelo
Conceitual – 1.3.3
considerações de eficiência no – 1.4
como modelo sintático – 2.8
incrementar o – 2.24
computacional – 1.3.3, **1.3.4**, 1.3.5, 1.4, 1.6, 2.6, 2.10, 2.16, 3.1
de Entidades e Relacionamentos (MER) – **2**, 3.1, 9.11
decomposto (em relacionamentos **1:N** e **1:1**) – 2.29
Implementação do, no modelo relacional – **3.4**-**.11**, 3.16

Linguagem de descrição do – 2.25
descritivo – 1.3.2
Exemplo de – 1.5.2
hierárquico – **1.3.4**, 3.1, 3.2
multidimensional – 7.1
de redes – **1.3.4**, 3.1, 3.2, 3.1, 3.2
Relacional (MR) – 1.3.4, 2.1, 2.4, 2.10, 3.1, 3.2
com tabelas encaixadas – 6.4
Definição de – **3.2**, 3.5
Linguagens de declaração e acesso do – 4.2
Não-normalizado (MRNN) – 1.3.4, 3.1, **6**
Normalizado (MRN) – 1.3.4, 2.29, **3**, 6.1
Origem do nome – 3.2
Teoria do – 3.16
semântico – 2.8
Modificação de dados de um BD – **4.1**, 4.2.4, 4.2.5
em SQL – 4.4.12
Modularização (de rotinas) 8.1
move corresponding (COBOL) – **4.4.17**, 8.1
Multiplicidade
de auto-relacionamentos – 2.13
de conjuntos de relacionamentos – 2.9, 2.20
de ligações entre tabelas do MR – 3.5
N:N – **2.9**, F2.9.3
N:N:N – 2.14
1:N – **2.9**, F2.9.1
1:N:N – 2.14
1:1 – **2.9**, F2.9.2
1:1:N – 2.14
1:1:1 – 2.14
Multiteca (estudo de caso) – **1.5**, 2.3, 2.5, 2.21
diagrama ER – 2.27
implementação
no MRN – 3.12
no MRNN – 6.
Multivalorado
Atributo – ver atributo multivalorado
Valor – 3.2
Mundo real – 1.3.1
MySQL – 3.1, 13.16, 1.3, **11.5**
não (conectivo lógico)
na álgebra relacional – 4.2.3
Natural join – 4.2.4

ÍNDICE REMISSIVO

Nested relational model – 6.4
Nesting (encaixamento) de comandos – 4.4.4
Netscape – 11.2
NF^2 – 6.7
nil (Pascal) – 4.4.16
Nível
    de abstração
        computacional – 1.3.4
        conceitual – 1.3.3
        descritivo – 1.3.2
        físico – 1.3.5
        interno – 1.3.5
        lógico – 1.3.5
    de encaixamento ou estrutural – 6.2
Nó
    completo (de uma árvore-B) – 10.3
    de uma árvore de dados **10.2**-.3
    filho – 10.2
    folha – **10.2**-.3
    irmão – 10.2
    pai – 10.2
    raiz – **10.2**-.3
Nome composto – 9.3
Nome de conjunto de
    atributo 2.4
    entidades – 2.2
    relacionamentos – 2.11
Nomeação de uma tabela (álgebra relacional)
    – 4.2.5
Normalização (de tabelas relacionais) – 9.1
    Operador de – F6.5-1
not (SQL) – **4.4.2**-.3, 4.4.6
    exists (SQL) – **4.4.5**
    in (SQL) – **4.4.4**, 4.4.12
    null (SQL) – 3.2, 4.4, 4.4.8, 4.4.13
null – **4.4.8**, 4.4.12, 4.4.16
numeric (SQL) – 4.4.13
Object identifier – 8.2
ObjectPascal – 8.2
Objeto
    complexo (da OO) – 8.2
    construtor de – 8.2
        (Oracle) 8.5
    do mundo real – **1.2**, 2.1
    da OO – 8.2
    -relacional – 8.3
on (extensão da SQL) – 6.5
on delete (SQL) – 4.4.13

Open addressing (espalhamento) – 10.4
Operações com conjuntos em SQL – 4.4.7
Operador
    de normalização – F6.5-1
    de multivaloração – F6.5-2
    infixo – 4.2.1
    prefixo – 4.2.1
or (SQL) – **4.4.2**-.3, 4.4.6
    na busca em mapas de *bits* – 10.5
order by (SQL) – 4.4.6
Oracle (GBD) – 3.1, 4.4.15, 4.4.16, **8.5**, 8.7, 10.3
    Herança em, – 8.5
    Linguagem PL/SQL – 8.5
    Object e *collection types* – 8.5
        Tipos complexos – 8.5
Orientação a objetos (OO) – 1.3.3, 2.10, 2.15,
    2.17, 3.1, 3.2, 3.5, 6.1, **8**
    Classe – 1.3.3
    Comportamento – 1.3.3
    Conceitos básicos – 8.2
    Encapsulamento – 1.3.3
    Herança – 2.17
ou (conectivo lógico)
    na álgebra relacional – 4.2.3
Overflow (deslocamento, em árvores-B)
    – 10.3
own (ALGOL) – 8.4
O_2 (GBDOO) – **8.4**, 8.7
Página (da Internet) – 11.2
Paradox (GBD) – 3.1
Papel de uma entidade em um relacionamento
    – 2.13
Partição de um conjunto – 2.13
Particionamento
    de um conjunto de entidades – 2.17
    das linhas de duas tabelas ligadas sem
        chave – F3.5
Pascal (linguagem de programação) – 2.4, 2.6,
    F2.3, 3.2, 4.4.16, 4.4.17, 8.6
    Exemplo de imersão de SQL em, 4.4.16
PDP-11 (computador da Digital) – 8.1
Perda de dados (em projeção) – 9.5
Persistência
    em BDOO – 8.4
    em Oracle – 8.5
    em O_2 – 8.4
Pertinência de uma linha a uma tabela, teste
    de – 4.2.5
Pick (GBD) – 6.1

PL/SQL (do GBD Oracle) – 4.4.16
Polimorfismo (na OO) – 8.2
Ponteiro (ou "apontador") – 1.2.2, **10.2**-.4
Pós-ordem, busca em – 10.2
RES – 3.1, 3.16
PostgreSQL – 3.16
Pragmática – 1.2.4
Predicado
    expressando restrições de integridade
        – **F2.9.4**, 2.14
    (SQL) – 4.4.2
Pré-ordem, busca em – 10.2
primary key (SQL) – **4.4.13**-.14
Primeira forma normal – **9.3**, 9.5, 9.6, 9.10
    Eliminação da – 9.10
Primeiro autor – ver Setzer, V.W.
Procedimento (em linguagens algorítmicas)
    – 8.1
Procedure – 8.1
Processamento de dados – 1.2.2
Produto cartesiano (álgebra relacional)
    – **4.2.7**, F4.2.7-1, 9.3
"Programês" – 1.3.4
Projeção de uma tabela – 4.2.1, 9.5
    Multidimensional – 7.3
Projeto
    ascendente – 9, 9.1,
    descendente – 1.4, 9.1
    OO – 8.7
    Regras de – V. Regras de projeto
Quadratic probing (espalhamento) – 10.4
Quantificador
    existencial ($\exists$) – **F4.3**, F4.4.5-2, F4.4.5-3
    universal ($\forall$) – **F4.4.5-1**, F4.4.5-3
Quarta forma normal – 9.8, 9.10
Quinta forma normal – 9.9
RAM (*Random Access Memory*) – 6.6
range (DSL-Alpha) – 4.3
Rdb (GBD da Digital Corp) – 4.4
real (SQL) – 4.4.13
Recursão, recursividade – 2.26
record (na linguagem Pascal) – 2.4, F2.3
record – 3.2
Redundância de dados – 1.3.4, 2.2, 2.3, 2.15,
    2.16, 2.22, 2.24, 3.11.12, **3.13**, 4.2.4, 4.2.6,
    4.4.11, 4.4.17, 6.3.2, 9.3, 9.5, 9.6, 9.11
references (SQL) – 4.4.13
Reflexividade – 2.16
    de DF – **9.5**, F9.4-2

Registrador – 8.1
Registro (de um arquivo) – 3.2
    de tamanho variável – 6.5
Regras de negócio – 1.3.2
Regras de projeto – R2.2, R2.3.1, R2.3.2
Reificação – 7.3
Relacional – V. modelo relacional
    Origem do nome – 3.2
Relacionamento (também usado em lugar de
    "conjuntos de relacionamentos") – 2.8
    auxiliar – 2.29.1
    auto- – 2.13
    binário – 2.8, 2.14
    direto – F2.13.3
    com dados históricos – 2.10
    com totalidade mínima – 2.10
    entre especializações – 2.17
    generalizado – 2.18
        Implementação de, no MRN – 3.11.11
    histórico – 2.12
    indireto – 2.13,-.14, F2.13.3
    N:N – 2.9
    N:N:N – 2.14
    n-ário – **2.14**, 9.8
    Papel de uma entidade em um – 2.13
    paralelo – **2.9**, 2.12
    parcial – 2.10
    ternário – **2.14**, F2.15
    total – **2.10**, F2.10, 2.14, 2.15
    triplo – **2.14**-.15, 9.8
    1:N – 2.9
        implementação no O_2 – 8.4
    1:1 – 2.9, 2.15
    1:1:N – 2.14
    1:1:1 – 2.14
Relação (do Modelo Relacional) – 2.1, 3.2; ver
    Tabela
    Universal – 9.1,
Relação de equivalência – F2.16
Relatório, gerador de – 4.4.17
Renomeação de colunas (álgebra relacional)
    – 4.2.5
restrict (SQL) – 4.4.13
Restrição de
    identidade (no MR) – 3.3
    integridade – 1.5.2, **2.3**, 2.5-7, 2.9, 2.10,
        2.12, 2.15, 2.18, 2.22, 2.24-.25, F2.9.1,
        F2.9.4, F2.14.2, F2.24, 3.2, 9.4
        Atributo como – 2.3

ÍNDICE REMISSIVO

Atributo não-vazio como – 2.6
Declaração de – 2.25
de identidade (no MR) – 3.3
Dependência funcional como – 9.4
de tamanho máximo de campo – 6.5
em SQL – 4.4.13
entre atributos – **2.24**, F2.24
expressa em cálculo de predicados
– **F2.9**, 2.14
Multiplicidade de relacionamento como
– 2.9, F2.9.1-3, 2.14
sobre relacionamentos – 2.9, F2.9, 2.10
Totalidade de relacionamento como
– **2.10**, 2.14
uma tabela (álgebra relacional), operação
de – 4.2.2
Retângulo (símbolo gráfico)
no MER – 2.2
no MRN – 3.4
no MRNN – 6.2.1
Reutilização – 8.1
right outer join (SQL) – 4.4.10
RISC (*reduced instruction set computer*)
– 8.1
RM/T – 3.16
RM/V2 – 3.16
Rotação – 7.3
Segunda forma normal (2FN) – **9.5**, 9.6, F9.6,
9.10
select
encaixados – 4.4.4
normalized (extensão para o MRNN)
– 6.5
ordem de execução – 4.4.6
unnormalized (extensão para o MRNN)
– 6.5
sintaxe geral – 4.4.6
(O_2) – 8.4
(SQL) – **4.4.1**-.16
Seleção de uma tabela – 4.2.3
self (O_2) – 8.4
Semântica, 1.2.2, 1.2.4, 1.4, **2.8**, 2.10, 2.12,
2.22
Separação – 7.3
Separador, valor de índice (em árvores-B)
– 10.3
SEQUEL – 3.2, 4.4.16
set
(SQL) – 4.4.12
default – 4.4.13

null – 4.4.13
O_2 – 8.4
Similaridade, representação de – 2.16
SIMULA (linguagem de programação) – 8.1
Sinônimo de nome de relacionamento – **2.8**,
2.15
Sintático, elementos – **2.8**, 2.10
Sintaxe – 2.22
Síntese de tabelas (ou de relações) – 9.11
smallint (SQL) – 4.4.13
Smalltalk – 8.2
Sobrecarga de operador (na OO) 8.2
split (subdivisão, em árvores-B) – 10.3
SQL (*Structured Query Language*) – 1.3.4,
2.26, 3.2, 4.1, **4.4**, 8.6
Comandos de, executados dinamicamente
– 4.4.17
Comentários sobre – 4.4.17
estendida – 3.16
imersa em uma linguagem de programa-
ção – 4.4.16
origem do nome – 4.4
Proposta de extensão da, para o MRNN
– 6.5
SQL-DL (GBD da IBM) – 3.2
SQL-Server (GBD da Microsoft) – 3.1
struct (na linguagem C) – 2.4, F2.3
structure (na linguagem PL/I) – 2.4
Subclasse (da OO) – 8.2
Subdivisão de um nó (árvore-B) – 10.3
Substantivo, nome de conjunto de entidades
como – 2.2
Subárvore – **10.2**-.3
sum (SQL) – **4.4.6**, 4.4.12
Superclasse (da OO) – 2.15, **8.2**
Superchave – 3.3
Surrogate key (chave substituta) – 3.11.10
Sybase (GBD) – 3.1
Tabela (do Modelo Relacional) – 2.1, 3.1, **3.2**
auxiliar – **3.8**, 3.10
como atributo de tabela – 6.4
Decomposição de – 9.3
dependente – 3.13
dominante – 3.13
destino – 3.5
em Access – 5.4
espalhamento – 10.3
especializada – 3.11.12
generalizada – 3.11.12

multidimensional – 7.2

não-normalizada – **6.1**, 9.3

    Representação de – 6.2

normalizada – 9.1

origem – 3.5

relacional – 10.1

-argumento – 4.2

-resultado – **4.2**, 4.4

    Armazenamento temporário de, em SQL – 4.4.12

    de consulta não-normalizada – 6.5

    universal – **9.1**, 9.6

Tabelas ligadas – 3.5

    consultas a, em SQL – 4.4.3

    encaixadas – 6.4

Tamanho de campo, indicador de – 6.5

TCP – 11.2

TCP/IP – **11.2**, 11.5

Teoria axiomática – 9.4

    das DFs – F9.4-2 e –3

    das DMs – F9.8-2 e -3.

Terceira forma normal (3FN) – 1.4, **9.6**, F9.6, 9.10

Teste de

    contenção (de uma tabela em outra) – 4.2.5

    inclusão (de uma tabela em outra) – 4.2.5

    pertinência (de uma linha em uma tabela) – 4.2.5

`time`, **`time with time zone`**, **`time-stamp`** (SQL) – 4.4.13

Tipo (em linguagens de programação) – 8.2

    moeda – 8.6

Totalidade

    de especialização – 2.17

    de ligação

        do MR – 3.5

        do MRNN – 6.3.2

    de relacionamento – **2.10**, 2.14

    mínima de relacionamento – **2.10**, F2.10

    na decomposição de relacionamento – 2.29

Transação – **1.3.2**, 1.3.3, 2.10

Transposição de chaves no MR – **3.5** a 3.11, 8.7

Tripla – 2.14, F2.14, F2.15

`tuple` (O_2) – 8.4

Transitividade – 2.16

    de DFs – **9.4**-.6, F9.4-2

`type` (O_2) – 8.4

UML (*Unified Modelling Language*) – **8.2**, 8.7

União

    (álgebra relacional) – 4.2.7

    de conjunto de colunas (notacão) – 9.4

Unidade central de armazenamento – 10.2

UNIVAC – 8.1

UNISYS – 8.1

`union` (SQL) – 4.4.7

`unnormalized` (extensão da SQL) – 6.5

`unique` (SQL) – **4.4.13**, 4.4.14

`update` (SQL) – 4.4.12

URL – 11.2, 11.5

User view – 2.26, **4.4.11**

Valor de atributo – **2.2**, 2.5

    branco – 2.6

    composto – 6.1

    nulo – 2.6

    vazio – 3.2, 3.3, 6.5

        Teste de, em SQL – 4.4.8

        no MER – 2.6

        no MR – 3.2

        zero – 2.6

    em uma célula do MR – 3.2

Valor elementar – 2.3

`varchar` (SQL) – 3.2, **4.4.13**

`varchar2` (Oracle) – 8.5

Variável

    de classe – 8.2

    de interface (SQL) – 4.4.16

    ligada (cálculo de predicados) F4.3

    livre (cálculo de predicados) **F4.3**, F4.4.4

    n-pla – 4.3

    pública (na OO) – 8.4

    -linha – **4.4**, F4.4.4

Vazio, Valor

    Atributo com – 2.6, 6.5

    Teste de, em SQL – 4.4.8

    Representação interna de – 6.5

Versatile – 8.6

Vírus de computador – 11.2

Visão do usuário – 2.26

    em SQL – 2.26, **4.4.11**

VSAM (IBM) – 10.3

`where` (SQL) – 4.4.2

`with check option` (SQL) – 4.4.12

`with time zone` (SQL) – 4.4.13

ZIM (GBD e linguagem) – **2.26**, 4.4.17, 8.6

XML – 5.10

`&SQL` (SQL imersa) – 4.4.16

Pessoas e autores

(Quando uma referência bibliográfica tem mais de um autor, apenas o primeiro encontra-se neste índice)

ANSI/SPARC – 1.6
Abiteboul, S. – 6.7
Abrial, J.R. – 2.31
Agrawal, R. – 7.1, 7.4, 7.5
Astrahan, M.M. – 3.16
Arisawa, H. – 6.7
Armstrong, W.W. – 9.13
Atzeni, P. – 2.31
Backus, J.W. – 8.1
Bancillon, F. – 4.5
Barguil, F.E. – 7.5
Bayer, R – 10.3, 10.7
– 9.13
Beeri. C.R. – 9.13
Bernstein, P. – 9.13
Bertino, E. – 8.7, 8.8
Booch, G. – 8.8
Borkin, S.A. – 2.31
Ceri, S. – 2.31
Chamberlin, D.D. – 3.16
Chen, P. P.-S.– 2.3, 2.31, 3.2, 3.16
Childs, D. – 3.16
Codd, E.F. – 2.4, 3.1, 3.2, 3.16, 4.1, 4.2, 4.5, 6.1, 6.7, 9.3-.6, 9.13
Curtice, R.M. – 2.31
Dadam, K. – 6.7
Dahl, O.J. – 8.8
Date, C. – 1.6, 2.31, 3.16
Deshpande, A.- 6.7
Dumpala, S.R. – 3.16
Elmasri, R. – 8.8, 2.31, 9. 13, 10.7, 11.5
Enbody, R.J. – 10.7
Fagin, R. – 3.10, 9.8, F9.8-1, 9.13
Furtado, A.L. – 3.16
Garcia-Molina, H. – 3.16, 4.5, 6.7, 10.7
Garnett, L. – 6.7
Goethe, J.W. von – 1.3.1
Goldberg, A. – 8.8
Gupta, A. – 7.1, 7.4, 7.5
Hammer, M. – 2.31
Held, G.D. – 3.16
Heuser, C.A. – 9.13
Hodges, A. – 8.8
Howard, J.H. – 9.13

Hull, R. – 2.31
Jaeschke, G. – F6.5-3, 6.7
Kahn, R
Kawliche, D>J. – 5.12
Kent, W. – 1.6, 9.13
Knuth, D.E. – 10.3. – 11.5
Kauffman, J. – 4.5
Mok, Y.W. – 6.7
Langefors, B. – 1.6, 2.31
Larson, P. Å. – 10.7
Leifert, S. – 2.31
Macleod, I.A. – 6.7
Maier, D. – 3.16, 9.3, 9.13
Maksimchuk, R.A. – 8.8
Makinouchi, A. – 6.7
Manilla, H. – 3.16
Marcandali, A. – 8.5
Marussi, E. – 8.6, 8.8
McCreight – 10.3
McJones, P. – 3.16
Mink, C. – 5.12
Miranda, E.P. de – 11.1, 11.3, 11.4
Moraes Neto, A. – 2.16
Nassu, E. – 8.2, 8.7
Nagayama, S. – 8.6, 8.8
Naiburg, E.J. – 8.8
Ng, P. 2.31.
Nygaard, K. – 8.8
Olle, J.W. – 2.31
Özsoyoglu, Z.M. – 6.7
Paradaens, J. – 6.7
Ramakrishnan, R – 4.6, 8.8, 9.13, 10.8, 11.5
Ramalho, J.A. – 8.8
Ritchie, D. – 8.
Roth, M.A. – 6.7
Roussopoulos, N. – 2.31
Santos, C.S. – 2.31, 10.7
Sarawagi, S. – 7.1, 7.4, 7.5
Schiel, U. – 2.31
Schek, H.-J. – F6.5-3, 6.7
Setzer, V. W. (ocorre também como "primeiro autor") – 1.6, 2.14, 2.31, 3.16, 4.6, 6.8, 8.1, 8.2, 8.8, 9.2, 9.13, 10.8, 11.1
Silberschatz, A. – 3.16, 9.13

Shoshani, A - 2.31
Smith, H.C. – 9.13
Smith, J.M. – 2.31
Steiner, R. – 1.6
Stonebraker, M. – 3.16
Sundgren, B. – 1.6, 2.31
Takaoka, H. – 2.31
Tansel, A – 6.7
Teorey, T.J. – 1.6
Tsichritzis, D.C. – 1.6, 2.31
Turing, A. – **8.1**, 8.8

Ullman, J.D. – 3.16, 9.13
Wirth, N. – 4.4.16
Ximenes, M. – **1.3.4**
Webre, N. – 2.31
Wiener, N. – 1.2.2, 1.6
Wong, E. – 3.16
Woods, W.A. – 2.31
Zajonc, A. – 1.6
Zisman, A. – 10.7
Ziviani, N. – 10.8

GRÁFICA PAYM
Tel. [11] 4392-3344
paym@graficapaym.com.br